中国社会科学院老年学者文库

中国社会科学院 **老年学者文库**

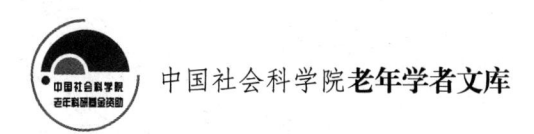

清史论文集

周远廉 / 著

社会科学文献出版社
SOCIAL SCIENCES ACADEMIC PRESS (CHINA)

目　录

- 简评努尔哈赤 …………………………………………………… 1
- 关于清初开国史的几个问题 …………………………………… 16
- 关于16世纪40～80年代初建州女真和
  早期满族的社会性质问题 …………………………………… 40
- 后金八和硕贝勒"共治国政"论 ……………………………… 72
- 八旗制度建立考 ………………………………………………… 99
- "捐俸工"考 …………………………………………………… 121
- 内帑考 …………………………………………………………… 144
- 规礼考 …………………………………………………………… 170
- 喀喇乌苏惨败考 ………………………………………………… 194
- 清代前期的土地买卖 …………………………………………… 206
- "八旗生计"考 ………………………………………………… 228
- 论顺治皇帝福临 ………………………………………………… 273
- 乾隆皇帝弘历 …………………………………………………… 295
- 明代辽东军户制初探 …………………………………………… 311
- 明代辽东军屯制初探 …………………………………………… 337
- 万历后期之矿税之祸考 ………………………………………… 353

简评努尔哈赤

努尔哈赤（1559～1626）姓爱新觉罗，是满族杰出的首领和清朝的开国皇帝。他南征北战四十余年，统一女真各部，抗击明王朝的民族压迫，对满族的形成和生存，对东北地区的统一和多民族祖国的壮大，起到了重要的促进作用。努尔哈赤是一个很有作为的开国之君，本文仅对他的几个方面作些简略介绍。

一　满族形成的组织者

满族是以女真人为主，又吸收汉、蒙等族人员而于明末形成的。明代的女真分为建州、海西、"野人女真"三大系统，其下各分为一些小部，明朝政府因之编立卫所，初设一百八十四卫，后增至三百余卫。

女真散处于现黑龙江、吉林、辽宁各省，部落很多，习俗不一。多年来，其各部之间，相互劫掠征战不止，到了明嘉靖中至万历初年（1551～1590年）情况更为严重："各地之国为乱……每村每寨为主，每族为长，互相征伐，弟兄相杀，族众力强之人，欺凌抢掠懦弱者，甚乱"[①]。

广大女真人强烈希望能够早日结束这样混乱的局面，安心地耕牧采猎，劳动度日，故明初以来，也曾有过几次联合各部的尝试。正是在女

[①]《满洲实录》满文体卷一。

真人渴望统一的大形势下，建州左卫女真小酋长努尔哈赤于万历十一年（1583）起兵，大力开展统一女真各部的行动。他采取了"恩威并行，顺者以德服，逆者以兵临"的方针①，其具体内容有三：

一为抗拒者杀，俘获者为奴。努尔哈赤经常杀戮拒降兵民，掳掠敌方人畜。如纳殷七村诸申降后复叛，据城死守，"得后皆杀之"②；他率兵攻乌拉时，杀守兵万人，"分俘获"，"尽得其国"③；因额赫库伦国女真人坚决不降，他杀守兵，"获俘一万"，灭其国，"地成废墟"④。汗、贝勒和八旗官将分取俘获的人畜财物，迫使丁妇沦为阿哈，从事耕田牧马及各种家务杂活。

二为降者编户。努尔哈赤特别重视收编各部降顺的女真，不管是因为大军压境、兵临城下，无路可走被迫归顺的人员，还是交战失败、城寨陷落不得不降之人，他都实行"恩养"政策，一律将他们"编户"，不贬为奴，不夺其财物。如原系诸申，仍为诸申；原为部长、寨主或贝勒、台吉，则大多授予官职，编其属人为牛录，使其辖领。例如，努尔哈赤取哈达后，既将其"属下人分隶八旗"，又命其头目约兰之子戀巴里为甲喇章京，设立牛录，"使统之"⑤。其族人夏湖率十八户降，亦编牛录，"令其子雅琥统之"⑥。诸申达雅里、哲尔德、喀尼穆都珠瑚、赫书等则仍为诸申，后皆因功封授官职⑦。更为重要的是，努尔哈赤对长期与己为敌的女真部落，也是尽力"抚恤恩养"。以上述乌拉为例，虽然布占泰贝勒多次惹是生非，开罪于努尔哈赤，但努尔哈赤灭乌拉后，仍将降顺的酋长、官将、诸申"编万户率回"，不改变其身份。又如叶赫曾联合乌拉、哈达等八部发兵三万，企图以多攻少一举消灭努尔哈赤；他还悔婚，将已许给努尔哈赤的美女嫁与蒙古人，一再骚扰破坏。努尔哈赤灭叶赫后，

---

① 《武皇帝实录》卷一。
② 《满文老档·太宗·天聪》卷四十八。《清实录》删掉了"得后皆杀之"这句关键的话，以掩盖努尔哈赤砍杀七村诸申的事实。
③ 《满文老档·太祖》卷二。
④ 《满文老档·太祖》卷四。
⑤ 《八旗满洲氏族通谱》卷二十三。
⑥ 《八旗满洲氏族通谱》卷二十三。
⑦ 《八旗满洲氏族通谱》卷二十三。

除杀其主金台什、布扬古二贝勒外,对其他的贝勒、台吉、大臣"皆赦之"。"叶赫国中,无论善恶,皆全户不动,不使父子兄弟拆散,不使亲戚分离,俱尽数迁移而来。不淫妇女,不夺男子所执弓箭,各家财物皆由原主收取"①。

三是来归者奖。对于主动归顺之人,努尔哈赤特别从厚奖赐。如东海湖尔哈部女真纳喀达部长率百户来投,努尔哈赤专遣二百人往迎,"设大宴"并厚赐财物。"其为首之八大臣,每人各赐役使阿哈十对、乘马十匹、耕牛十头,冬衣豹皮镶边蟒缎皮袭大褂、貂皮帽、皂靴、雕带,春秋衣蟒缎无披肩朝衣、蟒袍小褂,四季穿用衣服,布衫、裤、被褥等物品,皆厚与之。其次之人,各赐阿哈五对、马五匹、牛五头、衣服五套。再次者,各赐阿哈三对、马三匹、牛三头、衣服三套。末者,各赐阿哈一对、马一匹、牛一头,衣服一套……其居住之宅,盛饭之釜,蓆子、缸、瓶、小瓷瓶、碗、碟、匙、筷子、水桶、簸箕、槽盆等家居用品,俱齐备厚赐之"②。见努尔哈赤这样厚待,一些陪同纳喀达前来并原本准备回去的女真人都决定留下不走了,他们写信回家说:"汗以抚聚部众为念,收为臣属,如此厚养,全未料及"③。

在努尔哈赤百战百胜的无敌军威影响下,在他的大力招抚女真的政策推动下,许多女真部长率领属下人员前来"归顺"。早在万历十六年(1588)努尔哈赤起兵初期,苏完部长索尔果便率所属诸申五百户来归,努尔哈赤编五牛录,令其子侄世代辖领④;何和里族人鲁可苏同弟屯布"带领四百人归来",编二牛录,子孙世袭辖领⑤。仅据《八旗满洲氏族通谱》的记载,其时黑龙江、吉林、辽宁各地女真部落酋长率众来归的便有二三百起之多,这就大大加速了女真统一的过程,减少了许多不必要的伤亡和损失。因此,努尔哈赤自万历十一年起兵以后,十年内合并了

---

① 《满文老档·太祖》卷十三。
② 《满文老档·太祖》卷七。
③ 《满文老档·太祖》卷七。
④ 《武皇帝实录》卷一,《八旗满洲氏族通谱》卷一、十一;《清史列传》卷四费英东传。
⑤ 中国第一历史档案馆藏《正白旗满洲查送佐领册》,《八旗都统衙门》档案;《八旗满洲氏族通谱》卷八。

建州女真系统的部落，到万历四十四年即招抚和征服了大批虎尔哈、瓦尔喀、窝集等"东海诸部"女真，攻取了海西女真哈达、辉发、乌拉三大部，建立后金国，自称"英明汗，年号天命。天命四年（1619），努尔哈赤灭叶赫，至此，"明国以东，至东海，南至朝鲜，北自蒙古，女真语言之国，于是年俱已征服"①。以短短的三十余年时间，努尔哈赤完成了几百年来没有完成的统一女真各部的事业，这是他对中华民族的发展做出的重大贡献。

努尔哈赤还积极执行厚待蒙古吸收蒙古族参加八旗的政策。因蒙古喀尔喀部达尔汉巴图鲁贝勒之子恩格德尔台吉很早就来朝拜，努尔哈赤对其格外优待，将亲弟舒尔哈齐贝勒之女给予之为妻，封其为"额驸"，授予总兵官世职，赐平虏堡民四百三十四丁。又如，恩格德尔兄弟二人率领属下人员投奔金国后，努尔哈赤赏给他们大量金银布帛，并赐拖克索二十个、庄丁一百五十名、"近身役使和伐木运水男女"二十对，使这两个仅有二百来户属人的小台吉，一跃而成为辖丁上万，占地数万亩的大贵族②。

努尔哈赤厚待蒙古人的政策收效很大，以至蒙古各部贝勒、台吉纷纷率属人归顺。

努尔哈赤势力强大以后，实行了宽待降顺的汉民和大量任用汉官的政策。天命三年四月攻抚顺时，守城游击李永芳率民千户降，努尔哈赤为使其"情愿归顺，特加优遇，使其乐居于此"，与诸大臣相议，设大宴款待并将孙女给予之为妻，尊称其"抚顺额驸""李驸马"，授总兵官世职。对降民千户，则"其父子兄弟不使分散，夫妻不使离别。因战失散之兄弟、父子、夫妻、亲戚、包衣阿哈等一切物品，皆令归家后查明相聚给与。又给与马、牛、阿哈、衣服、被褥、谷物，并给一千头牛，令杀而食。器皿等物皆一应完备，悉与之"③。

---

① 《满文老档·太祖》卷十三。黑龙江部分地区"野人女真"的一些部落，是皇太极执政以后合并的。
② 《满文老档·太祖》卷三十五、四十五、六十、六十一。
③ 《满文老档·太祖》卷三十五、四十五、六十、六十一。

经过多年征战和尽力招抚，努尔哈赤不仅统一了各部女真，还聚集了相当数量的蒙古人和汉民。这些人员族别非一，习俗相异，语言不同，制度悬殊，是一个人数众多、松散复杂的混合体，如果没有统一正确的管理制度，必难长期联合，势将再次陷入分裂的局面。

具有卓越的政治、军事才能的努尔哈赤，沿袭、改组和发展了女真人旧有的牛录制，创立了八旗制度，顺利地解决了这个似乎无法解决的难题。他将聚集的人员，首先是各部女真，编入八旗，实行统一的管辖。万历二十九年，初设黄、白、红、蓝四旗；万历四十三年，增设镶黄、镶白、镶红、镶蓝四旗，合为八旗①。

努尔哈赤将各类人员编入八旗后，实行了可以称之为"七同"的政策。

一为同居住。八旗并不是完全根据来归人员旧有的族寨安排的，原系一地一族之人往往分隶不同的旗，一旗、一甲喇、一牛录之内又有不同民族和地区的人丁。这样，就打破了原来女真各依族寨居住的旧习，而将所有人口根据八旗制度重新混合编排，各按旗分、甲喇、牛录居住，禁止离开本牛录另住他处。如此使得来自四面八方、不同民族的数十万人居住在同一地区，密切了彼此之间的关系。

二是同生产。各类人员之间，旧日的谋生方式很不一致，有的抓鱼捉蟹，有的猎捕兽禽，有的四处游牧，有的比较先进，着重种地并兼事采捕。努尔哈赤将他们编入八旗以后，尽力改变部分人员昔时落后的生产习惯，强调耕田种地，大力发展农业，在短短三十多年中，使整个八旗人丁达到了"耕田食谷而生也"的水平②。

三系同制度。处于不同社会发展阶段的各地人丁编入八旗以后，皆采取了同一的生产方式，即奴隶制的生产方式。降顺、来归的各部酋长或建立功劳的人员，分取和掳掠了许多人丁，逼使他们充当阿哈，耕田种地牧放马牛，自己则上升为奴隶主，使家主剥削阿哈的奴隶制成为占据八旗统治地位的生产关系。天命六年（1621）三月，八旗军进入辽沈

---

① 《满文老档·太祖》卷四。有关八旗制度的详情，已专文叙述，此处不多讲。
② 《满文老档·太祖》卷十三。

以后，奴隶制急剧衰落，封建制发展为八旗主导的生产关系。同一的生产力水平和一样的生产关系，为八旗人员融合为新民族共同体创造了重要的物质条件。

四为同法令。无论是原系原始公社的氏族成员，还是遭受明王朝封建法典压迫的汉民，编入八旗以后皆须遵守奴隶主专政的后金国法令：阿哈必须耕田牧马奉养家主；诸申必须听从贝勒的驱使；官将应该效忠于汗，率兵征战，善辖属人，不许阿哈、诸申犯上作乱。每五日，后金国"英明汗"努尔哈赤与诸贝勒、大臣集议，审断词讼，惩奖属下官民①。

五是同赋役。八旗人丁，不管是女真人、蒙古人，还是入旗的汉人，都须为国纳粮当差。原系任意耕牧、自种自收、"不纳所获"的诸申，现在必须为汗、贝勒效劳，运粮送盐，筑造城池，屯垦官地（进入辽沈后是计丁缴纳赋粮、赋谷和马草）。旗人皆须当兵，大体上是三丁抽一。他们备办军装战马，四处厮杀，汗血洒在同一战场。

六系同文字。"来归"人丁中，女真人无文字，只会说女真话，蒙古人用蒙文，汉民说汉语，再加上地区的差别方言很多。努尔哈赤特命额尔德尼借用蒙文字母创制满文，称为"国语"通行后金辖区，如此，即在语言文字上把八旗人员统一起来了。

七为同习俗。努尔哈赤规定，八旗人丁必须穿统一样式的服装（基本上是女真旧制），必须依照女真习惯剃发，不许妇女缠脚，娶媳设宴时要按规定宰杀牲畜，不许越级多杀②。在服饰、发式、婚娶等习俗上使八旗人丁的一致性越来越多，差别日益减少。

由于努尔哈赤长期坚持不懈的努力，由于广大八旗人员的辛勤劳动、相互学习和团结战斗，经过一段时间以后，来自不同地区、各个民族的数十万人共同性愈益增多，最终融合为一个在居住、经济条件、语言文字、风情习俗等方面基本一致的新民族共同体——满族。满族的诞生，为祖国民族大家庭增加了新的成员，为我国漫长的历史画卷写下了光辉多彩的新篇章。

---

① 《满文老档·太祖》卷四。
② 《满文老档·太祖》卷四。

二 卓越的政治家

努尔哈赤从小部酋长一跃而为大金国的"英明汗",与他具有卓越的政治才能有着密切的关系。首先是由于他顺应了时代的要求,能够采取符合各族人民的根本利益的正确方针、行动,因而统一进展十分迅速。同时,他个人的性格、作风和才干,如意志坚强,勇猛冲杀,机智多谋,善于用人等等,也在这个变化的过程中发挥了重大的作用。

能否用人,是关系到一部、一国盛衰兴亡的重要问题。努尔哈赤在用人方面有六条原则:

一是必须任用"贤人"。努尔哈赤反复强调人才的重要性,要求群臣举荐能者。《满文老档》载:"每值会议,汗谓群臣曰……汝等当念所任之重,有宜于治理汗之大政之贤者,则勿隐。诸事浩繁,汗一人焉能尽理。若贤人甚多,各任以事。倘治理国政,管辖众兵之大臣甚少,济事几何……凡为治政,得一材犹难,但系可以资政之人,即荐之可也。"①

二为不论亲疏门第,公正举人。其谕称:"诸大臣,汝等荐人,勿思何故举其他之人而逾汝之亲戚。勿论根基,见其心术正大者而荐之。且莫拘血缘,见有才者即举为大臣"。②

三系不拘一格,用其所长。他经常谕示群臣说:"全才之人有几?若长于此,必拙于彼矣……若有临阵英勇者,用以治军。有益于国政之忠良者,用以辅理国政。有知晓古今善规者,用以讲善规。有善办筵宴者,用以宴宾客。无才而能歌者,众人宴会之时,用以歌之。如是,人各效其所长矣。可于各处网罗有用之人。"③

四为举贤贬奸。努尔哈赤一再列举女真各部及明国贪官污吏祸国害民的事例。训谕诸贝勒要贬降奸臣,擢升贤者。《满文老档》载:"聪睿

---

① 《满文老档·太祖》卷四。
② 《满文老档·太祖》卷四。
③ 《满文老档·太祖》卷四。

恭敬汗教诸子曰：善良公正之人，不举不升，则贤者何由而进！不肖者不贬不杀，则不肖者何由而惩！切勿贪婪，宜秉忠直，勿好财帛，宜好才德。天下大道，莫过于忠直，吾素好忠直……诸子，汝等当记之！"①

五是奖惩分明，有功必赏，有过必罚。《满文老档》编写者说，"聪睿恭敬汗……其心公正……有善行者，虽系仇敌，亦不计较，而以有功升之。有罪者，虽亲不贳，必杀之。"②万历十二年，努尔哈赤攻打翁鄂洛城时，被敌方鄂尔果尼发箭射中头部，"透盔伤肉，深指许。"洛科又发一箭，射中其项，"镞卷如钩，拔出，带肉两块"，"项血涌出"，"昏仆于地"，"昼夜血犹不止"，几乎丧命。后攻下此城，诸将俱欲砍杀鄂尔果尼和洛科，以报前仇。努尔哈赤却念其忠勇，拒绝众议。以族弟多弼贝勒作战不力，革其固山额真职，尽夺其按固山额真例赏给之俘获③。因族弟旺善贝勒征战之时，"皆施狡诈"，尽取赐予旺善之阿哈、诸申，并多次举此为例，告诫群臣④。

六为赏赐效劳官将。努尔哈赤十分注意臣将的财产、生活情况，经常不吝赏赐，尽量使其富裕而全力效忠于汗。《满文老档》编写者说："聪睿恭敬汗每日睡卧二三次，不知者以其真眠，实乃非眠也。乃在思考，诸贤臣中，应使谁富？某一贤臣曾效力甚多而家贫困？谁难与所娶之妻同聚而又不能另娶，因之忧苦？谁之妻死无力续娶而烦闷？役使阿哈、耕牛、乘马、衣服，食谷悉皆具备者有几？穷苦之人甚多也！寝后即起曰：赐某以妇，给某以阿哈，赏某以马，与某以衣，赐某以谷。"⑤

努尔哈赤还制定了"厚待功臣"这一重要国策。对于早年来投、率军征战、尽忠效劳的"开国元勋"，努尔哈赤是特别优待和宠爱的，赐给他们大量人畜财帛，任以高官，授给世职，联姻婚娶，荣辱与共。"国初五大臣"的兴起及其子孙的世代显赫，就是这一国策的具体体现。所谓"五大臣"，是费英东、额亦都、何和里、扈尔汉和安费扬古，他们皆是

---

① 《满文老档·太祖》卷四。
② 《满文老档·太祖》卷四。
③ 《满文老档·太祖》卷九。
④ 《满文老档·太祖》卷九。
⑤ 《满文老档·太祖》卷四。

统军出征、战功累累、佐汗治国的"创业大臣"。

努尔哈赤对待功臣很宽厚，当他们出了差错有过犯罪时，常念其功而减免。天命四年（1619）七月费英东奉命回都城报告夺取铁岭的消息时，于途中"将俘获、牛、骡私自分与同行兵士"。诸贝勒、大臣以其"居心骄傲，擅将众人之俘获财物另行分配"，拟定革其"大臣之职，自取乌拉城之战以来各战以大臣得赏之物，尽夺取之。"灭乌拉是在万历四十一年（1613），如将自此以后各次战役中赏赐之物尽行籍没，又革其"大臣之职"，则费英东将从众额真、一等大臣、家资富豪的达官贵人贬降为贫寒困苦的"闲散"。这是很重的处分，而且似乎已成定论，很难改变，因这是"诸贝勒、大臣"一致的意见，努尔哈赤往往是依其议而行的。可是，这次努尔哈赤却一反常例，拒绝诸贝勒、大臣之议，下谕说："贫时得铁，犹胜于金。吾无部臣之时，得彼而以大臣用之，今何以使退！"仅令取消此次铁岭之战所得的赐物①。"贫时得铁，犹胜于金"，这句话说得真好，这就是努尔哈赤对待"开国功臣"的基本态度。这种方针是正确的，是合情合理的，对后金国的巩固也是很有益处的。

当年努尔哈赤处于父祖被杀、仇敌逼胁、无将少兵艰窘危险的困难时刻，是额亦都、安费扬古首先来投，费英东、何和里、扈尔汉相继来归。这些"开国元勋"统兵辖将，攻城略地，出生入死，血汗洒疆场，转战数千里，把一个微弱小部酋长努尔哈赤拥上了"英明汗"的宝座，为后金国的建立和扩展立下了汗马功劳。对于这些身居要职、负有盛望、长期随侍的忠臣猛将，如无篡位叛逆大罪，仅因些微过失，就不念前功，忘掉旧情，大显国主威风，滥施君汗之权，革职籍没，严酷惩治，则必将是自伐栋梁，丧失臣心，引起八旗军队的混乱，削弱后金实力。所幸，努尔哈赤并未采取这样的错误行动，而是从宽议处，既申明了军纪国法，又照顾了功勋旧臣，妥善地解决了问题，于人、于己、于国都是很有益处的。

---

① 《满文老档·太祖》卷十一。

就是对犯罪的普通官将，努尔哈赤也常念其父兄立功而薄惩。参将永顺于路上射箭杀人，法司断以偿人治罪，降为游击。努尔哈赤念其兄阿兰珠为国战死，赦免其罪；阴答虎齐隐匿人户，法司审问时，其弟巴拜大臣伪称已死的贝勒、大臣知悉，予以庇护，法司审实，议处阴答虎齐"大罪"，处巴拜死罪。努尔哈赤念其父苏完部长索尔果、其兄费英东之功而下谕免责。①

努尔哈赤还对有功之臣多赐予敕书，封授世职。这在《满文老档》中有多处记载。

努尔哈赤制定的"厚待功臣"政策基本上延续下去了。清朝各帝对"开国元勋"的子孙及其他新建"军功"的大臣均给以高官厚禄，世代显赫，甚至选妃"降主"，结为至亲。

正是由于努尔哈赤善于用人和厚待功臣，因此招来了许多机智忠贞、武艺超群的有才之人。猛将谋臣云集麾下，努尔哈赤的队伍军威大振，所向无敌，对统一女真各部、大败明兵于萨尔浒、攻取辽沈地区、建立和壮大后金国起了十分重要的作用。

三　某些蠢事的决策人

努尔哈赤虽然是一位具有雄才大略、"聪睿英勇"的开国之君，解决了不少似乎无法解决的问题，闯过了一道又一道难关，但是由于大奴隶主、农奴主的阶级局限性和历史条件的制约，他也不可能没有谬误。兼之，自从他于25岁起兵以来，战必胜，攻必克，所向无敌，归顺日众，在短短的38年中，由一个人丁数十的小头人，一跃而为主宰辽东、臣民百万的大金国"英明汗"，这就使他有些飘飘然，觉得可以随心所欲任意妄行了。因此，进入辽沈以后，努尔哈赤做了不少错事，实行了一些倒退的落后的政策。

---

① 《满文老档·太祖》卷十七。

第一，残酷屠杀辽东军民。努尔哈赤经常实行抗拒者杀的政策，进入辽东以后，虽然曾几次宣谕汉民，表示"恩养"之意，但实际上并未完全停止烧杀。当满汉人民反金斗争蓬勃开展之后，他更勃然大怒，变本加厉地血腥镇压反抗者。天命六年（1621）七月十日，镇江军民起义，生擒守城游击佟养正父子，一度脱离了后金的控制。努尔哈赤立遣二贝勒阿敏、四贝勒皇太极领兵剿杀①；天命八年，复州民一万八千丁密谋逃往明境，努尔哈赤知悉后，即命大贝勒代善统兵二万前往，尽杀男丁②；天命九年正月，他派大批八旗官将，在后金辖区内，查量汉民粮谷，将每口有粮四金斗以下"不能维生"的人定为"无谷之人"。他训示诸将说，"应以无谷之人为仇敌"，因为"盗牛马而杀，火焚积谷及村中房宅者，皆系不耕田、无谷、不定居于家、欲由此地逃往彼处（明国）之光棍也"，命令他们大量屠杀反抗后金的"无谷之人"③。天命十年十月初三日，努尔哈赤下达"汗谕"辱骂坚持斗争的辽东人民，命八旗官将，自总兵官以下，备御以上，各去自己辖属的村庄，"区别"汉民，凡系抗金者一律处死。各将遵令，"分路去，逢村堡，即下马斩杀"。④

这样野蛮的残杀，失尽辽东民心，也给后金的巩固和扩展带来了严重的影响。这在一些史书、档案中都有较具体的记载。

第二，大规模地编立农奴制拖克索。天命十年十月初三日，努尔哈赤遣八旗官将杀戮反金人员时，命将未杀的"筑城纳赋"之"小人"（即劳动人民）全部编隶汗、贝勒的拖克索（庄），每庄十三丁、七牛，耕地百响，八十响庄丁"自身食用"，二十响作"官赋"。编丁立庄后，总兵官以下，备御以上，"每备御各赐一庄"⑤。

以此和天命六年七月十四日的"计丁授田"规定相比，发生了两方面的显著变化。一是对劳动者的人身奴役更为厉害。"计丁授田"的汉民，不是奴隶或农奴，亦非奴仆，而是后金国的"民户"，是封建依附农

---

① 《满文老档·太祖》卷二十四。
② 《满文老档·太祖》卷五十一、五十六。
③ 《满文老档·太祖》卷六十。
④ 《满文老档·太祖》卷六十六。
⑤ 《满文老档·太祖》卷六十六。

民，他们除去纳粮当差外，可以自行安排生活，较之奴仆有更多的灵活性，束缚松一些，地位高一些。现在，辽东汉民被强迫编隶拖克索，"每十三壮丁，编为一庄，按满官品级分给为奴"①，遭受庄主野蛮蹂躏，地位大为贬低，成为与牲畜相类似的"贱奴"了。二是剥削量大大增加。原来的"计丁授田"规定，每汉民一丁授地六响，三丁耕官田一响，一响为六亩，平均每丁耕官田二亩。一丁领地三十六亩，耕官田二亩，自耕地和官赋地的比例是十八比一。现在编丁隶庄规定，十三丁的"自身食用地"为八十响，平均每丁为三十七亩。十三丁耕二十响"官赋地"，每丁耕九亩。即是说，贬为农奴的庄丁比过去"计丁授田"的"民户"，每丁多耕七亩官赋地，剥削率提高了三倍半。按亩产一石计，九亩官赋地可收九石谷，一丁领地三十七亩，平均每亩要缴二斗四升三合赋谷，比明代民田纳的官赋多了六七倍。

因此，天命十年的编丁立庄，使辽东地区的大多数汉民（除阿哈以外）从"计丁授田"的"民户"，下降为缴纳高额租赋、惨遭庄主压榨的封建农奴，严重地加深了辽民的苦难，农奴制庄园恶性扩展，遍布后金辖区，这是很大的倒退。

第三，确立了八和硕贝勒共治国政的制度。天命七年三月初三日，努尔哈赤谕示诸贝勒，规定以后要实行八和硕贝勒（即八旗旗主）"共治国政"的制度。此制的主要内容有七个方面：八和硕贝勒（简称八贝勒）拥有"任置"新汗和罢免新汗的大权；八贝勒与新汗一起"商议国政"，军政要务皆由汗和八贝勒共议裁处，而且八贝勒有更大的发言权和决定权；所有词讼、案件一律由八贝勒集议审断；任免官将、升降臣僚，全归八贝勒商议决定；更换各旗的旗主和裁处八旗之间的纠纷，亦由八贝勒商定；八贝勒与新汗并肩齐坐，同受八旗官将、诸申朝拜；后金国的收入，掠来的人畜财帛，按"八分"（即八家贝勒）分取。如果严格贯彻执行这个规定，则统一的后金国将被分解成八个独立的小国，一旗即一国。新汗和旗主贝勒之间以及各旗旗主之间，必然会争权夺利，互相倾

---

① 《清太宗实录》卷一。

轧。争必乱，乱必弱，弱必亡。这样的八和硕贝勒"共治国政"制，是破坏统一的君权，造成分裂割据的制度，是一个削弱后金国力的倒退的落后的制度[1]。

第四，怀疑汉官，疏远汉官。努尔哈赤先是制定了拉拢、任用汉官的正确政策。进入辽沈初期，他释放狱中罪臣，网罗革职闲员，任用降金汉官为二都司、八游击及其他官职，命李永芳、佟养性统辖，要求汉官"为汗之眼"、"为汗之耳"，管理汉民事务。李永芳也效尽犬马之劳，在为后金国征田赋，佥汉兵，派役夫，运官粮（一次即抢运明右屯卫五十万石谷，给缺粮的后金国帮了大忙），清查逃人，查获"奸细"（明朝潜入后金煽惑民心的密使），劝诱辽民听从金汗等方面做了许多事。但是由于辽东军民痛恨后金苛政，猛烈反抗，明朝又不断派遣密使劝说汉官弃金投明，有些汉官犹豫了，担心努尔哈赤不能久驻辽沈，因而或与明臣书信往来，以留后路，或暗订密约，伺机叛逃。此时，努尔哈赤不从改革弊政、减少杀戮、缓和矛盾，以平息斗争巩固统治这一根本上着手，却变更了主张，采取了疏远汉官、怀疑汉官的政策。

对李永芳的处理，就是这个变化的具体体现。李永芳是一个死心塌地的降金汉官。天命八年五月初七日，努尔哈赤闻听复州民欲大举逃明，即遣兵二万前往杀戮。李永芳谏阻说："所谓复州之人叛者，非实也，恐系人之诬陷矣。若信其言而发兵，彼方之人闻知时，当笑矣。"李之本意是应当慎重，核实情况后再发兵，这原是无可非议的。可是，努尔哈赤却大发雷霆，痛斥李永芳等"以明帝为长久，以我为短暂"，"心向明国"，蔑视金汗，不愿诛杀逃往明境的汉民。二十三日，下令将其子押来审讯。七月初四日，又革其总兵官职，后虽复官，但再也不似过去那样信任和重用了[2]。这样一来，使得汉官既疑惧自危，持有二心，又不敢上书直谏，妨碍了努尔哈赤对辽东汉民情形的深入了解和正确处理，影响了满族贵族与辽东汉族地主阶级的联合，加剧了辽东的动乱。

---

[1] 关于八贝勒"共治国政"的问题，详见拙作《略论后金八和硕贝勒的共治国政》，载《清史论丛》第二辑。
[2] 《满文老档·太祖》卷五十一、五十七。

这些弊政极大地破坏了辽东地区的生产。在汉、蒙和女真等族人民辛勤耕牧采猎的开发下，辽东地区从明初的"居民散亡"，"以猎为业，农作次之"的落后状态，演变为"田人富谷、泽人富鲜、山人富材、海人富货……家给人足，都鄙廪庾皆满，货贿羡斥"①，农工商业全面发展。可是，这样一个富饶的地区，经过后金的野蛮屠杀和横征暴敛，被糟蹋得不成样子了。其时，人丁锐减，田园荒芜，庐舍残破，百业凋落，社会混乱，民不宁居，饥荒频仍，物价飞涨，斗米价银八两，一匹好马卖银三百两，一头牛值银百两，布一匹银九两，比金兵进驻前涨了几十倍，甚至出现了"人相食"的悲惨局面②。这固然是与整个满族贵族集团的贪婪好杀密切相关，但作为执掌后金国军政大权的"英明汗"努尔哈赤却是难以卸责的，他在这个过程中起了不应该起的消极作用。

简短的结束语

天命十一年（1626）正月，努尔哈赤进攻宁远失利，负伤回师，气病交加，于八月十一日去世，终年68岁。

纵观努尔哈赤的一生，他在青年时期奋勇苦斗，智擒刺客，捉获敌人尼堪外兰，报了杀害父、祖之仇；他以少数诸申起兵，在建州、海西、"野人"女真部落中横冲直闯，征抚并用，辖地宽广，人丁激增，"归顺"日众，完成了统一女真各部的伟大事业，促进了新的民族共同体——满族的形成；他率领八旗劲旅，兴师伐明，以少敌众，大破明军于萨尔浒，抗击了明王朝的民族压迫，保护了满族的生存；他入主辽沈，多次向东用兵，打下了完全统一东北的基础，为满族进一步发展提供了有利的条件；他网罗人才，厚待功臣，善用计谋，顺应时代的需要，采取了许多正确的措施和行动，促进了满族由原始社会末期进入奴隶社会、迅速向封建制过渡。但他在晚年刚愎自用，滥行杀戮，骄傲轻敌，停顿落后，

---

① 《明太祖实录》卷一百四十四；嘉靖重修《辽东志》卷八。
② 《满文老档·太宗·天聪》卷六。

做了一些错事，破坏了辽东地区生产，危害了满汉之间的正常关系，妨碍了满族更快地前进。因此，我认为，努尔哈赤是一个意志坚强、不畏险阻的勇士，是一个叱咤风云、威名远扬的常胜君汗，是一个具有雄才大略、很有作为的开国之主。他虽然做了某些蠢事，产生了不好的影响，但毕竟是瑕不掩瑜，功大于过。对于为多民族国家的壮大和中华民族的发展建树了功勋的满族杰出的首领和清朝始祖努尔哈赤，各族人民一定会将他的英名和贡献载入祖国光辉灿烂的历史巨册，永志不忘。

关于清初开国史的几个问题

——《满文老档》研究之一

清初开国史是清史的开端,在清史研究中占据着十分重要的地位。这段历史内容复杂,变化急剧,涉及面广,好些问题需要仔细探讨。

为了进一步弄清这个阶段的基本情况,分析清初开国时期经济、政治、军事、文化、民族等各方面的重要问题,有必要深入研究《满文老档》,充分运用这部珍贵文献的丰富材料,以便作出符合历史实际的正确结论。

《满文老档》是女真国——后金国到清初的官方记录,用满文书写,按年月日记事,是研究清初开国史和东北地区民族、历史、地理的主要资料[①]。

本文拟以《满文老档》为依据,更正、补充《清实录》《清史列传》等官书的错误和遗漏,在此基础上考察清初开国史的几个重要问题,谈谈一些个人的粗浅看法,欢迎同志们批评指正。

[①] 载述"太祖"努尔哈赤事迹及当时军政大事的《清实录》有三种。一为《武皇帝实录》,崇德元年修。一为《满洲实录》,系《武皇帝实录》绘图本,以满、蒙、汉三种文字书写,载有多幅作战图画,天聪九年绘成,乾隆时重绘,有所更动。一为乾隆改定的《高皇帝实录》。记述"太宗"皇太极的实录为《太宗文皇帝实录》。这些实录虽然都是依据《满文老档》撰写而成,但是编写者作了重大的修改,删掉了许多重要事实,与《满文老档》有很大的差距。因此,研究清初的历史,还是引用《满文老档》的材料更好。

一　天命元年后金国的社会状况

明万历四十四年正月初一日，八旗诸贝勒、大臣尊奉努尔哈赤为"承奉天命养育列国英明汗"，国号后金，年号天命。这是具有重要意义的一件大事。弄清这时的社会状况，对研究清军入关前满族的社会性质是非常必要的。

《武皇帝实录》叙述努尔哈赤率军于万历四十三年十一月征取厄黑枯棱城后，载称：

"太祖谓群臣曰：天作之为君，君命之为臣。卿等当念所任之职，有能理国政者，知之则勿隐。今国事繁琐，须多得贤人，各任之以事。倘治国统军者少，则济事几何！若有临阵英勇者，赐以官赏。有干国忠良者，用以佐理国政。有博通古今者，用以讲古今。有才堪宴宾客者，用以宴宾客，各处搜罗可也……

太祖削平各处，于是，每三百人立一牛录厄真，五牛录立一扎拦厄真，五扎拦立一固山厄真，固山厄真左右立美凌厄真。原旗有黄、白、红、蓝四色，将此四色镶之为八色，成八固山。行军时，若地广，则八固山并列，队伍整齐，中有节次。地狭，则八固山合一路而行，节次不乱。军士戒喧哗，行伍禁纷杂……又立理国政听讼大臣五员，都堂十员。太祖五日一朝，当天设案焚香，以善言晓谕国人，宣上古成败之语。凡事，都堂先审理，次达五臣，五臣鞠问，再达诸王。如此循序问达，令讼者跪于太祖前，先闻听讼者之言，犹恐有冤抑者，更详问之……太祖明敏才智，法度得宜，敬老尊贤，黜谗远佞，恩及无告，为国事日夜焦思，上体天意，下合人心。于是，满洲大治，欺诈不生，拾物不匿，必归其主，若不得其主，悬于衙门，令认识之。五谷收获毕，纵牲畜于山野，莫有敢窃害者。因是，诸王臣会议称帝号，遂表闻于太祖。丙辰岁正月朔甲申，八固山诸王率众臣聚于殿前排班，太祖升殿，诸王臣皆跪，八臣出班，进御前，跪呈表章，太祖侍臣阿东虾、厄儿得溺榜识接表，厄儿得溺立于太祖左，宣表，颂为列国沾恩明皇帝，建元天命。"

从行文方式看，《武皇帝实录》的这一大段，应该是很重要的，是为努尔哈赤就任英明汗而写的，是对后金国正式建立的时代背景的总结，应是反映满族社会发展阶段的一个重要的里程碑。可是，从内容看，这段叙述却相当贫乏，没有什么东西，除去粗略地讲了一下八旗编制和审理案件尚属稍有特色外，其余皆是陈词滥调，可以在其他帝君的本纪、实录中看到同样的文笔，很难据此弄清当时社会的基本状况。

查阅《满文老档》才发现，情况迥然不同。《满文老档·太祖》卷四足足用了将近一卷的篇幅，详细地总结了明万历四十四年（也就是后金天命元年）正月初一努尔哈赤称英明汗、正式建立后金国的时代背景。根据这个总结，我们可以全面地、深入地了解当时的形势，正确分析后金国的社会状况。

关于生产力，《满文老档》有好几处提到。其一，努尔哈赤"令出一牛录之十丁四牛于公，于闲地耕田，多获谷物，充实仓库"①。

其二，努尔哈赤斥责大臣巴拜说："若云使众食之，使耕田穷苦饥渴之人食乎！使筑城运送木石穷苦之人食乎！给在野外二三月采挖人参捕捉貂鼠、灰鼠之人食乎！"②

其三，努尔哈赤制定了详细的兵猎禁令。比如："兽入围时，勿于围中驰马。若兽向人来，则各立原处射之。若兽出围，则驰马急追，迎头阻拦射之。若系出围之兽，任何人皆可迎截而杀之，盖猎人皆有离家不为射杀野兽何故来哉之心。各于遇兽之处前进，不得妄阻驰追。若有马快之人将兽赶回，乘劣马者顺序相随，遇兽时，得射即射，得杀即杀，取其所获兽肉，以偿大众。若见虎卧，勿动，即告众。若于恰当处遇见，

---

① 《满文老档·太祖》卷四。
② 《满文老档·太祖》卷四。

得射即射，得杀即杀……先射熊和野猪之人，能杀即了结矣，不能杀，则呼共杀之语而求助于他人，共杀时，平分其肉。"①

这些记载表明了三个问题。

一是此时农业已是十分重要的生产部门，除了已耕熟地之外，每牛录还要派十丁四牛屯垦荒地，以收获粮谷，入库备用，耕田之人已成为聪睿恭敬汗努尔哈赤必须注意和"怜恤"之人。

二是生产力已有很大的进步，可以生产出更多的剩余产品。按照努尔哈赤的规定，每牛录出十丁垦地，所获粮食全部送纳国库。那么，这十丁的生活是怎样维持的？他们的妻儿老小又靠什么度日？很显然，这十丁既是从牛录中佥派而来，当然应由本牛录供其吃穿。换句话说，此时每牛录至少可以收获大大超过三百丁食用所需的粮食。另据其他文献记载，十九年以前（万历二十四年），在努尔哈赤辖区，下种一斗，肥地上就可收谷八九石②。此后，技术改进，买了大批耕牛和铁制农具，产量更提高了，剩余产品也就更多。

三是采集、狩猎仍占相当比重，也有了很大进展。过去原始社会末期时，遇逢打猎，诸申自由组合，人少，捕获物也少③。现在，人多了，围猎的规模也大了，虎、熊、野猪之类的猛兽皆可擒杀，得获了大量兽禽，采挖了大批人参。当时仅由于明廷的禁市，两年内，努尔哈赤辖区的人参就烂了十多万斤。

集中到一点，此时已是农业为主，农、牧、采集、狩猎都有了很大的发展。生产力的提高，为满族从原始社会末期进入到奴隶社会提供了物质基础。

在生产关系方面，这里只着重讲讲阿哈的情况，分析奴隶制生产关系问题。《满文老档·太祖》卷四载称：

---

① 《满文老档·太祖》卷四。
② 申忠一：《建州图录》。
③ 我认为，迄至嘉靖中到万历初年（1541~1857年），建州女真和早期满族仍然处于原始社会的末期，万历十五年（1587）以后才迅速进入奴隶社会。对于原始社会末期的情形，详见拙作《关于十六世纪四十至八十年代初建州女真和早期满族的社会性质问题》，载中华书局出版的历史研究所清史研究室编的《清史论丛》第一辑。

"聪睿恭敬汗每日睡眠二三次,不知者以其真眠,实则非眠也。乃在思考,诸贤臣中,应使谁富之?哪一贤臣曾效力甚多而家贫困?谁难与所娶之妻同聚,而又不能另娶,因之忧苦?谁之妻死无力续娶而烦闷?役使阿哈、耕牛、乘马、衣服、食谷,悉皆具备者有几,穷苦之人甚多也!寝后即起曰:赐某以妇,给某以阿哈,与某以牛,赏某以马,给某以衣,赐某以谷。"①

在这里,努尔哈赤提出了划分贫富的特别标准:有阿哈,有马牛衣谷,就是富;没有,就是穷。这个标准,在中原地区明朝的官吏、富民、农夫看来是够奇怪的了。按照当时明朝汉区习俗,田宅金银(尤其是土地)是衡量贫富的主要尺度,广占沃地,就能征收千万石租谷,就可兴建楼台亭阁,就能积聚金银财宝。良田千顷,朱门大院,家财万贯,就是富翁的写照。这是汉族地区普遍实行剥削佃农的封建租佃制的反映。

而此时的女真国和即将改名的后金国情况却不一样。这里土地有的是,土地公有的古老传统仍有强烈影响,缺的是劳动力——有了劳力,有了阿哈,有了耕牛,就能开垦田地,就能由贫变富。可见,这段材料突出强调了阿哈的重要性,表明了阿哈处于与牛马等同的卑贱地位,遭受着家主残酷剥削。

明万历四十年,努尔哈赤说了另一句十分重要的话:"若无阿哈,主何能生!"② 所谓无阿哈,主不能生,正表明主是依赖阿哈为生,即剥削阿哈为生,没有阿哈,不剥削阿哈,家主就无法生存。

以这两段记载为主,结合其他材料③,我们可以看出,家主是占有土地、农具、耕牛等生产资料的奴隶主,阿哈是衣食于主、与牲畜等同、劳动产品全部上交的奴隶;家主役使阿哈的剥削方式是奴隶制,奴隶制生产关系已成为当时社会中占据统治地位的生产方式。

---

① 《满老档·太祖》卷四。
② 《满文老档·太祖》卷二。
③ 《消文老档·太祖》卷十七载明,阿哈耕种田地所获的粮食,须全都交给家主,由家主供阿哈吃穿,李民寏《栅中日录》载称,努尔哈赤严禁阿哈逃亡,捕获逃亡的阿哈,一律斩杀。

至于此时社会的阶级结构，除去上面所说的奴隶主与奴隶之外，现着重讲讲诸申的问题，联系到八旗制度来看。

根据《满文老档》的记载，我们可以归纳出四点结论。

第一，汗、贝勒通过八旗制度，严格统治诸申。过去原始社会末期时，诸申是自由的氏族成员，他们可以任意行止，不被惩治，与所谓的"贝勒"并无隶属关系。现在，不行了。"聪睿恭敬汗聚集之众多国人，皆均匀整定。三百丁编一牛录，一牛录置一额真。牛录额真之下，设代子二人，章京四人，村领催四人。四章京分率三百丁，编为达旦，无论作何事，往何处，按四达旦之人当班计，共同劳动，同出同行。"① "英明汗素好围猎用兵，制定兵猎之规范法令，甚是严密……严法令，禁纷杂，戒喧哗。"② 根据这个规定，诸申必须编入八旗，三百丁为一牛录，置一牛录额真管辖。《满文老档》所说的"额真"，乃满文 ejen 的音译，意为"主"③。牛录额真便成了本牛录三百丁之主，从此，诸申被束缚于八旗制度之下，不能像过去那样自由行止了。而且努尔哈赤还"严法令"，逼令诸申服从，若犯禁令，轻则罚银、鞭笞，重则抄没，贬为阿哈，甚至斩首、凌迟示众。

第二，通过八旗制度，剥削诸申，驱使诸申。诸申必须披甲从征，或六丁抽一，或三丁抽一，甚至是二丁抽一。披甲的诸申，还须自备鞍马军械。努尔哈赤规定："若兵丁甲胄弓箭刀枪鞍辔等物恶劣，贬降牛录额真。若俱整修良好，军马肥壮，则擢升牛录额真。"④ 这需花费大量银米，最贵时，一匹好马价银多达三百两，这对诸申来说是很重的负担。

诸申还被迫承担繁重的差役。努尔哈赤几次迁都，凡筑造城池，皆金派诸申充役。期限紧，工程大，连努尔哈赤也不得不承认筑城是折磨诸申的"苦役"⑤。同时，努尔哈赤还要求"伐密林以成通道，削峻岭，

---

① 《满文老档·太祖》卷四。
② 《满文老档·太祖》卷四。
③ 为了便于排印，本文所引满文，皆以罗马字拼写。
④ 《满文老档·太祖》卷四。
⑤ 《满文老档·太祖》卷四。

开沟架桥,变泥泞为陆地"①,由此衍生出搬运粮草,打造船只等差役,其名目繁多,皆佥派诸申和阿哈服役。

努尔哈赤又规定,每牛录须出十丁四牛,屯垦闲地,所获粮谷,送缴国库,作为诸申向国家缴纳的特种形式的赋谷。

第三,广大诸申贫穷困苦,艰窘难熬。就在《武皇帝实录》盛赞"满洲大治"时,《满文老档》载录了努尔哈赤的一段话:"穷苦之人甚多也……若蒙皇天眷祐,以致富裕,不得奢靡。苟有裕,应均平遍济穷苦诸申,伊尔根"。② 一则说"穷苦之人甚多",再则说"应均平遍济穷苦诸申,伊尔根",可见广大诸申贫困化的严重程度。许多诸申穷得连妻子也娶不上③。

第四,诸申、阿哈奋起反抗。有压迫,就有反抗斗争。虽然《武皇帝实录》只字不提劳苦群众的反抗,但从《满文老档》的几处叙述,也能有所了解。《满文老档·太祖》卷四载称:"英明汗素好围猎用兵,制定兵猎之规范法令,甚是严密。行军出围时,冬则立寨,夏则掘壕,放马于寨壕之内,外命士卒鸣锣持箭巡逻,使人不能逃。"④ 为啥努尔哈赤要严加防策,"使人不能逃"?所谓"人",指谁?联系当时形势,不难知晓。努尔哈赤从明万历十一年五月起兵到天命元年南征北战三十余载,虽然掠取了大量人畜,自己所辖士卒也是伤亡累累。因此,遇逢交战时,掠来的人丁、随军的阿哈和披甲的诸申常常乘机逃走,这就是努尔哈赤要下令严格控制的原因。换句话说,"使人不能逃",正是阿哈、诸申积极进行反对汗、贝勒奴役的斗争的曲折反映。

《满文老档》又写道:"(英明汗)虽已降服诸部而致太平,然仍未忘小心谨慎,若离家外出围猎,无论何往,甲胄枪刀箭矢等兵器,必皆携之"。⑤ 为什么既已"致太平",却又要"小心谨慎"?为啥外出必带兵器?似乎自相矛盾。看来,还是用努尔哈赤自己的总结来解释更为妥当。

---

① 《满文老档·太祖》卷四。
② 《满文老档·太祖》卷四。
③ 《满文老档·太祖》卷二。
④ 《满文老档·太祖》卷四。
⑤ 《满文老档·太祖》卷四。

天命八年七月，努尔哈赤回顾起兵以后的情况说："人孰不欲杀我！我同祖所生之六贝勒之子孙，亦欲杀我，屡次未能如愿。其后，各地女真国人、明国汉人，孰不欲杀我！"① 从同族之人，到女真诸申和汉民皆欲刺杀努尔哈赤，这就是汗、贝勒必须"小心谨慎"的原因。可见，满汉人民一直在坚持斗争。

奴隶主、贵族既要剥削阿哈、诸申，阿哈、诸申又要反抗，因而必然产生出奴隶主专政的奴隶占有制国家。《满文老档·太祖》卷四载录了努尔哈赤一段重要讲话。他说：

"诸贝勒、大臣，尔等与其只顾一身而生，不如对下面众伊尔根教以善言，使其摒弃恶念，众心皆明而善，不为主上所罪，尽执忠良之心，则尔等今生名声大著，后世之回报亦丰，此亦功德矣。吾思，生之者，善理上天委理大国之事，审断公正，平盗贼，止恶逆，贫苦之人尽皆养之，如此，合天意，养贫乏，使国家太平，此则报天之大功，己身之大福也。"

努尔哈赤的这段话，表达了奴隶主阶级对国家机器的根本看法和基本要求，那就是，通过"审断公正"（即根据统治阶级意志来裁处各案），"平盗贼，止恶逆"，济贫乏，教以善言，既图取消人民反抗的念头，"皆执忠良之心"，又以暴力来强迫阿哈、诸申低头，鞭笞斩杀，籍没为奴，镇压人民起义，从而达到使汗、贝勒、大小奴隶主的"国家太平"，让他们安享阿哈、诸申的劳动果实。这样的国家，就是维护奴隶主阶级利益的奴隶占有制国家。

根据《满文老档·太祖》卷四的总结，结合其他资料，我们可以理清天命元年后金国生产力、生产关系、阶级结构、阶级斗争和国家机器的基本情况。这时的后金国，奴隶制是占据社会统治地位的生产方式，奴隶和奴隶主成为两大对立的阶级，阿哈和诸申反对汗、贝勒的奴役和

---

① 《满文老档·太祖》卷五十七。

奴隶制剥削的斗争蓬勃开展，产生了一套比较完整的奴隶主政权机构。因此，我认为，天命元年后金国满族的社会性质是奴隶制。

二　褚英的立功、执政及其废革与处死

褚英是努尔哈赤的元妃佟佳氏所生长子，很早就领兵出征，屡立军功。可是，从明万历四十一年以后，这位连战连捷的"皇长子"竟突然消失了，在《武皇帝实录》中再也找不到他的任何记载，其何时死亡，是病逝、战死或是诛戮？皆无记述。直到康熙四十八年（1709），才第一次见到褚英是因罪被诛的材料。以后，《清史列传》才简略地写道："乙卯（1615年）闰八月，褚英以罪伏诛，爵除。"但究犯何罪，亦讳而不说。查阅《满文老档》，才找到了正确答案。《满文老档·太祖》卷三载：

"聪睿恭敬汗承天眷祐，聚为大国，执掌金政。聪睿恭敬汗思曰：若无诸子，吾有何言，吾今欲令诸子执政。若令长子执政，长子自幼褊狭，无宽宏恤众之心。如委政於弟，置兄不顾，未免僭越，为何使弟执政。吾若举用长子，专主大国，执掌大政，彼将弃其褊心，为心大公乎！遂命长子阿尔哈图图们执政。

然此秉政长子，毫无均平治理汗父委付大国之公心，离间汗父亲自举用恩养之五大臣，使其苦恼。并折磨聪睿恭敬汗爱如心肝之四子，谓曰：诸弟，若不拒兄之言，不将吾之一切言语告与汗父，尔等须誓之。令于夜中发誓。又曰：汗父曾赐给尔等佳财良马，汗父若死，则不赐贵尔等财马矣。又曰：吾即汗位后，将杀与吾为恶之诸弟、诸大臣。

如此折磨，四弟、五大臣遭受这样苦难，聪睿恭敬汗并不知悉。四弟、五大臣相议曰：汗不知吾等如此苦难，若告汗，畏执政之阿尔哈图图们。若因畏惧执政之主而不告，吾等生存之本意何在矣。彼云，汗死后不养吾等，吾等生计断矣，即死，亦将此苦难告汗。

四弟、五大臣议后告汗。汗曰：尔等若以此言口头告吾，吾焉能记，可书写呈来。四弟、五大臣各自书写彼等苦难，呈奏於汗。

汗持其书，谓长子曰：此系汝四弟、五大臣劾汝过恶之文也，汝阅之。长子，汝若有何正确之言，汝回书辩之。长子答曰，吾无辩言。

聪睿恭敬汗曰：汝若无辩言，汝实错矣。吾非因年老，不能征战，不能裁决国事秉持政务，而委政於汝也。吾意，若使生长於吾身边之诸子执政，部众闻之，以父虽不干预，而诸子能秉国执政，始肯听汝执政矣。执掌国政之汗、贝勒，其心必宽宏，公平待养部众。若如此挑拨离间父所生四弟及父之举用之五大臣，则吾何为使汝执政耶！先曾思曰，命汝之同母所生二子执政，部众大半与之……因此，对汝之同母所生兄二子，各给与部众五千户、八百牧群、银万两、敕书八十道。对於吾之爱妻所生众子，部众、敕书等物皆少与之矣……汝如此持褊狭之心，则将赐汝专有之部众、牧群等等物品尽行合于诸弟，同等分之。

故秋季往征乌拉时，知晓长子心褊狭，不能依靠，令其同母所生之弟古英巴图鲁留下守城。春天再征乌拉时，亦不信赖长子，留下莽古尔泰台吉及四贝勒二弟。两征乌拉，皆不携长子，使留于家之后，长子与其四亲信之臣议曰：吾之部众被诸弟均分后，吾不能生，愿死，尔等与吾共死乎？此四臣答曰：贝勒，汝若死，吾等亦从汝而死。后汗父出征乌拉，长子对汗父出征如此大国，胜败与否，毫不思虑，并作书诅咒出征之汗父、诸弟及五大臣，祝於天地而焚之。继而又对亲信诸臣曰：吾兵出征，愿其败于乌拉，战败时，吾不许父及诸弟入城……（其臣上告努尔哈赤后），聪睿恭敬汗以若杀长子，恐为后生诸子留一恶例，乃不杀。长子阿尔哈图图们三十四岁时，癸丑年三月二十六日，监禁于高墙之屋"。两年后，见其毫无改悔，遂诛杀。

分析上述记载，可以了解褚英一生的基本情况，即立功，执政，争权，谋叛，关杀。

第一，褚英屡立战功。《满文老档》一开始就讲到，努尔哈赤自思，"若无诸子"，就不能聚成大国，执掌金政。这里明白地表述了努尔哈赤的建国兴邦，是与其诸子征战效劳分不开的。努尔哈赤虽有子十六，但这时（1612年）能够领兵出征的，只有褚英、代善、莽古尔泰、皇太极和阿巴泰五人。其中，褚英出征最多，功劳最大。万历二十六年正月，褚英与叔巴雅剌台吉和费英东等人，领兵一千，征安褚拉库，"星夜驰至，取其屯塞二十处，其余尽招服之，获人畜万余而回"[①]。此时，褚英刚19岁，就能率兵出征，奋勇冲杀，努尔哈赤遂赐以尊号，名为"洪巴图鲁"，表彰其英勇善战（巴图鲁乃满文 baturu 的音译，意为勇武之武、英勇）。

万历三十五年，努尔哈赤命弟舒尔哈齐贝勒与长子"洪巴图鲁贝勒"、次子代善贝勒率兵三千往接斐优城来归女真，收五百户，带回，途中遇乌拉布占泰贝勒领兵万人拦路劫杀。褚英、代善鼓励士卒，各领兵五百奋勇拼杀，以少胜多，大破乌拉军，杀敌兵三千人，获马五千匹，甲三千副。努尔哈赤以褚英"大战之际，首先前进"，赐名为 argatu tumen。argatu tumen，音写为阿尔哈图图们[②]。arga，意为计、计谋，tumen 意为万，形容其足智多谋，故《清史列传》称褚英为"广略贝勒"。

万历三十六年，褚英与阿敏领兵五千攻下乌拉宜罕山城，杀一千余人，获甲三百副，尽获人畜而回[③]。

从这些战斗中褚英的表现及努尔哈赤赐给的尊号，可见褚英在协助其父创建女真国的过程中立下了大功。

第二，褚英助父理政，执掌女真国大权。《清太宗实录》《东华录》等书皆说，"太祖初未尝有必成帝业之心，亦未尝定建储继位之议"，为皇太极理应继位为汗作伏笔。但是，看了《满文老档》的上述记载，便可知晓，《清实录》的说法是错误的，是违背历史事实的。

---

① 《武皇帝实录》卷一。
② 《满文老档·太祖》卷一。
③ 《满文老档·太祖》卷一。

其一，《满文老档》明确写道，努尔哈赤说，"吾若举用长子，专主大国，执掌大政，彼将弃其褊狭之心，为心大公乎！遂命阿尔哈图图们执政"。一则"专主大国"，二则"执掌大政"，三则遂命褚英"执政"，可见褚英确系被"汗父"努尔哈赤选为执政之人。

其二，褚英这个"秉政长子"对诸弟说，"吾即汗位后"将惩治违命之人。努尔哈赤也在斥责褚英过错时说，"委政"于褚英，是让他逐渐树立威信，以便部众"始肯听汝执政"。这就明白地道出了褚英已被立为嗣子，将来努尔哈赤死后，即由彼继位为汗。

第三，褚英是八旗制度的最早的旗主贝勒。努尔哈赤创立的八旗制度，每旗皆有旗主贝勒（亦称和硕贝勒、固山贝勒、旗主）统治该旗。以往谈论八旗旗主的名字时从未提到褚英，实际上，褚英才是最早的旗主贝勒。上述《满文老档》载称，努尔哈赤赐褚英、代善各"部众五千户"。"部众"，即系诸申。一户按二丁计，五千户当为一万丁。二户按三丁计，五千户有七千五百丁。八旗制度规定，每牛录三百丁，五牛录为一甲喇，五甲喇为一固山（旗），则一旗有丁七千五百名。努尔哈赤赐予褚英部众五千户，使其"专有"，可见褚英即是统辖一旗的旗主贝勒，他和代善是最早的旗主贝勒。

第四，褚英与"汗父"和四弟激烈争夺统治大权。《满文老档》说褚英个性褊狭，故虐待四弟、五大臣，实际上这不是什么心胸狭窄的问题，而是褚英在和"汗父"努尔哈赤及四弟争夺大权。所谓四弟，是代善、阿敏、莽古尔泰和皇太极，他们皆是有权有势的贝勒，多次领兵出征，备受"汗父"信任，对于褚英的独揽大权是有威胁的。所谓五大臣，是费英东、额亦都、何和里、扈尔汉、安费扬古。费英东任至一等众额真，统辖右翼四旗，妻系努尔哈赤亲孙女；额亦都娶"和硕公主"为妻，任众额真、固山额真，世袭一等总兵官，统辖左翼四旗；何和里是努尔哈赤亲女婿，尊称"栋鄂额驸"，任固山额真，世袭三等总兵官；扈尔汉被努尔哈赤收为养子，任固山额真；安费扬古被努尔哈赤赐以"硕翁科罗"的名号，英勇善战。这五人皆是清朝"开国元勋"，多次领兵出征，军功卓著，为汗信任，是努尔哈赤"亲自举用恩养"的心腹和得力助手。上有"汗父"努尔哈赤,下有势力强大的四个贝勒和汗的亲信,褚英的位子能坐牢吗?他的统治权力能不受限制吗?褚英要想牢牢掌握执政大权,万无一失地继承汗位,就必须限制和打击四弟、五大臣。这样一来,也就架空了"汗父",掌握了实权。因此,褚英的"虐待"四弟、五大臣,实质上也是在和"汗父"努尔哈赤争权。

第五,褚英谋叛未遂,被父诛杀。褚英要限制四弟、五大臣,他们必然要反限制,矛盾激化,联合上告,努尔哈赤当然要谴责长子。褚英怀恨在心,就祈求皇天,诅咒"汗父"、四弟、五大臣,这在当时,是被认为杀害仇敌的有效方法。褚英并和亲信密谋,待父兵败时,关闭城门,不许进入,实即乘机发动政变,自立为汗。可是,努尔哈赤大破敌兵,灭乌拉国而凯旋,褚英的计划自然便破产了,他的谋逆活动也被从臣告发。因此,褚英被努尔哈赤废斥和监于狱中,最后诛死。

三 皇太极的争权和被惩

《清实录》等官书称,皇太极"恭孝仁惠,和顺聪睿……自幼颖悟过人,太祖甚钟爱焉……遇劲敌,辄躬冒弓矢,太祖每谕令勿前,诸贝勒、大臣咸谓圣心默注,爱护独深",为皇太极理应继立为汗而大作宣传。研究《满文老档》,便可发现,这种说法至少有两个重要的谬误:一是皇太极并非所谓的"恭孝、仁惠、和顺",而是傲视诸兄,结党争权,力图超越各贝勒继位为汗。二是努尔哈赤曾经痛斥皇太极,并予惩罚。

天命八年五月,努尔哈赤对诸贝勒、大臣宣布额尔德尼罪过时说:"又,辽东之时,欲寻找额尔德尼,则已行往四贝勒巡察之地。欲再寻找,仍已行往四贝勒巡察之地。如此常去而不来问,不告其常去之事,如此行走,除尔(指额尔德尼)行谗以外,何用行也。"[①]

---

① 《满文老档·太祖》卷五十一。

同年六月，复州备御王炳上告大贝勒说，乌尔古岱督堂曾多次索要银物。永宁监备御李鼎奎亦告，曾以金二十两及其他贿物，送与乌尔古岱。诸贝勒、众理事官审理时，乌尔古岱说，李鼎奎送十两金来时，疑系李有意陷害，故"请四贝勒观之"，四贝勒令留下，"德格类阿哥、济尔哈朗阿哥、岳托阿哥知之"①。

《满文老档·太祖》卷五十四载：

> 诸贝勒、众理事官断定："四贝勒，德格类阿哥，济尔哈朗阿哥，岳托阿哥，先者额尔德尼东珠之事，惟尔等知也，其他贝勒何故不知？又，后此金之事，亦同为尔等四贝勒知之，其他贝勒不知。因而谴之。贝勒之罪，由汗断之。乌尔古岱之罪，断以死罪。
>
> 如此断后，告于汗。汗曰……断乌尔古岱之罪作罢，革其督堂之职，给与牛录备御之职……
>
> 又对四贝勒曰：尔若贤良，凡事须公正处理，持以宽厚，于诸兄弟，皆须均平互敬。独以尔身为诚，凌越他人，岂置诸兄不顾，而令尔坐汗乎？集会于衙门，分离之时，尔若送诸兄，诸兄之子回报于尔，送於尔家，则合於礼矣。尔原不送诸兄，诸兄之子、诸弟送尔，尔何故默然受之，此岂尔之贤明者乎。德格类，济尔哈朗，岳托，尔等何故置各自父兄不顾而僭越而行，尔等如斯僭越而行者，除进谗恶外，又有何益。四贝勒，吾以尔乃为父我之爱妻所生唯一后嗣而不胜眷爱矣，此岂尔之贤明者乎，尔何故如此愚也。
>
> 又，此事之了结：汉人送与乌尔古岱之金银，命于四贝勒处取之以赏。取德格类一牛录诸申，取济尔哈朗二牛录诸申，取岳托一牛录诸申，如此了结此事。言毕遣之。
>
> 取德格类阿哥之额克星格牛录，给与多铎阿哥。取济尔哈朗阿哥之呼什屯牛录，给与费扬古。取索索里牛录，给与阿敏贝勒。取四贝勒十两金、三百两银，置於库"。

---

① 《满文老档·太祖》卷五十四。

根据这些记载，结合其他资料，可以看出三个问题。

第一，以皇太极为首，形成了一个争夺后金国最高统治权的小集团。从诸贝勒的审理与努尔哈赤的训斥和裁决，我们可以知晓，皇太极与德格类、济尔哈朗、岳托、额尔德尼、乌尔古岱五人的关系是十分密切的。额尔德尼是努尔哈赤的亲信近臣，参与机密，起草"汗谕"、法令，努尔哈赤曾将他看待为"似我心肝之子"，十分重用；乌尔古岱是努尔哈赤女婿，久任固山额真，多次领兵攻打女真各部和明朝城乡，镇压辽沈人民抗金斗争，并已荣任督堂要职，这时已成为具体处理后金国日常政务的最高官将，握有实权；德格类是努尔哈赤第十子，母为衮代皇后，亲兄系正蓝旗旗主莽古尔泰贝勒；济尔哈朗是舒尔哈齐贝勒之子，从小为伯父努尔哈赤抚养，视如亲子，其兄阿敏系镶蓝旗旗主贝勒；岳托是正红旗旗主、大贝勒代善长子，努尔哈赤亲孙。后三者皆是辖有诸申、率兵出征、有权有势的"执政贝勒"，岳托此时还可能已经是镶红旗的旗主贝勒了。

天命八年六月，努尔哈赤已指明皇太极与德格类、济尔哈朗、岳托三贝勒关系密切，步调一致，以后的事实证明努尔哈赤这个判断是正确的。岳托虽是皇太极侄子，但皇太极特别拉拢他，竟将他当做亲弟对待，岳托也主动接近。在努尔哈赤死后议立新汗时，岳托向父代善建议推选皇太极，代善同意，集诸贝勒会议，遂立皇太极为汗——岳托在此起了关键性的作用。皇太极也努力拉拢济尔哈朗，即汗位后对彼十分重用，既让济尔哈朗接替其亲兄阿敏，成为镶蓝旗旗主贝勒，又多次晋爵赏赐，一个叔伯兄弟竟成为大清国的和硕郑亲王，比皇太极同父之弟阿济格、多铎还更受重用。

岳托、济尔哈朗等人愿与皇太极紧密勾结的原因，也不难理解。从万历四十一年褚英获罪关押后，努尔哈赤本已下令让代善佐父执政，封为大贝勒，且曾明白告诉，死后将令代善继位。可是，代善却对父不敬，既和继母衮代皇后富察氏勾勾搭搭，行为不轨，惹父生怨；又与汗父争占地基府宅，使父不满。因此，努尔哈赤于天命七年三月宣布今后实行"八和硕贝勒共治国政"制，巧妙地收回了由代善继位的原令。这也意味着努尔哈赤不愿让代善继为新汗。

努尔哈赤有子十六，长子褚英已死。五子莽古尔泰、十子德格类虽系正宫皇后所生之"爱子"，但其生母富察氏因与代善关系暧昧而被努尔哈赤休离，这两人当然很难继承汗位。三子阿拜，四子汤古岱，六子塔拜，七子阿巴泰，九子巴布泰，十一子巴布海，十三子赖慕布，皆是努尔哈赤庶妃、侧妃所生，没有资格立为君汗。此时努尔哈赤的"爱妻"乌拉那拉氏所生阿济格、多尔衮、多铎三子，虽为父宠爱，但年龄太小。而皇太极既系努尔哈赤爱妻叶赫那拉氏"所生之唯一后嗣"，受到汗父"不胜眷爱"，位列四大贝勒，又善于用兵，能施权术，多次率军出征，颇有威望，很有可能继父为汗。因此，岳托、济尔哈朗、德格类、乌尔古岱、额尔德尼都愿意向皇太极靠近，皇太极也需要利用这些人的地位和势力压制、排斥其他贝勒，博取汗父欢心。这样，就形成了一个以皇太极为首的实力雄厚的争夺汗位继承人的小集团。

第二，其他贝勒伺机报复，打击皇太极集团。这次，本来是审理乌尔古岱收纳贿赂的案件。备御王炳、李鼎奎先后一二十次向乌尔古岱督堂进献金、银、马、工匠和皮裘等物，如此多的行贿中，与皇太极略有牵连的只有一次，即李鼎奎送与乌尔古岱的十两黄金。而且，按照乌尔古岱的申辩，他怀疑李鼎奎可能是施用诡计有意陷害，先送金来，然后告发，故将此金请皇太极看。皇太极同意这种分析，叫"暂藏此金，出事后令观之"。就此而论，皇太极也没有什么错误，岳托、济尔哈朗、德格类三贝勒也无过失。可是，审理案件的诸贝勒却紧紧抓住此事大做文章，而且重翻历史旧账，把额尔德尼对抗汗命、隐藏东珠等事也一股脑儿端出来，用以说明皇太极等人互相勾结，进行谴责，并断定皇太极、岳托等四个贝勒有罪，请汗惩处，实际上这也是对努尔哈赤施加影响，促使他处罚皇太极小集团。

第三，努尔哈赤痛斥皇太极，予以惩治。努尔哈赤得到诸贝勒、众理事官拟处意见的报告后十分生气，遂狠狠怒斥皇太极，既指责他傲视诸兄，贱待诸弟侄，"凌越他人"；又谴责岳托、济尔哈朗、德格类"僭越"父兄，与皇太极合谋勾结，"进谗恶"，并骂皇太极"何故如此愚也",明确指出"岂置诸兄不顾,而令尔坐汗位乎?"这对皇太极争夺汗位的活动是一个沉重的打击。

努尔哈赤还下令,罚处皇太极金银,汉官送给乌尔古岱的贿物,命皇太极代纳,共取金十两、银三百两。第二月,又收取了皇太极的两个牛录①,并罚取了德格类、济尔哈朗、岳托辖有的一至二牛录。

清初开国时期这样重大的政治事件,完全被《清实录》涂改、删掉而埋没了,确需予以发掘和阐明。

四 扈尔汉的地位及其因责怨愤而死

扈尔汉,姓佟佳氏,万历十六年随父雅尔古寨寨长扈喇虎率本部诸申来投,努尔哈赤大喜,收为养子,后赐号为"达尔汉辖"。《清史列传》卷四载称,扈尔汉"感上抚育恩,誓从戎,行效死,每出战,辄为前锋",多次领兵出征,军功卓著,"历加世职至三等总兵官。六年十月卒,年四十八,太祖亲临哭之,以其子准塔袭"。《武皇帝实录》卷四载:"(天命八年)十月二十日,大臣搭儿汉虾卒,年四十八,帝亲临痛哭之。"

我认为,《清史列传》《武皇帝实录》的叙述有很多错误,遗漏了不少重要事实,与历史实际出入较大。

第一,扈尔汉的世职不是三等总兵官,而是一等总兵官。早在天命六年十月以前,努尔哈赤已封授扈尔汉一等总兵官世职。六年十一月,扈尔汉虽因罪降充三等总兵官,后并降为副将,但直到天命八年九月,其世职仍系一等总兵官②。

第二,扈尔汉死后,其子浑塔袭为一等副将。《清史列传》说:准塔袭父扈尔汉世职,为三等总兵官。此说有两个错误。其一,扈尔汉死后,其世职并非准塔袭承。准塔乃扈尔汉第四子,天聪年间才因功授牛录章

---

① 《满文老档·太祖》卷五十九。
② 《满文老档·太祖》卷六十。

京世职,任甲喇额真。扈尔汉的世职,是由其第三子浑塔所袭。其二,浑塔不是继父为三等总兵官,而是任一等副将。《满文老档·太祖》卷六十载,扈尔汉死后,总兵官阿巴泰向努尔哈赤建议,"将此旗伞移给其子浑塔",努尔哈赤拒绝说,扈尔汉有大过,"革其一等总兵官,给与其子浑塔一等副将之职"。

第三,扈尔汉曾被努尔哈赤十分信赖,待如己子,额外优待,从厚赏赐。万历十六年扈尔汉随父来投时,年仅13岁,努尔哈赤收他为养子,授为一等大臣。万历三十七年,又赐号"达尔汉";以后,任固山额真、一等总兵官和督堂。努尔哈赤曾经在很长的时间内特别宠爱扈尔汉,他在训斥扈尔汉过错时曾说:"吾之待汝,如吾所生之四子而举用之,以汝为第五子矣。从与汝相并之人中,擢用汝而贵养之,其他大臣虽羡慕而不能得矣。"①

赏赐财物时,扈尔汉所得远远超过其他官将,常与八和硕贝勒并列。天命六年八月十二日,努尔哈赤将从镇江带来的俘获物中,取牛二千头,赏与有职官将。对管牛录的备御,每二人合给一牛。三等游击,各一牛。二等、三等参将,每二人合给三牛。一等参将,各二牛。副将,各三牛。总兵官各四牛。阿敦阿哥、阿巴泰阿哥,各给五头牛。而对扈尔汉,则赐牛十五头②。

总兵官一职,是当时后金国最高的官衔,全国不过十员左右,这样高的八旗将领,每人才领到牛四头。阿敦,是努尔哈赤家族,系其亲信,久任固山额真,并已升为督堂。阿巴泰是努尔哈赤之子,英勇善战,军功卓著,五月已升为"一等督堂"。这次赏赐群臣时,努尔哈赤赐给扈尔汉牛十五头,超过阿敦、阿巴泰两倍,比总兵官多三倍,四倍于副将,是八旗官将中领赏最多之人,可见其地位之高。

天命八年五月初七日,以出征蒙古获胜而大赏八旗官将时,虽然扈尔汉已因过被责,但这时努尔哈赤仍下令,"按八贝勒之分",赐扈尔汉

---

① 《满文老档·太祖》卷十八。
② 《满文老档·太祖》卷二十五。

牛十六头、羊二十六只①。

第四，扈尔汉曾被努尔哈赤特别重用，在一段时间内，成为后金国中最高的官将。扈尔汉不仅曾被后金国汗努尔哈赤格外优待，从厚赏赐，而且还拥有很大权力。在一段时间内，他成为具体处理日常政务的最高官将，一般将领固然要对他阿谀逢迎，连努尔哈赤的亲侄、亲孙也要巴结他。《满文老档·太祖》卷二十八载：

"（天命六年）十一月初一日，督堂达尔汉辖在辽阳索取诸贝勒财物，又盗取财帛。为其弟达尔泰首告后，将其自沈阳以来按职赏赐各物，盗取之各物，尽皆取之……曾给与财物之济尔哈朗阿哥、斋桑古阿哥、岳托阿哥、硕托阿哥，此四贝勒，尔等上之兄等之妻（原档残缺）塞其口而与之。或以不使尔等之上之叔父、兄等为君，而以我等为君，因而给与财耳！若无此故，尔等似女人之心矣。问罪，使着女人之短袍，系裙，划地为牢，监三日三夜。"

济尔哈朗、斋桑古是舒尔哈齐子，系镶蓝旗旗主、二贝勒阿敏亲弟。岳托、硕托是正红旗旗主、大贝勒代善之子，系努尔哈赤亲孙。四人皆是有权有势统兵辖将的贝勒，而且是后金国的"执政贝勒"。扈尔汉竟敢向这些专横跋扈的大贵族索要贡物，而这四位"执政贝勒"也心甘情愿地献上厚礼，以图通过为汗信任的宠臣对努尔哈赤施加影响，利用扈尔汉的势力及其身任的要职，帮助自己争夺权力，甚至上升为后金君汗。这一事实清楚地显示出扈尔汉权势之大及其地位之特殊。

第五，扈尔汉被努尔哈赤痛加斥责，贬降其职，怨愤而死。《武皇帝实录》载称，扈尔汉死后，努尔哈赤"亲临痛哭之"。此说很难成立——因为《武皇帝实录》本是依据《满文老档》编写而成的，但查阅《满文老档》，却找不到这样的记载。

而且，更为重要的是，《满文老档》详细叙述了扈尔汉因屡犯过误被

---

① 《满文老档·太祖》卷五十一。

努尔哈赤痛斥怨愤而死的真实情形。

天命六年闰二月初,议处前一年八月追杀明军时违犯律令官将的罪状,扈尔汉包庇属下官员,硬将过错推诿于努尔哈赤遣派的人,并且脸红耳赤地当面和努尔哈赤顶撞。努尔哈赤非常生气,严厉斥责,发怒下令,"于审罪衙门,划地为牢,监禁达尔汉辖二日"[1]。

也就是在这个月的十七日,努尔哈赤询问群臣,瓦尔喀路是否被明兵隔断。扈尔汉答:"皆绝矣。我等牛录之一女病,欲携来,不果,其家之人携去矣。"努尔哈赤听后说,这样看来,路尚未隔断,立遣沙津参将"看守其路",将该路留下的一百四十人、马牛八十六匹带回,以免被明兵劫掠。法司审断,"以该地之主达尔汉辖,不查明其牛录人所云之言,而不尽收携来,问罪,取诸申二百丁"。努尔哈赤听后,斥责扈尔汉说:"昔者贤人曰:掘井饮水,养子得力。父吾以汝为子,较诸他人,更喜育养,汝应报答父汗,使其喜悦,乃何为不较他人勤于管辖,而于汝所管之事,尽皆怠慢耶!"令其十日之内,"不许来谒"[2]。

天命六年十一月,以扈尔汉索取济尔哈朗诸贝勒财物,努尔哈赤勃然大怒,下令"革其督堂之职,降充三等总兵官,永禁其言"[3]。

天命七年六月十一日,诸贝勒重审布山于辽阳战争"所得之罪",以布山为是,任为总兵官,将原来没收各物尽行退还,而归罪于总兵官巴都里及扈尔汉等大臣,罢巴都里总兵官,降为参将,革扈尔汉总兵官职,降为副将[4]。自此扈尔汉已失去汗宠,不再统兵执政,成为"闲居"之人了。

天命八年三月,扈尔汉上奏努尔哈赤,自斥所犯过失,并说,因"吾之心变之故,吾所娶之妻,养之子,下之诸弟,皆死矣,己身获病,殆死矣"。他发誓要痛改前非,效忠于汗,希望再行起用。努尔哈赤下谕,再谴其非,不信其誓言,没有用他。扈尔汉忧闷病重,于天命十年十月死去。

---

[1]《满文老档·太祖》卷十七。
[2]《满文老档·太祖》卷十八。
[3]《满文老档·太祖》卷二十八。
[4]《满文老档·太祖》卷四十二。

努尔哈赤下令，革其一等总官兵世职，使其子浑塔袭为一等副将①。

这些关系到清初开国时期政治历史的重要事实，皆被《清实录》删掉和埋没了，大大影响了研究的进一步深入，必须更正和补充，分析清楚。

五　努尔哈赤及女真各部酋长皆系明帝属臣

《清实录》对明满关系是特别注意的，尤其忌讳清帝曾为明臣的事实，凡此则极力回避，甚至改写历史，设法掩盖。努尔哈赤本系建州左卫女真小部酋长之子，世为明帝臣属，可是《清实录》却对此只字不提。《武皇帝实录》记述满洲源流时，声称三姓酋长共奉努尔哈赤远祖布库里英雄为主，"其国定号满洲，乃其始祖也。南朝误名建州"。这是完全违背历史真实的。现举三例，略加分析。

例一，查送瓦尔喀部女真。万历三十七年，努尔哈赤曾奏请明帝转告朝鲜国王，送还进入其境居住的瓦尔喀女真。此事，《满洲实录》记为："己酉年二月，太祖遣使致书于明国曰：邻朝鲜境瓦尔喀部众，皆吾所属，有入朝鲜者，可传谕查与。于是，明万历帝遣使谕朝鲜国查千余户归之。"

从文法角度看，努尔哈赤致明国书中的那句话，是使用上对下的、强制性的命令式。读了这段话，使人感到，努尔哈赤真了不起，他对女真各部尊称为"天皇帝"的至高无上的明朝万历帝，竟敢用君对臣的命令式口气发号施令，叫明帝将瓦尔喀部女真"可传谕查与"，明帝还依命照办。一个人丁稀少、辖地窄狭、对明称臣的小小建州左卫女真都督，能有这样大的权威？难以相信。

《满文老档》对此事的记载却大不一样。其文是："昔日金帝时流散之瓦尔喀部众进入朝鲜，聪睿恭敬汗欲将沿朝鲜境居住之瓦尔喀部众查出尽数带来，上书大明国万历帝奏请后，万历帝命朝鲜王清查，朝鲜王

---

①　《满文老档·太祖》卷四十七、六十。

查出先世流离散居数代之瓦尔喀部众，于聪睿恭敬汗五十一岁时，己酉年三月，遣返千户。"①

两相比较，《满洲实录》在两个重要问题上修改了原意。一是把努尔哈赤"上书大明国万历帝"奏请查送瓦尔喀，改为命明帝办理，颠倒了二者之间的君臣隶属关系。二是删掉了"昔日金帝时流散之瓦尔喀"内容，以掩饰女真——满族与宋辽金时的金国的血缘关系、祖孙关系。

例二，《清实录》将所有提到女真国、金国、后金国的地方通通抹掉，或改成"满洲国"。比如，《满洲实录》卷四载，万历四十一年，叶赫锦台什贝勒遣使"潜太祖于明万历帝曰：哈达、辉发、乌拉已被悉取矣，今复侵吾地，欲削平诸部，然后侵汝明国"。明帝遣使，命努尔哈赤不许侵犯叶赫。努尔哈赤回书说，"吾国兴兵，原为叶赫等九部联军进攻"。

查阅《满文老档》，则明确记为女真国。锦台什贝勒告明帝说，努尔哈赤"征哈达国，灭之。征辉发国，灭之。征乌拉国，灭之。今又欲征取叶赫。我等女真国尽灭后，将征汝明国"。明帝命努尔哈赤不许攻叶赫。努尔哈赤回书辩解说："吾女真国之兴兵"，原为叶赫等九部合兵来攻，"吾将藉何事而征大国之明耶？"②

皇太极继立为汗后，在天聪年间（1627～1635年）曾多次致书、明帝及其大臣，皆用的是"金国汗"名号。例如，天聪三年正月十三日，皇太极回书明巡抚袁崇焕说，"金国汗致袁大人之书"③。二月二十八日又遗书于明说，"金国汗致书大明国之执政诸大臣"④。天聪四年五月初六日，皇太极致书明帝说，"金国汗献于大明国皇帝之书"⑤。同类之书甚多，就不一一枚举了。

例三，明成祖朱棣赐给建州女真毛怜卫的敕书。毛怜卫是建州女真中最早建立的卫所之一，与努尔哈赤祖先所在的建州左卫女真关系十分

---

① 《满文老档·太祖》卷一。
② 《满文老档·太祖》卷三。
③ 《满文老档·太宗·天聪》卷十六。
④ 《满文老档·太宗·天聪》卷十六。
⑤ 《满文老档·太宗·天聪》卷二十八。

密切。《满文老档》载录了明帝朱棣赐给毛怜卫指挥使司指挥佥事林布尔罕的敕书,并记下了后金国汗努尔哈赤观看这件敕书的评语,十分可贵,现译录于下:

> (天命八年七月)二十三日,汗见昔日永乐帝之云为诰命之敕书曰:此敕书之言皆善也。依赖他人之手,蒙受他人之恩而为生,岂可复生恶逆乎。汗若举用后养育,不思敬汗而轻之,此破灭之端也。此敕书,着藏之,是嘉言之类也。
>
> 其云为诰命之敕书曰:承天奉运皇帝曰:朕思,帝者治国,为使天下一家,整治大地,使民安康,远近无别,皆委诸臣管辖。尔林布尔罕,虽居于边境之地,思天道而从之者也。知天时,明事务,尔心深远之故,自众擢出。朕嘉尔识忠义,何故喜而不赏。先曾赐尔毛怜卫指挥使司之指挥佥事之职,令特晋尔为同卫怀远将军,世袭指挥同知。尔若愈加坚信天道,善贤恭勤,禁约管辖尔之属下兵民,看守边境地方,使之平安,狩猎,育养牲畜,任意繁殖各物,始终无恶,天必慈鉴,锡福及尔之子子孙孙,晋而贵也。其勿轻朕此义。"①

从这道敕书及努尔哈赤的评语,我们可以看出五个问题。

一是女真各部居住地区,皆系明朝版图。永乐帝在敕书中一开始就郑重宣布,作为承奉天命的皇帝,他之主持国政,是为了使"天下一家",即包括各部女真在内,都纳入明朝政府的版图,都归隶明帝统治,都成为"一家",都要做到"远近无别,皆委诸臣管辖"。这就有力地表明了,女真各部住地,皆系明帝辖区。

二是嘉奖忠臣,擢任明朝地方军政机构官员。明帝敕称,因为林布尔罕"知天时,明事务",归顺于明,故予嘉奖,先曾任用林布尔罕为明东北地区军政机构毛怜卫指挥使司的官员指挥佥事,现又加官晋职,升

---

① 《满文老档·太祖》卷五十八。

为本卫怀远将军,世袭指挥同知,永为明臣。

三是责令为帝效劳,管治属民,不许叛逆。明帝谕示,林布尔罕既然充任明朝地方官员,就要为帝尽忠效劳。所谓"坚信天道,善贤恭勤",就是谕令林布尔罕要坚决忠于明帝,因明帝并非一般的凡夫俗子,而是"承天奉运皇帝"。尽忠出力的具体内容有三:一为"禁约管辖"毛怜卫指挥使司属下女真军民,不许他们为非作歹,抢掠盗窃,危害地方安宁。二为引导属下女真从事生产,猎兽捕禽,牧放牲畜。三为永远忠于明帝,不得谋反叛逆。

四是以"福"相奖,世代忠明。帝敕反复强调,如果林布尔罕能克尽臣职,忠于大明,则天必"锡福",使他及其子子孙孙世代享福,永为贵官。

五是努尔哈赤承认女真诸卫确系受帝厚恩,是明臣属。努尔哈赤观阅敕书的时间是天命八年七月,即他登上"覆育列国英明汗"宝座的第八年,是他以"七大恨"兴兵伐明的第五年,也是他率领八旗劲旅打下辽阳进驻辽东地区后的第三年。这样一个与明君为敌的后金国汗,却满口称赞永乐帝赐给建州女真毛怜卫的敕书,强调"此敕书之言皆善也。依赖他人之手,蒙受他人之恩而为生,岂可复生恶逆乎",下令好好收藏。身为女真各部及满族首领的努尔哈赤,作了这样明确的表态,如实地承认自己满族的先人——女真蒙受明帝厚恩,是明属部,这是极富有说服力的可靠证据。

综上所述,我们可以看出,由于《清实录》等官书编写者的删改,使清初的许多重要问题难以查明,严重地影响了清初开国史的研究。为了弄清当时社会的基本情况,阐明清初开国时期政治、经济、军事等方面的重大问题,正确判断入关前满族的社会性质,恢复历史本来面目,确有必要仔细阅读《满文老档》,让这部珍贵文献充分发挥其应该起到的作用。

关于16世纪40~80年代初建州女真和早期满族的社会性质问题

满族是以努尔哈赤为首的建州左卫女真为基础，统一了女真各部，并融合其他民族而形成发展起来的。理清16世纪40~80年代初建州女真和早期满族的基本状况，确定其社会性质，可以解决满族史研究中的一个重大问题，也有助于对其他同样处在原始社会末期的兄弟民族历史的分析。

探讨这个题目时，碰到一个很麻烦的问题，即遗留下来的资料太少。现存的《满文老档》虽多达上百万字，却有残缺。此书从1607年3月才开始记述，虽对1583年努尔哈赤起兵前后的情况有所追溯载录，也很可贵，但并不多，对明人和朝鲜人的记述也很少。因此，要想弄清真相，只有主要依靠《满洲实录》。《满洲实录》成书于天聪九年（1635），以满、蒙、汉三种文字书写，系依据《满文老档》删削编写而成，有图，乾隆年间重绘三部又进行了修改。但这毕竟是满族自己编写的最早的记载满族前期历史的一部书，特别是1607年3月以前的情况《满文老档》很少叙述，因此更需利用这部文献。经过查阅，发现《满洲实录》的满文体比汉文体更准确，改得少一些，更真实些。再结合《满文老档》等材料仔细分析，《满洲实录》还是可以说明历史基本事实的。

对于16世纪40~80年代初建州女真和早期满族的社会性质，学术界存在着不同的看法。一种意见主张，女真人在"十五、十六世纪，是奴隶占有制社会"，但还未出现奴隶占有制国家。亦有学者断言，它已过渡到封建社会。

我认为，迄至16世纪40～80年代初，建州女真和早期满族仍然处于原始社会的阶段，但其已不是一个完整的原始社会的鼎盛期，而是处于已经开始瓦解的原始社会末期了。

现将个人浅见，叙述如下，和大家共同商讨。

一 生产力的逐渐提高

明代女真人分为海西、建州、"野人"三大部，其下又各分为一些小部，明朝政府为了加强对女真各部的管理，陆续设立了不少卫和所。1403年和1412年，明政府先后设立建州卫和建州左卫，以阿哈出和猛哥帖木耳（努尔哈赤六世祖）为指挥使。1442年又从建州左卫分出建州右卫，以猛哥帖木耳与凡察为都督同知。正统年间（1436～1449），建州三卫先后聚居在浑河支流苏子河畔一带。

此期各部女真的生产水平、发展程度不尽一样，建州、海西女真比较进步一些。

牛耕和铁制农具的使用，已较广泛。早在15世纪30年代，农耕已在建州、海西女真中比较普遍。金将等人偷渡婆猪江（佟佳江），潜入建州卫指挥使李满住部侦察，在兀喇山北隅吾弥府（今辽宁省桓仁县境内）"见水两岸大野，率皆耕垦，农人与牛，布满于野"。朝鲜人说，李满住部，"虽好山猎，率皆鲜食，且有田业，以资其生"[1]。

1491年11月，朝鲜北征副元帅李季同说，海西女真车尼麻车部住茅房，"室大洁净，又作大柜盛米，家家有双砧，田地沃饶，犬、豕、鸡、鸭、亦多畜矣"[2]。

16世纪初，明臣卢琼在《东戍见闻录》中指出，建州女真"乐住种，善缉纺，饮食服用，皆如华人"；又说，海西女真"俗尚耕稼"。

这都反映出，至16世纪初，建州、海西女真的大部分皆已定居，农

---

[1] 《朝鲜世宗实录》卷七十七，世宗十九年六月己巳。
[2] 《朝鲜成宗实录》卷二百五十九，成宗二十二年十一月戊子。

业成为"资生"的很重要的部门。

至于那时生产率的高低，产量的多少，没有具体数字。从万历六年（1578）八月、十一年九月、十二年三月的三份明代辽东档册来看，当时大规模的交易中并未见有女真人购买粮食的记载，相反，米粮却是建州女真在抚顺"马市"上出售的重要货物。在19次的交易中，9次载有明人以猪、牛等物交换建州女真的粮食等物（详见后述商品交换部分），可见到努尔哈赤1583年起兵前夕，女真的农业生产已有相当水平，海西女真粮食已有可能自给，至少不是主要依靠外地。其时建州女真已有余粮出售，已能生产出超过维持劳动力本身所必需的物品。当然，在灾荒歉收岁月，女真人也有向明朝政府求要粮食的。

这并不是说畜牧业不重要。马匹一直是建州、海西女真与汉族交易的货物之一，牲畜甚至还起着一定的货币作用。1469年3月，建州女真柳尚冬哈向朝鲜索要逃奴三之莫之说："我以牛马购奴婢……"①

女真人喜爱狩猎，采集亦颇流行。女真地区盛产人参、珍珠和各种皮毛，这是他们与汉族贸易的主要货物。《满洲实录》卷二记述16世纪80年代时的情形说："本地所产，有明珠、人参、黑狐、元狐、赤狐、貂、猞猁狲、虎、豹、海獭、水獭、青鼠、黄鼠等皮，以备国用"。这都是女真人辛勤采集、勇敢捕猎的丰硕成果。

女真人的手工业则长期处于不发达状态，大多数女真部落不会炼铁、煮盐和丝棉纺织。虽有少数匠人，也主要是制作与兵猎有关的器具，用买来的铁打造弓箭。

到16世纪初，女真人在手工业方面有了进步。建州女真已"善缉纺"，即会织麻布，而且质量较好，产量较多，且对外出售。据明万历六年（1578）八月的辽东档案记载，麻布是建州女真运到抚顺马市出售的重要物品。两个多月内，有16次是以麻布交换汉商猪牛等物的记载。

这样的生产情况，决定了女真人主要是以狩猎、采集所得人参、貂皮等物以及粮食和麻布（建州女真）换回自己缺少的铁铧、铁锅、耕牛

---

① 《朝鲜世祖实录》卷四十五，世祖十四年三月壬戌。

和盐等生产及生活必需品，他们主要是通过入京"朝贡"和设在开原、抚顺马市与汉族交换。

明朝政府规定，海西、建州女真，每年入京"朝贡"，海西一千道敕书，建州五百道敕书，除"赏赐"外，可在会同馆互市。

明朝政府又在开原、抚顺等地设"马市"。海西女真叶赫部自开原镇北关进入马市堡交易，哈达等部自广顺关进入东果园互贸，建州女真到抚顺交换，后增设马市于清河、叆阳、宽甸等处。东北档案馆保存的明代辽东档案虽有残缺，却详细载录了当时女真与汉族交往频繁、贸易兴旺的情形。根据万历六年八月、十一年九月、十二年三月的三份记载建州、海西女真在抚顺、开原与汉族交易的档册[①]，可以看出四个问题。

第一，交易频繁，人数很多。交易基本上是三日一市，有时是间日一市。进入开原镇北关、广顺关的海西女真人，一批动辄数百，最多的一次达1180名。在万历十一年七至九月和十二年一至三月的半年内，海西女真入市人数多达11874人次。

第二，进行交易的货物品种很多，数量甚大。在镇北关、广顺关的交易档册中，半年内载有易换货物的数字和品种，计有：铧子，19次，4848件；牛，18次，497头；锅，16次，354口；袄子，15次，234件；羊皮袄，9次，397件；羊，13次，213只；驴，10次，23头；猪，4次，11头；水靴，14次，203双；缎子，10次，58疋；绢，4次，6疋；人参，18次，3619斤；马，18次，175匹；貂皮，18次，4724张；狐皮，18次，577张；麚皮，16次，761张；珠子，8次，32颗；蜜，7次，1460斤；蘑菇，14次，3740斤；木耳，12次，762斤；羊皮，13次，1743张；以及鹿皮、牛皮、豹皮、木楸、松子、榛子等物。

抚顺关的交易，虽无具体品种和数量的记载，但一般都是建州女真以人参、马匹、粮食、麻布和汉族易换猪羊等物。在万历六年（1578）四～七月的80天中，即抽税银268两（不包括档册残缺不清的交易次数），而在上述开原镇北关、广顺关那样大量的交易，是抽税银612两，

---

① 东北档案馆藏，明档乙105，106，107。

仅比抚顺城多一点三倍，由此也可推知，抚顺关的交易数量也是很大的。

第三，交易中，女真人得到大量铁铧、铁锅、耕牛、食盐、衣、布等生产工具和生活必需用品。有些女真人进入马市，一次就购买铧子1134件、牛97头。在上述半年中，海西女真人买进铧子4848件、牛497头、锅345口、袄子（包括羊皮袄）631件。另外，还通过"抚赏"形式得到布1055匹、锅1669口、盐3230斤。万历六年四至七月，建州女真在抚顺马市与汉族进行了大量贸易，买进大批猪羊等物，并在万历六年七月至八月二十二日的52天中，通过"抚赏"，得到布1010匹、锅1189口、盐4593斤。

第四，女真人卖出大批参、珠、毛皮，获价上万。在镇北、广顺二关的交易中，海西女真人买进的主要货物有铧子、牛、羊、猪、缎、袄等，按时价计约折银852两。而卖出货物，仅人参一项，照极低价格每斤9两银计算，3619斤参当值银三万二千五百多两。至于貂皮4724张、狐皮577张及其他各物，又可售银上万。

如此频繁的往来和大宗的交易，产生了重大影响。通过互相供应对方必需物品，大大加强了两族人民的经济交流，密切了兄弟民族之间的经济联系。

而大批铁制农具和耕牛的输入，有利于女真人开垦荒地、扩大耕种面积、提高劳动生产率和推动农业生产的不断发展，从而能够更多地生产出超过维持劳动力本身所必需的产品。

交易的频繁，促进了私有制的发展。人参、蘑菇、貂皮、狐皮等物的大量出售，使采集和狩猎远远超过了自己消费的范围，日益增加了商品生产、商品交换的因素。粮食成为建州女真卖出的重要货物，表明了种植谷物已经部分地、逐步地卷入商品市场，带有一定的商品生产性质。这样，必然反过来促进私有制的发展。

商品货币关系日益渗入女真人社会，促进了氏族成员之间的分化，增加了酋长等氏族显贵的财富，刺激了他们掠夺和剥削的欲望。其时，进京朝贡和入马市交易，主要是由封授都督、都指挥、指挥之类官衔的女真头人率领进行的。比如，在万历十一年九月、十二年三月的档册中，可以肯定是都督、都指挥的有13次,即仰加奴2次,逞加奴2次,卜寨4次,猛骨孛罗4次,住金奴一次。万历六年八月档册载明,建州女真都督松塔、来留住和都指挥付羊古,以及努尔哈赤祖叫场等,均多次进入马市贸易,交易所获的大批财物纷纷流入他们的私囊。汉族官僚、地主的财富及其不劳而获的豪华生活,亦使他们留下深刻印象,因此掠夺他人财物,榨取剩余劳动,日益成为酋长等显贵追求的目的。富者日富,贫者越贫,分化加剧了。

概括起来,直到16世纪40～80年代初,海西、建州女真的大部分,已是室居耕田,以农为主。由于生产逐步发展,他们已能将部分粮食投入市场,能够更多地生产出超过维持劳动力所必需的物品。随着商品交换日益频繁,私有制因素不断增长,酋长等显贵的财富迅速增多。这一切,为剩余劳动的出现及剥削制度的产生提供了物质条件。

二 诸申的身份

迄至16世纪40～80年代初,组成女真和早期满族社会的成员有三类人,即"贝勒"、诸申和阿哈。诸申人数最多,影响最大,是女真和早期满族的主要成员。弄清诸申的情况,确定其身份,对判断当时满族社会的性质具有十分重要的意义。

诸申,是满文 jušen 的音译[1],是女真及早期满族人对自己的称呼。清朝康熙帝主持编纂的《清文鉴》,却把 jušen 解释为满洲之阿哈。

为什么会出现差异呢?原来,诸申的身份和地位有一个发展变化的过程。在早期,诸申并不是奴仆。16世纪40～80年代初的诸申,并不是被欺凌、受剥削的满洲阿哈(即奴仆),而是任意耕猎、自由生活、不受压迫的氏族成员。诸申沦落为奴仆,是相当晚的事。

研究诸申的地位,必然要涉及当时社会生产关系和上层建筑的性质

---

[1] 由于排印的技术原因,本文中所引用的满文,均以罗马字拼写。

问题。现在着重剖析1596年初努尔哈赤属下诸申谈到自己处境变化时所说的两句话："前则一任自意行止，亦且田猎资生。今则既束行止，又纳所猎"①。

诸申所说"前则一任自意行止，亦且田猎资生"是和后一句"今则既束行止，又纳所猎"对比而言，表示现在才交纳所猎，即交纳劳动成果。这也意味着过去是不纳所猎，可以自获自食的。为什么过去能自食所得，现在却要纳贡呢？这必然涉及围猎的山场和耕种田地的所有权问题，必然涉及收获物的分配方式问题。结合其他材料具体分析，可以看出，在不纳贡物情况下的"田猎资生"，实际上表明了当时土地是公有的，不纳赋税，耕者自食。

土地是古代最重要的生产资料。究竟这个阶段的土地所有制是什么形式，是公有，还是私有？如果是私有，又是什么性质的私有制？这是一个尚需探索的问通。我认为，这时的土地，仍属公有制。

在16世纪40～80年代初的建州女真和早期满族那里，土地还未变为私有财产，还未确立土地私有权。从我所接触的资料中，还没有发现明初以来的女真和早期满族有买卖土地、赠赐土地的行为。那时没有土地纠纷，没有分封田地，直到努尔哈赤兴起以后，才有屯田的记载。1621年女真人进入辽沈平原后，才开始将田地计丁授与满汉人丁。在此以前，他们谈论的财富一般指牲畜、白银、布帛，有时也包括阿哈，但从未把土地当做财富。

我们可举两个具体事例来分析研究。《满洲实录》卷一汉文体载，努尔哈赤10岁时，母亲去世。19岁时，由于其父宠信继母，即与努尔哈赤分居，"家产所予独薄。后见太祖有才智，复厚与之，太祖终不受"。

"家产所予独薄"，这句话值得深究。所谓"家产"，指的什么东西？按照当时明朝汉族地区习俗，一般是田地、房产、银钱、衣服、器皿和奴婢，此处所说的"家产"是否同样情形呢？

稍后一些时间，建立金国、进入辽沈以后，努尔哈赤赏赐臣僚，一

---

① 申忠一：《建州图录》。

般也是赐庄田、牲畜、奴仆、衣服、器具和金银。这里的"家产",是否也包括这些项目?

为了确切地回答这个问题,最好的办法是查看同书的满文体。按照满文体的记载,汉文体的"家产"二字,在满文体中的满文却是 aha ulha。aha 音译为阿哈,意为"奴仆",在当时就是奴隶(详见后述阿哈部分),ulha 意为牲畜。全句应译为:"(分家时,其父)给予阿哈、牲畜甚少。后见子有才智,欲令取先前未给之阿哈、牲畜,淑勒贝勒(努尔哈赤)不取"。

从满文体的记载和汉文体的书写可以清楚地看出,土地在当时女真社会中是毫不重要的东西,不是构成"家产"的因素。

第二个例证是额亦都受赏情形。额亦都是清朝"开国元勋"和皇亲国戚,《满文老档》载录了他建立战功与领受赏赐的详情,现举早期两次战例略加分析。1583 年 5 月,努尔哈赤起兵,报杀害父、祖之仇,攻打仇人尼堪外兰居住的图伦城。额亦都首先毁城冲入,努尔哈赤特将班达西母亲赐予。稍后,额亦都独自率众,攻取舒勒克布占城。努尔哈赤"将得获该城之所有物品",尽行给予额亦都。

这两次赏赐,都没有提到土地,而只是说赐予妇女,给予物品。这也可以表明,此期的建州女真土地尚未成为私有财产,到处都可开垦,不算财富。

还要看到,直至 16 世纪 40~80 年代初,建州女真没有征收赋粮的行为,也没有凭借土地所有权而逼索租谷的现象,这也从分配方面体现了土地仍属公有的性质。

土地既归公有,不是个人私产,不能依靠土地而迫使劳动者纳租交赋,那么耕种土地的人——不管是诸申,或者是所谓的"贝勒""台吉",都可得到全部收获物了。谁耕,就归谁收,就由谁得。

现在,再来看看,在这个阶段,建州女真打仗和狩猎时,采取什么样的组织形式?是固定的常备军队,还是临时性组织?是自愿参加、自由组合,还是强迫佥派?是民主推选临时首领,还是出现了统治士兵的专职武官?这些都是与社会性质有密切关系的重要问题。

《满洲实录》卷三载:"是年(1601年),太祖将所聚之众,每三百人内,立一牛录额真管属。前此,凡遇出师行猎,不论人之多寡,照依族寨而行。满洲人出猎开围之际,各出箭一枝,十人中立一总领,属九人而行,各照方向,不许错乱,此总领呼为牛录(汉语大箭)额真。于是,以牛录额真为官名"。

剖析这段记载,可以基本上弄清1583年努尔哈赤兴兵之前女真的武装组织的形式与性质,其主要有三点。

一是当时女真人没有固定的军事组织,平时没有长期的、正规的、常备军队,遇到打仗或围猎时才临时凑编,事毕以后各归各家,各回各族各寨。

二是组成的人员,并非贝勒之类的统治者逼迫佥充,不是依人丁多少按比例强行征召,而是由诸申们自愿组合,自由参加,各自跟随本族本寨而行。

三是没有专职的统治士兵的军官,而是诸申推举临时性的首领,负责指挥攻战和围猎。所谓牛录额真,是满文 niru ejen 的译音,niru(牛录),意为射兽用的"大披箭",ejen(额真)意为主,牛录额真即箭之主。其意为,参加兵猎的诸申,每人各出箭一枝,十人中立一人为首领,负责指挥,同行九诸申依其吩咐而行动。兵猎毕后,此首领即自行下台,下次出兵时,再重新推立。这样的牛录额真,不是君、汗、贝勒委任的固定的军官将领,不是统治士兵、奴役诸申的官老爷,只不过是一个没有强制权力的临时性的指挥者。

这样的组织形式,就是恩格斯所说的氏族制度时期"居民的自动的武装组织",而不是阶级社会中和人民大众分离的"特殊的公共权力"——军队。

与这种"居民的自动的武装组织"相适应的是,围猎和征战所获诸物不是按照权力大小或等级高低来瓜分,不是被酋长一人或少数"显贵"所霸占,而是由参加的全体诸申均平分取。这样的分配方式是氏族制度"居民的自动的武装组织"性质的体现,很能说明社会的发展阶段问题。现从《满文老档》找到一些材料,译录一段,可以明了此事真相。

《满文老档·太祖》卷四载:"历来征战,所得俘获甚多时,则均而分之"。"均而分之"虽只寥寥四字,却清楚地显现出参加出征的全体诸申均分战利品的真情实景。

这是长期实行的古老传统,深入人心,不易尽革,直到努尔哈赤荣任聪睿恭敬汗、建立起奴隶占有制的女真国——金国。进入奴隶社会后,努尔哈赤虽然取消了"均分"俘获制,代以论功行赏,但仍然部分地保留了这种传统的残余。俘获诸物,除诸贝勒攫取部分外,余物由众兵均分。

比如,《满文老档·太祖》卷十一载,1619年7月,金军打下开原后,"所获金、银、绸、帛、蟒段等物甚多,其他物品皆由众兵均得,金、银则归八贝勒得之。"

现在,进一步看看"前则一任自意行止"的含义。

在这个阶段,诸申可以任意行走。迁移,定居,耕田,打猎,采参,摘松,皆可按照己意行动,不受任何约束。朝鲜因女真人常入境内采挖人参,有人建议通告各酋长,令其管辖禁止,当即遭到反对,因"虽名为酋长,并无君臣上下之分",无权禁约。清朝"开国功臣"额亦都,原系无家孤幼诸申,依姑度日。他19岁时自动投靠努尔哈赤,未见其本部酋长拦阻。诸申这种自由行动和进入奴隶社会后的"束行止",即遭受奴隶占有制国家束缚、驱使、统治,是截然不同的[①]。

诸申之间,平等相处。此期,诸申与所谓都督、都指挥使、贝勒之类的酋长也是平等的关系,既无尊卑之别,也无上下之分。所以,诸申可能会做有损于贝勒利益的事。征战时,面临困境,诸申可以"怯战"不攻;围城时,也可不听贝勒的劝阻,任意抢掠(详见后述"贝勒"部分)。

遇有要事,"贝勒"与诸申一起聚会,平等商议共同决断,虽有多数人赞同某种意见,但如有异议,亦不能逼令异议者服从,仍须再次协商。

---

① 据申忠一《建州图录》的记载,就在1596年诸申所说"前则一任自意行止……今则既束行止"的时候,诸申外出,必须经过"王子"努尔哈赤的批准。例如,诸申汝乙可欲带熊皮、鹿皮前往朝鲜满浦出售,换回耕牛,报告"王子"努尔哈赤后,努尔哈赤下令,不准前往。

例如，栋鄂部来兵掳掠时，分居十二处的六祖及其诸子聚议对策。绝大多数人认为，分住则涣散力弱，难以抵挡，应当合居一地，守卫御敌。但努尔哈赤的三伯祖索长阿子武泰反对，力主求妻父哈达国万汗发兵援助，后终前往哈达借兵①。

以上情况表明，迄至16世纪40~80年代初，诸申并不是《清文鉴》断定的"满洲之阿哈"，而是不受剥削、不被统治的氏族成员。在这个阶段，还没有产生出与人民大众相分离的"特殊的公共权力"——军队，土地仍属公有。联系下述"贝勒"地位的分析，就可相当全面地了解当时的社会面貌了。

三 "贝勒"的地位

清朝官修的《满洲实录》《武皇帝实录》《高皇帝实录》和《满文老档》，都把1583年起兵前后的努尔哈赤称为 sure beile，音译为淑勒贝勒。sure（淑勒），意为聪睿，sure beile 即聪睿贝勒。又称努尔哈赤祖觉昌安六弟兄为 ningguta beile，ningguta 汉语为六，ningguta beile 译成汉文为六贝勒，对努尔哈赤弟舒尔哈齐等亦称为贝勒。总之，努尔哈赤弟兄及其六祖皆是 beile，译成汉文，应当写为贝勒（《清实录》译为王，是不恰当的），俨系辖地治民世代君王的高贵门阀。

《清实录》和《满文老档》所用贝勒 beile 一词，系从蒙文转来，原意为统治一部、一地的贵族，是该部之主，是该地之君。号称宁古塔贝勒、六贝勒和淑勒贝勒，是否也是这样性质的本部之主？如果仅就文字角度看，顾名思义，有国才有汗和贝勒，有汗及贝勒就必然有国。16世纪40~80年代初的建州女真和早期满族，是否也是这样？

现在，我们以努尔哈赤为典型，剖析一下1583年前后"贝勒"的真正科学含义。这实际上也就是探讨当时的上层建筑形式的问题，也就是

---

① 《满洲实录》卷一。

了解有无国家的问题,这对确定社会的性质,是十分必要的。

我认为,迄至16世纪80年代初,建州女真和早期满族尚未产生国家。从努尔哈赤来看,1587年前的"贝勒",并不是阶级社会中统治一国军民的帝王君汗,而是氏族制度酋长之类的氏族显贵。他们已经是世代传袭,一般比较富裕有力,占有少量阿哈,有的还有几名"古楚"(gucu),与普通诸申已有明显区别。

努尔哈赤祖觉昌安承袭祖失保"都指挥"官衔。1583年觉昌安及子塔克世为明兵误杀后,明乃令努尔哈赤承袭其职,并给予敕书三十道、马三十匹。

努尔哈赤占有少量奴隶。《满洲实录》卷一汉文体载,塔克世与其子努尔哈赤分居时,"所予家产独薄"。前面已经讲明,此处所谓的"家产",满文体是 aha ulha,即阿哈、牲畜,原意是给予奴仆、牲畜不多。

同书卷一汉文体又载,1583年9月,"贼"欲暗害努尔哈赤,将其"部落帕海"刺死。这个帕海是什么样人?所谓"部落"是属于什么阶级?汉文体编写者没有细说。仅就字面而论,"部落"很可能指的诸申,是指氏族成员。同书记载,努尔哈赤几次将诸申称为部落。如作此解,就产生了一个问题,为什么作为诸申的帕海要为酋长努尔哈赤效劳呢?如果说这时的诸申必须为酋长服役,听从酋长驱使,那么,诸申的身份就很低贱了,就不再是无拘无束、不受奴役的、自由的氏族成员了,就下降为奴隶占有制国家统治、剥削的所谓"自由民"了。同时,酋长的地位也就改变了,也就不再是与诸申平等相待的氏族制度下的酋长或氏族显贵,而上升为治民辖兵的帝王君汗之类的统治者了。这是一个关系重大的问题,必须查清。

仅就《满洲实录》汉文体的上述简略记载,是无法搞清楚的。细读该书满文体,才了解真情。原来,所谓的"部落",满文却是 booi niyalma。boo,意为家,i,是表示所有格的附加成分,意为之,niyalma 意为人。booi niyalma 意为"家之人",即奴仆,当时就是奴隶。后来往往省略了 niyalma 一字,简写为 booi,汉文音译为"包衣"。这就清楚了,帕海之所以为努尔哈赤服役,住在努尔哈赤家,睡在窗下,并不是以贬低了的、很卑贱的诸申——"自由民"的身份出现,而是以奴仆、奴隶的身份,为家主效劳,为家主服役。

查遍各书,任何时候,任何满文字典,都是把 booi uiyalma 解释为奴仆,从来没有译为"部落"。这是两种性质根本不同的名词,这是人所皆知的普通常识,《满洲实录》汉文体编写者不会不知道。但是,对于如此重要的事情,这些翰林、学士们却硬要篡改原意,写为"部落",掩盖努尔哈赤占有少数奴隶的事实,混淆酋长与诸申们的关系,布置迷阵,障人耳目。

努尔哈赤还有少数 gucu(古楚)。《满洲实录》卷一汉文体和《武皇帝实录》卷一同载,1584 年春,萨木占杀努尔哈赤妹夫噶哈善后,努尔哈赤"带数人"往寻遗尸。《高皇帝实录》将"带数人"写为"率近侍数人"。《满洲实录》卷一汉文体又载,同年五月,努尔哈赤缚捉潜入室内"贼"后,"弟兄亲族俱至"。《高皇帝实录》将弟兄亲族写为"诸弟及近侍"。

查阅《满洲实录》的满文体,前一事,即所谓"带数人往"及"率近侍数人行"的满文是"ini udu gucu be gaifi"。后一事,"弟兄亲族俱至"及"诸弟及近侍",其满文为"buya deote gucuse booi niyalma."这就明白了,所谓"诸人",所谓"近侍",乃系从满文 gucu 而来。《高皇帝实录》把 gucu 译为近侍,这又是故意篡改原义,胡乱译写。gucu 意为朋友、同伴。gucuse 是 gucu 的复数,意为伴儿们,朋友们。前一事应译为努尔哈赤"带彼之数同伴(或数友)往",后一事为"诸弟、同伴们(或朋友们)、奴仆俱至。"把基本上在当时仍是平等的、同辈的朋友关系、同伴关系的 gucu,译为上下关系、君臣关系的"近侍"是不符合实际的。

当然应该看到,gucu 的产生是一件不可低估的事情,这是社会发展变化中出现的新现象,对努尔哈赤转变为真正的专制君汗,对奴隶主贵族的形成,对满族进入奴隶社会,都有相当大影响。对此需多说几句,阐明真相。

恩格斯在论述古代德意志人王权的产生时,分析了扈从队制度。他说："有一种制度促进了王权的产生，这就是扈从队制度。我们在美洲红种人中间就已经看到，与氏族制度并行，还形成了一种独立自主地进行战争的私人团体。"他还具体地论述了扈从兵与首领的关系、所起的作用及其向贵族转化等问题①。

恩格斯的这些教导，为我们研究 gucu 的境遇、性质和影响指明了方向。虽然建州女真——早期满族的情况与古代德意志人不尽相同，特别是德意志人征服罗马后，由原始社会末期直接进入封建社会，与满族向奴隶社会发展不一样，但是，从扈从队产生于原始社会末期及其对酋长转化为真正的国主的作用，从其成为新国家中贵族的重要组成人员等方面来看，两者情况基本相同。我认为，gucu 基本上就是上述军事首领的扈从兵。

根据《满洲实录》卷一满文体记载，1584 年春，努尔哈赤已有几名 gucu，但究竟有谁，可否找出一二人作为代表进行分析？他们主要做什么事，起什么作用，努尔哈赤怎样对待他们，结局如何？这些都是需要弄清的问题。

我认为，清朝"开国元勋"、五大臣之二的额亦都和安费扬古二人，就是上面所说的 gucu。现以这二人作为典型，进行一些分析。

恩格斯指出："博得了声誉的军事首领，在自己周围集合一队贪图掠夺品的青年人，他们对他个人必须效忠，而他对他们亦然。"额亦都和安费扬古就是这种为贪图掠夺品而集合在努尔哈赤周围的青年人。

额亦都，姓钮古禄氏，小努尔哈赤三岁，世居长白山，后祖父阿陵阿巴颜移居英峨峪。其家颇有资财，祖阿陵阿被称为 bayan，音译为巴颜，意为富翁。额亦都幼时，父母为人所害。1573 年，额亦都 13 岁，拔刀杀死仇人后避难，逃往嘉木湖寨，依姑为生。1580 年，努尔哈赤在额亦都姑父嘉木湖寨长穆通阿家住宿，与其见面谈论。额亦都遂与努尔哈赤同行，此后一直跟随他南征北战。

安费扬古，姓觉尔察氏，与努尔哈赤同岁，世居邻近的瑚济寨。他

---

① 恩格斯：《家庭、私有制和国家的起源》，《马克思恩格斯选集》第 4 卷，人民出版社，1972，第 141~142 页。

从小就跟随努尔哈赤，1583年起兵以后，四处征战，屡立"军功"。

这两人之所以跟随努尔哈赤，效忠于努尔哈赤，并不是出于什么大公无私、洁白无瑕的高尚动机，而是为了追求"最卑下的利益"，为了进行战争，掠夺人口、牲畜和财帛，出人头地，荣华富贵。以额亦都来说，祖系富有资产的 bayan（巴颜），姑父又是嘉木湖寨长，耳闻目睹，朝夕熏陶，私有财产的印象自然很深，贪图财富，想从氏族显贵性质的寨长转变为真正的汗、贝勒、大臣的愿望自然很强，可是，由于父母突遭杀害，他一下子就降成无家可归、寄人篱下的贫困诸申，其当然怀有报仇雪恨、重振父业的强烈要求。史载，努尔哈赤至其姑家时，"额亦都识为真主，请事太祖……遂从行"。这虽然有所渲染，额亦都未必有那样好的眼力，一下就看出了微弱小部酋长之子努尔哈赤必然会成为辖地数千里、臣民众多的大金国汗。但这也可显示出，当时额亦都已经认识到努尔哈赤很有野心，很有能耐，可能干出一番事业；跟随他，可以达到自己的目的。

恩格斯又指出，首领养活他们，奖赏他们，他们则在战争中为首领效劳，充当卫队、预备队和"军官团"。额亦都、安费扬古与努尔哈赤之间的关系也是这样。额亦都是一个寄人篱下的孤苦诸申，1580年即跟随努尔哈赤，安费扬古也是从小投靠，当然由努尔哈赤供其衣食。额亦都二人亦尽力效劳，长年随侍，身经百战。早期，努尔哈赤遭受族人谋害侵侮，处境困难，几次险些出事。正是额亦都等竭力护卫，才渡过难关，转危为安。1583年5月，努尔哈赤起兵，攻打尼堪外兰所据图伦城，时随从诸申很少，额亦都、安费扬古则皆从征。征战中，额亦都奋勇冲刺，率先毁城冲入攻克，又率少数诸申独取舒勒克布占城，获得大批物品。而后，他又攻下色克济城，获其牛马。

1583年5月，安费扬古跟随努尔哈赤攻打图伦城；同年，又奉命率诸申取萨尔浒城。兆嘉城主理岱引哈达兵劫努尔哈赤所属瑚济寨，回军途中，分取人畜时，安费扬古与巴逊领十二人追及，拼死冲刺，杀四十余人，尽获所掠。1584年正月，从努尔哈赤攻下理岱所居兆嘉城。六月，随攻玛尔墩寨，山险守坚，连攻三日未下，安费扬古率领诸申夜间跣足，从间道攀崖而上，攻下其寨。

1587年以后，额亦都和安费扬古经常领兵出征，取城夺地，掠获大量人畜财帛，为女真国——金国的建立和扩展，立下了汗马功劳。

努尔哈赤多次重赏二人，既赐给大批人丁、马、牛、敕书、银、财，又不断升职加官。比如，额亦部打下舒勒克布占城后，努尔哈赤将该城所获物品全部赐给他。额亦都攻打巴尔达城时，身受五十余伤，体无完肤。取城后，努尔哈赤大喜，亲自迎接，宰杀二牛设宴庆贺，且将得获该城所有敕书、人户尽行赐给他，又赏给备有鞍辔的良马，命名为"巴尔达之库肯马"。

恩格斯指出，这些扈从兵"促进了王权的产生"。联系满族历史实际，确实是这样的。像额亦都和安费扬古这些gucu，他们的命运紧紧和努尔哈赤连在一起。努尔哈赤的势力越大，辖区越广，臣民越多，他们的官职就越高，权势越大，辖属的兵民越多，财富膨胀的速度就越快。反过来说，他们连续领兵出征，四处攻打，夺取的城堡村屯越多，掠获的人口、牲畜、财帛越多，则努尔哈赤的地盘也就越大，地位越高，就更加迅速地向真正的专制君汗转化，就产生了真正的王权。

恩格斯指出，这些扈从兵后来成了"贵族的第二个主要组成部分"。额亦都等gucu也是这样。额亦都成为清朝"开国元勋"五大臣之一，任至众额真、固山额真，世袭一等总兵官，娶努尔哈赤妹，尊号和硕额驸，死后追封宏毅公。其子图尔格等封授公爵、伯爵、子爵，子达启娶努尔哈赤女，满门显贵，世代荣华。安费扬古亦为五大臣之一，子孙也封授子爵、男爵。

根据这些情况，可以看出，额亦都等gucu，在刚开始跟随努尔哈赤时，彼此之间基本上仍是平等的伙伴关系。他们仍然是一般的诸申，并不是统治人民的官老爷。但随着掠夺战争的频繁和向奴隶社会转变，额亦都等gucu的地位也就发生了变化。1587年以后迅速转化为真正的汗、贝勒的"近侍"、"从臣"，与努尔哈赤是君臣关系、上下关系，由一般诸申上升为统兵辖民的达官贵人。这对促进王权的产生和奴隶主贵族的形成，对加快进入奴隶社会，都有相当显著的影响。

分析了 gucu（古楚）的情形后，再来看部长与诸申的关系。当时建州女真各部的部长、寨长，已与一般诸申有比较明显的区别。这从努尔哈赤与噶哈善等人的盟誓，可以看得很清楚。《满洲实录》卷一汉文体裁，1583 年初，嘉木湖寨主噶哈善、萨尔浒部长诺密纳、沾河寨主扬书、常书等与努尔哈赤商定联合对付尼堪外兰时立誓说："念吾等先众来归，毋视为编氓，当待之如骨肉"。查看满文体，所谓"编氓"，乃系诸申 jušen。这又是乱译，jušen 诸申下降为编氓，是晚些时间的事，这时的诸申仍系不受奴役的自由的氏族成员。既然噶哈善等四个部长、寨主不愿被当做诸申对待，可见，部长、寨主与一般诸申已有一些区别。

但这是什么样的区别？是原始社会末期酋长之类的氏族显贵与一般氏族成员的区别，还是阶级社会中君主与臣仆的区别？换句话说，贝勒与诸申之间到底是什么关系？这是判断"贝勒"性质的关键，也是划分满族社会形态的重要依据之一。

要正确解答这个问题，需着重研究国家的有无问题。

国家，是社会分裂为阶级和阶级矛盾尖锐激烈的产物。国家的形式多种多样，决定是否是国家的根本因素，是看其本质问题，即是不是压迫人民大众的暴力统治机器。恩格斯指出："国家的本质特征，是和人民大众分离的公共权力"，"构成这种权力的，不仅有武装的人，而且还有物质的附属物，如监狱和各种强制机关，这些东西都是以前的氏族社会所没有的"。在雅典，这种公共权力是用来控制奴隶和公民的①。他又说，国家"在一切典型的时期毫无例外地都是统治阶级的国家，并且在一切场合在本质上都是镇压被压迫、被剥削阶级的机器"②。

遵循恩格斯的这些精辟的，深刻的科学论断，就能解答 16 世纪 40～80 年代初建州女真有无国家的问题。

前面已经讲明，这个阶段，建州女真还没有固定的、强迫佥充的常

---

① 恩格斯：《家庭、私有制和国家的起源》，《马克思恩格斯选集》第 4 卷，人民出版社，1972，第 114、167 页。

② 恩格斯：《家庭、私有制和国家的起源》，《马克思恩格斯选集》第 4 卷，人民出版社，1972，第 172 页。

备军，而是遇逢征战、围猎时，由诸申自愿参加，自由组合，推立临时性的首领。同时，也简要地叙述了诸申可以任意行走、平等相待、民主议事的情形。由此可见，这个时候，还没有出现与人民分离的"公共权力"，也就是说还没有产生暴力统治机器的国家。在这种条件下的所谓淑勒贝勒努尔哈赤也不可能成为统治人民的一国之主。

现在，我们再举几个例证，对比以后奴隶社会时期的情况，看看努尔哈赤在平时对诸申和在战时对所谓"士兵"——披甲的诸申——的态度，进一步论述努尔哈赤的身份和国家有无的问题。

我认为，1583 年前后所谓的淑勒贝勒努尔哈赤，并不是真正的统治人民的帝王君主，而是氏族制度下的酋长，他不能对一般的氏族成员——诸申施加刑罚，不能约束诸申，不能奴役诸申，也不能惩处 gucu。对比一下后来奴隶社会时期的状况，便可发现很大的差别，下举四例为证。

例一，1584 年春，努尔哈赤叔龙敦、舅萨木占与全族合谋，拦路截杀努尔哈赤妹夫噶哈善。努尔哈赤知悉后，虽然十分愤怒，但并未对同谋的任何族人施加任何惩罚。

待后来努尔哈赤成为真正君王时，情况就大不一样了，他不仅不允许族人犯上作乱，连略有怠慢或懈于职守者亦处重罚。1609 年，他尽夺亲弟舒尔哈齐贝勒的部署和一切物品，幽禁其身，逼之至死，并斩杀辅助其弟的宗室（即努尔哈赤族人）阿萨布。[①] 1619 年，因族弟铎弼贝勒作战不力，革其固山额真职，取消其应领赏赐的俘获。[②] 同年，因族弟旺善"无论何战，皆施狡计"，尽夺赐彼的阿哈及诸申，并多次引以为例，告诫群臣[③]。

例二，1584 年，努尔哈赤率兵四百，带战车三辆，攻玛尔墩城。守兵飞石击人，用巨木撞坏二车，进攻诸申"皆蔽身于一车之后，缩首不能上攻"。努尔哈赤"奋勇当前"，单人力战，亦不能下，乃退后远围，第四日夜间始破其城。事后，对这样缩首蔽身的怯战诸申，他亦未施加

---

① 《满文老档·太祖》卷一。
② 《满文老档·太祖》卷九。
③ 《满文老档·太祖》卷九。

任何惩罚①。

可是，后来就不行了。1618年4月13日出兵攻明时，努尔哈赤发布军令：一牛录中，四十甲从征，兵士须奋勇力战。自出兵之日起，到班师回境时，甲兵不许离旗，违者，"拘而详治"。战后，以苏塞牛录的阿奇私离大军，为明兵击杀，努尔哈赤恨其违令，命将阿奇尸凌迟，分与各牛录，"使众兵见之，引以为戒"②。因诸申伊赖攻抚顺时怯战，未跟随前面的兵士进城，割其耳鼻，贬为阿哈③。这又是何等鲜明的对比。

例三，1585年4月，努尔哈赤率诸申80名与巴尔达五城敌兵800发生遭遇战时，诸申胆怯畏惧，努尔哈赤与弟穆尔哈齐及二包衣阿哈"奋勇步射，直入重围"，其他兵"将"并未参战。追敌兵败退后，兵"将"方至，建言追杀，努尔哈赤"怒而不应"。战后，他亦未对不随同作战的兵"将"进行惩罚。

进入奴隶社会后，努尔哈赤就大变了。1607年3月，以大臣纳齐布、常书违背努尔哈赤委托他俩护卫二子褚英、代善的命令，未随从二子作战，努尔哈赤大怒，严厉谴责，欲处以死罪。后虽因弟舒尔哈齐苦求始免二臣死，但亦从重惩处，罚银，夺俘获④。

1621年3月进攻辽阳时，因山额真博尔锦辖不立梯楯于汗指定地点，使兵士皆留于后，诸贝勒大臣拟议，将博尔锦及其固山的五牛录额真永顺等七将定为死罪。五牛录额真满都赖等五人败走，布山参将未与兵士同进，法司对此六将亦拟以死罪。努尔哈赤虽免其死，但仍令革满都赖、布山官职，尽没此13人按职受赏诸物⑤。对比一下，差别又是何等明显。

例四，《满洲实录》卷二汉文体裁，努尔哈赤率兵攻兆佳城，士卒少懈，"四出掳掠牲畜财物，喧哗争夺"。努尔哈赤"解甲与大将鼐护曰：我兵争此微物，恐自相残害，尔往谕禁之。鼐护至，不禁人之掳掠，亦

---

① 《满洲实录》卷一。
② 《满文老档·太祖》卷六。
③ 《满文老档·太祖》卷六。
④ 《满文老档·太祖》卷一。
⑤ 《满文老档·太祖》卷二十一。

随众掠之"。努尔哈赤又解己绵甲,遣巴尔太往取甗护铁甲来,以防城内冲突,他也随众掳掠。忽然,城内敌兵突出,努尔哈赤"身无甲胄",仓促应战,危险异常。事后,他对于这样不听谕令的士兵,对于奉命往禁而违令不管且随众掳掠的"大将",并未责斥,没有施加任何惩治。为啥不遵从贝勒命令且几乎使贝勒受伤被杀的兵将不被处罪呢?原因很简单,仍是前述"俘获均分"的原则在起作用。既然所获俘获,系贝勒与诸申同等均平分取,不是贝勒一人霸占,当然也包含着诸申可以任意"掳掠"的内容,当然不遭受任何惩罚,贝勒也没有权力施以刑罚,无力制止。所谓"谕禁"显系汉文体编写者的粉饰。查看满文体,果然不是这个意思。所谓"往谕禁止",满文却是 tafulame nakbu,意为劝谏阻止,这倒比较符合历史实际。

但是,以后就迥然不同了。1619 年 7 月进攻开原时,努尔哈赤严禁不战而掠,下令说:"和硕贝勒、众额真、固山额真:无论何人,若不杀敌而停于后方掠取财物,汝等见之,即以汗所授之四棱尖斧斩之,以四盾刃之箭射之"①。

这一禁令,并非虚文,确在严厉执行。进攻明奉集堡时,错和罗牛录一人,阿布泰牛录一人,虎什布牛录一人,擅自离队,"任意搜刮财物"。哨探布拉依牛录一人,私往敌方,取猪宰食。哥兴牛录一人,解被缚明人以夺其衣。此五人皆以违犯军令而斩杀②。

以上鲜明对比的事例,有力地证明了建州女真在 1587 年以前和进入奴隶社会后有着很大的差别,表明了 1587 年以前还没有产生暴力统治的国家机器。这时所谓的"淑勒贝勒"努尔哈赤并不是辖土治民的真正的帝王君汗之类的统治者,不过是氏族制度下的酋长和军事首领。他没有强制手段,不能约束诸申的"行止",不能奴役诸申,无力惩罚诸申。他虽可率众打仗,但并不是凭借什么特殊权力,而主要是靠自己"奋勇当前"的示范作用。

这样的"贝勒"名号,或系自己僭称,或系后来势力强大后的追称。

---

① 《满文老档·太祖》卷十。
② 《满文老档·太祖》卷十七。

当时，一般诸申称努尔哈赤为 mafa。mafa一词，音译为马法，是女真人晚辈对长辈的尊称，意为爷爷、老叟、老翁、祖辈。看来，mafa 马法一词，是比较恰当地表达了 1587 年前"贝勒"的地位和性质。

当然，努尔哈赤并不安于这种地位，正在力图争取登上真正的汗、贝勒统治者的宝座，并已不断向这方面转化。

四 阿哈的性质

阿哈，是满文 aha 的音译，意为奴仆，有时又称为 booi aha、boo niyalma、booi。这三个词译成汉语，分别为"家之奴仆""家之人""家之"，音译为包衣阿哈、包衣。

阿哈是女真、满族社会的重要成员，是创造物质财富的重要劳动者阶级，在推动女真、满族社会前进的斗争中做出了很大的贡献。说明阿哈的情况，确定阿哈的性质，对于了解 1644 年入关以前的满族历史，特别是对于社会性质的判断，具有十分重大的意义。

15 世纪以来，建州女真经常掳掠汉人为奴作婢，耕田种地，伐木运水，但其人数并不多，在女真社会中不是主要的劳动者阶级。

16 世纪 40～80 年代初，努尔哈赤所在的建州左卫也有阿哈，但数量较少，并不是每个女真人或者大多数女真人都有阿哈，只是酋长之类的"显贵"才占有少量阿哈。在整个社会中，阿哈也不是主要成员。

努尔哈赤及其一小部分亲族占有少量阿哈，这一重要历史事实被入关以后的清朝统治者竭力掩盖，大肆歪曲，基本上被埋没了。汉文资料极少记述。现以满文史料为主，发掘，列述，分析。

努尔哈赤的六祖，即所谓 ningguta beile，汉文写为宁古塔贝勒或六贝勒，在 16 世纪 40～60 年代，有的已占有少数阿哈。

《满洲实录》卷一汉文体载，栋鄂部长克彻悬赏捕捉刺杀其子的盗贼，允诺倍赏金帛。努尔哈赤的三伯祖名索长阿，其"部落"额克沁听闻后，"即往告其主。索长阿私遣人往诳克彻曰：汝子是我部下额尔绷格与额克青格谋杀，若以金帛遗我，当杀此二人"。卷一及卷二两次记载努尔哈赤称诸申为部落。如果相信上述记载，并依以为据，则可引出一个关系重大的结论：索长阿与其"部落"、"部下"的关系，即"贝勒"与诸申的关系，是主上与臣下的君臣隶属关系，不仅"部落"额克沁尊奉索长阿为"主"，而且三贝勒索长阿可以对"部下"任意斩杀。这样一来，所谓"部落"的诸申便成为被贝勒任意宰割刑杀的奴仆、私属了。这是显然违背历史事实的。怎么会出现这样情形呢？查看满文，才明真情。

满文体载，上述汉文体所谓"部落"，并不是诸申 jušen，而是阿哈 booi niyalma。"我部下额尔绷格与额克青格"，满文是 mini elbeingge ekcingge，应译为"我之额尔绷格与额克青格"。汉文体的"当杀此二人"，满文是 mini niyalma be bi wara，应译为"我当杀我之人"。按照满文体这段话应译为："索长阿之包衣阿哈额克沁闻之，即往告其主。索长阿私遣人往诳克彻曰：汝子系我之额尔绷格与额克青格谋杀，若以金帛遗我，我当杀我之人"。

这就明白了，汉文体所谓部落额克沁、部下额尔绷格、额克青格，皆系索长阿的阿哈，是索长阿的奴隶，因而主子有权任意斩杀。汉文体编写者把被剥削的奴隶，写成为自由的氏族成员诸申——部落，既掩盖了索长阿拥有少数奴隶和残酷压迫少数奴隶的真相，又大大贬低了诸申的身份，抬高了"贝勒"地位，混淆了社会阶级关系，篡改了历史。

努尔哈赤也占有少数阿哈，《满洲实录》卷一载有五例为证。

一是前述 1577 年与父塔克世分家时，其父给予少许阿哈和牲畜。

二是 1583 年 9 月，"贼"入室内，刺死睡于窗下的包衣 booi niyalma 帕海。booi niyalma 就是阿哈，汉文体却胡乱写为"部落"。

三是 1584 年 4 月，努尔哈赤击仆贼后，"喝令家人缚之。家人洛汉等言，缚之何用，当杀之"。此"家人"二字，满文体为 booi niyalma，就是阿哈。

四是 1584 年 5 月，努尔哈赤的"侍婢不寐"，此"侍婢"，满文为 booi hehe，即女包衣阿哈。

五是努尔哈赤击缚入室行刺的人后,"弟兄亲族俱至"。查看满文,在弟兄亲族四字的后面,还有 booi niyalma,汉文体作者又把这包衣阿哈删掉了。

到 1584 年为止,努尔哈赤究竟占有多少阿哈,虽不能知其确数,但从分家时所得阿哈不多来看,他的奴隶并不多。《满文老档·太祖》卷四追述努尔哈赤早期情形时写道:"聪睿恭敬汗(指努尔哈赤)从幼贫苦时,其心公正"。公正与否,不必多说,显系美化。贫苦二字虽不恰当,但由此也可看出,他并不太富裕,可以作为分家时阿哈、牲畜不多的旁证。

不仅努尔哈赤没有多少阿哈,连其亲族即后来尊称为贝勒、贝子等宗室也很少占有阿哈,他们打仗、围猎时无人侍候,必须自己牧马、煮饭、整装。《满文老档·太宗·崇德》卷二十三载,1636 年皇太极训斥众王、诸大臣贪图安逸、不愿行猎、用兵时,追述早期情形说:"先代之上下贫苦时,曰行围、用兵,则乐,有从仆者少,各自看守马匹,煮饭,敷陈马鞍而行"。

既然努尔哈赤及其六祖皆是贝勒,其弟舒尔哈齐也是贝勒,他们的子弟叔侄当然也是显贵了。这样的贝勒和显贵,都是"上下贫苦","有从仆者少",必须自己牧马煮饭(努尔哈赤起兵发家后,这些杂活皆由陪主从征的阿哈承担),可见,这时努尔哈赤所在的建州左卫女真,阿哈并不多,不是社会的主要成员。

查清了阿哈的存在及其在社会生活中的影响后,再进一步研究阿哈的性质。

关于阿哈遭受奴役的具体详情,目前尚未发现女真人自己论述的典型的和概括性的材料。从明和朝鲜人的记载看,可以了解到 15 世纪建州、海西女真阿哈的一些情况。

当时,女真人尚未达到迫使本族人为奴的社会发展阶段,没有奴役本族人的习俗,皆系从外掳掠人口,主要是掠夺汉人为奴[①]。

[①] 《朝鲜成宗实录》卷八十,成宗八年五月丁卯;《燕山君日记》卷十七,燕山君二年八月己亥。

掠来的男女，被逼降为阿哈，为奴作婢，听主驱使。他们从事伐木、运水等各种繁重家务杂活，如像达生，被其主子逼迫，"每日斫木负来，手足皆裂流血①"。

有的耕田种地。明臣吴良说，出使海西时，"见女真野人家"，多汉人，"驱使耕作"②。

阿哈与牛马一样，被家主买卖，遗留给子孙，或作为聘婚陪嫁的物品。《朝鲜实录》中有不少这样的记载。如建州女真沈吴应以马一匹，从另一女真处买来汉人幼童刘时③。

建州女真赵伊时哈谈到富家聘媳习俗说：男方以甲胄、弓、矢、牛二头、马二匹、衣服、奴婢送往女家，作为聘礼④。

阿哈成年累月辛勤劳动，却吃不饱，穿不暖，家主贪残苛刻，仅给阿哈恶衣劣食，甚至有的连衣服都不发给。比如，朝鲜人达生被女真奴隶主掳去后，家主每日命令达生砍伐木柴，"手足皆裂流血"。另一被掠为奴的朝鲜人朴丹容阿拿自己吃的饭让达生看后，对达生说："汝见此饭，不淅不去沙，此犬马之食，非人之食也。……今汝所寓之家，乃富家也，汝虽无衣，其家造给之也，我则贫乏无衣"⑤。

阿哈没有人身自由，挨打受骂，被侮辱欺凌，痛苦不堪，甚至被活活打死。1476年，建州卫都督古纳哈猛喝滥饮，酒疯发狂，打死奴仆西亏柳⑥。

汉人金宝軏被建州女真兀纥乃抢去，"做奴听使"，金设法逃出，中途被兀纥乃子遏儿哥抓回。遏儿哥大骂金宝軏，恶狠狠叫嚷，等父打围回家后"便打你杀了"⑦。

从这些情况看来，阿哈衣食于主，没有人身自由，像牲畜一样，被

---

① 《朝鲜成宗实录》卷二百五十五，成宗二十二年七月丁亥。
② 《明英宗实录》卷一百三，正统八年四月庚戌。
③ 《朝鲜成宗实录》卷一百五十二，成宗十四年三月己酉。
④ 《朝鲜成宗实录》卷一百五十九，成宗十四年十月戊寅。
⑤ 《朝鲜成宗实录》卷二百五十五，成宗二十二年七月丁亥。
⑥ 《朝鲜世祖实录》卷三十九，世祖十二年七月丁丑。
⑦ 《朝鲜成宗实录》卷七十九，成宗八年四月癸卯。

家主驱使、打骂，甚至打死，完全是会说话的工具。这样的阿哈就是奴隶。

到 16 世纪初，尤其是 16 世纪 40~80 年代初建州左卫的阿哈，遭受奴役的具体情形，记载也很稀少。依据《满洲实录》满、汉文体，可以了解到一些情况。

阿哈与牲畜一样，可以传给子孙，经常是与牲畜相提并论。像塔克世与子分居时，仅给予少量阿哈和牲畜。有的阿哈从事家务杂活，如努尔哈赤家，便有在灶旁燃灯的女阿哈①。

阿哈还被迫随主从征，厮杀拼刺。《满洲实录》卷二载，1585 年，当努尔哈赤率兵数十名，面对界藩五城联兵八百时，敌众己寡，处境危险，兵将惧怕，不敢交战，努尔哈赤与弟穆尔哈齐带阿哈延布禄、武凌噶"奋勇步射"，大败敌兵。

阿哈没有人身自由，家主可以打杀阿哈。如像前面讲的，索长阿为图领取栋鄂部长克彻许诺的重赏，竟捏称其子系自己的阿哈额尔绷格、额克青格刺杀，愿斩此二阿哈，以领赏金。

这些情况，与 15 世纪时差不多，阿哈仍系处于奴隶地位，遭受惨重奴役。

五　原始社会末期诸特征的体现

了解了生产力、生产关系和上层建筑的情况，阐明了诸申、贝勒、阿哈的境遇和地位，就可以根据革命导师的指示，对建州女真和早期满族的社会性质作出判断了。

恩格斯从生产关系方面论述说："先要在生产上达到一定的阶段，并在分配的不平等上达到一定的程度，奴隶制才会成为可能。要使奴隶劳动成为整个社会中占统治地位的生产方式，那就还需要生产、贸易和财

---

① 《满洲实录》卷一。

富积聚有更大的增长。在古代的自发的土地公有的公社中,奴隶制或者根本没有出现过,或是只起极其从属的作用"①。

这段话清楚地指明了,在原始社会末期,奴隶制生产关系虽已出现,但只起从属的作用,它和成为"整个社会中占统治地位的生产方式",是有原则区别的。

恩格斯又从阶级关系角度指出:"氏族制度是从那种没有任何内部对立的社会中生长出来的"。氏族成员间,"大家都是平等、自由的",在原始社会中,"没有社会阶级"。可是,奴隶社会就大不相同了。他说:"但是,现在产生了这样一个社会,它由于自己的全部经济生活条件而必然分裂为自由民和奴隶,进行剥削的富人和被剥削的穷人……一个这样的社会,只能或者存在于这些阶级相互间连续不断的公开斗争中。""氏族制度已经过时了。它被分工及其后果即社会之分裂为阶级所炸毁"②。

恩格斯十分重视国家的问题,把国家的出现,作为进入阶级社会的原则标志。他在分析了希腊氏族制瓦解的各种表现后指出:"所缺少的只是一件东西,即这样一个机关,它不仅可以保障单个人新获得的财富不受氏族制度的共产制传统的侵犯,不仅可以使以前被轻视的私有财产神圣化,并宣布这种神圣化是整个人类社会的最高目的,而且还会给相继发展起来的获得财产的新形式,因而是给不断加速的财富积累,盖上社会普遍承认的印章;所缺少的只是这样一个机关,它不仅可以使正在开始的社会划分为阶级的现象永久化,而且可以使有产阶级剥削无产者的权利以及前者对后者的统治永久化。而这样的机关也就出现了。国家被发明出来了"③。

依据以上恩格斯指出的这些原理,奴隶社会需要具备如下条件:奴隶制生产关系不是零星的出现,而是已经发展为占统治地位的生产方式;与此相连,奴隶主和奴隶成为社会上两大对立的阶级;阶级的存在和对

---

① 恩格斯:《反杜林论》,《马克思恩格斯选集》第3卷,人民出版社,1972,第200页。
② 恩格斯:《家庭、私有制和国家的起源》,《马克思恩格斯选集》第4卷,人民出版社,1972,第93、165页。
③ 恩格斯:《家庭、私有制和国家的起源》,《马克思恩格斯选集》第4卷,人民出版社,1972,第104页。

抗，炸毁了氏族制，出现了奴隶占有制国家。

联系到16世纪40~80年代初的建州女真和早期满族的情况看，社会的主要成员诸申，是不受剥削、不被统治的自由氏族成员；"贝勒"并非压迫人民的专制帝王，而是氏族制度下的酋长和军事首领。"贝勒"不能约束诸申的"行止"，二者之间，不是统治与被统治、奴役和被奴役的君民关系，而是相互平等的关系。土地属于公有，不纳租赋，耕者自食。诸申皆"兵"，俘获均分，构成"居民的自动的武装组织"，没有产生出和人民大众分离的"特殊的公共权力"的军队，没有监狱和警察，国家还未产生。遇有要事，全体诸申民主协商，平等相待，共同决断，没有独裁。奴隶制生产关系虽已零星出现，但未占据统治地位。如此等等，皆可说明当时还未进入奴隶社会，基本上还是处于原始社会阶段。但是，私有制的发展和奴隶制生产关系的出现以及另外一些因素，使得它已经不是完整的原始社会，已经开始瓦解了。

恩格斯论述英雄时代的希腊社会制度时指出："古代的氏族组织还是很有活力的，不过我们也看到，它的瓦解已经开始：由子女继承财产的父权制，促进了财产积累于家庭中，并且使家庭变成一种与氏族对立的力量；财产的差别，通过世袭显贵和王权的最初萌芽的形成，对社会制度发生反作用；奴隶制起初虽然仅限于俘虏，但已经开辟了奴役同部落人甚至同氏族人的前景；古代部落对部落的战争，已经开始蜕变为在陆上和海上为攫夺家畜、奴隶和财宝而不断进行的抢劫，变为一种正常的营生，一句话，古代氏族制度被滥用来替暴力掠夺财畜的行为辩护"①。这段教导，非常深刻，是我们总结16世纪40~80年代初建州女真和早期满族社会性质的指针。

先看"瓦解已经开始"的特征之一，即家庭问题。当时，家庭确已成为一种与氏族相对立的力量。可以选两个例子来说说。一是努尔哈赤本人。努尔哈赤的祖父是戴有都指挥头衔的酋长觉昌安，努尔哈赤1577年19岁时与父塔克世分居，仅得到少量阿哈、牲畜。以后，努尔哈赤不

---

① 恩格斯：《家庭、私有制和国家的起源》，《马克思恩格斯选集》第4卷，人民出版社，1972，第104页。

断掠夺、扩展，所得俘获，完全纳入私囊，从而成为一个十分富裕的显贵家庭。

另一是清朝"开国元勋"额亦都。额亦都父母被人杀害，无家可归，依姑为生。这样一个年幼贫穷的诸申，1580年19岁时投奔努尔哈赤后，多次从征，大量掳掠，成为一个满门高贵的大贵族、大富翁。

这样蓬勃发展的私有制家庭，当然会成为与公有制的氏族相对立的力量。

"瓦解已经开始"的特征之二，是出现了拥有财富多寡的差别。当时，贝勒、部长、寨主之类的氏族显贵，已与一般诸申有明显的区别。部长之间，也不一样。诸申之中，情况也不尽同，有的丁多人强马壮，比较富裕，有的又相当贫寒，财产的差别，已较明显。

贝勒、部长之间，财富和实力悬殊较大。《满洲实录》卷一汉文体载，努尔哈赤的六叔祖宝实的次子阿哈纳，求聘萨克达部长巴斯翰巴图鲁妹为妻。巴斯翰拒绝说："尔虽六王子孙，家贫，吾妹决不妻汝"。巴斯翰"爱栋鄂部长克彻殷富，遂以妹妻其子额尔机"。满文体无"子孙"二字，其意应译为"尔虽系六贝勒，但尔家贫"。可见，所谓六贝勒，财产并不多，"家贫"，而栋鄂部长克彻却是众所周知的"殷富"之家。满文体称克彻为克彻巴颜，巴颜乃系满文 bayan 的译音，意为富人。同系部长，两相比较，富窘分明。

努尔哈赤拥有父亲分给的阿哈、牲畜。《满洲实录》卷一、卷二满文体载有名字的男阿哈有帕海、洛汉、延布禄、武凌噶四人，另有女阿哈一人。其亲族人员，则"有从仆者少"。同系一族，境况不一。

财富的差别，必然对社会制度发生反作用。富者益想富，不富者希望富，财富开始为人所爱，为人所追求。前面谈到巴斯翰以六贝勒"家贫"而拒绝阿哈纳的求聘，爱克彻富翁的"殷富"而将妹嫁与其子。财富的多少，在这里对子女的婚嫁，起了决定性的作用。再如，六贝勒之一的索长阿，贪图克彻部长的赏金，编造谎词，诡称自己的阿哈是杀死克彻子的凶手，愿意斩杀，以求金帛。一个氏族成员，而且是一个号称"贝勒"的氏族显贵，为了区区钱财微物，竟违背长期以来流行的朴实、正直的古老氏族传统，而撒谎造谣，玩弄诡计，这是多么大的变化。可见财富对社会制度，对氏族习俗，对氏族成员的影响，已是相当的剧烈。

"瓦解已经开始"的特征之三，是奴隶制剥削方式的产生和发展问题。追求财富，必然导致对奴隶阿哈的剥削，必然要扩大奴隶来源，增加奴隶数量。直到明中叶，建州、海西女真仍系抢掠汉人为奴作婢，尚无以本族人为奴的习俗。但既然生产力已提高到能够生产出超过维持劳动力必需物品的水平，女真人中开始有了较大的差别，财富的影响越来越大，就必然导致奴役本部落本氏族的成员。稍晚一点，向奴隶社会发展时，便可看到这种情形。至于掠夺外族外部的人逼充阿哈的行为，更是日益增多了。

"瓦解已经开始"的特征之四，是抢劫问题。私有制家庭的发展，财富上的差别及其相应产生的对财富的羡慕，对奴隶的剥削和增加奴隶的需要，归结到一点，就是对财富的追求，特别是比较富裕力强的氏族显贵，更加渴望攫夺财富，从而导致大力进行以掠夺奴隶、牲畜和金帛为目的的抢劫，使得建州女真、海西女真各部之间争夺激烈，征战不息。

《满洲实录》对此情景，有一段总结性的叙述。该书卷一汉文体载："时（1577年前后）各部环满洲国扰乱者，有苏克素护河部、浑河部、完颜部、栋鄂部、哲陈部；长白山纳殷部、鸭绿江部、东海窝集部、瓦尔喀部、库尔喀部；呼伦国中乌拉部、哈达部、叶赫部、辉发部。各部蜂起，皆称王争长，互相战杀，甚且骨肉相残，强凌弱，众暴寡"。

这段话，虽也反映了一些各部争杀的情形，但有的地方含混模糊，故作文雅，甚至有意胡写乱译，不如满文体的记载清楚准确。

按照满文体，应译为："时各地之国为乱。满洲国之苏克素护河部、浑河部、完颜部、栋鄂部、哲陈部；长白山纳殷部、鸭绿江部、东海窝集部、瓦尔喀部、库尔喀部；呼伦国之乌拉部、哈达部、叶赫部、辉发部，各地盗贼蜂起，各自僭称汗、贝勒、大人，每村每寨为主，每族为长，互相征伐，弟兄相杀，族众力强之人，欺凌、抢掠懦弱者，甚乱"。

这段总结性的叙述，很重要，对于分析社会性质问题，非常有用，可从几个方面来谈谈。

第一，汉文体把努尔哈赤所在部称为"满洲国"，其他苏克素护河等部写为"环满洲国扰乱者"，这是对历史的严重歪曲。"满洲国"一词，是后来皇太极特意创造的，实即明代建州各部女真的总称，就是建州女真的代名词。从苏克素护河部起，直到库尔喀部，这十个部本来都是建州女真，故满文体写为"满洲国之苏克素护河部……"而汉文体却把苏克素护河部等十部全部排斥在外，将努尔哈赤这个丁不满百的微弱小部无限夸大，冒充为整个建州女真，纯系有意捏造，歪曲事实，布设迷阵。

第二，所谓"汗"、"贝勒"、"大人"，并非原有的官衔，而是到此时各地盗贼蜂起后才出现的，并不是拥有大权、统兵治民的真正的汗、真正的贝勒，而是各贼自己的僭称。"僭称"二字，准确地反映了"汗"、"贝勒"的由来及其实际地位。这对弄清包括努尔哈赤在内的女真各部"部长"、"寨主"的权力、身份、地位和性质，以及了解国家的出现与否，都是非常有用的。汉文体笼统地粉饰为"各部蜂起，皆称王争长"，意义就很含混，与实情相距太远。

第三，所谓"每村每寨为主，每族为长"，表明当时建州女真各部之间是平等的，其各自为主，互不相干，谁也管不了谁，不是上下关系，不是统治与被统治的关系，不是臣属关系。

第四，"互相征伐，兄弟相杀"。这就充分反映出当时女真各部之间混战一团的景象，连至亲如骨肉、同祖子孙、同父弟兄之间，都互相残杀起来。按照满文体的记述用语，乃系对比过去和当时而言，因此，如果据此而说，这些现象不是过去所有，是过去传统、习俗的大改变，过去是和平的、友好的关系，也是符合逻辑的。

第五，"族众力强之人，欺凌、抢掠懦弱者，甚乱"。这就非常清楚地说明了"互相征伐、兄弟相杀"的原因、目的和性质。这种争杀，已不是古代部落之间争夺田猎地区的战斗，不是血族复仇古老传统的驱使，而是由于追求"最卑下的利益"，为了掠夺家畜、奴隶和财宝而进行的抢劫。为了抢夺财富，不顾弟兄骨肉情深，不管至亲近戚，不论密友盟兄，不管过去平等相待、友好互处、互相互敬的古老氏族传统，而唯力是恃，大抢特抢，大杀特杀。

综上所述，恩格斯所说"瓦解已经开始"的诸特征，大体上皆已具备。因此，我认为，迄至16世纪40~80年代初的建州女真和早期满族的社会性质，基本上仍然是原始社会，而且是处于已经开始瓦解的原始社会末期。

所谓原始社会末期，并不是一个独立的社会形态，而是属于原始社会的一个阶段，是它的末期，是向新的更高一级社会形态转化的过渡阶段。在这个过渡阶段中，并不是平静无争、死水一潭，并不是凝结的、固定的、一成不变的，而是出现了不少新的因素，产生了一些新的矛盾，正在不断变化，正在向阶级社会过渡。

以16世纪40~80年代初的建州女真和早期满族来说，情况就是这样。当时，新的生产关系——奴隶制的生产关系已经出现和不断发展，出现了不少新的矛盾，而且比较尖锐比较激烈。氏族内部矛盾重重，努尔哈赤弟兄叔侄诸"贝勒"等酋长和氏族显贵积累了不少私有财产和奴役阿哈，他们势力日大，渴望早日登上真正的辖有文武百官、统治人民的汗、贝勒宝座。额亦都等gucu（古楚）紧跟努尔哈赤转战各地，他们大肆杀掠，力图摆脱一般诸申的普通地位，坐上领兵治民、位尊权大、资财巨万的大贵族的太师椅。他们与一般诸申的距离越拉越远，矛盾越来越大。

包衣阿哈与其家主之间的矛盾本来就很尖锐，随着掠夺战争的频繁，很多诸申被俘为奴，阿哈人数激增，他们力图为挣脱锁链取得自由而猛烈反抗，其与家主的矛盾更加激烈，阶级斗争日益激化。

各族、各寨、各部之间，为了争夺人畜，攫取财富而关系紧张，大家互相攻打乱成一团。

正是由于这些因素，才形成了《满洲实录》卷一满文体总结的盗贼蜂起、互相征伐、弟兄相杀、甚乱的局面。

实际上，这就是生产力与生产关系、经济基础与上层建筑的矛盾的深刻反映。它表明，生产力的提高及其导致私有制、奴隶制生产关系的出现和发展，已与原始社会的公有制生产关系发生了矛盾，前者日益不能忍受后者的限制，越来越强烈要求打破旧生产关系的束缚，建立新的、私有制的生产关系，取消或改造原有的共产制的氏族制度，建立新的、保护私有制的上层建筑形式。即是说要求建立起暴力统治机器，以维护和发展奴隶制生产关系，压迫和统治阿哈与一般诸申，保护"贝勒"、"大臣"等奴隶主集团的利益。集中到一点，就是要求建立维护奴隶制剥削形式的奴隶占有制国家，向奴隶社会发展。正是在这样的背景下，1583年努尔哈赤起兵后，满族就迅速前进，跨入了人剥削人的奴隶社会。

后金八和硕贝勒"共治国政"论

后金天命七年（1622年）三月，"英明汗"努尔哈赤宣布，今后要实行八和硕贝勒共治国政的制度，军政财刑各个方面的问题皆由八和硕贝勒共议裁处。弄清这种特殊的治理国政制度的主要内容，阐明其产生的历史背景，论述它的发展变化和废除，对于深入研究清史和满族史是很有益处的。本文拟对这个重要问题作些探讨，谈谈个人的粗浅看法，欢迎同志们批评指正。

一 八和硕贝勒"共治国政"制产生的历史背景

在正式论述八和硕贝勒"共治国政"制产生的历史背景之前，有必要先查明哪些人是和硕贝勒。所谓和硕贝勒，乃满文 hošo i beile 的音译[①]。hošo（和硕）意为"四方之方，东南、西南、东北、西北四角之角"[②]。i 意为之。beile 音译为贝勒。hošo i beile 按字直译，应为"一方之贝勒"，即一方之主。《满文老档》有时也将 hošo i beile（和硕贝勒）称为 gūsai beile 或 gūsai ejen beile。前者音译为"固山贝勒"，后者应译为"旗之主贝勒"或"旗主贝勒"。和硕贝勒就是固山贝勒、旗主贝勒。

孟森先生在《八旗制度考实》一文中指出，和硕贝勒即系旗主，代善是正红旗旗主，岳托是镶红旗旗主，皇太极为正黄、镶黄二旗旗主，

---

① 为了排印方便，本文所引满文，皆以罗马字拼写。
② 《清文汇书》卷三。

正蓝旗旗主是莽古尔泰（天聪六年正蓝旗转归皇太极"自将"，"其弟德格类未尝独掌一旗"），阿敏、多尔衮、多铎分别为镶蓝、正白、镶白旗旗主。根据《满文老档》及有关文献的记载，我认为，孟森先生的以上论断大体上是正确的，现作四点补充。

第一，褚英曾系独掌一旗的旗主贝勒。明万历四十一年（1613年），努尔哈赤说，过去曾赐给长子褚英及其同母所生之弟代善二人部众各五千户①。照早期八旗的编制，三百丁为一牛录，五牛录为一甲喇，五甲喇为一旗（固山），则一旗有丁七千五百名。褚英、代善各领有部众五千户，每户按二丁计算，当有一万丁。可见此时的褚英、代善已经成为统治一旗的和硕贝勒。

第二，阿济格曾是和硕贝勒，后因过被革，由其弟多尔衮继任。《满文老档》载，天聪二年三月二十九日，以阿济格擅令阿达海为媒，往聘国舅阿布泰女为亲弟多铎妻，罚银千两，"令其停为固山贝勒，使其弟墨尔根戴青（即多尔衮）为固山贝勒"②。

第三，德格类当了三年统治正蓝旗的和硕贝勒。德格类亲兄莽古尔泰被称为三大贝勒，是正蓝旗旗主，天聪六年十二月病死。在此之前，《满文老档》和《清太宗实录》提到德格类时均只称其为贝勒、台吉，自莽古尔泰死后就改称他为和硕贝勒，可见此时他已继其兄之位成为正蓝旗旗主了。直到天聪九年十二月德格类病死后，皇太极才将正蓝旗夺为己有。

第四，在相当长的时间内，正白旗的和硕贝勒是多铎，而不是多尔衮。天聪九年十月，汤古岱控告大贝勒代善行为不正，法司拟议罚代善银四百两，后金国汗皇太极命免罚，允许汤古岱"离红旗，仍照定例，同其弟塔拜阿格听所欲往。于是汤古岱阿格等往依镶白旗和硕墨尔根戴青贝勒多尔衮居住"③。这里肯定地写明了多尔衮是镶白旗和硕贝勒，可见他不是正白旗的旗主。

---

① 《满文老档·太祖》卷三。
② 《满文老档·太宗·天聪》卷十。
③ 《清太宗实录》卷二十五，天聪九年十月丙午。

崇德元年（1636年）十月，正白旗三等甲喇章京佟镇科索属人财物，对上不敬。皇太极下令："革其甲喇章京，籍其户，将彼自身所作衣服，分为三份，给佟镇一份，给豫亲王二份……其私财、汉服、东珠、珍珠、金、银尽取之，给与王之家。给佟镇二十丁之拖克索一、牛十四、马二、驴二，其余之阿哈、牛、马等物品，悉取之，让和硕豫亲王给与彼旗之贫苦人。"① 旗下人员犯法，罚银籍没，家产归本旗旗主所有，这是后金的惯例。这里说的正白旗和硕豫亲王，是多铎的封爵。对佟镇财务这样的处理，充分表明了此时正白旗的旗主是多铎而不是多尔衮。事实上，直到崇德四年以后多铎和多尔衮互相对换，多尔衮才成为正白旗旗主。

弄清楚哪些人是和硕贝勒（旗主）后，我们来进一步着重分析八和硕贝勒"共治国政"制产生的历史背景。

（一）八和硕贝勒的权势和地位

努尔哈赤确定的八和硕贝勒共治国政，也可以叫做八固山贝勒共治国政、八旗主贝勒共治国政，或者是简称为八贝勒共治国政。这种特殊的治理国政制度的产生及其发展变化有着深刻的历史背景，首先是与八旗制度下和硕贝勒的强大权势密切相关。

明万历二十九年（1601年），努尔哈赤将辖属的女真编设黄、白、红、蓝四旗。万历四十三年（1615年），因人丁众多，增设镶黄、镶白、镶红、镶蓝四旗，合为八旗。其时八旗中每三百丁为一牛录，置牛录额真一；五牛录为一甲喇，设甲喇额真一；五甲喇为一固山（旗），设固山额真一、梅勒额真二（以后各固山所辖甲喇、牛录数不尽相同）。努尔哈赤指定亲信子侄作为他的代表，分别为八旗的固山贝勒（即旗主贝勒、和硕贝勒），对其余未任固山贝勒的子侄亦分赐牛录，令其辖领。

努尔哈赤创立的八旗制度使各旗的和硕贝勒（固山贝勒）拥有很大的权力，分别成为本旗之主，即本旗的所有者和军事统帅，其与旗下人员的关系是君臣（民）关系甚至是主奴关系，这从以下事例可以看得很清楚。

---

① 《满文老档·太宗·崇德》卷三十二。

先从表达和硕贝勒（固山贝勒）与本旗诸申、官将关系的用词来看。《满文老档》记述他们之间的关系时，用了一个很特别、很有趣也很准确的词汇：Salibumbi。Salibumbi 是动词 Salimbi 的强制态和被动态。Salimbi 意为"承受家产之承受，擅，专"。salibumbi 意为"使承受，使专主"。即是说，诸申乃至八旗各级额真都是后金国汗努尔哈赤"专主"的下人，由努尔哈赤赐给各固山贝勒，使固山贝勒承受，使其专主。

《满文老档》有时也用 salibumbi 一词来记述家主（ejen 额真）与阿哈（aha，意为奴仆，当时就是奴隶）的关系。例如，《满文老档》载，大贝勒代善疑子硕托叛逃而向"汗父"努尔哈赤奏请说，如我听信后妻谗言，"不将我之僚友、部众给与我子（硕托），不将包衣阿哈、马牛牧群使其承受专主"，则杀后妻①。可见，和硕贝勒有权将为其专主的旗下大臣、诸申像阿哈、马牛一样赐与子孙，连用的词汇都相同。正如阿哈是家主的阿哈一样，用"我之"二字来形容；而《满文老档》描述和硕贝勒与旗下大臣、诸申的关系时，也用"我之"二字来表达，都是用 salibumbi 一词来说明旗下人员如同阿哈、马牛一样为和硕贝勒所专主，即和硕贝勒可以对旗下人员任意处置，拥有"专主"之权。

二是从经济剥削来看。对于和硕贝勒与旗下诸申在经济方面的关系，努尔哈赤作了根本性的规定。明万历四十年（1612）进攻乌拉时，努尔哈赤说："若无阿哈，主何能生！若无诸申，贝勒何能生！"② 阿哈是家主役使的奴隶，所谓"若无阿哈，主何能生！"就是说家主依赖压榨阿哈为生，阿哈必须为家主耕田种地，牧马放牛，伐木运水，遭受家主野蛮鞭打，这是当时通行的剥削方式。努尔哈赤将诸申、贝勒之间的关系与阿哈和家主的关系相提并论，可见所谓"若无诸申，贝勒何能生！"就是说贝勒依赖剥削诸申为生。联系到当时历史实际，诸申确实是必须自带耕牛为贝勒屯垦闲地的，他们当兵服役，备受贝勒盘剥欺凌③。

---

① 《满文老档·太祖》卷十六。
② 《满文老档·太祖》卷二。
③ 诸申遭受汗、贝勒剥削的详细情况，参见拙作《从诸申身份的变化看入关前满族的社会性质》，载《社会科学辑刊》1979 年第 1 期。

三是从一个具体事例来看和硕贝勒与旗下官将的君臣关系。努尔哈赤创立八旗制，设置了牛录额真、甲喇额真、固山额真等官职。额真，乃系满文 ejen 的音译，意为"主"。如照字直译，牛录额真（niru i ejen）应译为"牛录之主"；固山额真（gūsai ejen）当译为"固山之主"。牛录额真、固山额真等官衔的出现，固然可以表明担任牛录额真、固山额真的官将对本牛录、本固山的诸申有权管辖甚至有权盘剥，他们地位虽然很高，但毕竟不是本牛录、本固山的真正主宰，他们和诸申一样，皆须尊奉和硕贝勒为主，受其统辖，为其效劳，否则将被严惩。比如，《满文老档》载，天命五年（1620年）八月二十一日，努尔哈赤率兵攻明时，令"左翼之一固山之主莽古尔泰贝勒"领精兵一百，追逐沈阳城外明兵。"以莽古尔泰贝勒亲身远逐，该固山大营之兵主总兵官额亦都率领众兵，不速追贝勒，由后缓缓而行"。回兵时，"莽古尔泰贝勒对彼之大兵之主额亦都曰：尔何故不从吾行？额亦都曰：怎知尔如此远逐，尔如此追杀，我等众兵焉能追及"。努尔哈赤以其不护卫莽古尔泰而大发雷霆，下令尽捕随从额亦都的十余大臣，额亦都也"自缚待审"。法司拟处额亦都死刑，努尔哈赤虽念其长期征战有功，宽免不杀，但仍重罚，夺其诸申三百丁，革其功[1]。额亦都是清朝"开国元勋"，屡立战功，任至统辖左翼四旗的"众额真"，又是固山额真和五大臣之一，这样一个权势很大的高级官将，因未紧紧护卫和硕贝勒都遭到几乎斩首示众这样的惩罚，可见和硕贝勒地位之高。

四是从和硕贝勒与本旗其他贝勒的关系来看。不是和硕贝勒的其他贝勒，如像阿敏之弟斋桑古贝勒、济尔哈朗贝勒、代善之子硕托贝勒等人，虽然也各自拥有英明汗努尔哈赤给予的牛录诸申、阿哈，可以参与议国政，经常带兵出征，甚至以"执政贝勒"名义代表后金国与蒙古各部贝勒盟誓，权势很大，但是他们却对本旗的和硕贝勒十分畏惧，受其辖束，仰其供给，和硕贝勒甚至可以向汗请求杀戮其弟子。镶蓝旗和硕贝勒阿敏与其弟斋桑古贝勒之间的关系，就是一个很好的例证。《满文老

---

[1] 《满文老档·太祖》卷十六。

档》载，阿敏怀疑其弟斋桑古贝勒行为不轨，因而"对其诸弟之衣食生计，供给便不充裕，不公平。斋桑古向大贝勒、四贝勒再三陈诉，大贝勒、四贝勒以若将苦情告于汗伯父，则似诬谤并肩而行之阿敏台吉，将招外人之言，因而不告。斋桑古欲将苦情告于汗伯父，则惧兄阿敏台吉，若不告，生计无着，困苦忧愁"。后斋桑古与硕托分别前往自己的拖克索和牧群所在地，诸贝勒、大臣知悉后，疑其欲逃往明国，发兵堵截。阿敏向努尔哈赤告称，"将吾等弟兄置于众人之前审之，若吾为非，则辱吾，若弟斋桑古为非，将弟付吾，吾将杀之"。努尔哈赤不从，决定从轻了结此事，下令说，"若斋桑古愿与其兄阿敏台吉合居，听之。若不愿与阿敏台吉合居，欲与他兄合居，则归入于他兄之固山下"①。

这件事表明了五个问题。其一，斋桑古虽是拥有牧群、诸申，可以领兵出征的有权有势贝勒，但并不能独立为旗，而是依附于其兄阿敏且归属旗主贝勒阿敏旗下。后虽因兄弟关系恶劣，难以同处，他亦不能独立于八旗之外，必须"归入"另一和硕贝勒之固山之下。其二，斋桑古等贝勒衣食仰赖其兄和硕贝勒阿敏供给，阿敏刻薄，则其弟便"生计无着，困苦忧愁"。其三，本旗的其他贝勒对自己固山的和硕贝勒十分畏惧，虽受其虐待，亦不敢直接反抗，甚至还不敢向一国之汗努尔哈赤诉苦。其四，和硕贝勒对本旗人员有权任意支配，除汗父（或汗伯父）努尔哈赤可以干预外，其他旗的和硕贝勒无权过问该旗的内部事务。就连上述辅父执政的大贝勒代善和为汗父宠爱的四大贝勒之一的皇太极，也不敢和不愿干预与己"并肩同行"的固山贝勒阿敏旗内之事。其五，身为和硕贝勒的阿敏，竟要奏请斩杀胞弟斋桑古贝勒，这充分表明了和硕贝勒对本旗属下人员统治的严格及支配权力之大。

理清了和硕贝勒乃系一旗之主的情形后，对八和硕贝勒在后金国中的地位和势力也就不难了解了。后金国实行八旗制度，所有诸申、官将、阿哈都编入八旗（阿哈或附于家主户下，或编隶包衣佐领）。金选诸申披甲为兵，遣充各役，凡征粮收款及军国用费皆向八旗摊派，征战俘获亦

---

① 《满文老档·太祖》卷十六。

按八旗分取。和硕贝勒既是一旗之主,当然就成为后金国的最高统治集团成员,军国大政皆由"英明汗"努尔哈赤与八和硕贝勒合议裁处。遇逢征战,皆系汗与诸贝勒统兵出征。比如关系到后金国生死存亡的"萨尔浒大战",即由"英明汗"努尔哈赤亲自统率,大贝勒代善具体指挥,而和硕贝勒阿敏、莽古尔泰、皇太极等则分领本旗兵丁奋勇冲杀,最终大败明军①。

(二) 择立继任者的困难

八旗制度下和硕贝勒的强大权势是实行八和硕贝勒"共治国政"制的重要条件,但仅只是这个因素,并不能决定必然实行这种特殊的治理国政的制度,还需具备其他条件,否则也可能采取另外的形式。事实上,直到天命七年(1622年)三月以前,八和硕贝勒还都是归汗辖治、助汗执政的八大贵族,后金国军政大权仍由"英明汗"努尔哈赤所掌握。难道努尔哈赤不想使继任的新汗沿袭这种治政方式?努尔哈赤有没有指定过继承人?按照《清实录》《东华录》的叙述,努尔哈赤没有这种打算,因为"太祖初未尝有必成帝业之心,亦未尝定建储继位之议"。我认为,这种说法是不符合事实的。努尔哈赤不仅有"建储继位之议",而且曾两次指定其子执政,以便将来继位为汗,但皆因嗣子不称心和诸子争夺而作罢。

第一次是指定长子褚英执政。《满文老档》载录了《清实录》等官书删掉的褚英执政及其因过被革的详细情况,现摘译如下:

"承天眷祐,聪睿恭敬汗聚集了众多国人,执掌金国之政。聪睿恭敬汗思曰:'若无诸子,吾身何言,吾今欲令诸子执政。若命长子执政,长子从幼褊狭,无宽宏恤众之心。若委政于弟,置兄不顾,未免僭越,为何使弟执政。若吾举用长子,使专主大国,令执掌大政,彼将弃其偏心,为心大公乎!'遂令长子阿尔哈图图门执政。然

---

① 《满文老档·太祖》卷八。

此秉政长子,毫无均平治理父汗委付大国之公心,离间父汗亲自举用恩养同甘共苦之五大臣,使其苦恼,并折磨聪睿恭敬汗爱如心肝之四子,谓曰:'诸弟,若不违兄之言,不将吾之一切告与汗父,尔等须誓之。'今对着夜之星发誓。又曰:'汗父赐与尔等之财宝、良马,汗父若死,则不赐赍尔等财马矣!'又曰:'吾即汗位后,将杀与吾为恶之诸弟、诸大臣。'如此害弄之。此四弟、五大臣遭受如斯苦难,聪睿恭敬汗并不知之。四弟、五大臣相议曰:'汗不知吾等如此苦难,若告汗,畏惧执政之阿尔哈图图门。若因畏惧执政之主,吾等之生计无有矣。汗死之后,不养吾等矣。将吾等难以生存之苦告汗后再死。'四弟、五大臣议后告汗……(努尔哈赤痛斥褚英。褚英怀恨在心)作书诅咒出征之汗父、诸弟及五大臣……(并说)吾不许汗父及诸弟入城。(努尔哈赤将褚英关押,后并处死。)"①

从褚英的执政及废除,我们可以看出三个问题:

一是努尔哈赤早在建元天命以前,就已选立嗣子,且令其主持国政,裁处各事。

二是褚英拥有很大权力。上述"四子",是代善、阿敏、莽古尔泰、皇太极,都是统兵辖将的大贵族——"贝勒"。所谓"五大臣",乃清朝"开国元勋"费英东、额亦都、扈尔汉、何和里、安费扬古,皆系固山额真之类的高级官将。对这样"汗父爱如心肝"的四贝勒和"父汗亲自举用恩养同甘共苦"的五大臣,褚英可以逼辱欺凌,并声称不再赐与财物,将诛杀违抗己意之人;而且四贝勒、五大臣竟因畏惧褚英,一度不敢上告,可见此时的褚英确系佐父执掌后金军政大权,并非虚有其名,将来继位为汗后,也会是如同努尔哈赤一样的专制君主。

三是矛盾尖锐,激烈对抗。褚英这样蛮横地压制四弟、五大臣,并不只是由于个性"褊狭贪婪",更主要的是因为四个兄弟皆系有权有势的大贵族,五大臣是汗父努尔哈赤信任的高级官将,不治服他们,很难行

---

① 《满文老档·太祖》卷三。

使君权且巩固自己的"继位者"地位。但是,褚英的这些手段不仅没有压服四贝勒、五大臣,反而促使他们联合上告,招致汗父努尔哈赤痛斥。褚英十分不满,于是使用了当时是被认为很有效的谋害仇人的方法——作书诅咒,且欲待其父败回时闭城不纳乘机夺位,因而被废革处死。这是现任的汗(努尔哈赤)和预定继为新汗的嗣子(褚英)争夺君权的一次严重的斗争。

虽然努尔哈赤第一次选立嗣子的计划失败了,但他并没有打消"建储继位"之念,又决定让次子代善执政。《满文老档·太祖》卷十四载,努尔哈赤说:"吾身殁后,大阿哥须善养诸幼子和大福金。"大阿哥是代善,大福金是努尔哈赤爱妻富察氏,努尔哈赤所说以爱妻、幼子托与代善,就是说将来让代善继承汗位。因此,努尔哈赤叫代善具体主管后金军国要政,发生重大战争时,八旗劲旅主要由代善直接指挥。

代善助父主持国政,屡立军功,权势很大,不仅各贝勒、大臣畏惧其威,而且努尔哈赤也不得不有所容忍,父子之间矛盾日增。这在代善与继母的关系上表现得十分清楚。《满文老档》载,天命五年三月,小妃代音察向努尔哈赤报告说:"大福金两次备饭,送与大贝勒,大贝勒受而食之。一次给四贝勒送饭,四贝勒受而不食。且大福金一日二、三次遣人至大贝勒家,共议。大福金自身有二、三次黑夜出院。"① 努尔哈赤遣达尔汉辖、额尔德尼巴克什查问,情况属实。因努尔哈赤曾说过死后由代善"善养"大福金和幼子,"故大福金倾心于大贝勒",常派人至其家。每逢众贝勒、大臣在汗处赐宴及会议时,"大福金以金珠饰身,斜视大贝勒,众贝勒、大臣皆觉而非之,欲告汗,畏惧大贝勒、大福金,而未告。汗闻此言后,不愿加罪其子大贝勒",而借口大福金偷盗财帛,逼令休离。

这件事表明了两个问题。第一,代善是努尔哈赤指定的继承人、未来的新汗,威势逼人,连努尔哈赤的爱妻大福金都要巴结他,甚至在公开场合以色相媚,眉眼调情。而且,这样大逆不道的行为虽然已被阿敏、皇太极等旗主贝勒和各大臣发觉,但他们也因畏惧代善而不敢向努尔哈

---

① 《满文老档·太祖》卷十四。

赤报告。可见，此时的代善实权比其他贝勒更大，地位更高，他一旦继位为汗也将成为专制君主，不会当虚有其名的傀儡。

第二，代善与努尔哈赤之间发生了重大矛盾。身为儿子的代善，竟敢和尊为国母的继母勾勾搭搭，暧昧不清，简直是蔑父欺君，罪不容诛。汗父健在时，就敢如此不敬，将来怎能保证不会发生弑父篡位事件？因此，尽管努尔哈赤害怕家丑外扬而未惩治代善，却逐出大福金，这实际上也是对代善的谴责和警告。

努尔哈赤既对代善不满，自然不愿让他袭为新汗，可是又找谁为继承人？四大贝勒中，二贝勒阿敏是努尔哈赤侄，当然不能立为嗣子。三贝勒莽古尔泰粗鲁倔强，且其生母富察氏刚被休离，也不能入选。四贝勒皇太极善于用兵，好用权术，威望颇高，但恃才骄傲，与某些贝勒的关系很不融洽。努尔哈赤爱妻乌拉那拉氏所生三子阿济格、多尔衮和多铎又都年龄太小（天命七年，多尔衮才 11 岁，多铎 8 岁），也难肩负新汗的重任。总而言之，努尔哈赤找不到能够独掌大权善治国政的继承人。

正是由于八旗制度下的和硕贝勒拥有强大权势，以及无法选定合适的嗣子，努尔哈赤才决定不沿袭自己的国主独尊的旧制，而采取八和硕贝勒共治国政的制度。

二 八和硕贝勒"共治国政"制的基本内容及其实行的大致情况

（一）"共治国政"制的基本内容

《满文老档》载录了天命七年（1622 年）三月初三日努尔哈赤关于今后实行八和硕贝勒"共治国政"的制度的训谕，现摘译如下：

> 三月初三日，八子相会后问于汗曰：天予之政，何以平定，天福何以永承？

汗曰：使继承父为国主时，毋令豪强之人为主，以豪强之人为国主时，恐其恃力自恣，得罪于天也。一人之识见，能有几何，能及众人之议乎！尔等八子为八王，若八王共议，可无失矣。选择不拒尔等八王之言之人，使继尔父为国之主。若不取尔等之言，不行善道，尔等则更换尔等八王任置（Sindaha）之汗，选任不拒尔等之言之贤者。更换之时，若不心悦诚服而有难色者，岂能任尔不善之人之意乎！若如斯，则以恶者更代矣！

尔等八王之内，治理国政诸事时，若一人有得于心而言，其他七人由此而发之。若己不能理解，又不能以他人之得而发其言，徒只缄然，则当更换其人，使其下之子弟为王。更换之时，若不心悦诚服而有难色者，岂可任尔不善之人之意乎！若如斯，则以恶者更代矣。

若有事外出，当议告于众而行，未议，勿行。若集会于尔等八王任置之国主跟前，一、二人，勿集会，众人皆集后，商议国政，处理事务，祭家神，祭天，诸事当告于众而行。

八王议后，设女真大臣八、汉大臣八、蒙古大臣八。其八大臣之下，设女真理事官八、汉理事官八、蒙古理事官八。众理事官审理后，告诸大臣。诸大臣拟定后，上奏于八王，八王审断所拟定之罪。八王须贬斥奸诡之人，进举忠直之人。八王跟前，设女真巴克什八、汉巴克什八、蒙古巴克什八。

国主一月内，于初五日、二十日，两次升殿。新年初一，向堂子叩首，向神主叩首完毕之后，国主先向众叔兄叩首，然后，坐汗之宝座，使受汗亲身叩首之众叔兄等，皆齐坐于一处，接受国人之叩首……

八固山贝勒，若尔之固山，与他人之固山发生争吵，不经众审理之后，毋得单独入告，若独告，必争执矣。经众审理之后，入告，则无怨矣……兄弟之间，互相怨恨之时，可明发其怒，若隐其怒不明言，而诉于众人，则系用计哄骗人之邪心者矣，众人将判尔于罪也。

汗父所定之八分所得以外，若另自贪取隐匿一物，隐匿一次，革其一次应得之物；若隐匿二次，革其二次所得之分；若隐匿三次，则永革其应得之分矣。

若不牢记汗父之教谕，不取诸兄弟之言，仍经常行为悖逆，初则课罚。若再不听从，则取其诸申。若不以取诸申而怒，匡正其身，则事毕矣。若怒，则不杀尔，而羁牢之。若不受此言，行为背理，天地神祇，一应诸神，将皆厌之，殃及矣，岁寿不至，中途而死。若牢记汗父教谕，不违背，持正直之义，天地神祇，一应诸神，尽皆眷祐，加岁延寿，世代永承矣。①

这次汗谕清楚、详细地规定了八和硕贝勒共治国政的基本内容，十分重要。这样长的训谕，虽然涉及到许多问题，但概括起来，就是一句话，即八和硕贝勒执掌大权，后金国军政要务皆由八和硕贝勒商议裁处。具体来说，汗谕主要包括以下七个方面的内容。

第一，八和硕贝勒握有立汗罢汗的大权。顾名思义，一国之汗当然是言出令行的专制君主，受到群臣（包括各大贵族）的拥戴。努尔哈赤就是独掌大权的后金国主，被八和硕贝勒、诸大臣尊奉为"承奉天命养育列国英明汗"。可是，今后就不一样了。继任的汗，不是自封的，也不是八和硕贝勒劝进拥戴的，而是被八贝勒 sindaha。sindaha 是由动词 sindambì 变来的形动词。sindambì 意为"任置，放官之放"，是上对下的用词。这个词用得好，它准确地、形象地反映了八和硕贝勒享有立汗的权力，是任置，而不是劝进。并且汗谕规定，不任置豪强者为汗，不任置独断专行拒绝八贝勒意见的人为汗，如果继任的汗不听八贝勒的话，"不行善道"，八和硕贝勒共议后，罢免其汗位，另行任置听从八贝勒旨意的"贤者"。处在这种条件下，继任的汗就受到很大限制，不能独揽后金大权，这个权被八和硕贝勒分享了。

第二，八和硕贝勒掌握了议处军国大政的权力。汗谕规定，八贝勒集会后同见任置的国主，商议国政，诸事皆集议而行。乍一看来，这个

① 《满文老档·太祖》卷三十八。

规定似乎没有什么新颖之处，过去努尔哈赤也是与诸贝勒、大臣一起议处军政要务，这样做并没有削弱他统治后金的专制君汗地位。然而仔细分析，便可发现两者之间有着重大的差别。努尔哈赤是以天命之汗、创业之君的身份，"召集"诸贝勒、大臣开会，各贝勒、大臣的建言，符合汗心，他就采纳，有违汗意，哪怕贝勒、大臣一致坚持，他都可以置之不顾，完全按照己意裁处，命令诸贝勒、大臣服从和执行。例如，明万历四十年（1612年）九月，努尔哈赤率兵三万进攻乌拉时，其子莽古尔泰、皇太极二贝勒建议直攻乌拉都城，以图尽灭该国。努尔哈赤因双方兵力相等，难以完全征服乌拉，而指责二子出"轻浮之言"，拒绝其议①。可见，努尔哈赤与诸贝勒、大臣的相议，实际上是所谓"贤君"倾听群臣建言，并不是由诸贝勒任意处理各事，最后的决定权掌握在"英明汗"努尔哈赤手中。

现在根据汗谕的规定，情况就发生了重大变化。一则军国大政必须由新汗同八和硕贝勒共议裁处，不能由汗一人决定。再则继任的汗与八贝勒的共议，是在汗由八贝勒任置而且必须听从八贝勒意见的条件下进行的，新汗若拒绝八贝勒的话，八和硕贝勒可以集议后将他罢革，另行任置遵从八贝勒旨意的人为汗。因此，这种集议就是八贝勒和新汗共同裁处各事，而且八和硕贝勒拥有更大的发言权和决定权，实际上是八和硕贝勒掌握了处理军国要政的大权。

第三，八和硕贝勒拥有审断案件的权力。努尔哈赤创立的后金国很重视审理各案，遇有诉讼，由审事官先审后报诸大臣，诸大臣鞫问后报诸贝勒，然后由努尔哈赤复审和断案，也就是说"汗"亲自掌握着刑法的最后裁决权。现在汗谕规定，八贝勒共议后，置满、蒙、汉大臣和理事官各八员，一切案件经理事官审问后告八大臣，八大臣拟议处理意见上报八贝勒，由八贝勒审理断案。这样一来，八和硕贝勒就从继任的汗手中夺走了生杀予夺的刑法大权。

第四，八和硕贝勒有权奖惩和任免各级官将。努尔哈赤深知用人的

---

① 《满文老档·太祖》卷二。

重要性，牢牢地把住了授予官职的大权，牛录额真以上八旗官将的升降任免，皆须由他批准。现在汗谕规定，八贝勒"须贬斥奸诡之人，进举忠直之人"。这就是说，确定奸诡和忠直的权归八贝勒所有，谁奸，谁忠，不是由八旗各级额真自封，也不是由继任的汗钦定，而是由八和硕贝勒评定。用谁或罢谁，全由八贝勒集议处理，继任的汗丧失了独自决定任免官将的权力。这一点很重要，在用人这个重要关节上堵住了新汗与八和硕贝勒争权的道路，否则，官将如由新汗一人任用，八贝勒无权过问，则新汗可以通过重用亲信、罢革八贝勒属人的办法控制重要官职，扩大个人势力，为进一步排斥、压制八和硕贝勒提供条件。

第五，八和硕贝勒有权裁处八旗之间的争执，更换与惩治凶暴、无能的个别和硕贝勒。八旗制度下的和硕贝勒是一旗之主，权力很大，只有开国之君努尔哈赤才能管辖各旗的和硕贝勒，才能干预各旗事务，裁处各旗之间的纠纷，才是掌握最高权力的八旗之主。现在汗谕规定，八贝勒集议后罢革庸懦无能的"劣王"，另立其下的子弟为"王"。八和硕贝勒还可以惩治"行为悖逆"的个别贝勒，对其罚银取物，夺其所辖诸申，甚至将其关押牢中贬为囚犯。这就使八和硕贝勒从继任的新汗手中夺走了统治八旗的权力。这一条非常重要，设若不作出这样明确的规定，继任的新汗就会拥有"汗父"努尔哈赤斥革和硕贝勒、处理各旗之间纠纷的权力。那么他就可以惩办与己对抗或不听指使的和硕贝勒，任用亲信子侄来更换旧的和硕贝勒；在审理各旗争执时，偏袒自己及子侄占有的旗分，重惩另一方。这样一来，用不了多久，新汗就可以把八个旗的和硕贝勒完全换成自己的人，就可以剥夺和硕贝勒主宰本旗的独立权力，就可以成为执掌后金最高权力的八旗之主，就能彻底破坏八贝勒共治国政的制度。因此，这个规定成为关系到确立君权还是八贝勒共享大权的根本性因素，是八和硕贝勒"共治国政"制能否实行和延续的十分重要的条件。

第六，八和硕贝勒享有"八分"的特权。进入辽沈以前，后金国的主要收入来源于抢取的人丁、牲畜和财帛。过去，这些掳掠品从原则上讲，都应归汗所得，即为努尔哈赤所有，从诸申到和硕贝勒的其他人员均无权私取，必须由"英明汗"努尔哈赤赏赐。现在汗谕明确讲到"汗父所定之八分之所得以外"，不许隐匿贪取。所谓"八分"，就是归八和硕贝勒共有，按"八家"分配。这就是说，掠来的人畜财帛，今后不再是新汗的私产，而应归八和硕贝勒所有，按"八分"分配。如果努尔哈赤不作这个规定，继任的新汗完全可以引用"汗父"旧规，占有全部俘获物后，将大量人丁马牛分给自己及亲信弟兄子侄辖有的旗，少分给与己不和的固山贝勒。这样下去，各旗之间经济、军事实力的差距就会越来越大，继任的汗的势力就能日益增强。可见，"八分"制是限制君权，保证八和硕贝勒共治国政的一个重要条件。

第七，继任的汗与八和硕贝勒并肩共坐，同受国人朝拜。努尔哈赤是"承奉天命养育列国英明汗"，他高居宝座，所有人员，包括亲如子侄的尊贵贝勒皆须向汗叩拜，他们无权也没有资格与汗同坐①。现在汗谕规定，继任的汗须先向"众叔兄"即诸贝勒叩首，然后才登上汗的宝座，请诸贝勒并肩齐坐，同受八旗官兵、兵丁叩拜。这就从朝会礼仪上取消了新汗南面独尊的权利，贬低了他的威信，提高了八贝勒地位，体现了八和硕贝勒共掌后金大权的实情，从政治上、礼仪上对八和硕贝勒"共治国政"制予以保证。

以上情况清楚地表明了和硕贝勒拥有很大权力，后金军国大政悉由八和硕贝勒共议裁处。当然，这并不是说继任的新汗完全是虚有其名的傀儡。一则他是后金国汗，虽为八和硕贝勒集议任置，但毕竟是一国之汗，其地位理应比和硕贝勒高一些。再则新汗本身也是统治一旗或二旗的和硕贝勒，其有自己所辖的一旗、二旗的人丁、兵力作后盾，议处国政时，他可以既以汗的身份又以和硕贝勒的资格与议各事。因此，八和硕贝勒共治国政的制度并没有把继任的新汗排除在外，新汗也有很大权力，只不过是不能像"汗父"努尔哈赤那样高居八和硕贝勒之上独掌后金国军政大权罢了。

---

① 《满文老档·太祖》卷十载，过去，诸贝勒在宴会时，不能入席就座，只能坐在地上。直到天命四年五月庆贺萨尔浒大胜设宴时，努尔哈赤才赐予代替、阿敏、莽吉尔察、皇太极四大贝勒以矮几，令其坐在下面。

（二）八和硕贝勒"共治国政"制实行的大致情况

天命七年（1622年）三月初三日，努尔哈赤训谕八子，规定了任置新汗时要实行八和硕贝勒共治国政的制度，自此以后，八和硕贝勒的权力更加扩大了。他们议定八旗各级官将功过贤劣，提出升降任免的意见，报汗批准。比如，天命八年九月，诸贝勒相会商议后，遣库尔阐告汗，以代子游击呼什姆为备御，给予汉民，使其管辖。以索占代其父舒姆努为备御，以叶什代其侄什伯为备御①。努尔哈赤还取消了过去只汗处存有一个赏罚官职的档子的旧制，改为备办八个档子，八贝勒各有一个，革某官一职，八档同书，赏某官一职，亦同载于八档②。这就提高了八和硕贝勒奖惩和任免八旗官将的权力。

八和硕贝勒具体裁处各种诉讼。一般案件，经督堂审理后，报八和硕贝勒，由八贝勒断决。有一次，汉民王景隆诬告石城参将王子登受取毛文龙书信（即私通敌国），"督堂审理后，上奏于八王，八王详审，不实"，下令惩治王景隆③。甚至连处理投居后金国的兀鲁特部蒙古贝勒的重大案件，也由八贝勒裁决。天命八年九月二十四日，兀鲁特部奇布塔尔台吉射杀努尔哈赤嫁与的格格，兀鲁特部诸贝勒说，"杀汗之亲戚，带来于我等处，我等当凌迟之"。巴都瑚副将向八贝勒报告后，八贝勒不同意凌迟，命"以绳绞杀"④。可见八和硕贝勒在刑法方面拥有很大的权力。

八贝勒在财经方面的权限也扩大了。天命八年规定，取消八贝勒家各遣人丁捕貂、采珠、打牲的旧例，改为集中全部捕获物品，"按八分均分"⑤，这是对天命七年三月汗谕规定的"八分制"的具体贯彻。同年，诸贝勒下令：出东京、海州、耀州、盖州仓谷，卖与各路无粮地方的汉民，金斗一斗（合汉斗一斗八升）取银一两，"恐其不能耘田"。存有粮

---

① 《满文老档·太祖》卷五十九。
② 《满文老档·太祖》卷五十一。
③ 《满文老档·太祖》卷五十八。
④ 《满文老档·太祖》卷五十九。
⑤ 《满文老档·太祖》卷四十四。

谷的女真官员和汉官，将谷卖与各自地方汉民①。诸贝勒又下令，规定蒙古商人出售牛羊的价格，大牛一头银二十两，三岁牛十两，二岁牛五两，大羊四两，小羊三两，不许违背定价私自高价购买②。

天命八年七月二十一日，努尔哈赤亲自规定，若对女真宣告各事，则以"汗谕"名义下达，如果是对汉民，则以"八王之书下之"，废除了过去对汉民以"督堂"名义宣谕的旧制③。这样，大大提高了八王在汉民中的权威，使辽东地区汉民接受和服从八和硕贝勒的统治。

这些事实表明，努尔哈赤虽然还在执掌着最高统治权，但后金国军政财刑等日常事务皆已由八和硕贝勒集议，报汗批准，一般都依议而行，八和硕贝勒治理国政的权力大大增加了。因此，我认为，从天命七年三月以后努尔哈赤已在逐步将权移交给八贝勒，积极为完全实行八和硕贝勒"共治国政"制创造条件。

天命十一年八月十一日，努尔哈赤去世，后金国正式进入八和硕贝勒共治国政的阶段。诸贝勒遵照"共治国政"的汗谕，集议任立新汗。和硕贝勒岳托、议政贝勒萨哈廉向其父大贝勒代善建议立四贝勒皇太极为汗，代善同意，与诸贝勒相商，众赞同，遂"任置"皇太极为后金国第二任汗。

同年九月初一日，皇太极与代善、阿敏、莽古尔泰、阿巴泰、德格类、济尔哈朗、阿济格、多尔衮、多铎、杜度、岳托、硕托、萨哈廉、豪格诸贝勒誓告天地。皇太极立誓说："我若不敬兄长，不爱弟侄，不行正道，明知非义之事而故为之，或因弟侄等微有过愆，遂削夺皇考所予户口，天地鉴谴。"代善、阿敏、莽古尔泰的誓词为："（我等）善待子弟，而子弟不听父兄之训，有违善道者，天地谴责。"阿巴泰等11个贝勒立誓说："违背父兄之训而弗矢忠荩，天地谴责。"誓毕，皇太极率诸贝勒向代善、阿敏、莽古尔泰"三拜，不以臣礼待之"④。

---

① 《满文老档·太祖》卷五十九。
② 《满文老档·太祖》卷五十九。
③ 《满文老档·太祖》卷五十八。
④ 王先谦：《东华录》，天命十一年九月辛未。

以上记载反映出三个问题。一是新汗皇太极必须"敬兄长"。所谓兄长,是代善、阿敏与莽古尔泰,皆系各主一旗的和硕贝勒,而且都是"大贝勒"。皇太极发誓要"敬兄长",又率诸贝勒向三大贝勒"三拜,不以臣礼待之",即是说皇太极与三大贝勒是弟兄关系,是平等的关系,并不是专制君主与臣子的上下隶属关系,这也就是努尔哈赤训谕中所说新汗须尊敬八和硕贝勒的规定的具体体现。

二是新汗须"爱弟侄"。所谓弟侄,指的是阿巴泰、阿济格、多铎、岳托等11个贝勒,他们或系统治一旗的和硕贝勒,或是参与议政的"议政贝勒",皆占有大批诸申、阿哈、马牛,有权有势。新汗"爱弟侄"的重要内容之一,就是不得借口弟侄贝勒略有过失便"削夺皇考所予户口",即是说皇太极不得侵犯诸弟侄的和硕贝勒(旗主)的权力,不得夺取弟侄贝勒占有的旗和牛录,新汗无权干预其他和硕贝勒(哪怕是位居己下的弟侄贝勒)所辖之旗的内部事务。这也是贯彻八贝勒共治国政的汗谕的精神。

三是突出了三大贝勒的地位和作用。在参与立誓的14个贝勒中,大贝勒代善是贝勒岳托、硕托、萨哈廉之父,二贝勒阿敏是济尔哈朗亲兄,德格类贝勒是三贝勒莽古尔泰亲弟。阿巴泰、阿济格、多尔衮、多铎等四个贝勒皆系大贝勒代善、三贝勒莽古尔泰同父异母之弟。代善、阿敏、莽古尔泰三大贝勒与阿巴泰等11个贝勒之间,既有父子、叔侄、弟兄的长幼之分,又有和硕贝勒与隶属本旗的小贝勒(如代善与硕托、萨哈廉、杜度,阿敏与济尔哈朗,莽古尔泰和德格类)的君臣上下之别,这11个贝勒当然要听从父兄三大贝勒之训,而三大贝勒也就俨然以父兄的老资格宣称要"善待子弟"了。

天命十一年九月,皇太极与诸贝勒议定,每旗设总管大臣一,以纳穆泰、达尔汉等八人担任,"凡议国政,与诸贝勒偕坐共议,出师行猎,各领本旗兵行,一切事务,皆听稽察",这相当于过去的固山额真和议政大臣,后来也就直接称为固山额真。每旗又设佐管大臣二,"赞理本旗事务,审断词讼",这相当于梅勒额真和理事大臣,以拜音图等16人充当。每旗还设调遣大臣二,"出兵驻防,以时调遣",审理所属词讼(后为驻防副都统），命巴布泰等 16 人担任①。这次八旗制度的官职的重要更改，并不是由新汗皇太极一人独断，而是汗与诸贝勒共同决定。

天命十一年十二月，皇太极欲致书明朝政府讲和，提出议和条件，命巴克什达海、库尔阐等诣诸贝勒府宅商议。达海等先至大贝勒代善家，次到二贝勒阿敏处，再到三贝勒莽古尔泰宅②。这样关系到后金强弱生死的重大决策，也不是由皇太极一人独断，而是必须和诸贝勒尤其是三大贝勒商议定夺。

在朝会方面，则是三大贝勒与汗并坐齐尊。《满文老档》载述天聪元年正月初一朝会仪式时写道："满洲国之礼，叩拜时，大贝勒、阿敏贝勒、莽古尔泰贝勒，以三贝勒为兄而敬之，使坐新汗之两傍，诸处亦与汗并坐，不会下坐。"③ 不仅是在后金国内旗下官将、诸申朝拜时是四人并肩而坐，就是其他蒙古贝勒来拜见时，亦系对四人同样行礼。比如，天聪元年八月十八日，察哈尔阿喇克绰忒部巴尔巴图鲁、诺门达赖、吹尔扎克苏三贝勒率领人丁来投，"跪谒汗后，依谒汗之礼会见三大贝勒"④。这也是基本上贯彻执行了天命七年三月汗谕中关于八和硕贝勒与汗同坐共受国人朝拜的规定。

这些事实表明，此期军政要务皆系由新汗、三大贝勒、和硕贝勒、议政贝勒等 15 人共议裁处，后金国正式实行了努尔哈赤生前规定的八和硕贝勒共治国政的制度，但略有修改，即突出了三大贝勒的地位和影响，新汗皇太极与代善、阿敏、莽古尔泰三大贝勒有更大的发言权和决定权，他们四人是后金国中权势最大的统治者。

（三）八和硕贝勒"共治国政"制的变化和废止

努尔哈赤规定八和硕贝勒的"共治国政"，是一种倒退的、落后的制

---

① 《清太宗实录》卷一，天命十一年九月丁丑。
② 《清太宗实录》卷一，天命十一年十二月戊辰。
③ 《满文老档·太宗·天聪》卷一。
④ 《满文老档·太宗·天聪》卷八。《清太宗实录》和《东华录》都将此事改写为巴尔等来投，"朝见赐宴"，删掉了"依谒汗之礼会见三大贝勒"的重要内容，歪曲了新汗皇太极和三大贝勒并坐共尊的历史实际。

度。严格执行这种制度所产生的后果，可以用"分、乱、弱、亡"四字来概括。按照努尔哈赤的规定，继任的新汗没有掌握管辖八旗的君权，不过是占有本旗的和硕贝勒而已，一切皆由八和硕贝勒集议决定。因而，统一的后金国实际上被分解为八个独立的小国，一旗即一国，各旗只归本旗的和硕贝勒统治。新汗当然不愿长期这样遭受其他和硕贝勒挟制，一定想仿照汗父努尔哈赤的模样主宰后金一切，从而必然与其他和硕贝勒发生冲突。各个和硕贝勒之间，势力大小不一，想法也不相同，议处国政时，很难秉公执正，权势强大的贝勒会乘机为己牟利，偏袒本旗，欺凌弱小贝勒，和硕贝勒之间亦将互相倾轧。争必乱，乱必弱，在当时四面皆敌、宁远大败、内部不稳的条件下，后金国如果分解为争吵不休、实力不强的八个小国，怎能迎敌明朝军队，又怎能打败蒙古和朝鲜，长此必将陷入四面楚歌的困境。

我们可举莽古尔泰与皇太极的争执，来具体看看"共治国政"制的弊病。天聪五年（1631年）八月十二日，后金军进围明大凌河城，猛攻不下，伤亡甚多。次日，莽古尔泰与皇太极激烈争吵。"（莽古尔泰说）昨日之战，我旗将领被伤者多。我旗摆牙喇兵，有随阿山出哨者，有随达尔汉额驸营者，可取还乎？上曰：朕闻尔所部兵，凡有差遣，每致违误。莽古尔泰曰：我部众凡有差遣，每倍于人，何尝违误。上曰：果尔，是告者诬矣，待朕与尔追究之，若告者诬，则置告者于法，实，则不听差遣者亦置于法。言毕，面赤含怒将乘马。莽古尔泰曰：皇上宜从公开谕，奈何独与我为难，我止以皇上之故，一切承顺，乃意犹未释，而欲杀我耶。言毕，举佩刀柄前向，频摩视之"。皇太极默然，回己营对众痛骂莽古尔泰，并"怒责众侍卫曰：朕恩养尔等何用！彼露刃欲犯朕，尔等奈何不拔刀趋立朕前耶！"[①]

上述记载表明了三个问题。其一，正蓝旗的和硕贝勒莽古尔泰抱怨后金国汗皇太极处事不公，欺压蓝旗。莽古尔泰的不满，首先是因为正蓝旗的摆牙喇（即"精兵"）要随达尔汉、阿山行走。阿山系正白旗佐管

---

① 王先谦：《东华录》天聪五年八月甲寅。

大臣，达尔汉是镶黄旗固山额真，这就是说，莽古尔泰旗的摆牙喇要随从镶黄旗作战和跟阿山出哨，而且数量不少，仅随皇太极所有的镶黄旗行走的就有十个牛录的摆牙喇，约为正蓝旗摆牙喇总数的三分之一①。同时，"凡有差遣"，正蓝旗的人丁又"每倍于人"，多于其他旗。这使正蓝旗旗主贝勒莽古尔泰十分愤怒，因而公开地、正式地向身兼后金国汗和镶黄旗旗主贝勒的皇太极提出，要求撤还自己的摆牙喇。

其二，后金国汗皇太极坚持己见，以势压人。本来是莽古尔泰提出取回随镶黄旗行走的摆牙喇，这个要求并不过分。其他七旗的摆牙喇都在本旗行走②，正蓝旗却要派出三分之一以上的摆牙喇随同其他旗作战，这种作法自然是不公平的，作为金国之汗的皇太极对此是有责任的，理应赔礼道歉，立即改正。可是皇太极对此却不予正面回答，反而采取以攻为守的策略，无根据地指责正蓝旗兵丁于"差遣"时，"每致违误"，当莽古尔泰辩解未曾贻误公事且人丁服役倍于他旗时，皇太极竟恼羞成怒，面红耳赤地宣称要将耽误差遣的人"置于法"，对莽古尔泰公开威胁。

其三，斗争激烈，几致拔刀交战，相互仇杀。对于皇太极的无理言行，莽古尔泰十分气愤。这个莽古尔泰并不是无名小卒，也非庸懦之人。他很早就统军出征，骁勇善战，曾以区区百骑击败明总兵官李秉诚、副将赵率教（明之勇将）部军队，又在灭乌拉、亡叶赫、激战萨尔浒等重大战役中屡立军功。这样一个身经百战、权势赫赫的和硕贝勒，怎能忍受如此不公正的待遇，怎会惧怕皇太极的威胁？因而他反唇相讥，斥责皇太极"奈何独与我为难"，甚至举刀向前，拔刀出鞘，几乎动武。如果皇太极不竭力克制，愈争愈烈，难免厮杀起来，这在当时正与明兵交战的关键时刻，势必带来严重的后果。莽古尔泰敢于这样强硬，并不只是因其本性鲁莽，而是和八贝勒共治国政的制度密切相关的。在他看来，皇太极是由他们"任置"的，与己同是并肩而行的旗主贝勒，谈不上什么君臣名分，因此敢于反对皇太极的错误做法。如果不是实行"共治国

---

① 《满文老档·太宗·天聪》卷四十。
② 《满文老档·太宗·天聪》卷四十。

政"制，皇太极拥有"汗父"努尔哈赤那样的专制君主的权威，八旗皆为己有，可以任意调拨，莽古尔泰也就不会如此行动了。

对于"共治国政"制的危害，投降后金的汉官看得十分清楚。天聪六年（1632年）九月，镶红旗下汉官胡贡明向后金国汗皇太极上疏，激烈抨击共治国政的制度。他说："（汗）且必狃着故习，赏不出之公家，罚必入之私室，有人必八家分养之，地土必八家分据之，即一人尺土，贝勒不容于皇上，皇上亦不容于贝勒，事事掣肘，虽有一汗之虚名，实无异整黄旗一贝勒也。如此三分四陆，如此十羊九牧，总（纵）借此强兵，进了山海，得了中原，臣谓不数年间，必将错乱不一，而不能料理也。"①

以上情况非常清楚地表明了君权与贝勒权的尖锐矛盾及"共治国政"制的严重弊病，如不加改革，继续下去矛盾将更加激化，必然给后金国带来巨大危害。

天命十一年八月皇太极继位为汗后，顺应形势的需要，竭力提高汗权，破坏这种落后的"共治国政"制度。他十分注意增强自己所辖正黄、镶黄二旗的实力，选任可靠的能干将领。他特别重用"开国元勋"扬古利及费英东弟、侄，封左翼总兵官扬古利为"超品公"，以其幼弟纳穆泰及另一弟冷格里分任正黄旗总管大臣和佐管大臣；任费英东侄伊逊、扬善分任镶黄旗佐管大臣和调遣大臣。扬古利从弟谭泰、费英东侄鳌拜等著名勇将亦隶二黄旗，也受到皇太极重用，因此正黄、镶黄二旗的战斗力很强。

皇太极积极扶持和拉拢幼弟多尔衮、多铎。天聪二年三月，因多尔衮随征蒙古有功，"赐以美号，于是名贝勒多尔衮为墨勒根戴青"。同月，因阿济格有过，革其固山贝勒，以多尔衮代，统治镶白旗，后又让多尔衮主管吏部（这虽是汗和诸贝勒共议，但皇太极是起了作用的）。经皇太极力争，多铎才分到努尔哈赤生前直接辖领的十五个牛录②；皇太极还尽力作代善及其子岳托的工作。这样一来，经过几年的努力，八旗之中，皇太极拥有将勇兵强的二黄旗，拉住了多尔衮、多铎的二白旗，中立了

---

① 《天聪朝臣工奏议》卷上，胡贡明：《五进狂瞽奏》。
② 《清太宗实录》卷四十六，崇德四年五月辛巳。

代善父子的二红旗，因此，他的势力超过了其他和硕贝勒，成为举足轻重的实力人物。这样强大的实力和巩固的地位，就是皇太极限制、削弱和废除"共治国政"制的基本条件。

另一方面，皇太极继位以后实行的政策基本上是正确的，收到了很大的成效。天命十一年上半年，后金国四面皆敌，努尔哈赤受挫于宁远，负伤而死，八旗官兵士气不振，怯于攻战。努尔哈赤滥杀辽民，残酷压榨，严重地破坏了辽东地区生产力，其时农田荒芜，灾荒频仍，粮谷奇缺，物价昂贵，一匹布价银九两，一头牛银一百两，谷一斗价银八两，超过战前几十倍，甚至出现了"人相食"的悲惨局面①。皇太极即位后，采取了一些减轻剥削、缓和矛盾、奖励农耕的政策，使农工商业有所恢复，社会秩序渐趋稳定，同时以攻为守，积极对外扩展。天聪元年二月，皇太极派遣八旗官兵攻打朝鲜，追击明将毛文龙，得获全胜，解除了后顾之忧。天聪三年十月后金发兵攻明，直抵北京，施用反间计，杀了袁崇焕，歼灭大批明兵，生擒和斩杀数十员明将（包括曾固守宁远的勇将满桂），尽洗努尔哈赤战败伤病而死的耻辱，提高了八旗官兵的士气和战斗力。天聪五年后金再次攻明，消灭大量明朝官兵，逼迫坚守大凌河城的明军战将祖大寿投降。内政、外交、军事行动的连续胜利，显示出皇太极治理国政的卓越才干，表明了他能够继承努尔哈赤开创的"祖业"，有能力肩负起独自主持后金国政的重任，迅速地提高了他的威信。这对他进一步扩大汗的权力，集中领导，限制与削弱八和硕贝勒的势力起了积极的促进作用。

在这种有利形势下，皇太极采取了逐渐的、见机行事的正确策略，他想了很多办法，一步一步地削弱八贝勒治理国政的权力，加强集中统一领导的君权。

天聪三年（1629年）正月，皇太极与三大贝勒议定，取消了自天命六年（1621年）以来四大贝勒按月分掌国中政策的旧规，改为以诸弟侄贝勒代理，在一定程度上减少了三大贝勒直接处理日常政务的机会。

---

① 《满文老档·太宗·天聪》卷六。

同年四月，皇太极设立"书房"（《清实录》称为文馆），分儒臣为两班，命巴克什达海及刚林等翻译汉字书籍，库尔缠、吴巴什等"记注本朝得失"①。九月，第一次考试儒生，取二百人，分任各职。这批人员翻译《大明会典》《通鉴》《孟子》等书，积极鼓吹封建专制集权的"君权至上"舆论。特别是在天聪五年和六年，他们纷纷上书，抨击"八分"制的弊病，要求仿效明朝的集权制度进行改革，建议设立六部和言官，取消三大贝勒并坐视朝的旧例。这实际上是反对八贝勒共治国政，推举皇太极独坐称尊②，其对提高汗的权威起了重要作用。

天聪四年六月，因二贝勒阿敏弃永平等府州县逃回，皇太极与诸贝勒集议谴责其过，加重惩治③。从处分阿敏的案件，我们可以看出两个问题。

一是减少了一个强有力的、有野心的竞争者，削弱了镶蓝旗势力。阿敏继承其父舒尔哈齐贝勒遗下的大批人丁财畜，很早就当上旗主贝勒，他多次统兵出征（天聪元年正月率领大军攻打朝鲜，尽获全胜），被尊为二大贝勒。其实力雄厚，又有争夺汗位的野心。现在，革掉这个专横跋扈的阿敏的大贝勒、旗主贝勒，将其幽禁于家，尽夺其所属人口、奴仆、财物、牲畜，给与其弟济尔哈朗。济尔哈朗虽然继其兄位辖领镶蓝旗，但他只系和硕贝勒，实力、地位皆远远不及其兄，而且他很早就靠拢皇太极，以后更成为皇太极的坚定的支持者。

二是抬高了新汗的地位。定阿敏的大罪共16条，其中11条皆是斥责其轻视皇太极、欲夺汗位及以国主自居的罪过。比如，大罪之三为阿敏欲图纳取献给皇太极的美女，遭拒绝后，怒形于色，大发怨言。大罪之七为阿敏对叔父贝和齐说，"吾梦被皇考笞楚，有黄蛇护身，护我之神即此"，显系以龙自命，将为真命天子。大罪之九是阿敏"自视如君"，当他留守沈阳时，随同皇太极征明的岳托、豪格（皇太极子）贝勒先还，阿敏"令留守大臣坐于两侧，彼居中，俨如国君，令两贝勒遥拜一次，近前复拜一次"，而皇太极对出征的贝勒、大臣回师时，必"乘马出迎，

---

① 《清太宗实录》卷五，天聪三年四月丙戌。
② 详见《天聪朝臣工奏议》。
③ 《清太宗实录》卷七，天聪四年六月乙卯。

及御座,始受其拜"。既然将阿敏不服皇太极、欲与新汗同尊的行为定为逆叛大罪,那么,其他贝勒也必须以此为鉴,不能重蹈覆辙了。

天聪五年七月,以汉官宁完我等奏请仿照明制设立六部,皇太极与诸贝勒、大臣议定官制,创立六部,每部各由一贝勒主管,设满、汉、蒙承政(相当于尚书)一、二员、参政八员、启心郎一、二员①。这是后金官制的重大变化。在此之前,虽然在一段时间内没有"督堂"(亦称"都堂")一职,处理一些全国性的事务,但既不经常,又未成为正规的制度,而且皆以官将(有些是中级官将)充任,权力不大。现在,后金仿照集权专制的明朝章程,正式设立六部,统一管理后金辖区各事,且以图尔格、车尔格、纳穆泰等固山额真之类的高级官将担任承政,又辖以声势赫赫的六贝勒,当然能够有效地行使职权,统一处理各种事情,因而大大增进了后金的集中统一领导。同时,在主管六部的贝勒中,多尔衮(吏部)、岳托(兵部)、济尔哈朗(刑部)三人是和硕贝勒,户部的德格类、礼部的萨哈廉、工部的阿巴泰三人却非旗主贝勒,而和硕贝勒多铎又未参与管理。这样就缩小了旗主贝勒与非旗主贝勒之间的差距,相应地使和硕贝勒的地位有所贬低。这次改变是汗权提高、八和硕贝勒权势开始削弱的一个重要标志。

天聪五年十月,因莽古尔泰与皇太极争吵,大贝勒代善与诸贝勒议定,革其大贝勒,降为和硕贝勒,夺五牛录诸申给与其弟德格类贝勒,罚银万两②。十二月,以礼部汉承政李伯龙奏请议定朝贺仪制,皇太极提出"八旗贝勒独列一班行礼"及莽古尔泰可否仍与自己并坐的问题,请大贝勒代善与诸贝勒会议。诸贝勒议定,自此以后,皇太极一人南面称尊,取消二大贝勒与汗并坐的旧例③。天聪六年二月,定仪仗制,规定在附近行走时,汗是旗三对、伞二柄、校尉六人,大贝勒是旗二对、伞一柄、校尉四人,诸贝勒旗一对、伞一柄、校尉二人④。七月,封豪格为和硕贝勒⑤。天

---

① 《清太宗实录》卷九,天聪五年七月庚辰。
② 《满文老档·太祖》卷四十二、五十。
③ 《清太宗实录》卷十一,天聪五年十二月丙申。
④ 《清太宗实录》卷十一,天聪六年二月壬申。
⑤ 《满文老档·太宗·天聪》卷五十六。

聪八年九月，皇太极提出，俘获人丁，"分补不足旗分"①。与此同时，制定"离主条例"，允许旗下诸申"讦告"贝勒擅杀人命、强奸妇女等过错，如属实，可以离主②，如此加强了汗对贝勒属下人员的管辖权。

皇太极几次指责诸贝勒因循怠惰，"兴建逾制"，又申斥阿巴泰贝勒安享富贵，怠玩政务③。天聪九年，皇太极的势力已很强大，汗的地位相当巩固，遂对诸贝勒、大臣列举大贝勒代善"轻蔑"国主的过失，并厉声宣称"将杜门别居，尔等别举一强有力者为君"。诸贝勒、大臣拟议，革代善大贝勒尊号，削和硕贝勒，夺十牛录诸申，罚银万两，皇太极知道此时不宜过分得罪代善，拒绝其议，予以宽免④。同年十月，正蓝旗和硕贝勒德格类病死，十二月，皇太极借口莽古尔泰、德格类生前欲图叛逆，谋为国君，定为大罪，诛莽古尔泰子额必伦，将其另六子迈达礼、光衮、阿喀达、舒孙、噶纳德及德格类子邓什库等"俱黜为庶人"，把二贝勒的属人、财产和正蓝旗皆夺为己有⑤。

以上情况表明，经过十年来的精心策划和艰苦努力，皇太极的势力迅速壮大，威信空前提高，管辖后金的权力不断增强，地位十分巩固，而原来"任置"他为新汗的其他和硕贝勒，或因过被废革关押（阿敏），或死后削爵夺旗（莽古尔泰、德格类），或遭其训斥地位下降，或愿紧紧跟随听从约束，裁处国政的力量大大削弱了。尤其是天聪九年冬斥责代善、吞并正蓝旗，更显示了皇太极的专制君汗的威风，反映出八和硕贝勒"共治国政"制的衰朽，这种落后的治理国政的制度实在难以继续存在下去了。

正是在这样的条件下，天聪十年（1636年）四月，大贝勒代善、贝勒济尔哈朗、多尔衮、多铎、岳托，豪格、阿巴泰、阿济格、杜度率领八旗官将和蒙古各部贝勒上表劝进，皇太极被拥戴为帝，尊称"宽温仁

---

① 《清太宗实录》卷二十，天聪八年九月甲戌。
② 《清太宗实录》卷九，天聪五年七月庚辰。
③ 《清太宗实录》卷十六，天聪七年十月己巳；卷二十三，天聪九年六月辛丑；卷二十四，天聪九年七月壬戌。
④ 《清太宗实录》卷二十六，天聪九年九月壬申。
⑤ 《清太宗实录》卷二十六，天聪九年十二月辛巳。

圣皇帝",改国号为大清,年号崇德。皇太极册封大贝勒代善为和硕兄礼亲王,封济尔哈朗、多尔衮、多铎、豪格、岳托为和硕亲王,封阿济格、杜度等为多罗郡王、多罗贝勒,又改文馆为内三院。这就标志着努尔哈赤于天命七年三月规定的八和硕贝勒"共治国政"制的废止,开始进入帝权独尊、八旗王公贵族佐治国政的阶段。

八旗制度建立考

努尔哈赤创立的八旗制度涉及面广，影响很大，是清朝特有的重要制度。本文拟对顺治元年（1644年）清军入关以前八旗制度的若干问题作些初步探索①，谈谈个人不成熟的意见，欠妥之处请同志们指正。

一 八旗制度建立的历史条件

明万历四十三年（1615年），清太祖努尔哈赤正式编置八旗，统辖所属人丁，建立了八旗制度。这样一种特殊的重要制度的出现，有着深刻的历史背景，首先是和当时女真各部的状况密切相关的。

明代的女真，散处辽宁、吉林、黑龙江各地，大体上分为海西、建州、"野人女真"三大统系，其下各分为若干小部。明朝政府因之编立卫所，赐予敕书，封其酋长为都督、都指挥使、指挥使、镇抚等职衔。努尔哈赤的祖父觉昌安便系建州左卫女真的都指挥使。

《满文老档》载录了万历三十八年（1610年）努尔哈赤家族及其官将持有的明政府赐给女真各卫酋长的敕书，对于了解此时女真的情形和八旗制度出现的条件具有十分重要的意义。现选录几例如下：

"汗家之敕书：海西蒲河卫都督同知岱什之子衮底，万历九年五

---

① 对于入关以后的八旗制度，已另文专述，此处就不细讲了。

月二十七日得。海西城讨温卫都指挥使努塔之孙米哈，隆庆五年八月二十五日得。海西益实左卫都指挥使乌辛嘎之孙塔比哈，嘉靖四十五年七月二十一日得。"

"阿尔哈图图门：依木河卫都指挥同知岱珠哈之子拜音达里，万历二十一年九月二十三日得。塔山卫都指挥同知色穆赫之孙伯奇纳，万历二十七年二月初九日得。海西木鲁卫都指挥同知尼堪之子乌里卡，嘉靖四十五年二月二十二日得。"

"栋鄂额驸：卜答卫都指挥使塔巴泰之子巴克奇纳，万历十一年十一月十七日得。海西兀占卫都指挥使奈哈之子波吉纳，隆庆四年七月二十八日得。海西托里山卫都指挥使克克勒之子额特米，万历九年四月二十八日得。"

"大扎尔固齐：克默尔河卫都指挥使伯勒克特依之子阿什底，万历二十五年五月初一日得。海西塔山卫都指挥使佟吉努之子什伯格，嘉靖四十五年七月二十一日得。"

"额亦都巴图鲁：海西木河卫都指挥使什努之子海瑚，隆庆三年四月二十五日得。阿真河卫都指挥同知温吉努之子锦格里，万历二十七年二月初九日得。"

"乌尔古岱：兀者前卫都督佥事塔克图，万历三十五年闰六月十二日得。海西石宁河卫都指挥使什里库之孙木什拉，万历九年四月二十八日得。"①

努尔哈赤家族及其官将拥有的敕书中载录的女真卫计有：兀里河卫、兀者前卫、兀里卫、兀里溪山卫、兀失卫、兀者左卫、木束河卫、木河卫、木答山卫、巴塔卫、屯河卫、牙鲁卫、古贲河卫、古鲁山卫、古木河卫、失里绵卫、古城卫、失里木卫、扎岭卫、巴忽鲁卫、吉滩河卫、安河卫、朵儿必河卫、亦马忽山卫、脱木河卫、亦里克卫、亦速河卫、式木卫、竹墩卫、克默尔河卫、阿速江卫、忽鲁木卫、忽兰山卫、者帖

---

① 《满文老档·太祖》卷七十九、八十。

列卫、城讨温卫、哈兰城卫、哈几分卫、益实卫、野木河卫、塔山卫、塔出前卫、塔亭卫、随满河卫、刓真卫、斡兰河卫、薛列河卫等，共二百八十余卫。

据上所录，络合其他资料，我们可以看出四个问题：第一，女真的部落很多，很分散。现存的《满文老档》已有残缺，以上所列并非卫所总数，但就是这些能够查明的卫所，已达二百八十余。各部之间，人丁不一，好些部落只有三五十户。比如，万历十一年（1583年）努尔哈赤起兵攻打图伦城主尼堪外兰时，加上嘉木湖寨主噶哈善、沾河寨主常书的所属诸申还不到一百人①。可见努尔哈赤的人丁很少，沾河、嘉木湖二寨的人口也不多。又如，界藩、萨尔浒、栋佳、巴尔达四个部落联合反击努尔哈赤时只有四百名兵②，平均每部一百人，也是小部。

第二，女真各部之间争吵激烈，混战一团。涣散的女真部落各自为长，互不相让，常常为了争夺牲畜、财帛和人口彼此抢劫，甚至弟兄叔侄之间也互相残杀。以建州女真而言，努尔哈赤的堂叔康嘉便曾约请哈达发兵，由兆嘉城主理岱（亦系努尔哈赤的亲近族人）导引，劫取努尔哈赤所辖湖济寨人畜③；栋鄂部长克彻攻占觉昌安弟兄"六贝勒"属下二处地方，"六贝勒"亦借哈达兵抢掠克彻数寨④；海西女真各部也是互相征伐，并攻打建州女真；哈达部酋长王忠杀叶赫部酋长祝孔革，夺其敕书及季勒等十二寨；祝可革之子逞加奴、仰加奴亦多次率兵攻哈达，掠把吉各寨，取回季勒诸寨，吞并附近部落⑤。

第三，女真人要求统一，逐渐出现联合的趋势。上面曾经提到乌尔古岱，据《满文老档》的记载，他占有三十道敕书，计有：兀者前卫、海西石守河卫、海西依齐河卫、海西苏嘉卫、海西纳尔吉卫、海西者帖列卫、海西兀里溪山卫、野木河卫、海西阿拉河卫、海西兀珠卫、海西

---

① 《清太祖武皇帝努儿哈奇实录》卷一。
② 《清太祖武皇帝努儿哈奇实录》卷一。
③ 《满洲实录》卷一。
④ 《满洲实录》卷一。
⑤ 谢国桢编《清初史料四种》，苕上愚公：《东夷考略》。

吉滩卫、海西依提里山卫、古鲁卫、海西额毕河卫、海西木努山卫、依木卫、苦岭河卫、海西拜苦卫、沙岭卫、海西法卫、忽鲁山卫、海西提叶岭卫、海西劄里卫、劄真卫、费思木卫、海西河伯卫、海西使方河卫、海西石河卫、海西库额卫①。其敕书之多，超过了代善、汤古岱、额亦都、费英东和何和里，仅次于努尔哈赤及其长子褚英。为什么乌尔古岱拥有大量的敕书，竟比代善贝勒和费英东等"五大臣"还要多？考察一下此人的家世发现，原来乌尔古岱并非普通官将，而是海西哈达部蒙格布禄贝勒之子。海西女真地广人众，部落也多，仅《满文老档》载录的海西女真卫所就有一百五十余。明帝赐给女真的敕书共一千五百道，而海西女真就有一千道，占了三分之二。到了明末，海西女真的一二百卫基本上已经合并为哈达、乌拉、叶赫、辉发四大部。乌尔古岱之祖哈达部酋长王台便曾"远者招徕，近者攻取，其势愈盛"，"所辖东尽灰扒、兀剌等江夷，南尽清河、建州，北尽仰、逞二奴，凡数千里"，拥有敕书达七百道②。因此，虽然王台晚年势力衰落，死后哈达被努尔哈赤征服，乌尔古岱投降，为其部臣，但仍保留很多敕书，仅海西卫所酋长的敕书就有二十道。

第四，努尔哈赤统一了大部分女真，成为女真之主。努尔哈赤原系建州左卫女真小部酋长，人丁稀少，地区狭窄。万历十一年（1583年）起兵以后，他首先吞并了建州女真部落，又于万历二十七年灭哈达，万历三十五年并辉发。仅《满文老档》载录，万历三十八年努尔哈赤及其子侄官将持有的敕书就有三百七十余道，包括了二百八十多个女真卫所。万历四十一年努尔哈赤亡乌拉，到万历四十三年（1615），除叶赫及边远地区少数部落尚未降服外，大多数女真人已经"归顺"，努尔哈赤一跃而为辖地辽阔、臣民众多的女真国汗了。

这些女真人，原来散处辽宁、吉林、黑龙江各地，其习俗不一，制

---

① 《满文老档·太祖》卷八十。
② 《清太祖武皇帝努尔哈奇实录》卷一；谢国桢编《清初史料四种》，张鼐：《辽夷略》；《明经世文编》卷四百五十三，杨道宾：《海建夷贡补至南北部落未明谨遵例奏请乞赐诘问以折狂谋事》。

度悬殊。有的部落依山沿江居住，以捕鱼捉貂、渔猎为生，过着原始社会的生活；有的女真人室居耕田，役使阿哈，"饮食服用，皆如华人"，奴隶制生产关系已经出现。此时，如果没有统一、正确的管理制度取代旧日分散、各自为政的管理，就很难真正地统一起来，这个各有特色各异、复杂松散的混合体便将是昙花一现，不能长期延续下去。哈达部名酋王台的失败，就是一个很能说明问题的例证。

王台势力强大时，吞并了许多女真部落，"延袤几千里"，"叶赫、乌拉、辉发及满洲所属浑河部，尽皆服之，凡有词讼，悉听处分"。但是，由于王台没有建立起适当的管辖制度，又御下无方，"贿赂公行，是非颠倒，反曲为直。上既贪婪，下亦效尤……民不堪命"。因此，"诸部尽叛，国势渐弱"，万历十年（1582年），王台"竟以忧愤死"①。

王台之亡的前车之鉴以及巩固女真各部统一的迫切要求，是努尔哈赤创立八旗制度的根本原因之一。

另一方面，明朝政府对女真的总政策及其对努尔哈赤的态度，在促进八旗制度的建立上也起到了重大影响。

万历三十六年（1608年），署礼部尚书杨道宾连上三道奏疏，详述明廷国策和努尔哈赤近况，提出对付的办法。他说：

"女直乃肃慎旧疆，亡金遗孽。自永乐初年野人女真来朝，其后海西、建州女直悉境归附，乃设奴儿干都司，统卫所二百有四，地面、城、站五十有八，而官其酋长，自都督以至镇抚。许其贡市，自开元以达京师……其海西、建州，岁一遣人入贡，海西一千，建州五百……然必分女直为三，又析卫所地站为二百六十有二，各自雄长，不使归一者，盖以犬羊异类，欲其犬牙相制也。祖宗立法，良有深意。今建州夷酋奴儿哈赤，既并毛怜等卫，而取其印敕，又举海西南关一带卫所酋目，若布占吉，若猛骨孛罗等而有之，虽婚姻有所不恤。惟北关一带，若那林孛罗与弟金台等，竭力死守，以

---

① 《满洲实录》卷一；谢国桢编《清初史料四种》，苕上愚公：《东夷考略》。

苟延旦夕。又闻其饰名姝,捐重妆,以交欢北虏。夫国家本借女直以制北虏,而今已与北虏交通,本设海西以抗建州,而今已被建州吞并……更闻奴儿哈赤与弟速儿哈赤,皆多智习兵,信赏必罚,兼并族类,妄自尊大……臣阅金、辽二史,辽人尝言,女直兵若满万,则不可敌……今奴酋精兵业已三万有奇,况其老弱更多有之……宜申以文告之词,诘责所以违贡者何?若其悔罪归诚,特许自新;若其桀傲负固,亦宜暴其罪状,革其爵赏。仍敕户、兵二部,从长计议,整顿兵备,以耀威武,以防侵暴,则制人而非制于人。"①

以上奏疏,主要讲了两个问题:一是明廷对女真的基本政策是"分而治之",一定要使女真四分五裂,"不使归一","犬羊相制"。因为女真诸部合则势强,"兵满万人,则不可敌",必成大祸;而分则互相之间易起争执,争必乱,乱必弱,势弱既无力为害,又需竟求明助,不得不卵翼于明,听明驱使,为明帝效劳。这就是杨道宾所说"祖宗立法"之"深意"。

二是力言努尔哈赤将是明廷心腹之患,应当严防和伺机削除。当时辽东督臣、镇臣中了努尔哈赤之计,认为他是"显逆未形""显恶未著"不是大患,"无容私忧过计",不主张发兵征剿。杨道宾却从努尔哈赤急速吞并女真部落、积极练兵习武而看出"其志不小而忧方大",将"待时而动,乘衅而入",力主须制止努尔哈赤对各部女真的兼并,"必离其党而分之,护其群而存之",抓紧整饬兵备,处治努尔哈赤。

在此前后,另外一些头脑比较清醒的文武大臣也看到了这个问题的严重性。万历三十五年十二月,辽东巡按肖淳奏称,努尔哈赤"明肆桀傲","声势叵测",实系大害,应整备兵马,谕令叶赫出兵相助,内外夹

---

① 《明经世文编》卷四百五十三,杨道宾:《海建二酋逾期违贡疏》《建酋兼并属夷凭陵国罪状已著乞速颁文告严伤武备以遏乱萌事》《海建夷贡补至南北部落未明谨遵例奏请乞赐诘问以折狂谍事》;《明神宗实录》卷四百四十四,万历三十六年三月丁酉。

攻,"期如昔年剿处仰、逞二奴、杲酋父子故事",以消除祸患①。万历三十七年十一月,内阁辅臣叶向高以"奴贼日横"特上奏疏说:"今日边事,惟建夷最为可忧,度其事势,必至叛乱",辽镇必失,"天下事将大坏不可收拾矣"。为此,他力请"下廷臣会议"处理此事②。

所谓"仰、逞二奴",系海西女真强部叶赫之长仰加奴和逞加奴,他们势力很大,屡劫哈达,兼并各部,一再掠明人畜。万历十二年仰、逞二人拥精骑三千余扎镇北关"请赏",被明总兵官李成梁设伏诱斩,杀死女真兵一千五百余人。所说"杲酋父子",是努尔哈赤的外曾祖建州卫都指挥使王杲及其子阿台。万历二年,李成梁破杲寨,斩一千余人,杲逃往哈达王台处,被执送入京,磔死。万历十一年,李成梁又攻破古勒、沙济二寨,杀阿台等千余人。

从辽东巡按到六部尚书以至内阁首辅,皆已看清努尔哈赤统一女真各部后将对明廷带来极大的危害,力主"离其党而分之",恢复女真诸部自为雄长的混乱局面,遣兵剿灭努尔哈赤以清除隐患。因此,早在万历二十八年努尔哈赤杀猛骨孛罗并哈达时,明廷即"切责,欲问擅杀猛酋之罪,而革其市赏",勒令速复哈达,还其部属。努尔哈赤被迫"悔罪",允复哈达,以女妻猛骨孛罗之子乌尔古岱③。万历四十一年灭乌拉被灭后,明臣又用计,密令叶赫"行间",派人劝诱努尔哈赤所并之"灰扒、兀剌诸仇夷合从,以八攻一",倚明为援④。计虽未遂,然明廷之以努尔哈赤为腹心大患的欲行征剿已成定局。

面对辖地广阔、臣民亿万的大明国发兵捣巢、分裂女真的紧迫形势,努尔哈赤如果不制定正确政策采取有力措施来巩固女真统一的事业,则所辖各部又将涣散,己势必弱,定将被明兵诛剿,家破身亡,重蹈远祖董山、外曾祖王杲覆辙。

---

① 《明神宗实录》卷四百四十一,万历三十五年十二月癸未。
② 《明神宗实录》卷四百六十四,万历三十七年十一月丁未。
③ 《清太祖武皇帝努尔哈奇实录》卷二;谢国桢编《清初史料四种》,茗上愚公:《东夷考略》。
④ 《清太祖武皇帝努尔哈奇实录》卷二;谢国桢编《清初史料四种》,茗上愚公:《东夷考略》。

正是在这样错综复杂、危机四伏的严峻形势下，努尔哈赤创立了八旗制度，巩固了对各部女真的统一，壮大了实力，顺利地渡过了难关，促使国势迅速发展。

二　八旗制度的建立及其基本内容

（一）牛录制的发展和八旗制的创立

八旗制度渊源于女真人长期流行的牛录制。牛录，系满文 niru 的音译，意为射兽用的"大披箭"。很久以来，女真人"凡遇行师出猎，不论人之多寡，照依族寨而行……出猎行围之际，各出箭一枝，十人中立一总领，属九人而行，各照方向，不许错乱。此总领呼为牛录（华言大箭）厄真（厄真，华言主也）"[①]。这是以族寨为基础凑编而成的临时性的武装组织，遇逢打仗行围时便自由组合，兵猎完毕即解散。所谓的牛录额真，不是君汗钦封的，不是自己想当就能当上的，不是固定的、统治士卒的专职官将，而是由参加兵猎的诸申民主推立，仅仅是一个临时的指挥者。这样的牛录，并非阶级社会中与人民大众相对立的军队，而是氏族制度下的"居民的自动的武装组织"。这样各依族寨、自由凑编的、临时的武装组织形式，既是女真部落分裂涣散、各自为主的条件下的产物，又反过来延续了、助长了女真的分裂，如不加以改革，完全照搬，即使暂时能将许多小部混在一起，也很难长期统一，更不能使这些部落融合成为一个牢固的共同体。努尔哈赤在统一女真各部的长期过程中认识到这个问题的严重性，因此并未全部继承这种古老的传统，而是不断予以改组、发展和扩大，最后建立了八旗制度。

现将万历四十三年（1615 年）以前努尔哈赤编立的部分牛录列表于下：

[①]《清太祖武皇帝努尔哈奇实录》卷二。

姓名	旗别	地名	简况	出处
索尔果	镶黄	苏完	率五百户来归,编五牛录,使其子侄统之。	《八旗通志》卷十一,佐领。
三潭	正白	苏完	领三百户来投,编牛录,令其子布赖统之。	《八旗满洲氏族通谱》卷一,以下简称《通谱》。
扎𦙆	正白	苏完	来归,设牛录,使统之。	《通谱》卷一。
赫东额	正白	马佳	同弟尼玛禅率五十户来归,授尼玛禅为备御。	《通谱》卷七。
何和里	正红	董鄂	"率部下来归",编牛录,使统之。	《通谱》卷八。
鲁可苏	正白	董鄂	领四百人来归,编牛录,令其子石汉统之。	《八旗都统衙门》档。
兑齐巴颜	镶红	董鄂	"率领都属来归",编三牛录,令其子噶尔呼机、侄阿兰珠、朗格统之。	《通谱》卷八。
罗屯	正红	安褚拉库	"率八百户来归",编二牛录,令其子艾唐阿、侄安充阿统之。	《通谱》卷十一。
乌尔古岱	镶黄	哈达	"率部属来归",将其属下人分隶八旗,所余之人编牛录,令其孙克什纳统之。	《通谱》卷二十三。
苏巴海	镶白	哈达	率二百人来归,编牛录,令其子莽果统之。	《通谱》卷二十三。
约兰	正红	哈达	来归后,其子懋巴里授为参将,设牛录,使统之。	《通谱》二十三。
夏珊	正黄	哈达	率十八户来归,编牛录,令其子雅琥统之。	《通谱》卷二十三。
常舒	镶白	沽河	来归后,编牛录,使统之。又编半个牛录,令其子布汉图统之。	《通谱》卷三十二。
阿球巴图鲁	正蓝	沙晋穆尔吉	"率族众及八十人来归",编牛录,使统之。	《通谱》卷四。
明安图巴颜	镶红	绥芬	率亲族及女真"一千余众来归",编二牛录,令其子哈哈纳、绰和诺统之。	《通谱》卷二十一。
阿尔都山	镶白	额宜湖	"招抚"萨齐库城女真三百余,编牛录,令其子哈宁阿统之。	《通谱》卷二十五。
乌珠阿穆巴	镶红	虋优	来归后,编牛录,使统之。	《通谱》卷二十五。
策穆特赫	正白	虋优	率五百户来归,编牛录,使统之。	《通谱》卷二十五。
孟古慎郭和	镶白	纳殷	率子弟及"同里壮丁"五百名来,授以牛录额真。	《通谱》卷二十六。
康古礼	正白	那木都鲁	与弟喀克笃里率壮丁二百名来投,编二牛录,令其弟兄二人分辖。	《八旗都统衙门》档。

续表

姓名	旗别	地名	简况	出处
叶克书	正红	长白山	率尼马察村三百余人来归,编牛录,使统之。	《八旗都统衙门》档。
琥球	镶红	尼马察	率三百户来投,编牛录,使统之。	《八旗都统衙门》档。
图尔坤黄占	镶白	费雅郎阿	率百余户来投,设牛录,使统之。	《通谱》卷四十。
僧额	镶黄	宁古塔	率兄弟及同村三百人来归,编二牛录,令僧额及其子塞纽克统之。	《通谱》卷四十一。
雅穆什达	正黄	绥芬	率一百五十人来,以其孙任牛录额真。	《通谱》卷四十一。
南济兰	镶黄	乌喇	率二十五人来,编牛录,使统之。	《通谱》卷四十四。

根据表中所示和有关文献,我们可以归纳出六点意见。

第一,多数牛录系以某部、某地"来归"之人编立,即以率众而来的酋长或其子侄为牛录额真,"使统之"。努尔哈赤作出这样的安排,是考虑到两个因素。其一,这些酋长率众来投,壮大了自己的实力,为后金国的建立和扩展立下了功劳。有功就应嘉奖,有劳便需酬报,既可笼络其心,又能扩大影响,争取更多的人归顺,故令其为牛录额真辖治旧有人员,如此既不剥夺其昔时的权利,又不改变其与族属之间的上下关系。其二,这样有利于牢固建立起对来归人员的统治。当时,女真人多系聚族而居,他们世守其地,血缘关系很深,亲族观念甚浓,酋长、族长在族属中拥有很高的威望。如果"来归"后一下子就换掉旧日的酋长,另委新官,原有的酋长自然不乐,来归的女真亦必不服,因而他们很难顺从新主,且易起叛逃之念。现以原主为长,继续辖束旧日族属和"同里之人",他们就比较容易接受新汗努尔哈赤的统治,就能比较顺利地建立起新汗与来归女真之间的牢固的隶属关系。

第二,将分散的诸申凑编牛录,赐予有才有功之臣辖领。在统一女真各部的过程中,不少诸申是分散地前来"归顺",也有好些人临阵投降,努尔哈赤就将这些人丁编立牛录,给予功臣和能干之人管辖。比如,鼎鼎有名的清朝"开国元勋"额亦都,原系家道中衰依姑为生的贫穷诸申,他投向努尔哈赤后领兵拼死苦战,南征北伐,攻克大寨坚城,掠取巨量人畜财帛，军功卓著。努尔哈赤特赐勅书给予额亦都说："额亦都巴图鲁，独取舒勒格布占，取巴尔达城，破萨克扎人之来兵，于尼玛兰城之前率先而战，有功，为第一等，给予三牛录，使之专管。"①

第三，厚待率领众多人丁来投的酋长。对于负有盛望、兵强马壮、带领大批属人来归的女真酋长，努尔哈赤特别优待，授予高官，联姻婚娶。万历十六年（1588年），苏完部长索尔果率诸申五百户来投，努尔哈赤大喜，编立五牛录，使其子侄辖领，并以其长子费英东为大臣，将孙女给予为妻。同年，董鄂部长何和里领本部兵民来归，努尔哈赤因其家世为"巴颜"（巴颜即满文 bayan 的译音，意为富翁），且可率兵马精壮，人丁众多，特以长女嫁彼为妻，授为大臣。费英东、何和里后皆为"一等大臣"，分任"众额真"、固山额真等高级官职，他们统兵辖将，佐治国政，成为与清帝荣辱与共、休戚相关、世为显贵的元勋功臣。

第四，牛录已经成为固定的社会基层组织。努尔哈赤编立的牛录虽然渊源于女真人传统的牛录制，但就其内容和性质而言，却发生了很大的变化。古老的牛录，是出征行围时女真人照依族寨、自由凑成的临时武装组织，兵猎完毕即行消失。现在的牛录，是努尔哈赤编立的，其打破了必依族寨的旧习且长期存在，而且由单一的临时武装组织演变为包括军、政、财、刑各方面职能的社会组织。万历二十三年（1595年），进入努尔哈赤辖区的申忠一对这种情形做了详细的记载。申忠一写道：努尔哈赤"于各处部落，例置屯田，使其酋长掌治耕耘"。遇有征战，传令于"各部落酋长……各领其兵。军器、军粮使之自备，兵之多寡，则奴酋定数云"。重要地方，设堡驻军戍守，"军则以各堡附近部落调送，十日相递云"。对于私自潜入朝鲜渭原采掘人参的女真，"奴酋乃令其部落刷出，每名或牛一只，或银十八两征收，以赎其私自越江之罪"。差役之制是，"役军，则三四日程内部落，每一户计其男丁之数，分番赴役，每名输十条云"②。申忠一所说的"部落"，就是努尔哈赤编立的牛录。从金派诸申屯垦田地纳木赴役，到征丁披甲为兵戍守城堡，以及

---

① 《满文老档·太祖》卷六十三。
② 申忠一：《建州图录》。

清查私往渭原采参的女真，皆以部落即牛录为计算单位，命各部落的酋长——牛录额真负责安排贯彻执行，可见此时的牛录既已成为努尔哈赤辖束的军政机构，又是社会的基层组织，在满族的社会发展上起了重大的作用。

第五，牛录的人丁多少不等，急需划一。上表所列编成牛录的人丁数目很不一致，有的牛录是一百二十余人，有的一百人，有的五百户编五牛录，有的四百户编一个牛录，有的二百人一牛录，有的八百户编两个牛录，最少的十八户亦编一牛录，最多的"一千余众"编二牛录。各牛录的人丁数量悬殊如此之大，给统一管辖带来了很多困难。比如，建造城池的夫役和出征的士卒是以牛录为单位每个牛录一样的分派，还是依据人丁的多少按比例金差？分取掠来的人畜财帛时，是各牛录均分，还是计丁领取？辖治四百户、五百户大牛录的牛录额真与仅辖十八户的官将其品级是否相同，待遇有无两样，地位能否一致，是同等领取赐品还是多少不一？居住的地区，耕种的田地，戍守的城堡，是按牛录分配，还是以人丁为依据？诸多问题复杂纷繁，给统一事业造成了很多麻烦。

第六，归附日众，牛录激增，迫切需要建立严密的分级管辖制度。努尔哈赤于万历十一年（1583年）起兵以后征抚并用进展迅速，十年内合并了董鄂、哲陈、长白山诸部，统一了建州女真。万历二十六年，他又征安楚拉库，获人畜万余；第二年，灭海西女真哈达部，"尽收其国"。此后，努尔哈赤大力收取和招抚"东海诸部"女真，灭辉发，亡乌拉，至万历四十三年他已经成为辖地上千里、牛录数百、臣民众多的女真国汗了。这样多的人丁，这样多的牛录，如果全由努尔哈赤直接辖治，不建立必需的分级管理制度是不行的。时间一久，分处各地的数百牛录势将成为一盘散沙，很难形成牢固的真正的统一。

因此，努尔哈赤在传统的女真牛录制的基础上加以改组、发展、扩大和定型，创立了八旗制度。万历二十九年（1601年），旗分黄、白、蓝、红四色，三百丁为一牛录，置牛录额真管辖。万历四十三年（1615年），"将此四色镶之为八色，成八固山（八旗）"，正式确立了特殊的八旗制度。后来皇太极执政时又新编蒙古八旗、汉军八旗，连前满洲八旗，共二十四旗，总称为八旗。

（二）八旗制度的基本内容

八旗制是努尔哈赤在统一女真各部的过程中建立起来的，当然包括了用兵行围的职能，是后金国的军事制度。但是，八旗制度又不仅仅只是兵制，它还包括了更多的内容，涉及后金国的各个方面，有必要进行详细的深入的探讨。

现将记述努尔哈赤创立的八旗制度具体内容的重要资料选录如下：

"（万历四十三年）太祖削平各处，于是每三百人立一牛录厄真，五牛录为一扎拦额真，五扎拦立一固山厄真，固山厄真左右立美凌厄真。原旗有黄、白、蓝、红四色，将此四色镶之为八色，成八固山。行军时，若地广则八固山并列，队伍整齐，中有节次。路狭，则八固山合一路而行，节次不乱。军士禁喧哗，行伍禁纷杂……又立理国政听讼大臣五员、都堂十员……凡事都堂先审理，次达五臣，五臣鞫问，再达诸王。如此循序问达，令讼者跪于太祖前，先闻听讼者之言，犹恐怨抑者，更详问之，将是非剖析明白。"①

"（万历四十三年）聪睿恭敬汗之聚集之众多国人，皆均匀整齐点数。将三百丁编一牛录。一牛录设一额真。牛录额真之下，设代子二人、章京四人、村寨拨什库四人。四章京分率三百丁编为达旦，无论做何事，往何处，按四达旦之人当班计，共同劳动，同出同行。若兵丁甲胄弓箭刀枪鞍辔等物恶劣，贬降牛录额真。若俱整修良好，军马肥壮，则提升牛录额真。诸事豫为立法，俾得遵循。"②

"因若取赋谷于部众，将苦累部众，乃令出一牛录之十丁四牛于

---

① 《清太祖武皇帝努尔哈奇实录》卷二。
② 《满文老档·太祖》卷四。

公，于闲地耕田，多获谷物，充实仓库，委任十六大臣、八巴克什，掌管库谷之登记收支。"①

"选审断国事公正善良之人为八大臣，再选四十审事官，不贪酒，不索金银。每五日召集诸贝勒、大臣于衙门相议，使公正审断事之是非，成为常例。"②

"英明汗又言……诸贝勒、大臣，尔等与其只顾一身而生，不如对下面众伊尔根教以善言，使其摒弃恶念，众心皆明而善，不为主上所罪，尽执忠良之心，则尔等今生名声大著，后世之回报亦丰，此亦功德矣。吾思，生之者，善理上天委任大国之事，审断公正，平盗贼，止恶逆，贫苦之人尽皆养之。如此，合天意，养贫乏，使国家太平，此则极天之大功，已身之大福也。"③

依据上述资料，结合《满文老档》的其他有关记载，我们可以了解八旗制度的基本内容，查明它的性质，分析各个阶级的相互关系。

努尔哈赤正式建立八旗制度时明确规定：所有人员必须编入八旗，"聚集之众多国人，皆均匀整齐点数"，分隶各牛录，禁止隐匿丁口脱漏不报，不准离旗外逃。这样就将来自不同地区的、分散的数十万人口统一编制起来。

八旗实行三级管理制度。努尔哈赤规定，三百丁为一牛录，设一牛录额真；五牛录为一扎拦，置一扎拦额真；五扎拦为一旗。扎拦，亦称甲喇，乃满文 jalan 的译音，原意为"草节、树节、竹节儿之节；骨节之节"④。此处系将"甲喇"作为承上启下的中间机构，下是牛录，上为固山（旗）。甲喇额真管五个牛录（后每甲喇辖的牛录不尽一致，有的多达十余牛录），受制于固山额真，归本旗旗主贝勒统治。八旗之上，有"英明汗"努尔哈赤主宰一切。这样一来，原来分散的几百牛

---

① 《满文老档·太祖》卷四。
② 《满文老档·太祖》卷四。
③ 《满文老档·太祖》卷四。
④ 《清文汇书》卷九。

录被统一编制起来,分级管理,克服了过去努尔哈赤直接约束各个牛录的不便,管理上既严密,又灵活,对加强后金国的集中统一领导起了很好的作用。

这样编立的八旗制是后金国的军事制度。八旗的诸申是兵民合一,平时耕猎为民,战则披甲当兵,每个诸申皆有出征厮杀的义务,但各个时期金丁披甲的比例不尽相同。天命三年(1618年)四月,努尔哈赤以"七大恨"兴师伐明时下令:"一牛录五十甲,以十甲之人守城,四十甲从征。"① 后来规定一牛录出一百甲,有段时间每牛录金丁披甲甚至多达一百五十名,总的来看大体上是三丁抽一。这样,就建立起一支拥有精兵数万的军队——八旗劲旅。

征战之时,固山额真、甲喇额真、牛录额真分率本旗、本甲喇、本牛录士卒,在汗和本旗旗主贝勒的指挥下冲锋陷阵,攻城夺寨。天命三年四月攻抚顺时,努尔哈赤发布军令,命甲喇额真(亦称五牛录额真)、牛录额真须领兵厮杀,并将"汗之言语、法令教训于众",若不向兵丁传达,则予以惩处。战后,以牛录额真苏塞"率一牛录之人,于陷阵得俘获时则来",贝勒令其往前迎敌拼刺时,"苏塞牛录之人皆不来",乃革其职,"裁其俘获"②。

八旗制还包括了征赋金役等财经方面的内容。后金国的筑城、运输等项力役,皆按旗金派牛录人丁担任。天命元年七月,因征东海瑚尔哈部女真,"令一牛录出三人造舟,共遣六百人,往兀尔简河上游之森林,造刳舟二百"③。努尔哈赤几次迁都,大修都城,并在各路要紧地方筑造城堡,皆按旗分牛录金丁服役。甚至连前往东海取回煎煮的食盐,努尔哈赤亦命阿尔布尼参将"率每牛录之四人"运送④。

后金国的官用粮谷,亦系八旗各牛录的诸申提供。努尔哈赤规定,每牛录出十丁四牛,于空闲地方屯垦田土,所获粮谷全部纳入国库⑤。若

---

① 《满文老档·太祖》卷六。
② 《满文老档·太祖》卷六。
③ 《满文老档·太祖》卷五。
④ 《满文老档·太祖》卷十七。
⑤ 《满文老档·太祖》卷四。

按一丁垦地三十六亩计（这是五年之后实行计丁授田的标准），当时八旗有二百三、四十个牛录，一牛录出十丁，共有两千三百多丁，可垦田八、九万亩，亩产一石，能收粮谷八九万石。这对保证后金官粮的供应起了很大的作用。

后金国的其他用费，包括临时征战急需的军马，努尔哈赤也派各牛录备办。天命元年，为征瑚尔哈部女真，命"一牛录选骏马六匹，共马一千，牧于田谷之中，使肥之"①。因此，进入后金辖区的李民寏记述其所见所闻说："凡有杂物收合之用，战斗力役之事，奴酋令于八将，八将令于所属柳累将，柳累将令于所属军卒，令出不少迟缓，绝无呈诉弁理争讼曲直之事云。"②

八旗制又是后金国进入辽沈以前的政权的特殊组织形式。牛录是基层政权机构，上为甲喇，再上为固山（旗）。八旗的固山额真、甲喇额真和牛录额真除了执行汗的指示金派人夫屯田服役披甲当兵外，还要遵照汗和旗主贝勒的命令治理属下人员。努尔哈赤一再谕示，各级额真要严格管辖旗下兵民。他降谕说："汗所任用之诸大臣，自众额真以下，牛录章京以上，尔等当各自谨慎恪守职责，坚持法令，严加管辖……管教国人。"③他责令众额真、固山额真、梅勒额真、甲喇额真、牛录额真、牛录章京和村寨拨什库皆要遵照此谕，书写誓言，呈汗阅后录入档子。"日后尔等背誓犯罪，则以尔等之誓言判之"。甲喇额真以上官将共呈誓言说："谨记勤言汗所下达之任何令旨，若诸贝勒、大臣忘记汗言，不详察所被委任牛录众人之善恶，则贬降诸贝勒、大臣，以知其非"。章京、村寨拨什库立誓说："诸贝勒、大臣之各种禁令，达于牛录额真，牛录额真应不忘其言，不违时日而转达……若伪作此言而违之，使牛录额真知其非，告诸贝勒、大臣而杀之。"④

在辖治旗人的问题上，努尔哈赤明确谕示群臣，要他们做到以下四

---

① 《满文老档·太祖》卷五。
② 李民寏：《建州闻见录》。
③ 《满文老档·太祖》卷十一。
④ 《满文老档·太祖》卷十一。

条：一为"审断公正"。即维护奴隶主阶级的利益，按照统治者的意志裁处各事，宽待奴隶主，重惩阿哈、诸申[①]；二是"平盗贼，止恶逆"。遇逢阿哈、诸申反抗时严厉镇压，捉获逃亡的阿哈后立即处死[②]；三系"遍济贫乏"。即施用小恩小惠，如赐点食盐给筑城的人夫，以示宽厚，企图使诸申、阿哈感恩戴德，"虽劳苦从事而无怨言"[③]；四是"教以善言"。要使劳动人民之心"皆明而善"，不怀"恶念"，不为"盗贼之行"，俯首帖耳，甘为顺民。这样，就可达到"国家太平"，汗、贝勒便能坐享阿哈、诸申劳动果实。

努尔哈赤曾因诸申阿奇违令私离军队为明兵杀死而下令"凌迟阿奇（尸），分与各牛录"，使众兵引以为戒[④]。

八旗固山额真、梅勒额真、甲喇额真、牛录额真遵照汗谕和旗主贝勒的命令，清查逃人，镇压起义，裁处纠纷，为巩固后金国的统治而尽力效劳。

努尔哈赤封子侄代善、阿敏、莽古尔泰、皇太极等为和硕贝勒（亦称固山贝勒、旗主贝勒），各为一旗之主，辖治本旗官将、诸申和阿哈。努尔哈赤尊称"英明汗"，系八旗之主，是后金国的最高统治者。汗、贝勒通过八旗制度，掌握了精兵数万的八旗劲旅，对内用以扑灭人民起义，巩固自己的统治，对外四处征伐，攻城略地，掠取人畜财帛，扩大后金国的实力范围。

努尔哈赤对于率众来归、领兵出征、佐治国政的有功之臣十分厚待，赐给他们牛录（后之佐领），令其辖治，子孙世袭。这项政策基本上延续下去了，像费英东、额亦都、何和里、扈尔汉、扬古利、康古理、乌尔古岱等开国元勋，其所辖牛录皆由子孙世代承袭[⑤]。后来，乾隆帝清理八旗佐领时还特别下诏指出："今八旗议奏家谱，其原管佐领，或系功臣带来所属人丁编为佐领，或因功绩茂著赏给人丁编为佐领。此等佐领员缺，

[①] 例如，《满文老档·太祖》卷十七载，弓匠何岱因隐藏两匹马畏惩处逃，竟被处死。而大臣阴答扈齐隐匿人户，犯了"大罪"，却以其兄费英东之功免罪结案。
[②] 李民㝎：《栅中日录》。
[③] 《满文老档·太祖》卷十八。
[④] 《满文老档·太祖》卷六。
[⑤] 《八旗满洲氏族通谱》卷一、五、六、八、十九、二十一、二十四。

原立佐领人之子孙，不论曾否管过佐领，均应有分。"① 辖有牛录的功臣，不仅可以驱使属下诸申，索取银物，增加私财，而且还抬高了自己的地位，扩大了势力。有清一代，是否世袭牛录，是区别贵族、官将政治地位高低的一项重要标准。

八旗制度的建立，加强了对诸申的统治，使他们的处境大大恶化了。过去，诸申可以"任意行止"，现在不行了。按规定，诸申必须编入牛录，三百丁分编四达旦，"无论做何事，往何处，按四达旦之人当班计，共同劳动，同出同行"②。这样，诸申被八旗制束缚起来，便不得不为汗、贝勒效劳了。过去诸申无拘无束，与所谓的"贝勒"（实即早期女真的"马法"，是原始社会末期时的氏族酋长）是平等的关系，不受任何处罚，现在则辖治于牛录额真，遭受汗、贝勒的统治和剥削。诸申必须自备军装战马，甲胄弓箭鞍辔等物一律要"整修良好"，军马要"肥壮"，否则将被惩办③。诸申必须披甲当兵，连年征战，四处厮杀，许多人腿断臂折，遍体鳞伤，不少兵丁还血尽命丧，遗尸异乡④。屯田筑城，运送粮盐，披甲从征，官将勒索，差重役烦，严格束缚，这一切使得大多数诸申倾家荡产，贫困不堪，后金国内出现了"穷苦之人甚多也"的局面⑤。

根据以上情况，我们可以看出，八旗制度并不只是一个简单的军事制度，而是包括了军、政、财、刑各个方面职能的满族的根本制度，并且是进入辽沈以前后金国政权组织的特殊形式，它的阶级属性是非常强烈的。

三　八旗制度的影响和作用

努尔哈赤顺应形势需要创立的八旗制度，在相当长的时间内对满族

---

① 光绪《大清会典事例》卷一千一百三十，《世袭佐领》。
② 《满文老档·太祖》卷四。
③ 《满文老档·太祖》卷四。
④ 《满文老档·太祖》卷二十、六十二。
⑤ 《满文老档·太祖》卷四。

和后金——大清国的各个方面产生了强烈的影响，起了积极的作用。

八旗制度的建立，有力地促进了满族的形成和发展。满族是以女真为主吸收汉、蒙等族人员参加于明末融合而成的新的民族共同体。努尔哈赤从万历十一年起兵以后，经过三十多年的南征北战，统一了女真各部，聚集了相当数量的蒙古、汉民。这几十万人来自四面八方，语言相异，习惯不同，谋生方式悬殊，社会制度两样。如果不建立起统一的管理制度，这样复杂、松散的混合体，很难长期联合，势必分裂混乱，更不能消除各部、各族人员的旧有差异发展成为新的民族。八旗制度的建立解决了这个难题。

进入辽沈之前，努尔哈赤将所辖人员全部编入八旗，各按旗分、甲喇、牛录居住，原系一寨一族之人往往分隶不同的旗，一旗、一甲喇、一牛录内又有不同民族和地方的人丁，打破了女真各依族寨居住的旧习。这就使得八旗数十万人口居住在同一地区，密切了彼此之间的联系。

八旗人丁在汗、贝勒和各级额真的管辖下，耕田种地，猎捕兽禽，牧放牛羊，生产迅速发展，改变了部分女真旧日渔猎为生的落后习惯，达到了八旗人员以"耕田食谷为生"的水平①。

在此之前，有的女真人任意行止，自由谋生，过着原始社会末期的生活，辽东地区的汉民又已进入到封建社会后期的阶段。编入八旗以后，各部人员或是降为阿哈，或上升为奴隶主，或为诸申，家主剥削阿哈的奴隶制度发展为占据八旗统治地位的生产关系。

八旗人员皆须遵守后金国的法令。阿哈必须交出耕田所获全部粮谷，献于家主②。诸申必须"摒弃恶念"，"尽执忠良之心"（即不许反抗）听从汗、贝勒的驱使，每牛录按比例佥派诸申屯田筑城，披甲厮杀，而且要遵照汗谕，"虽劳苦从事，亦无怨言"③。

编入八旗的人员，不管是女真或是汉民，其言谈交往与文移往来必须使用满文满语；服装、发式亦须一律，依照女真习惯剃发，不许妇女

---

① 《满文老档·太祖》卷十二。
② 《满文老档·太祖》卷十七。
③ 《满文老档·太祖》卷十八。

缠脚。八旗人员同居共处，互通婚姻，血缘关系愈益密切。

这样一来，在八旗制度的辖束下，经过广大八旗人丁的长期辛勤劳动和团结战斗，来自不同民族和地区的几十万人，在生产力、生产关系、赋役负担、国家法令、语言文字和风俗习惯等方面大体上达到了同样的水平，旧有的差异迅速消失，新兴的一致愈益增多，遂逐渐融合而为在居住地区、经济条件、语言文字、风俗习惯等方面基本一致的新的民族共同体——满族。八旗制度的建立，对满族的形成和发展起了重大的推动作用。

分则势孤。往日的女真人虽然自幼习武，长于骑射且彪悍善战，但由于部落涣散，导致生产落后，经济条件太差，因此兵少将寡，粮草短缺，盔甲不全，军器恶劣，不能组成兵械精良、战马肥壮、人数众多的强大军队，自然摆脱不了遭受明王朝欺凌、压迫的困境。现在，努尔哈赤建立了八旗制度，结束了各部自为雄长、互相残杀的混乱局面，把散居各地的女真人编入八旗各牛录，有力地巩固了统一女真各部的事业。

合则人多力大。在八旗制度的辖束下，分散的几十万人严密的编制起来了。八旗人丁遵照汗、贝勒的命令，屯垦境内荒熟田土，越边进入明国"侵耕"汉地①。努尔哈赤又责令更牛录提供人夫开矿炼铁，打造弓矢甲胄，采参摘松，捕狐捉貂，捞取珍珠。在八旗人丁的辛勤劳动下，后金国生产得到了迅速的发展。以前是"地颇硗瘠，粮料时苦不足"；今日则"土地肥饶，禾谷甚茂"，自给有余②。过去不会纺织、煎盐，手工业极不发达，盐、铁、农具、兵器全靠外地供应；现在是"盛产财物"，有大量狐皮、猞猁狲皮、貂皮、虎皮等珍贵皮裘，"又有棉、丝绵、布、葛布。复有金、银、铁。凡此皆有，衣食之资，皆可得之。"③

分则弱，合则强，早在宋朝便有女真"兵若满万，则不可敌"的说法④。现在八旗制把一、二十万女真人统一编制起来，每牛录金甲一百或

---

① 《明神宗实录》卷五百一十九，万历四十二年四月丁酉。
② 《明神宗实录》卷四百二十四，万历三十四年八月癸亥；《明神宗实录》卷五百一十九，万历四十二年四月丁酉；李民寏：《建州闻见录》；《满文老档·太祖》卷十三。
③ 《满文老档·太祖》卷十五。
④ 《明经世文编》卷四百五十三，杨道宾：《海建二酋逾期违贡疏》。

一百五十，可挑选数万精兵。在粮草充足、器械精良、战马十万①的条件下，这样一支武装力量当然成为具有很大威力的强大军队。正缘于此，努尔哈赤率领八旗劲旅用兵三十余年，战必胜，攻必克。他统辖八旗军队，以"七大恨"兴师伐明，取抚顺三城，歼明总兵官张承胤军万人②；他集中旗兵，各个击破，以少胜多，大破明兵于萨尔浒，保护了满族的生存，扭转了战局，掌握了主动权③；他亲领八旗劲旅，击败十余万守城明军，下沈阳，取辽阳，进驻辽东，为后来清兵入关统一全国奠定了良好的基础④。八旗制度在建立军队、保证兵源、加强国力、巩固和扩大后金辖区等方面起了积极地促进作用。

八旗制度的建立，对满族从低级向高级社会阶段的发展，尤其是对满族由奴隶制过渡到封建制，产生了强烈的影响。明代中叶时女真酋长的势力不大，地位不高，无权惩治和约束本部人员；诸申相当自由，"任意行止，田猎资生"。正如朝鲜官员所说，女真部落中，"野人等虽名为酋长，无君臣上下之分"⑤；酋长和诸申之间尚未建立起奴隶社会或封建社会中的君民隶属关系。努尔哈赤起兵以后，不断扩大汗、贝勒的权力，建立了奴隶主专政的女真国，情况有了很大的变化。尤其是正式确立八旗制度定国号为金以后，君臣、君民之间的隶属关系大大加强了。三百丁为一牛录（niru），置牛录额真一。额真为满语 ejen 的音译，意为主，照字直译，niru I ejen（牛录额真）应译为"牛录之主"，顾名思义，可见牛录下的诸申被束缚起来，贬低了他们的身份，增强了汗、贝勒的权力，形成了等级森严的君民隶属关系，使满族从原始社会末期进入到发达的奴隶社会阶段。天命六年三月女真进入辽沈以后，在生产力提高和八旗人员"计丁授田"、按丁征赋金役的条件下，各个牛录的诸申变成了

---

① 《明经世文编》卷四百八十八，徐光启：《辽左陷危已甚疏》、《恭承新命谨陈急切事宜疏》；李民寏：《建州闻见录》。
② 《满文老档·太祖》卷六。
③ 《满文老档·太祖》卷八；《明神宗实录》卷五百八十，万历四十七年三月甲申、乙酉、甲午；《明经世文编》卷五百零三，宋懋澄：《东征纪略》。
④ 《满文老档·太祖》卷十九；《明熹宗实录》卷八，天启元年三月乙卯、壬戌。
⑤ 《朝鲜成宗实录》卷一百七十三；成宗十五年十二月丁卯。

领种汗与贝勒所有的八旗田地的封建依附农民,各级额真转化为催征属下诸申赋谷的封建官将。八旗制在促进满族由奴隶制向封建制的过渡上又发挥了有力的影响。

  由此可见,八旗制度的建立,虽然加重了对诸申的剥削和压迫,但是,它在促进满族的形成及其向更高的社会阶段过渡方面起到了十分重要的作用,对提高生产、增强军力、巩固和扩大后金国的辖区也产生了强烈的影响。对于努尔哈赤创立的这样一种特殊的重要制度,应该给予适当的评价,因为它对于清王朝的建立和发展确实起到了积极作用。

"捐俸工"考

一 地方公共用费

俸工银,指的是官员的俸银和书吏(吏、役)的工食银。

总督,官阶从一品,辖治两省、三省军民数百万,巡抚,官阶从二品,一省之长。督、抚均系位尊权大、主政一方,号称封疆大吏,古之诸侯王,照说应该是锦衣玉食,妻妾成群,仆婢如云了。然而,总督一年正式的法定收入,只有俸银 180 两、薪银 120 两,巡抚还少 25 两,只有 275 两。太少了,不够用。钦封的"天下廉吏第一"之两江总督并一度还兼江苏巡抚安徽巡抚的于成龙,连家眷都未曾携任同住,"日惟以粗粮蔬食自给",常备豆腐食用,民颂"于豆腐""于青菜"。只有这样 300 两、275 两年俸的总督、巡抚,却要承担皇上、宰辅、九卿多方需索,支付省府州县千头万绪的公共用费,备办马驼车船夫役银米的巨量军需,处境之艰辛,实难以文字形容。

请看一些督、抚及地方官员对各种开支的奏述。先讲讲地方公共用费。

作为一省、一府、一州、一县来说,各自有它不同的头绪繁多开支。可是,盐税、商税皆系朝廷收入,归不同的专门衙署与官员管理,省、府、州、县无权征收和支出,所以它们能取用的就是《赋役全书》《大清会典》所规定的"存留银",只有 600 多万两。正如康熙所谕,其"为数甚少","此外则一丝一粒,无不陆续解送京师","州县有司无纤毫余剩可以动支。"① 而"存留银"开支的项目也很少，只有会典规定的"官俸、役食、驿站夫马、祭祀、廪膳、孤贫等项银两。"② 那么，遇有其他的必要的用费，但不属于规定的存留银项，或存留银已经用完的情形下，怎么办？出路只有三条，一系动用官俸役食银，二是挪用正项钱粮，三是官员自己出银。可是，省府州县官员分别只有俸银、薪银300两、275两、172两、128两、81两，杯水车薪，不太管用，若从自己应得规礼之10万、5万、1万、6千中取出来，大多数官员又舍不得。最后，只有从官俸役食或藩库银两来想办法了。

官俸役食银，数量不小。雍正元年（1723年）九月初五日，御史蔡仕舢特上奏折说："惟官有俸薪，役有工食，国家所予以有养廉之具，近者各省抚藩俱提解藩库，以充公用，大省银至十余万，小省亦不下数万。"③ 由此看出，官俸役食银一年能有几万两银子，可以抵挡好些开支了。用俸工银，基本上成为全国各省应付公共用费的主要方式。

广东省以俸工银来支付各种费用，是从"均平"转化而来。汉军旗人赵弘灿于康熙四十五年十二月就任两广总督，（其前任是郭世隆，此时的广东巡抚是范时崇），曾于五十三年正月初十上折，奏述广东公务用费及各衙门公用银钱的来源："粤东昔年，上自督抚，下至州县，一切费用，皆系派之里民，名曰均平，每年总计约有数十万两之多。前督臣郭世隆、抚臣范时崇公议，尽革均平。而地方公务及各衙门公用有必不可已者，若仍派之于民，则均平之弊，终难尽除，是以各官公议，将灯壮工食捐用，以免民累。此系前任督、抚、司、道各官公议而行，在奴才来任以前之事也。后复因捐助河工及刷印藏经等项公用，无银可支，又将官役俸工捐解两年，此前任督抚批行之案，亦在奴才未任以前之事也。至四十六年九月，原任布政使高必弘因续捐天然坝河工及应办公务，支应不敷，与司道府县公议，请将四十七年夏季起至四十九年春季止，除微员苦役不捐外，其余官役俸工捐充公用……惟灯壮一项内，以前议定

---

① 《清圣祖实录》卷240，第4页。
② 光绪《大清会典事例》卷170，《户部、田赋、存留钱粮》。
③ 《雍正汇编》1册，第913页。

有总督衙门公用银三千两、巡抚衙门公用银四千两，原系为操演官兵犒赏银牌纱缎并心红纸张之用。"①

赵弘灿此奏折，将广东公务用费的来源用途，讲得非常清楚。

又如，贵州乃一穷省，全省只有民田 2 万余项，地丁银 10 万两、粮 15 万石，康熙二十四年的起运银是 6000 余两，存留更少，只有 1500 余两。这样一个穷得不及江浙等省一个县的收入之省，其公共用费，如修城、备荒等事，照样少不了，就只有扣俸银了。康熙五十七年三月十二日，贵州巡抚黄国材奏："查贵州省城城垣多有坍塌之处，奴才现在率领司道各官，公捐俸工银两，委员修理。"②

也是这个贵州巡抚黄国材，应云贵总督蒋陈锡之约，捐俸工，兴水利，除水害。康熙五十七年七月十三日，黄国材又奏：

"查贵州镇远府以下至湖广常德府一带，水路约有一千余里，虽系湖南地方，实为云贵两省商民往来必由之路，其间险滩七十余处，行舟每多覆溺，奴才到任后，即准督臣蒋陈锡咨商，倡议捐修，奴才当与司道等官捐俸工银三千两，凑同督臣蒋陈锡捐银三千两……现在随路开凿纤道，凿平险石，所需银两，如有不足，督臣与奴才陆续捐用。"

（朱批）知道了。③

湖广总督满丕奏述捐出俸工，加固加坚湖北湖南所属九个州县之沿江沿湖堤岸，得到康熙的嘉奖，朱笔批示："很好"。满丕于康熙五十五年六月二十八日奏：

"窃看得，湖广省沿江地方田地，近湖低洼之田，皆赖拦水坝。因江湖水泛溢，湖北所属五州、县，湖南所属四县堤被水冲，水漫

---

① 《康熙汇编》5 册，第 367 页。
② 《康熙汇编》8 册，第 75 页。
③ 《康熙汇编》8 册，第 236 页。

堤而流，以至田禾被淹。本年五月，雨水过多，且江湖水漫溢，堤被水冲，水漫堤岸而流，湖北属下江夏、汉阳等十二州、县，湖南所属华容等七县田禾被淹。查其原因，乃因上述堤岸，历年由民力修筑，断难修筑高厚坚固所致。奴才反复深思，倘仍靠民修筑，则于事无益，故请以湖广省官员之俸禄、衙门人等之钱粮捐助，令民修堤。于修堤之民，每日给食米价，视其要地，先修之高厚坚固。如此，则受灾地方民人有得食，且可免水灾之患。"

朱批："很好。"①

广西提督张朝年于康熙五十四年五月九日奏：

柳州城因"江水暴涨"，"霖雨连绵"，城垣倾塌，工程浩大，巡抚、布政使捐银两千两，本人凑银八百两，"司、道、府、厅、州、县闻之，莫不捐输恐后"，有一千余两，"已于四月二十日兴工修筑。"

朱批：知道了。②

山西巡抚噶礼于康熙四十年正月二十八日上折，奏请修葺省城城墙、城楼，修整铁甲棉甲：

"窃照去年十二月，奴才已捐银六千两，以修葺省城城墙、城楼、整治三营甲胄等因，缮折奏闻。奉训旨：理应具题修葺。唯此银数额甚少，未必足敷。如若不足，反而不好，务应核定。钦此钦遵。奴才跪读之下，诚感圣明洞察，无所不至。奴才甚为愚陋，银两不足之处，确未料到。奴才前欲修建各处倒塌城墙及门楼、角楼共十三大楼损毁之铺板、墙围板等项，以及堆子房，故于原折内未算及早已塌毁之九十一座小木楼及南北关厢之城墙、楼子。今奉训

---

① 《康熙全译》，第1120页。
② 《康熙汇编》6册，第183页。

示周详，奴才亲往勘查，一一算定，分别绘制二图册，恭呈御览。堆子房一图乃原奏请修建之式样，除旧有之物，尚有一些可用外，今估算城墙、门楼、角楼、堆子房共实需银八千零六十两，原奏银数确实不足。又小木楼图上，共有楼九十一座，系旧有者，经查早已荡然无存者五十五座，倒塌已不可修葺者三十六座，如若修复，每楼需银五百十两。将应修之城墙、门楼、角楼、南北关厢之城墙、楼子一并估算，需银五万七千一百余两。仍照原样建造小木楼，或只修葺城墙、门楼、堆子房，奴才未敢擅便，伏乞圣主体恤奴才之愚，将照何种图样修建之处，明断指训，奴才将遵奉施行，另本具奏。又甲胄一项，奴才原欲修整马兵一百七十六铁甲。今查得步战兵所需棉甲四百六十，与司道官员共商后，由各官俸禄、衙役工食银内，按需酌情捐足，不派小民一丝一粒。奴才谨缮折请旨。"

朱批："此事暂缓些，俟山西事甚宽松时，自今一年多后再奏来。图纸一并发回。"①

除了以上所说修堤修署兴水利、筑城垣等不能在"存留银"内报销以外，还有一些按照规定是可以用"正项钱粮"开支用费的，但因其实际用银超过规定的数量，也要地方"贴补"出银。两广总督孔毓珣、广东巡抚年希尧于雍正二年六月七日联合上折，奏述过去需要贴补而扣用俸工银情形说：

"广东每年实有有应办之公务，如办解紫榆、花梨、锡斤、白蜡、广胶各项，除开销正项钱粮七千一百六十五两零、水脚银二百一十四两零外，计应贴补银一万二千九百六十一两零。又办解降香，除开销正项钱粮二百四十两、水脚银七两二钱外，应贴补银六百四十一两。又办解广锅五十口，除正项支销外，应贴补银七百九十两。又办解京铜五十三万四千余百斤，除定价每斤一钱四分五厘，水脚

---

① 《康熙全译》，第 207 页。

每斤三分外，每年视铜斤之盈缩，定贴补之多寡，虽难逆料，均须贴补，方能竣事。又贴补递京报部文塘兵及提塘工食银二千二百三十三两零。又修理战船内军器火药及正九两月炮台演放火药先经题明于俸工内动支，每年约一千两。又文武两闱乡试，除定例开销钱粮一千六百两外，共须贴补银三千两。有远年亏空产绝无人无可着追者，部行分年完纳，即应公赔。"①

请看，紫榆等正项钱粮7165两，水脚214两，共7397两，而贴补银却是12961两，比正项银还多5564两，为正项银175％。办降香，正项钱粮是247两（含水脚），而贴补银为641两，为正项260％。仅有具体数字的贴补银，就多达20625两，至于办京铜53万斤的贴补、分年公赔亏空之银，更是数以万两计。这些过去都是靠督抚公议"每年将知县以上俸工捐出，解司办理"，贴补各种费用。现在奉旨："民壮工食，务必实给"，俸工一概停捐。年希尧感到无法办理，遂奏请将"知县以上俸银及别役工食，仍行捐解司库，每年约有二万五六千两，以为办理通省公务之用"。②

二　军需报效

遣军出征，粮草、枪炮、弹药、马骡骆驼车船的征集运输等军需开支巨大，当然应由朝廷调度安排，动支国库。然而，精于理财，能"将外省钱粮尽收入户部"的英明天子玄烨，也不会忘了给辖治各省亿万军民的督、抚、提、镇提供表忠心尽臣责的绝好机会。他曾颁下"恩诏"："至于接济兵丁，抑或另办用物，以利兵丁之处，着总督、巡抚、提督、总兵官会议具奏。"甘肃巡抚舒图立即上折奏称，"今值西土用兵，仰副

---

① 《雍正汇编》3册，第138页。
② 《雍正汇编》3册，第138页。

圣主矜念兵丁之至意",① 从所得"茶马旧项应得银二万二千余两"中,"愿捐银万两。"

朱批：知道了。②

浙江巡抚徐元梦，乃康熙十二年进士，其学识渊博，"以讲学负声誉"，被康熙誉为"不畏人兼学问优者"，曾长期担任日讲起居注官、侍讲等职，教授诸皇子。某日，徐因故惹恼皇上，帝怒，谕命重杖，并籍其家。但第二天，皇上又叫徐教授皇子。后来，因有人劾其与另一刚正学者互相标榜，刑部拟绞，帝免死罪，但仍重惩，戴枷三月，鞭一百，没人辛者库（即奴仆）。过了几年，康熙知徐忠诚，又命徐教授皇子，并相继升官，于康熙五十三年授为浙江巡抚。这样一位忠君但又久侍左右、亲领帝之褒奖和惩治而深谙帝意的巡抚，当然知道用兵之时应做何事，为此他特上《为奏明捐助军需事》折，奏称：

"为策妄喇布坦之事，需用内库钱粮，故奴才本人与浙江司、道、府、县等员，欲为军需稍加捐赠，已自愿捐助八万两银，奴才业经具本题闻。此俱系合省官员欢悦捐赠，毫无另向百姓摊派之处。"

朱批：知道了。③

山西巡抚德音奏述新捐运米骆驼700只说：

"今年运米，携带奴才省分之驼四千七百十六只，奴才现取驼三千五百四十九只，将所余驼经运米大臣等查验另奏外，奴才于本月十二日收竣驼只，十三启程，前往太原府。再据运米大臣行文内称：今年都统图斯海之队伍内，大半俱直隶之驼，山西之驼惟五百九十八只。再，直隶瘦弱之驼缺，将山西驼换取一百零二只，留于巴里

---

① 《康熙全译》，第620页。
② 中国第一历史档案馆（以下简称一史馆）编译《康熙朝满文朱批奏折全译》，中国社会科学出版社1996年出版。以下简称《康熙全译》，第620页。
③ 《康熙全译》，第1048页。

坤之驼内,有山西驼共七百只等因。此七百驼之缺,奴才岂敢动拨主子银饷,共同捐出速购入营喂养。"①

朝廷遣派荆州八旗驻防兵两千名前往成都驻防,谕令总督会同驻防将军商议派遣诸事。署湖广总督满丕会同驻防将军商议后,将总督等赐给将士银两及买马银两等情形奏述:

"今年九月十五日,准兵部咨:遣荆州兵二千,往成都驻防。著奴才前往荆州,会同将军等商办启程事。遵此旨,奴才当即启程,急速前来,九月十九日抵达荆州,会同将军等商议,官员、兵丁、匠人等,均各赐二月钱粮。再,所遣兵丁除原有三马外,留下兵丁办给马二匹。此办之马因不可空缺,每匹马各征银十二两,共银四万八千两,解送将军,火速采购,以补原额等情。奴才蒙圣主鸿恩,有地方之责,岂敢辜负体恤兵丁至意,故此,火速编制启程等情。奴才等对兵丁,每人分给银十两,共二万两,对官员,匠役等共赐银三千二百六十两,九月二十七日副都统宁古利率官兵启程,赐与兵丁之钱粮、马款及奴才所借道库之银,另折具奏外,为此缮折,著奴才标下左营千总祁仁杰、家丁刘二捧,谨恭具奏闻。"

朱批:此所办启行事甚妥。知道了。②

四川总督年羹尧于康熙五十八年正月十三日奏述捐造鸟枪等兵械情形说:除上次已经奏过的藤牌外,"臣已捐造鸟枪三千杆、腰刀三千口、长柄片刀五百把、钩连枪二百杆、短斧一千柄、挡木二百架,火药铅子足用。"③

山东巡抚李树德呈述与司、道、府、学政等官合共捐银四万两,以供购买运米的骆驼之用。李树德奏称:

---

① 《康熙全译》,第1514页。
② 《康熙全译》,第1252页。
③ 《康熙汇编》8册,第386页。

"伏思令岁輓运军粮，自必多用驼只，奴才等情愿各捐出驼价，以备购买之用。今奴才情愿捐银一万二千两，提督学政礼科给事中陈沂震愿捐银二千四百两，布政使王用霖捐银六千两。按察使黄炳、督粮道佟世禄、济东道程光珠、登莱青道程之纬、济宁道宋基业、盐法道罗珍，各愿捐银二千两。济南府知府张振伟、兖州府知府金一凤，各愿捐银一千五百两。东昌府知府杨文乾愿捐银一千二百两。青州府知府陶锦、莱州府知府耿纮祚，各愿捐银一千两。登州府知府李元龙愿捐银八百两。盐运分司张承先愿捐银六百两，共捐四万两之数。"

（朱批）交户部。①

军需本应由朝廷支付，但现在各省督、抚、司、道、府、州、县等官员也逃不脱了，他们必须一次又一次地捐银，然后扣俸工，出规礼，摊派给百姓，如此为户部及皇上"节省"了少则几十万两、多则上百万两银子。

三 办理"皇差"

各省督、抚，大都热衷于表忠心，总盼望能为皇上办差效劳，只要是皇上谕办之事，或者是揣摩到皇上想办、喜欢之事，便奏请办理，修葺明陵即是一例。康熙三十八年（1649年）四月，江宁织造曹寅奉旨，命其"监修明陵"。既然康熙圣恩帝谕为笼络汉族官民，施恩明太祖朱元璋修葺其陵，照说户部当然要遵谕办理。按理，委官踏勘、估计物料工值、造具施工图册、拨付银两等事项皆应户部承担，曹寅只是奉旨监修而已。不料，此事却全部落在地方官员身上。曹寅于三十八年五月二十六日奏称：奉旨后，署两江总督陶岱、江宁巡抚宋荦、曹寅，"以及在省大小官员"，一起踏勘估料，议定委派江防同知丁易负责管理工程，"公

---

① 《康熙汇编》8册，第646页。

议于官吏俸工银两内，动支修补。"① 康熙因此分文未花。

四川提督岳升龙，能征善战，军功卓著，甚为皇上赏识，常予褒奖。岳升龙从康熙四十一年至四十八年，在巡抚贝和诺等人任内向藩库借领帑银39280两，且无力偿还。后巡抚年羹尧催追，岳升龙只还5000两。年羹尧思考之后，想出还银办法，向帝奏称："各镇协营将弁，因提臣不能完银，除本人坐粮仍留过活外，情愿捐今年秋冬两季、明年春夏两季俸银，代为还补，共银二万四千两。其余银一万两有零，臣率川省文官自府道以上，捐俸助还。"康熙喜悦，朱笔批示："照尔所奏完结，甚妥。"②

闽浙总督满保曾奏请将自己应得之"节省银"四万两，捐造热河营造工程。康熙朱笔批示：工程已完，"尔或另行奏请，或采买现成米粮，以养浙江百姓。"满保遂再次奏称：浙江"民食似暂不乏"，"则将奴才所进银四万两，奴才觐见皇上时，亲携之来，或交其他营造处，以修建圣主行宫数间，或预备为圣主赏赉之用。"③

康熙非常赏识殷泰（又译为尹泰），特擢升其为西宁总兵。在康熙四十四年授尹泰为总兵时，他又特降圣谕，谕命川陕总督博霁等四人捐银，帮助尹泰。圣谕说：

"授尹泰为西宁总兵。西宁地方甚为紧要，操练兵丁，以诚示众，不生事端，安辑兵民，乃其任内应效力之所。伊岂可不知此耶？此外，赏赐蒙古等一项甚为紧要。若尔西地悭吝固执，则大失蒙古人心。尹泰由穷兵而升，拿什么用？尔等皆为满洲总督、巡抚、布政使、按察使，岂有没有之理？尔等四人应多捐送去。至于如何捐助之处，著具细折奏来。作为满洲总兵，较之汉总兵稍加高尚，则于全满洲亦荣耀也。将此谕著尹泰尔等四人同看毕，会同具折。为此特谕。"④

---

① 《康熙汇编》1册，第43页。
② 《康熙汇编》3册，第676页。
③ 《康熙全译》，第1143页。
④ 《康熙全译》，第374、375页。

"捐俸工"考 | 131

博霁等官接旨后急忙遵谕捐银,并于康熙四十四年六月十一日上折,奏报办理情形说:

"奉旨:授尹泰为西宁总兵。西宁地方甚为紧要,操练兵丁,以诚示众,不生事端,安辑兵民,乃其任内应效力之所。伊岂可不知此耶?此外,赏赐蒙古等一项甚为紧要。若尔西地悭吝固执,则大失蒙古人心。尹泰由穷兵而升,拿什么用?尔等皆为满洲总督、巡抚、布政使、按察使,岂有没有之理?尔等四人应多捐送去。至于如何捐助之处,著具细折奏来。作为满洲总兵,较之汉总兵稍加高尚,则于全满洲亦荣耀也。将此谕著尹泰等四人同看毕,会同具折。为此特谕。钦此钦遵。奴才即与巡抚鄂海、布政使鄂罗、按察使赫嘏同跪恭读之下,伏知赏赐蒙古一项,圣主思之精详,实关国家大业,颁旨训谕甚是。又轸念尹泰由穷兵而升,谕奴才等公同捐送,作为满洲总兵,较之汉总兵稍加高尚,则于全满洲亦荣耀。等语。不惟尹泰粉身不能报答,即奴才等亦感激不尽。经奴才等共议,奴才捐银二千两,巡抚鄂海捐二千两,布政使鄂罗捐银二千两,按察使赫嘏捐银一千两,计共银七千两,向尹泰宣读皇帝训旨,令其铭记,并将银交与之。于六月初七日起程赴西宁外,将奴才等捐送银额、尹泰谢恩折子,一并谨奏以闻。"

朱批:知道了。①

山西巡抚噶礼特别热衷于讨帝欢心,曾多次奏述修葺庙宇为帝祝福和建造增建御书楼。康熙四十五年正月二十六日,噶礼上折,奏报捐银建斗姆阁等情形说:

"窃奴才仰荷皇上之恩至深至重,虽舍身效力,亦不能报答于万一。去岁,江南扬州府算命人罗光荣赴华山叩祝圣寿无疆,顺便路

---

① 《康熙全译》,第374、375页。

经太原，对奴才言：欲建斗姆阁，特为皇上行礼，以请祝万寿无疆，但无工料。等语。奴才自到山西以来，奴才每月斋戒六日，行礼于斗姆者，亦特恭请圣寿无疆。况且建造斗姆阁，为皇上请祝者，奴才应行之事，故即喜捐银两，交付罗光荣，令携往扬州，择日建造。等因遣之还。

再，于去岁三月，奴才亲赴五台山诵经叩祝万寿无疆，观之新建光宗等六寺尚未油漆彩画。奴才伏念，此等寺庙，皆为敬祝圣寿无疆而新建之寺庙，故奴才将油画之。查得，射虎川喇嘛丹增永久持斋，行善，虔诚为皇上诵经祷祝。今年三月初一日，奴才将亲临五台山菩萨顶及各寺，开始诵经，叩祝万寿无疆毕，即行估算寺庙油画所需颜料类、匠役雇价，奴才简派最谨慎之人，与丹增监督油画之。

奴才谨并具折奏闻。"

朱批：这是一件好事，但不令官、民受点苦才好。①

四十五年四月初十日，噶礼又上两道满文奏折，奏述于五台山铸长明灯、油画新建各寺庙情形说：

"奴才伏念，因不能报答皇上殊恩，故于康熙三十九年，铸镀金常明灯二盏于台山菩萨顶、射虎川各供献一盏点燃，以永祝万寿无疆。又买田给之，以为常明灯油价。今奴才照台山镶金灯复恭铸一盏，于今年三月万岁圣诞，贡献于圆通观玉皇上帝阁点燃之，并买田给之，以为常明灯油价。奴才惟祝愿万寿无疆，福与天齐。奴才谨具折奏闻。"

朱批：知道了。

山西巡抚奴才噶礼谨具奏：为奏闻事。

---

① 《康熙全译》，第407页。

"窃奴才仰蒙恩至深至重，虽舍身效力，亦不能报答于万一。去年三月，奴才赴五台山诵经祈祷万寿无疆。看得广宗、显通、殊像、七仙、白云等各寺及玉皇庙共六处，尚未油画。奴才伏念，该等寺庙，乃皆祈祷万寿无疆处所，奴才曾以应油画等因具折奏明，仰蒙睿鉴。于今年三月初一日，奴才亲赴五台山菩萨顶、射虎川各寺庙开始诵经，以敬祝万寿无疆，即以此项工程指示办理，交付可信之人，现将监督油画。再其所需诸项工料，皆奴才出资照时价租买用之。容工竣时，再行具折奏闻。谨奏。"

朱批：知道了。①

噶礼见帝嘉奖他建斗姆阁"是一件好事"，赶忙又奏称要修葺北岳恒山庙，不料这次遭到了爱护性的训诫。噶礼于康熙四十五年七月初二日奏：

"窃奴才仰荷皇恩至深至重，虽舍身效力亦不能报答于万一。顷间奴才赴蔚州察看田禾，事毕回浑源州地方后，奴才即洁身斋戒，携香于六月二十八日晨登北岳恒山，为万寿拈香叩祝。观之殿内未设长明灯，以及正殿等处坍塌。奴才当即承诺拈香叩祝毕，造作镀金长明灯一盏，以供献点燃，又修葺正殿等处，专以永祝万寿无疆，福与天齐。奴才谨具折奏闻毕，再移咨钦天监择选开工吉日，将动土施工。

谨奏。"

朱批：风闻为蒲州关神庙事，令官员捐输。对此官民怨声载道。等语。现将询查此事。今若又大加修葺恒岳庙，则势必让官民资助。此事尔若不多加小心，必将出现为人控告、参劾等事。彼时悔之莫及也。②

噶礼还曾将康熙巡幸山西时赐给噶礼及大小官员的"御书匾额、诗

---

① 《康熙全译》，第415页。
② 《康熙全译》，第432页。

文"勒刻于碑,并专建御书楼。为增建一座御书楼,他于康熙四十三年四月十八日奏称:

"钦惟圣主天生聪睿,于万事之余,作赋吟诗,又写楷书、草书,真是辉煌,洵亘古所未有。去冬圣主巡幸山西省时,蒙圣主赐奴才、大小各官御书匾额、诗文,俱感光荣,即获传世之宝而喜悦。奴才将此尽行收集,勒于石,于奴才所建御书楼左右侧又建造御书楼,编排置于山墙下。皇上赐奴才及各官御书宝字两次,其中各种字体俱有,惟御书楷书宝字未有。伏乞将皇上平时所书大小楷书字赐奴才数张。奴才得之后,皆勒于石,装钉两大法帖,另疏敬呈御览。又刷印颁布,以资官民观瞻万年。又皇上御笔,惟梅玉峰会临摹。梅玉峰现在京城,奴才不敢擅行咨取,故经奏明,特遣人往取。俟来山西省,尽行临摹皇上所赐宝字后,即行送回京城。谨奏。"

朱批:前造御书楼甚为宽大,完全可以容纳,着停止再行增建,即于其中均匀放置则已矣。尔人若来接梅玉峰,则即遣之去。①

噶礼之阿谀奉承令人肉麻,不过他也达到了目的,被皇上赞为有办事之才,还摒弃了言官对噶礼贪婪的参劾,不治反升官至两江总督。

四 孝敬京官

按照官阶品级,总督、巡抚分别与京师六部尚书、侍郎相同,低于内阁大学士。总督、巡抚都是主管一省或二三省的诸侯王,其位尊权大,威风凛凛,但对于京师的大学士和九卿,他们一般都是十分尊重的,甚至是恭敬有加。大多数督抚都重视与京师的关系,进京时都要前往拜访大学士和九卿,其送礼之"土仪"多是名贵的土特产和黄金白银或高级

---

① 《康熙全译》,第313页。

古玩字画，在省时也常派属员、亲信家人进京交往馈送。康熙十八年（1678年）七月二十八日京师大地震。第三天，即七月三十日，康熙帝命大学士以下副都御史以上官员集于左翼门，谕因百官失职，小民困苦恼恨致皇天示警，痛斥祸国殃民六弊。其中第一弊就是，"地方官吏，诌媚上官，苛派百姓，总督、巡抚、司、道又转而馈送在京大臣。以天生有限物力，民间易尽之脂膏，尽归贪吏私囊，小民愁怨之气，上干天和，以致召水旱日食星变地震泉涸之异。"①

此弊并未因帝之严谕而革除，反而愈演愈烈。大学士明珠"擅政"10年，与尚书余国柱、佛伦结党营私，"督、抚、藩臬员缺"，必"展转征贿"，"满欲而后止。"大计之时，"外史辇金于明珠门者不绝。"② 其家"货贿山积"。据肖奭《永宪录》卷4记载，明珠死后，其子揆叙主家事。"揆叙卒"，"以所有家财八百万献于官府，令九贝子掌之。"

赵申乔为康熙九年进士，任河南商丘知县五年，"有惠政"，"以贤能行取"，升刑部主事，迁员外郎，康熙四十年，超升浙江布政使。申乔上任，"不挟幕客，治事皆躬亲，例得火耗，悉屏不收。"帝以其清廉、强毅，升巡抚。就是这样一位清廉刚直的巡抚，也因拒送重礼，而遭奉旨祭告南岳之臣诬参。康熙四十七年八月十七日，奉旨祭告南岳的内阁学士宋大业上疏，参劾偏沅巡抚赵申乔"轻亵御书及遇橐苛征等款。奉旨，著赵申乔明白回奏。"③

内阁学士为正五品，官品远低于巡抚从二品，但他侍帝左右，御门听政之时，是大学士、学士一起"以折本请旨。"通常，学士常是诏谕敕旨的起草者，多系帝信任之臣，后来晋升至督抚九卿和宰辅者不在少数，何况这位宋大业是派至地方祭告山灵的钦差大臣，更是威势袭人。所以一听到宋有疏劾赵，康熙便降旨令赵明白回奏。在这种压力下，一般督抚大都只有认错请罪，胆大的也不过是设法辩解，很少有敢反击钦差的。可是，宋大业这次却倒霉了，他遇到了一位坚持己见、敢于揭露钦差丑

---

① 《清圣祖实录》卷，第82、19页。
② 《清史稿》卷269，《明珠传》。
③ 《清圣祖实录》卷233，第24页。

事的刚直巡抚。十月初九日,赵申乔遵旨回奏说:"缘康熙四十二年,内阁学士宋大业奉赍碑额,两次至楚,多方需索,臣曾借司库俸工银九千两馈伊。此次来楚,以南岳庙工余剩银两,报部充饷,彼不得染指,又仅馈伊银五百两,以此蓄忿,是以捏造轻亵御书等款,将臣参劾。"① 最后朝廷判定,革宋大业职,赵申乔降五级留任。京官出巡,地方要一次送银9000两才能过关,可见督抚对京官之畏惧和孝敬。

康熙四十八年正月二十三日,康熙谕告文武百官说:

> 马齐、王鸿绪、李振裕,向在部院,声名俱劣,朕早欲罢之,因念若等效力年久,是以迟至今日。且张鹏翮,乃一清官,朕南巡时,马齐当众詈之曰杀材。因不馈伊银币,遂尔辱詈,谁不畏死,敢不馈之银币乎。生人杀人,乃朕之权,彼焉得操之,此后尔等,皆当省改。②

张鹏翮乃非平凡之人,他是康熙九年进士,历任知府、侍郎、学政、左都御史、刑部尚书、两江总督、河道总督,康熙三十九年被皇上赞为"天下廉吏,无出其右。"马齐时为位列第一的大学士,人称首辅,又是满洲开国功臣之后,权势赫赫,所以他才敢因为河道总督张鹏翮不献银弊而"当众詈之曰杀材。"因此康熙说:"谁不畏死,敢不馈之银币乎,"足见督抚恭献金银与阁臣、九卿之行为,是何等的普遍!

时间仅仅相隔一年,康熙四十八年九月二十八日,河南巡抚鹿佑陛辞。康熙谕鹿:"为督抚者,不畏惧人,奉职循理,本无所难,每因部费繁多,以致不能洁己。"③ 可见,六部尚书、侍郎、司官势力之大,索贿之多,以致督抚为了过关不得不恭送金银,其数量之大,危害之重,弊之盛行。

涂天相于康熙五十八年当钦差,来到广东,广东送钦使银三千两。④

---

① 《清圣祖实录》卷235,第10页。
② 《清圣祖实录》卷236,第14页。
③ 《清圣祖实录》卷239,第5页。
④ 一史馆编《雍正朝汉文集批奏折汇编》,江苏古籍出版社1991年出版,以下简称《雍正汇编》2册,第359页。

五 直隶之例

赵良栋，宁夏人，其行武出身，战功卓著，尤其是在平定三藩之乱过程中，屡建奇功，被誉为绿营将领之中第一功臣。因其清廉刚直，最早率军攻进昆明后，不取一物，任至云贵总督、勇略将军兼宁夏提督，封一等子。康熙帝念其功勋，厚待其子。长子赵弘灿，由荫生升总兵，任至两广总督、兵部尚书；次子赵弘燮，袭一等子，历任知县、同知、道员，按察使、布政使、河南巡抚，从康熙四十四年（1750年）移任直隶巡抚起，整整当了17年直隶巡抚，直到康熙六十一年六月卒于任上。之前，康熙帝曾于五十四年下谕，嘉奖"弘燮抚直十年，勤劳供职，实心任事，旗、民辑睦，盗案稀少，著加总督衔。"①

就是这位奏称"臣父子兄弟世受隆恩"、"身蒙圣眷"、"愧无寸报"，要"尽犬马之微"的直隶巡抚赵弘燮，② 也曾多次奏请扣用俸工银捐献军需，买补仓谷，补完藩库，偶尔自己也拿出点银两。

康熙五十三年，"皇上发帑，重修隆兴寺"，赵弘燮"捐银一千七百五十两"，蒙帝谕令加四级。③

康熙五十四年，永定河南岸长安城等处石工坍拆，赵弘燮又捐银一千两，"办料保护。"④

奉命军前视师的吏部尚书富宁安奏准令陕西、甘肃籍的外省督抚提镇各招20~50户往边外垦田，以供兵食，赵弘燮奏捐白银四千两。⑤

天津总兵马建伯奏请设立水师，招募水手，打造海船，奉旨与总督商议。赵弘燮即于康熙五十六年二月二十五日奏称：以抚标各营"部科

---

① 《清史列传》卷12《赵弘燮》。
② 一史馆编《康熙朝汉文集批奏折汇编》，档案出版社1984年出版，以下简称《康熙汇编》5册，第855页，6册，第402页。
③ 《康熙汇编》5册，第853页。
④ 《康熙汇编》6册，第570页。
⑤ 《康熙汇编》7册，第492页。

册费空粮"七十四份拨与水师募兵,"打造海船之费,先动盐库银两,臣与镇臣设法捐补还项。"①

赵弘燮于康熙五十六年二月二十八日又奏:"窃臣世受国恩,于每年三月内恭逢皇上万寿圣节,臣俱自备银两,在保定府之玉清观、真定府之隆兴寺延请高真僧道,讽诵真经,以祝圣天子万年纯佑",今特出自备银两千两,请僧道于二处各诵经一月。②

在军需方面,赵弘燮更多次奏请捐购马骡之事,他前后呈上奏折数道,讲述请求捐马与办理情形。康熙五十四年初,为准备征剿准噶尔汗策旺阿喇布坦的米粮,议政大臣奏请令"三省民人捐助马匹。"康熙下谕说:"现在户部库内所存钱粮不下数千万两,即用正项钱粮运米就近,若令各省捐助,地方窵远,未免迟滞,着动户部正项钱粮运米。"照说有了这样的谕旨,赵弘燮可以不必捐银买马运米了。可是这位巡抚,"世受国恩",深谙帝意,立即于同年五月十一日上折,奏请捐购马骡运米说:"臣身住地方,并无微劳可效,此心时刻难安,今臣现在量力捐购马骡,少为毫末之助。而所属道府等员见臣首创,亦有情愿乐输,以报国恩者,多寡听其自捐。"康熙朱笔批示:"具题。"显然是允准了。③

过了一个月,是年六月十五日赵弘燮奏述捐购马骡7500匹,扣俸工银捐。他奏称:

"今臣与道府业已各自捐购马骡共三千匹,尚有不足马骡四千五百匹,若听州县捐输,亦可计日取盈,然臣惟恐扰累闾阎,是以止许道府量捐。兹查不足之数,仅余一半,若仍用帑金采买,不但臣心不安,即阖属大小各官亦无从申其报效之心。臣思直属历来公务,俱赖俸工捐济,即如修理密云城工所需银两,已将五十五六两年俸工请抵。今见在不足马骡及驮鞍口袋苫盖物件等项,臣悉遵部文,

---

① 《康熙汇编》7册,第472页。
② 《康熙汇编》7册,第758页。
③ 《康熙汇编》6册,第198页。

暂动正项钱粮采买，其用过之银，应请在于五十七八等年俸工银内，照数捐还。"

（朱批）知道了。"①

7500匹马骡，并且是运军米用的，牲口自然要好。此时时间急迫，一匹马骡要花费一二十两银子，没有10万两买不到；而且还要买"驮鞍架子、口袋、苫盖油单（防雨用）绳索等物"，以及备草料找夫役又要花不少钱，赵弘燮既捐"兵丁口粮"，又要银两。这么多钱，这么多马骡、物料、夫役，居然仅仅用了一个多月时间就办妥了。赵弘燮于当年七月十八日便奏称：7500匹马骡及油单等物已全部办齐，并已分作三批，"打发起程"。效率够高，难怪皇上夸奖他是"勤劳供职，实心任事"，专门赐给他总督职衔。

仅仅过了11天，赵弘燮又于七月二十九日奏称："近阅邸报，内开议政大臣议奏，运送哈密米石，使骆驼运送，不甚费力，冬天容易行走。臣父在日，分授臣骆驼十八只，现已孳生至七十六只，谨挑选堪用骆驼四十只，捐送甘肃巡抚查收。"朱批："知道了。"②

康熙五十六年九月初一日，兵部咨文送到保定。咨文称，调保定兵200名，前往西宁驻防，每兵一名，配马5匹。赵弘燮立即凑马1000匹，并于九月初二日上奏说：马已凑齐。"深知各官兵穷苦，除借支俸饷之外，臣情愿捐给帐房一百顶、锣锅一百口，再捐银一千两，给此二百名官兵，以资长途之用。"朱批："知道了。"③

赵弘燮还扣俸工银买补赈灾用过之米贮库。康熙五十五年八月二十九日和康熙五十八年五月七日他两次奏称，赈灾用过米七万八千四百余石，"原议俟五十五六七年等年俸工补足军需之后，捐买还仓"，现因"为期尚早，设有需用之处，凭何赖籍"，遂"暂借道库银两"75900余两，盐法道库银4万两，已分发"各属买补。所借之银俟五十八九两年

---

① 《康熙汇编》6册，第252页。
② 《康熙汇编》6册，第402页。
③ 《康熙汇编》7册，第1164页。

俸工捐解到日还项。"①

赵弘燮还奏请以盐规银两万两作为巡抚衙门之公费。康熙五十六年正月二十六日，赵弘燮奏：历年赈灾、修理朝鲜馆舍及购买军需马骡，"种种难以枚举。悉据守、巡两道会详，量捐俸工银两，以公济公"。现因"今岁明岁俸工俱有抵项"，奉兵部咨文派出的运米官员之用费，"原应在俸工银两内酌量拨给"，已无银可支，请以直隶长芦盐商每年给予巡抚的盐规银二万两，"自五十六年为始，交存守道库内"，遇有本省公务应用之处应用。朱批"使得"。②

六　捐俸三害

综上所述，地方公务用费、军需银米马骡车船枪炮、皇差办理和孝敬京官的种种用费数量很大，本来应由朝廷拨银办理，但现实中却全压在"一无所有"（存留银少，又不能开支此类用费）的督抚司道州县官员身上，怎么办？只有捐输了。但是，捐输之害，实难尽述，至少其大害有三。

其一，"逼良为娼"，官难清廉，吏难守法。杨宗仁，原系国子监的生员，历任知县、道员、按察使、巡抚和晋湖广总督，其为官近三十载，身经各职，熟谙利弊，被帝赞为"廉洁如水，耿介如石。"他于雍正元年（1723年）上折，极言扣捐俸工之害说："照俸工一项，乃朝廷禄养官役之殊恩，岂可任意饬捐，下填贪官欲壑。查湖广州县以上俸工报捐，已经十有余年，总无分厘给发，责成官役枵腹办事，焉能禁其不需索闾阎所有。"③

按杨宗仁所说，官无俸，吏役无工食银，不能饿着肚子办差，就没法禁止他们苛索百姓。此论固然不错，但还不够深刻。因为，饿着肚子是小，丢官事大，掉脑袋更是天大灾难。没有俸薪、工银，还可以求告

---

① 《康熙汇编》8册，第476页，7册，第392页。
② 《康熙汇编》7册，第369页。
③ 《雍正汇编》1册，第402页。

亲友借贷，可是，砸了"皇差"，贻误军机，惹怒钦差，得罪阁臣、九卿，就不只是停俸而已——那可是轻则摘去顶戴削职罢官，重则绞斩且将家人为奴充军了。重压之下，有多少两榜出身的举贡生员能保持初衷，牢记圣贤教谕，拒贪守廉呢？吏治又怎能清正而不败坏？

其二，摊派百姓，祸害黎民。工部尚书王鸿绪密折奏述杭州民"闹"之事，可以说是一个典型例证。康熙多次巡幸江南，浙江官员为讨君主欢心，建造西湖行宫，"各官捐输不等。"浙江巡抚王然，布政使黄明于康熙四十六年六月间，"欲派公费，其下属州县拟派每亩加三。时正当亢旱，遂致省城百姓数千人，直到巡抚辕门吵闹，督抚为之出告示安民而止。""目下加派因旱暂缓，然藩司黄明移用库银甚多，究竟仍要设法加派。"①

其三，亏空国库。所谓捐修俸工，常是先行借支藩库帑银，支付某项费用，然后扣某年俸工银补还藩库。可是，经常有官从藩库借提帑银后并不归还，日积月累欠库愈多。山东巡抚李树德于康熙五十八年四月二十四日奏称："东省历来相沿有流抵一项，盖因州县各官，遇有修建仓廒、衙署、文庙、城垣、堤岸等公务，始虽详称愿捐俸工应用，实则挪动正项钱粮。后因俸工无几，不能一时补完，遂致递年渐补，一遇升迁事故，又流交于接任之官，通省合计约共十二万七千两有零，此东省流抵未清之数也。"②

福建布政使黄叔琬于雍正元年十二月六日奏：

"臣前折奏因公挪用十万九千两，督抚二臣奏明以俸工赔补。（此）实系修理战船，津贴运费不敷铜价，整备水师军器火药，供应杭兵来往夫船，修理各处河滩，资助微员回籍，及历年赏给巡缉山贼官兵饭食，省中应办各项公事夫船脚价等项。总之闽省公用，皆取给于俸工，彼时俸工尚未解到，遂将正项挪用，以致有十万九千之数。"③

---

① 《康熙汇编》1册，第724页。
② 《康熙汇编》8册，第454页。
③ 《雍正汇编》2册，第458页。

原历任左都御史、工部尚书、户部尚书熟谙度支积弊的王鸿绪,于康熙五十七年间特上密折,参劾山东巡抚李树德与河道总督赵世显朋比为奸,欲借修筑坝闸扣用俸工之名,开销历年藩库数十万两之亏空,并力言扣捐俸工之弊。王鸿绪奏称:

"窃见东省抚臣李树德折,准河臣赵世显咨称,运河粮船阻滞,祈即设法料理。等因。抚臣遂议将东省赈济案内存贮米谷六十万四千余石,为开濬河道修筑坝闸之用,等因具奏……今抚臣所请六十万四千余石之米谷,约算帑金将及四十余万,于何用之,人所不解。传闻河臣因去岁回空阻滞,若题参河道,则自己亦当请议处,故咨抚臣,抚臣又因历年存贮亏空已多,遂借闸工为开除,而阻滞之河员反置身局外矣。至抚臣云扣通省知县以上十年俸工抵补,窃思通省各官与河工无涉,何故而扣其十年之俸工。况今天下所谓俸工抵补者,该省布政何曾有丝毫解部,不过纸上空言以欺饰耳。①

其实,扣捐俸工之弊是既无实效,又苛派黎民,康熙帝玄烨早在康熙二十六年便已知晓。《康熙起居注》第1679页记述康熙二十六年十一月初四日君臣议事时,玄烨之上谕,便很清楚地表明了此事:

"工部题,四川省所运解楠木,文武官员捐助银二万余两,今屡经驳查,俱系虚报数目,并未实收库内,应向原助之人追取。但四川楠木已经免解,其捐助银两应免追。上曰:捐助俱属虚名,此原助之人免其追取,部议甚是。且各省捐助银两,名虽急公,不过先报虚数,并无交库,希图议叙。及至实行支用之时,皆苛取民财,以充原数。甚至用少派多,除原数外,仍行侵渔肥己。即此一事,余皆可知。总因沿习陋弊,视为固然,以致滋累民生,殊非实心急公之谊。着通行严饬。"

---

① 《康熙汇编》第8册,第1056页。

玄烨的皇四子、雍亲王胤禛留心政务，注意官场利弊，对俸工捐输之弊更是胸中了然。他登基继位后，立即于雍正元年十月初六日谕告总理事务王大臣们说：

> 各处工程，有请俸工银两捐助者，此事断不可行。伊等名为捐助，实则借端勒派，扰累小民。若直省大吏，将已分内所得羡余，捐助完工者，听其捐助。如或不能，著动用正项钱粮。①

总之，康熙帝玄烨为了增加中央财政收入、减少朝廷支出而大裁存留，使地方没有必要的公务费用的银米，俸薪又微薄到了可怜的程度，这实际上是逼着督抚以所谓的捐输来开支公务用费、来捐输军需马骡枪械和赈灾修堤，替朝廷付出数以百万两计的巨量银两。乍看起来，这一措施收效不小，可是却祸国殃民，还害了一批原本有忠君爱民初衷的官员，真是得不偿失，实为一大弊政。

---

① 《清世宗实录》卷12，第8页。

内帑考

康熙帝自诩"以爱养民生为急","必使百姓乐业,家给人足",自奉节俭,不贪金银。其讽刺前明帝君收取国库白银入后宫存藏,好像他真是心中只有国家百姓,时时想使黎民富裕,视金钱如粪土,不屑于牟取私利。人们大多认可其说,对之予以赞扬,可实情与此却是大相径庭。大量史料确凿无疑地证明,康熙帝是一个多方广辟财源,尽力减少自己支出,巧于盘算,力图使国富、君富、官富的精明天子。

一 祖遗内帑

康熙帝玄烨出生之时,他父皇顺治帝福临的广储司银库即堆积了上百万两银子,这都是玄烨的曾祖父清太祖努尔哈赤、祖父清太宗皇太极遗传下来的。这些银子来之不易,可以说是一夫称帝,万骨朽烂,库银百万,血流成河,每锭元宝背后不知藏有多少家破亲亡的故事。

努尔哈赤本是建州女真支部一个微弱小部酋长之子,没有什么金银珠宝。1583年为报父、祖被杀之仇,他率领二十多名诸申和几名包衣合共30人起兵,从此南征北战四十余年,攻城夺地,掠民为奴,攫取财帛,一跃而为辖地千里拥有大量金银奴仆庄园的金国英明汗。其子皇太极继位后连年征战,降顺漠南蒙古,征服朝鲜,"大掠西边",八次攻明,掳掠了数不清的金银珠宝。仅皇太极于崇德三年至四年遣左右两翼军的第六次攻明,据右翼奏称即"攻克十九城",俘获人口二十万四千四百二十有二、金四千三十九两、银九十七万七千四百六两";其左翼军力更强，夺城34座，"俘获人口二十五万七千八百八十"，虽未报获取金银数量，但应该不比右翼少。① 又崇德七年至八年第八次攻明，共克城88座，"获黄金万有二千二百五十两，白金二百二十万五千二百七十两有奇、珍珠四千四百四十两"，人口"三十六万九千名口"；"外有发窖所得银两，剖为三分，以一分给赏将士，其众兵私获财物，莫可算数"。②

清国汗贝勒规定，"凡征战所得金银"，唯八家分得。"这两次所获之银，不算左翼未报之数，即有金16289两，银3182676两，平均每旗的旗主可分得金2036两、银397834两。皇太极拥有正黄、镶黄、正蓝三个旗，应分金6108两、银1193502两。皇太极又是八旗共主，又可受领八旗献与皇帝的银子。即使不算献的银子，仅这两次攻明皇太极就得了6000多两黄金、120万两白银，这还不包括左翼未报之银。加上其他多次的征战，皇太极掠获的银子起码有两三百万两。这些金银珠宝后来都给了他的儿子福临并带到北京，成为福临的内帑。顺治元年九月"已将盛京帑银取至百余万，后又挽运不绝"。③

此前，明朝皇帝也聚敛了巨量金银。明英宗正统元年（1436年）定，岁以金花银百万两银解交内承运库，作为御用，嗣后还经常敕取户部太仓银入内库。明神宗更是一个爱财如命的皇帝，除收取金花银及调太仓银入内库外，还派矿监税使搜刮各地官财民财，只有一年便奏进内库矿税银三百多万两。明朝内库银子多的难以计算，然而国破库毁，李自成大顺军进据北京尽取其财，而后"载发长安"。清帝晚了一步，无缘于明君之内帑。

顺治年间，兵火频仍，军费浩繁，户部入不敷出，顺治帝又不准加赋，禁革火耗私派，还经常动用内帑支付国用。顺治八年正月他亲政以后，户部尚书巴哈纳奏称，"今大库所存仅有二十万两"，而百官俸银共需60万两，无法发给。顺治帝立谕："大库之银，已为睿王用尽，今当取内库银按时速给"。④

---

① 《清太宗实录》卷45，第22、23页。
② 《清太宗实录》卷64，第24页。
③ 《清世祖实录》卷8，第3页。
④ 《清世祖实录》卷55，第4页。

二 外库内库银，皆系"朕之帑金"

顺治元年（1644年），清帝入主中原以后战火绵延，军费浩繁，入不敷出，国库空虚，朝廷吃够了缺银少银难以应付的苦头，迫切需要聚敛金银充实国库，增加内帑。但是，康熙帝玄烨又是一位自诩宽厚仁爱、不贪钱财、斥责明帝敕取户部库银收入内宫的圣主明君，因此，他既不能采取如祖先那样屠民掠财的强盗行径，又不能像明朝昏君那样一纸便条拿走国库帑银。怎样才能两全其美，既日进斗金又不背负坏名玷污圣明天子的光环？这一看似无法解开的死结，却难不倒英武天纵的圣祖仁皇帝。这在处理铜铅召买问题时，玄烨的一句圣谕，便显现得十分清楚。

康熙五十四年（1715年），大学士和九卿，特别是户部的堂官满汉尚书，正对找谁采买铜铅发愁。原先，户部的宝泉局和工部的宝源局每年都需要铸钱几十万串所需的铜和铅，是令各税关采买铜铅，价银由税银支付，向户部报销，如此每年要支出五十余万两白银。康熙三十九年，内务府买卖人王纲明等奏准，由其承买铜铅并交纳节省银、盘缠银，康熙五十四年，户部尚书赵申乔因王纲明等欠帑银二百余万两，奏准取消商人买铜，恢复税关采办旧制。康熙允准其请，并令从内库拿出内帑二百余万两偿清欠户部的国帑，谕命内务府追讨王纲明等人的欠款。可是，现在赵申乔又主张仍交商人买铜。康熙五十四年七月初九日，大学士松柱等以折本请旨，覆请户部所题鼓铸铜斤仍交与商人王纲明等采买之疏。康熙谕称：

> 这铜斤事情，系九卿议奏完结之事。商人等所欠银两已经偿完该部，至工部宝源局内所欠铜斤亦已偿完，并无丝毫亏缺之处，彰彰明矣……应将铜斤交与各关差官员，速行采买……朕发内帑银还户部库，特欲清理事务之意，非为商而难户部也……内库银系朕之

帑金，户部库银亦系朕之帑金，总无分别之处。①

康熙所谕"内库银系朕之帑金，户部库银亦系朕之帑金，总无分别之处"，就是他聚敛内帑的基本方针。这在内外两库及其上级机关的权限和职责的区别上，可以找到了解此情的线索。

内库就是广储司的库。广储司有六个库，主要是银库，负责"掌金钱、珠、玉、珊瑚、玛瑙及诸宝石"，其他五库是缎库、皮库、茶库、衣库和瓷库，以储上用。其上级是内务府总管大臣。

外库，是户部的缎匹库、颜料库和银库三个库，主要是银库，其上级是户部。户部尚书的职掌是管理全国的疆土及田地、户口、赋税征收、俸饷发放、仓库出纳、水陆转运（漕运、驿站）等。田赋、盐课、关税及各项杂税的征收和支出是户部最主要的职责，而收来的银子大部分作为起运钱粮解交京师户部的银库，余存留的钱粮分贮各省的藩库。

内库银，即广储司的银库银。其财源有限，主要靠粮庄、银庄、瓜菜果园缴纳的皇粮，一年不过十几万两银子，这些连皇宫的开支都不够，哪里又能掏出几十万两上百万两银子。而户部经营的银钱收入和支出每年都有几千万两，其经管的项目又多——从这些项目的收支中，以及搭靠某些项目找个借口增收银米，弄个几万几十万两那是轻而易举的。所以。康熙既不像明朝的昏君笨帝懒王那样只知索取国库存银，或滥增赋税直接榨取黎民，却主要从户部寻找聚宝盒，由这里找到滚滚而来的多种财源，于是就出现了节省银、盈余银等名目，康熙的内库存银很快就堆积如山了。

三 工程节省银

按清制，帝后有多方面的开支。其中，内外工程的兴建、维修及所需材料的采购占有很大的比例，开支银子动辄上万、几万甚至几十万两，

---

① 《康熙起居注》，第2184页。

而每次每笔开支中一般都要扣下若干两"节省银"送交内库。署内务府总管、皇十二子、固山贝子允陶、户部尚书穆和伦,于康熙五十六年十一月二十二日奏销养心殿等工程银两折,便讲述了节省银情形。允陶在《为奏闻用、扣银额事》的奏折中说:

> 康熙五十三年三月十四日,武英殿之看守兼牛录章京张常住、兼郎中衔邓广前、商人王秀德、四哥等呈称;为请完官银、将料价退原部事。原内外诸工程处所需颜料等项,本由户部商人承购。康熙三十七年内务府总管等会同户部议奏内开:颜料等项依廉价交张常住购买,万两减一千四百两,价涨则不增等因具奏,自交我等至五十二年十二月,共节约十三万三千五百九十七两余银,俱交库。捶打飞金由库将备取银,除每年扣除外,仍余尚未扣银五万六千两余。再,奏称备购之四万八千十三两银之颜料,因此数年无大工程而未用,仍存广储司库。奉旨:似徐大焦般节俭,俱查所承办之工程事项,若能交其原取钱粮,则明交钱粮仍照旧例,交各原属处。钦此钦遵。奴才等接受此等颜料,凡用于工程,请主子殊恩,嗣后宽免我等节银,购买颜料等项,奴才等愿仍廉价先交货物,后由库取银。以一万两扣库三千两,将未交银、颜料银,一并六年内完结,购买颜料等项即交原部。如此,不误主子之官事,奴才等亦得全始末,全完亏欠钱粮,世蒙主子世代教养之恩,为此容呈等因呈文具奏。奉旨:好。依。钦此钦遵在案。故此,康熙五十五年三月十五日至五十六年三月十四日,由该部来文,牛录章张常住所购用于工程处之熟桐油一千九百三十一斤一两,以其每斤各八分计,银为一百五十四两四钱八分五厘;水胶九百五……
>
> 此二处共银三万七千一百四十五两七分一厘四毫五丝五忽八微六纤二沙五尘,此以每万两各扣三千两计,销除扣银一万一千一百四十三两五钱二分一厘四毫三丝六六忽七微五纤八沙七尘五渺,实用银二万六千零一两五钱五分一丝九忽一微三沙七尘五渺。谨此奏闻。①

---

① 一史馆编译:《康熙朝满文朱批奏折全译》,中国社会科学出版社1986年出版,以下简称《康熙全译》,第11268页。

允陶等人的这道奏折表明了六个问题。

其一，以前户部商人承办颜料之时，没有扣交节省银的制度。因为，如果有此规定，则康熙三十七年改归内务府官员商人承买时必然要奏明按户部规定或略加修改办理，无此奏述，说明之前无此规定。

其二，康熙三十七年规定节省银为14%，并且"价涨则不增"，节省银的比例是相当高的。何况，市场的价格哪有不涨的，如果不是内务府内外工程处的颜料之定价较市场价高，承办人也不会要求抢走这笔生意。

其三，每年仅颜料的节省银就多达上万两，从康熙三十七年到康熙五十二年的十年中，承办人共扣交了节省银13万余两，送进内库。

其四，节省银在涨，而且涨的比例很大，其中一万两要多扣1600两，比率高达11.4%。在康熙五十五年三月到五十六年二月的一年里，武英殿、养心殿、营造司等各工程处用的颜料共花银37145两，扣交节省银11140两入内库。

其五，每年从内外工程扣交的节省银数量很大。当时，盛行扣交节省银制度，采买每年铸钱所需的几百万斤铜铅要交节省银；每年买纸一二百万张要交节省银；采买草豆十几万石，也要节省银。那么，各工程处买颜料就用了三万多两银子，这些工程所需的木石砖瓦纸布等材料岂不是要再用几万、十几万、几十万两银子吗，从中又可扣取几万十几万两节省银了。

其六，工程银两，包括颜料，既是由户部银库支付，照理说节省银也就应该送进户库，归户部支配。可是现在它却交进内库了，这为皇上增加了一笔不小的收入，为其开辟了一个重要的财源。

四　草豆节省银

康熙五十三年（1714年），草豆召买荀茂、田生兰、杨玺等13人向户部呈称：

"茂等祖父承当召买，急公效力七十余年。康熙四十二年，内府司库曹全情愿将茂等拖欠钱粮认赔之外，又加二节省，承办豆草等因叩告。荷蒙圣主明鉴，怜念茂等世当召买，特颁俞旨，将此项钱粮仍令茂等承办。茂等每年所买草豆，虽照时值，定价银四十五六万余两，内除加二节省交送内库，又加以带销，并扣领陋规外，茂等一年止领银二十七八万两不等，计办买豆十七万石，草七百万束。"

户部尚书书穆和伦、赵申乔及侍郎司官 14 人联名上奏，转上荀茂等人的呈词，请裁定是由荀茂等 13 家继续召买，还是交申请顶替荀茂等人的告退召买刘国宇承担。①

从荀茂的申请及户部转交其呈词来看，表明了五个问题。其一，荀茂等 13 人的祖先在清帝入主中原时即已当上了草豆的召买。荀茂说，已"效力七十余年"，这时是康熙五十三年，倒回去算再加上顺治朝的 18 年刚好是 71 年。这说明，顺治元年的时候荀茂等 13 家的祖先已是草豆的召买。

其二，康熙四十二年以前，荀茂等 13 家的祖先以领银购买草豆后送交库场，并无节省银之说。可以确定节省银是在康熙四十二年才新加、新定的。

其三，承买草豆获利不小。荀茂等 13 家承买草豆 17 万石、草 700 万束，在康熙四十二年以前，无节省银时是领价银四十五六万两。按清会典规定，草 1 束，折银 1 分；豆 1 石，折银 1 两 2 钱或 1 两，但官方定价一般偏高。即使按官定价格来算，草 1 束折价 1 分，700 万束当折银 7 万两；豆 17 万石折 17 万两，两者相加为 24 万两。如此荀茂等 13 家每年可赚二十来万两。何况，这个草、豆是给马牛羊吃的，并非御用，质量不高，价格应当比定价草、豆价银要少一些，荀茂等家又可从这上面赚钱。这当然会使一些人眼红并前来竞争。况且荀茂等家的祖先也太不像话，占了四十年便宜赚了不少银子，还不能按时保质保量地交够草豆，还要拖欠钱粮，致使内府司库曹全愿代完荀茂等家拖欠钱粮，并"加二节

---

① 《康熙汇编》5 册，第 878 页。

省",来抢夺承买草豆的肥缺。

其四,"加二节省"不是官员的私自规定,而是经皇上批准钦定的。苟茂等"蒙圣主隆恩","特颁俞旨,将此项钱粮,仍令茂等承办。"这可是件大事。康熙知道苟茂等愿交加二节省银,以及加一带销和陋规银,才批准令苟茂继续效力当豆草召买,这与一般的官员私自勒索有着重大区别——节省银合法化了,加一带销合法了,陋规也被皇上默许了。

其五,节省银数量不小,并且也是从户部拨来的。苟茂等领豆草银四十五六万两,按加二计算,节省银为9万余两,从康熙四十二年到康熙五十三年一共11年,应该共扣交节省银90余万或100万两,于是户部国库银又有100万两转入皇上的内库了。

五 铜铅节省银

清政府设户部宝泉局、工部宝源局铸钱,开始时每年铸30卯,每卯12880串,1串为1000文;康熙二十三年(1684)改为每年铸钱40卯。钱局铸钱的铜铅在很长时间内系由税关采买。顺治二年(1645年)定,崇文门等四关,每年每关各支税银1万两,买铜解部。后扩大为户部出银令14个税关买铜。最初买铜价定为每斤银六分五厘,康熙二十五年增为一钱,加上运费,各关定铜价为每斤1钱5分。每年14关,共办铜358万余斤。

康熙三十八年十二月,内务府商人王纲明奏准,接办芜湖、浒墅、北新、淮安、扬州、湖口六关,总共铜二百二十四万六千三百六十斤,每年节省银三万两"交与内库"。康熙三十九年三月,内务府商人员外郎张鼎臣、张鼎鼎、张常柱奏准,接办崇文门等八关铜一百三十三万四千五百余斤,"每年节省银二万余两""交与内库"。

江宁织造、郎中曹寅于康熙四十年初奏请完全承办14关的358万斤铜,"恳请主上施恩,借给本银十万两,以便购铜,八年交本银及节省银总共一百万两,每年交内库银十二万五千两。"

张鼎臣等三人也于康熙四十年初奏："查原来各关规定铜价每斤银一钱五分，据我等经营，看得每斤铜需银七分，运费及杂项用费需银三分，合计每斤铜需银一钱。于是每斤铜余银五分，其中解交我等节省银一分五厘后，仍余银三分五厘。又，原来铜商因有酌量助给各关监督盘缠银之处，我等即由所余之三分五厘内，按照每斤铜需银一分一厘计算，交给关监督。"原先办铜需借银，"所付利息二分四厘"，现请借官银十万两，则"八年终了时"，连同本银节省银，"总共可得银一百二十二万两。"考虑到，"京师两局铸钱，皆靠此十四关铜斤，关系甚大，并非一二人能办之事。奴才等拟请将十四关之铜三百五十八万一千余斤，分为三份，由曹寅、王纲明及我弟兄，各自承办。""借支之银十万两，亦分三份领取。"

内务府总管玛斯喀、库岱奉旨审查后，于康熙四十年五月二十三日奏呈处理办法说：

> 臣等议得：据员外郎张鼎臣等奏称，去年主上施恩，将龙江等八关铜斤，赏给奴才兄弟三人经营。奴才等初次接办铜斤，因不知内情，大概计算，一年共交节省银二万两。今已经营一年，关于铜价及杂用等项，既皆明瞭，不敢不明白奏陈。若将芜湖等六关算上，共十四关铜斤，借支银十万两承办，则一年可节省银十四万两，八年终了时，连同本银，总共可得银一百二十二万两。奴才等拟请将十四关之铜三百五十八万一千余斤，分为三份，借支银十万两，由曹寅、王纲明及我弟兄各自承办。（内务府总管奏）请分给员外郎张鼎臣、张鼎鼎、主事张常柱以湖口、扬州、凤阳仓、崇文门、天津、太平桥六关，共铜一百十五万二千七百余斤；分给商人王纲明、范玉芳、王振绪、瞿其高以芜湖、浒墅、北新，此三关共铜一百四十一万六千九百九十余斤；分给郎中曹寅、物林达曹荃以龙江、淮安、临清、赣关、南新，此五关共铜一百零一万一千一百八十九斤余。为此谨题请旨。本月二十四日，奉旨：依议。钦此。①

---

① 《关于江宁织造曹家档案史料》，第35、36页。

根据王纲明、张鼎臣、曹寅等人的呈诉和内务府总管的审议、题奏及康熙的朱批，可以看出五个问题。

其一，税关的监督心贪胆大，每年欠银一二十万两。按照张鼎臣弟兄的计算和呈奏，一斤铜的买价和运费杂项用费需银1钱，而税关给予张鼎臣、王纲明的定价却是1钱5分，则商人每斤铜可赚银子5分。别小看了这区区的5分银子，虽然折成制钱仅是50文钱，但是其数量巨大，358万余斤算下来就是18万两。可见，在此之前的十五六年中，14个税关的监督从采办黄铜5400余万斤上就赚到了270余万两白银，数量够惊人了，这可是依律应交与皇上的税银库银。

其二，曹寅、张鼎臣三弟兄和王纲明一个比一个精明贪婪。王纲明在康熙三十八年十二月奏准，接办扬州等六关240万余斤黄铜，每年交节省银3万两，平均每百斤铜交节省银1两2钱5分银子。三个月后，张鼎臣兄弟于康熙三十九年三月奏准接办崇文门等8关铜133万余斤，每年交节省银2万两，平均每百斤铜交节省银1两5钱，比王纲明多交20%。

曹寅知道这个行情后，奏请接办14个关的358万余斤铜，每年交节省银12.5万两，平均每百斤铜交节省银3两5钱，比张鼎鼎弟兄又多交2两，多了15%比例。如果按8年算，王纲明、张鼎鼎八年交节省银是40万两，而曹寅却是90万两，内务府当然愿意让曹寅承买。张鼎鼎、王纲明见势不好，赶快奏称，每年愿交节省银14万两，8年共交112万两，比曹寅又多21万两。最后，内务府同意了张鼎臣、王纲明、曹寅三方共同承买14个关的358万余斤的铜，每年交节省银14万两，8年共交112万两。

其三，君臣争利，内库从国库夺银。每年买铜358万余斤的银子其实是国库的银子，是由户部支付的。买铜过程中所得之羡余银，本来也应交与国库，但却被税关监督私吞。现在，内务府奏准，不由税关买，不由户部经管，改归内务府经管，内务府商人及织造郎中承办，从而承办人获利，皇上获利。皇上分文不出（借出之10万两银，有利息的），却每年坐收"节省银"14万两。与此对比，直到乾隆三十一年（1766年）也就是60年以后，云南省的地丁赋银才10万余两，贵州省才12万余两，比康熙帝从买铜中获取"节省银"还分别少4万和2万两。

第四,皇上钦定买铜之制改变。每年买铜三四百万斤,不只涉及承买人的利益,更关系到国家钱法大事的安危。铸钱,是历代王朝十分重视的邦国大事,每年必须铸出五六亿文制钱,必须要保证有三四百万斤铜运到京师,一刻也不能耽误。内务府和商人及曹寅都正是看准了这事的厉害,才借口税关办铜有延误的情形而奏请改制,实为牟己私利。皇上则既知晓买铜的重要性,又看到商人、曹寅愿交节省银,因而批准了买铜制的改变。

其五,君、臣、商各获其利。在采买铸钱之铜358万余斤上,皇上每年收入"节省银"14万两,从康熙四十年到康熙五十四年,张鼎臣、王纲明、曹寅共应交节省银287万余两送入内库。这287万余两节省银相当于云南省28年的地丁赋银,贵州省23年的地丁赋银,也将近全国地丁赋银的十分之一,数量够多了。如果加上铸钱每年必须采买的200万斤铅的节省银4万两,这15年应当送入内库的节省银就高达350万两了。不过,商人唯利是图,很少有商人绝对遵守议定条件交清节省银的,尤其是皇上的"买卖人",更狡猾,更胆大。曹寅是按规定交清了8年的节省银30万余两,而王纲明等六户商人在康熙四十年至康熙五十四年的15年内,应交节省银256万余两,却只交了186万余两,欠交70万余两。[①]

皇上赚了大钱,税关监督也获利匪浅。张鼎臣等每年送给监督每铜一斤的盘缠费1分1厘,358万斤铜的盘缠银为4万两,分给14个关的监督,平均每位监督可得银2800两,相当于正俸一二十倍。当然,由于各关承担买铜的数量多少不一,各监督收的"盘缠银"也就不一样多了。商人之获利,则不必说了,不赚钱,他们能在满了8年的期限后又继续承买吗?

六 税关盈余银

关税,是清政府的重要财源,并且有很大的增税空间。通常,税银

[①]《康熙全译》,第1196页。

会越来越多，在政府收入中占的比重也会越来越大。既然康熙已经直接插手工程营建维修费用及召买草豆、采购黄铜收取"节省银"送入内库，那么，在各个税关的关税中，他有没有盘算过从中拿出多少银子以增加内帑的数量？按照《清实录》《会典》《清文献通考》等官书的记载，答案是否定的。

这三部官书作了如下这样的记述。

清初设立税关，多沿明制，但禁革明末加增税额。康熙四年（1665年），辅政大臣以幼君名义下谕：嗣后税课俱照定额征收，缺额者依例处分："永行停止，溢额者加级、纪录之例。"过了10年，康熙十四年改了办法，规定溢额者每溢一千两加一级；溢五千两以上者"以应升缺先用。"又过了11年，即康熙二十五年，谕令停止溢额加级之例。因为溢额议叙使得有些税关官员任意征税，既"充肥私囊"，更图溢额议叙，重困商民，尤裨国计。①

一些税关官员横征暴敛，苛索商民，奏上盈余；朝廷为了筹措军费也允许收纳，从而有了正课与额外增溢两种名目。康熙三十八年，玄烨下谕说："向因军需繁广，关差官员欲于正额外，以所得盈余，交纳充用。今思各官孰肯自捐私囊，必仍行苛取，商瘵民困，职此之由，著将加增银两，一概作罢。"②

由于各管监督等官贪婪不法，苛索商民，亏空钱粮，税关亏欠钱粮收不足额的情形十分严重。于是康熙决定，于康熙五十三年将临清关税务交与巡抚征收，后陆续裁撤监督，把一些税关交与该省巡抚监收。康熙五十五年七月二十五日，大学士等覆请户部所题，为更换浙江海关、赣关、芜湖关、凤阳等关监督，将各部院保送官员职名开列。康熙谕：

> 看各关监督所欠钱粮甚多。此辈未派之先，人争愿去，及至到任，钱粮即缺。此皆不分好歹，多带人役，苛收钱粮之故。向年杭关有一监督，问巡抚王度昭，钱粮如何不致缺额。王度昭告以钱粮

---

① 《清文献通考》卷26，《征榷一》。
② 《清文献通考》卷26，《征榷一》。

宽征，断不缺额。后如其言行之，是年钱粮果不缺额。即如黑西亨任天津关时，令商人觌面交纳钱粮，即将船验放，是年钱粮清楚完结。若钱粮至于亏欠，即系于事体无能之人。如此类者，即应革退，何惜之有。嗣后钱粮亏欠之处，交与该抚，钱粮不至拖欠，事体易于清结。凤阳关钱粮，着交该抚征收。余缺俟朕派出。①

在此之前19天，即七月初六日，大学士覆清北新关、凤阳关监督请展限三个月。康熙谕："展限无益，伊等任满时，交与该抚监收。"② 同年，北新关、直隶关、天津关亦交巡抚监收。

随后淮安等五关也交与巡抚监收，雍正元年更把浒墅等九关全交与巡抚。

因为各关监督亏欠钱粮太多，关税征不足额，康熙一再谕令查报亏欠数目，严厉催收。康熙五十五年八月二十七日，户部题准："定例，各关监督，一年限满，更替。迩来捏造钱粮亏空，请展限者甚多，嗣后如有捏称亏空题请者，照溺职例革职。"③ 次年四月十六日，大学士马齐等遵旨呈奏："各关自（康熙）四十四年以后历年亏欠钱粮数目，并监督职名"。康熙谕："各关监督等所欠钱粮甚多"，"该部严审议奏"。④

从这些记载来看，似乎康熙在关税上是一直采取足国用恤商民的政策，并没有考虑从中为自己收取银两送入内库。事实真是这样吗？不，实情与这些记述大相径庭。实录等官书的作者、审定者和敕修者都犯了在记述捐纳、规礼等弊政时的同样毛病，为尊者讳，为亲者讳。实际上，一方面康熙知道有余银且数量不少，额定钱粮之所以收不足额出现亏空是关差贪婪之过，所以他要裁掉一些税关的监督，交与该省巡抚监收；另一方面，也是更重要的原因，他要趁机规定税关要进献"盈余银"的制度。康熙四十年，康熙帝玄烨从14个税关拿回买铜权，交给自己的商

---

① 《康熙起居注》，第2299页。
② 《康熙起居注》，第2295页。
③ 《清圣祖实录》卷269，第13页。
④ 《康熙起居注》，第2384页。

人"内务府买卖人"王纲明及自己的亲信江宁织造曹寅,让他们采买358万余斤铜,得到他们每年孝敬的"节省钱"14万两,到康熙五十四年初,内库共收进王纲明等买铜的"节省银"已达287万余两,相当于云南省28年的地丁赋银总和。

康熙五十四年初,户部尚书赵申乔以承买黄铜的内务府商人王纲明等领了帑银209万余两却未交应交之铜1390余万斤耽误铸钱为由,奏请"速将伊等停止,仍交与各关差官员方好"。康熙允准其奏,停止了商人买铜,谕令原先在承担过买铜任务的14个税关采买。① 但这样一来,原先王纲明等"内务府买卖人"每年进献的铜铅"节省银"18万两就暂时落空了。这样一笔可靠的巨量进项,焉能让它断绝?这时,六年前的一件事情自然就清楚地显示出来。

康熙四十年,曹寅奏请承办龙江、淮安、临清、赣关、南新五关铜斤101余万斤时,申请的期限是八年。康熙四十八年四月初一日曹寅奏称:"寅于四十年启奏,原以八年为满,今已八年办完无误。寅承主上鸿恩,自应永远效力,但寅系庸才,钱粮重大,诚恐有误","请旨定夺"。奉旨:"著议奏"。四月十三日,内务府总管大臣赫奕、署内务府总管尚志杰遵旨议奏,称:"查铸钱铜斤及节省银两,关系甚为重大,曹寅既系有家产之人,请将龙江、淮安、临清、赣关、南新五关采购铜斤节省银两之事,自本年五月起,限期八年,仍交曹寅承办。奉旨:曹寅并未贻误。八年完了,今若再交其接接办八年,伊能办乎?"六月初四日,署理内务府总管关保奏:"所谕甚是。今曹寅承办之五关铜斤,三旗商人纷纷具呈,请补曹寅之缺,接办铜斤,并愿照其节省银数节省……经查具呈之商人,俱无保证,不可交给伊等承办。请将曹寅承办之五关铜斤,仍交各该关监督,按照规定办理……曹寅一年共交节省银四万二千三百余两,每年已由藩库领取,送交内务府广储司。今既依照曹寅节省银数,由藩司向关监督领取,送交户部,转交广储司。""奉旨:依议。"②

于是,康熙就趁税关监督亏缺铜斤的机会,将铜交与14个税关所在

---

① 《康熙全译》,第1195页;《康熙起居注》,第2172页。
② 《关于江宁织造曹家档案史料》,第67、68、73页。

地之八省巡抚管理,并谕定各税关进献代替节省银的盈余银。这从以下的五个例证看得十分清楚。

例一,苏州织造李煦两次奏请兼任浒墅关监督。李煦于康熙五十九年四月十五日奏称:浒墅关监督莽鹄立将于七月差满,请允许他兼任此职。他保证征足"额解钱粮十九万两",送交户部,并将"关上羡余"奏报明白,"如少,求赏奴才作当差之用。如多,即当进献,以作公费。"康熙批示,不允其请。① 李煦又于康熙六十一年三月初八日上奏,"伏求主子终始大恩,再赏浒野关差十年,每年于正额钱粮之外,愿进银五万两,再补还存银三万二千两零,此外如再有多得,亦尽数一并进缴内库"。无朱批。② 这两道奏折,一则说明浒墅关不仅可以征足额定正税每年19万两,并且还有"羡余";二则表明"羡余"不少。李煦第二次所奏的"羡余"就有8.2万两,如再有多余一并交;三则明确说道,"羡余"是要"进缴内库"的。

例二,杭州织造孙文成于康熙五十三年九月十七日奏请兼任浒墅关监督说:"地方棍徒倚仗衙人,霸占商船,从禁行河道偷渡,逃避关税",致监督极受亏损,"所征钱粮多而余者少"。许诺他若兼任严禁偷渡,一年后"除正项钱粮及由部派取普虎等代销银三万两外,可节省杭州织造钱粮七万余两"。此外其余钱粮,候旨到日,遵行。③ 可见,从浒墅关可征到的余银至少有十万余两。

例三,直隶总督管巡抚事赵弘燮于康熙五十六年十一月十一日的奏折。赵弘燮奏:

> 臣蒙皇上殊恩,将天津关钱粮交臣监收。臣查,天津关一年额定正税银四万四百六十四两,又铜斤水脚银七千六百九十二两零,应共收银四万八千一百五十六两零。臣自去年十一月二十八日委天津道朱纲管理起,至今年十月二十七日止,共收过税银六万七千八

---

① 《李煦奏折》,第 273 页。
② 《李煦奏折》,第 287 页。
③ 《康熙全译》,第 974 页。

百八十两零，内正税银三万七千四百一十七两零，铜斤水脚银七千五十两零，盈余银二万三千四百十一二两零。以一年扣算，应至今年十一月二十七日为满，尚有一个月正税并铜斤水脚及盈余银两未算在内。俟一年监收满日总算，将正税并铜斤水脚银两照额具题解部，其盈余银两，臣另行奏缴内库。

（朱批）"知道了"。① 直隶送 11 个月收的"盈余银"是 23412 两。这 11 个月的额定正税银是 37417 两，盈余银要"奏缴内库"，盈余银相当于正税 63%。比例够高了。可是，为什么"盈余银"是 2.3 万余两？是只能收这么多吗？查看下面的另一道奏折，就明白了。

例四，雍正元年十月初四日，直隶巡抚李维钧奏：

切照天津钞关，每年额敬正税及铜斤水脚等银向共四万八千一百五十六两有奇，因从前监督连年缺额，于康熙五十五年奉旨交与巡抚衙门监收，除正额及铜斤水脚外，每年增解盈余银二万四千三五百余两不等。至六十年十一月内，奉旨加增额定盈余银三万五千两。见今每年应缴额税、铜斤水脚、盈余等银共八万三千一百五十六两零……查额定盈余，岁不足额，前督臣于盐规银内通融帮垫。……②

这道奏折太有说服力了。它不仅明确地说，在康熙五十五年直隶关交与地方巡抚时，"奉旨每年增解盈余银二万四千三五百两不等"，即，是康熙亲自降旨，谕定直隶关每年要征缴"盈余银"2.4 万余两。而且，李还再奏称，"六十年十二月内奉旨加增额定盈余银三万五千两，见今每年应征额税、铜斤水脚、盈余等银共八万三千一百五十六两零"。即，从康熙五十五年谕定的盈余银二万四千三五百两不等，到康熙六十年十二月，又奉旨增加了盈余银 1 万零几百两，共"额定盈余银"3.5 万两，相当于正税 40464 两的 86.5%。

① 《康熙汇编》8 册，第 4、5 页。
② 《康熙汇编》2 册，第 66 页。

例五，康熙五十八年五月初八日，浙江巡抚朱轼关于浙江南新关、北新关赢余银的奏折。朱轼奏：

> 窃南北两关税务，经臣题请，另选监督，部议着杭州同知金上志管理。奉旨依议。钦遵。于五十七年五月十二日交该同知监收，迄今五十八年四月十一日连闰一年限满。据报，南关实缺额二千两。北关除足额并补足南关外，赢余银三万五十四两……赢余银例应解交内务府，恐内府深严，解员不谙，仰恳皇上将此赢余银两准臣就便交织造郎中孙文成为买丝之用……
>
> 是。依议。①

朱轼此折，不仅报明了北新关的"赢余银"有30054两，更点明"赢余银两例应解交内务府"，但为了避免出差错，"就便交"织造买丝用。可见，这时对于"赢余银"的征收和缴纳已有"例"了，且不是偶尔的暂时的行为，而是普遍的曾行之事，并为此专门有了规定。并且还有朱批："是。依议"。皇上亲自批示此事。②

以上五例充分证明，税关从康熙五十五年起就有了正式的"盈余银"——这是康熙帝亲自降旨谕令征收的，还在短短的四五年之间又降旨增收盈余银的数量，且规定"赢余银""例应解交内务府""奏缴内库"。

康熙帝玄烨从康熙五十五年（1716年）降旨，谕命税关征收"盈余银""奏缴内库"后，各关陆续执行征收"盈余银"。雍正帝胤禛继位后照样沿袭此制，起初几年未作增减。因此，了解康熙五十五年至康熙六十一年各关盈余银情形，也可参考雍正初年各关的奏述。

现将一些税关盈余银情形，分别叙述如下。

直隶天津关。康熙五十五年十一月至五十六年十月，一共11个月，一年额定正税税40464两，铜斤水脚银7050两、盈余银23412两，共计67880两，还有1个月可继续收银。届时，将正税、铜斤水脚银"照额解

---

① 《康熙汇编》8册，第486页。
② 《康熙汇编》8册，第488页。

部"，盈余银"另行奏缴内库"。康熙六十年十二月奉旨增加盈余银，每年交"额定盈余银三万五千两"。康熙六十一年九月二十八日至雍正元年九月二十七日的一年内，"应解正项、盈余、铜斤水脚等银共八万二千九百七十两三钱有奇，又各项杂费银五千八百一十八两"，但只"实收过八万四千两"，亏缺银4788两①。

江苏。署江苏巡抚何天培，于雍正正年九月初九、雍正二年十二月二十一日两次上奏称："海关每年额征钱粮"23016两，解交司库；"正额外，增赢余银一万五千两"，解交司库，"转交内库"。自康熙六十一年七月初一起至雍正元年至六月三十日止，一年届满，征收税银23020余两，已解交报部。"其额增赢余银一万五千两，例应解交户部，转交内库"，已解。另有羡余银五千两，封贮藩库。雍正二年五月二十九日，海关届满一年，"正额之外盈余银一万三千六百二十五两，解交内库"。又羡余银7542两，封贮藩库。②

浒墅关。雍正二年十二月初一日，浒墅关一年届满零十六日，"共得盈余银十四万二千五百四十九两，解交内库"，相当于额定正税银19万两的75%。③

龙江工关。雍正二年三月初九日，一年届满，"正额之外盈余银八千一百十六两，解交内库"。又羡余银11584两，封贮藩库。④

扬州关。雍正二年十二月初一日，扬州关一年届满零十六日，正额之外"盈余银一万七千四百六十两，解交内库。"⑤

以上共"解交内库银一十九万六千七百五十两，又封贮藩库银五万三千四百四两。通共盈余、节省银二十五万一百五十四两零。"⑥

江西，九江关。江西巡抚裴㧑度于雍正二年三月二十八日奏称：二月十六日一年期满，"共抽税"172282两，已按季解交户部外，"所得盈余银"

---

① 《康熙汇编》2册，第194页。
② 《雍正汇编》4册，第231页。
③ 《雍正汇编》4册，第231页。
④ 《雍正汇编》4册，第231页。
⑤ 《雍正汇编》4册，第231页。
⑥ 《雍正汇编》4册，第231页。

52646 两,"起解户部,交送内库"。雍正三年二月二十六日他又奏称,正月十六日一年期满,正额 172282 两解交户部,"所得盈余银 67801 两""解户部,交送内库"。①② 这两次盈余银分别为正税的 30% 和 39%。

广东,粤海关。广东巡抚年希尧于雍正三年二月初三奏:至雍正三年正月止,一年共收过洋船及各口税银 97294 两。其中,"粤海关额银并铜斤水脚及加征湖丝"共银 43708 两,送部。"羡余银四万七千两","解部先收,转解内库"。"羡余银"为额税、铜斤水脚、加征湖丝银 43908 两的 109%。雍正三年九月初九日两广总督孔毓洵奏,于五月二十一日至七月二十九日,止经管粤海关税务两个月,共收过正税银 7656 两,盈余银 15200 两。2 盈余银为正税银的 198%。

太平关。两广总督孔毓洵于雍正三年九月初九奏,从五月二十一日到七月二十一日,共经管太平关税务两个月,收正税银 8779 两、盈余银 8630 两。③ 盈余银为正税银的 98%。

仅仅以上天津关、北新关、江苏海关、浒墅关、龙江工关、扬州关、九江关、粤海关、太平关 8 个税关一年交进内库的盈余银,就多达 355080 两(35 万余两)。清朝比较大的税关有户部崇文门、淮安关等 24 关,还有工部芜湖关、南新关等 5 关。其中,崇文门、淮安关、户部芜湖关、工部芜湖关、凤阳关、赣关、北新关、浙海关、闽海关、山海关等 10 个税关都是额税几万两以上的大关,一些关还缴十几万二十几万两的额税。像淮安关,最早额银就是 119838 两,后来增为 19 万两。康熙五十八年三月,河道总督赵世显奏准兼管税务,每年除"照例征收额税银十九万两外,节省浮费等项,可余十五万两",从此,淮安关每年增征 15 万两节省银。④ 粗计,这 10 个税关的"盈余银"应该又有一二十万两至二三十万两,总加起来,给 29 个税关的"盈余银"它定个 60 万两以上不会错吧。事实上,这 60 万两以上的"盈余银",通通解交内库了。

---

① 《雍正汇编》2 册,第 726 页,4 册,第 528 页。
② 《雍正汇编》4 册,第 409 页,6 册,第 81 页。
③ 《雍正汇编》6 册,第 81 页。
④ 《清圣祖实录》卷 28,第 12 页。

七　年进百万　主要来自国库

康熙的内帑还有好些财源，比较重要的、收银多的还有四个方面。

其一，皇庄缴纳的"皇粮"。其时，1600所左右的粮庄、银庄、瓜园、菜园、果园、棉庄、靛庄和几千名牲丁占地四五百万亩，每年共纳粮十几万石、银六七万两，以及几千斤人参和数不清的鸡鸭鹅鱼鸟瓜果菜蔬等，专供皇宫享用。

其二，罪产入库。八旗人员，上至大学士、尚书、侍郎、将军、都统、总督、巡抚，下至中小官将，凡犯罪斩绞流徙均家产籍没，田地银房店铺，以及曾经是诰命夫人、姨娘、小姐、少爷和奴婢仆人都要变卖成银两送交内库。通常，这个数量很大。如两江总督长鼐获罪后"留有银六十四万九千两、金二千四百两"，"全数交给广储司"；① 仓场总督李英贵，亏银39万两，将其家产变卖，交给广储司库。②

其三，"效力银"。能泰，曾任巡抚，"在巡抚任内，因事拟绞"，应催征银23630两。后在康熙五十年之前，能特被派往修理中官地方行宫，"效力"用过修工银3.5万两。内务府会同刑部奏准，"将能泰免罪，所派之差，照常行走"。③

其四，利息银。借贷内帑，照例交纳利息银。

以上问题，限于时间，就不分别列为专节论述了。

至于玄烨究竟每年收进多少内帑？已经聚敛起来的内帑究竟有几百万两？这两个问题，目前还得不出绝对正确、完全肯定的具体答案。以每年收了多少内帑而言，它的具体数字是无法确定的。比如税关的"盈余银"，有的税关是"尽收尽解"没有定额；有的税关虽然规定了额银，但随着过关交税的商品之变化时增时少，盈余也就随之增减。再有，罪

---

① 《雍正全译》，第692页。
② 《雍正全译》，第667页。
③ 《康熙全译》，第1578页。

产入官也要看本年有多少官员籍没斩绞，因其财产多少不相同，解交内库的帑银也就难以肯定数量等因素。

但有两点可以肯定：一是年交广储司的内帑，至少在百万两以上。仅天津关等 8 个税关的盈余银就多达 35 万余两，还有淮安关等 21 个税关的盈余银，加上皇庄的"皇粮"、工程及草豆等项的"节省银"和罪产入库、"效力银"、利息银等等，至少突破百万两。二是内库的存银至少有几百万两。此论的证据之一是，年进百万两以上的内帑，几十年里却未见有多少开支；证据之二是，请看几次动用内库银的记述：康熙四十二年，拨内库银 100 万两，借与两淮盐商；康熙五十四年，动用内库银 200 余万两，交与户部，代商人偿还他们欠户部帑银 200 余万两；康熙六十年，谕将内库银 50 万两，发往陕西赈灾。此外，发内帑银 10 万两，交与提督赵良栋赏给军民；发内帑"溶治下河"；发内努 6 万两造运米车 5000 辆；吴三桂反时，户部尚书米思翰"请以内府所储，分年发给军费"等等。① 这些例子应该可以表明，内库存银至少有几百万两。

嘉庆十九年（1814 年），因镇压川楚陕白莲教起义用了军费 1 亿两，财政困难，户部奏称"现在军需善后并河工抚恤各事宜，通盘筹计，约需银一千万"，难以筹措。户部尚书英和奏称"现在内库存银一千二百四十万"，可"少为支用"。② 内库存银 1200 万两，数量之大，够惊人了。

这虽然是嘉庆十九年的内库存银数量，但联系到康熙定的聚敛内帑之规定和措施基本都沿袭下去了，也可将它作为表明康熙年间内帑很多的一个旁证。

现在，我们可以总观以上内库所收帑银的财源了。工程的营建和维修费用是由户部银库拨来的；草豆铜铅采买的银子也是由户部银库提出来的；税关的"盈余银"，是税关征收的一个新税种，也可以说是额税的附加税，又是税关人员征收的，照说此银也应该同额税（正税）一起解

---

① 《关于江宁织造曹家档案史料》，第 26 页；《康熙全译》，第 1195 页；《清圣祖实录》卷 292，第 21 页。
② 《清经世文编》卷 26，英和：《开源节流疏》。

交户部银库，算是国库之帑银；罪产入官，既然八旗官将是犯了国法，而被问罪斩绞流徙，其财产也应没有国有；皇庄的庄头、庄丁、园丁、牲丁要交纳"皇粮"十几万石粮食和六七万两银子——因为他们使用了四五百万亩庄地。而这几百万亩庄地既不是玄烨及其长大成人的20位皇子所亲手开垦，也不是其皇父福临、皇祖父皇太极、皇曾祖父努尔哈赤亲身开垦好后遗传给玄烨的，而是他们凭借皇权圈占官民田地而来，照说其收入也应归为国有，也应交进户部银库。这样一桩一桩分析下来，除了皇帑的利息银可以勉强算作与户部银库没有什么牵连外，其他各种内帑都与户部银库即国库有关，或者说是都来源于户部银库，都应是国库帑银。

而最重要、最关键、最起决定性作用的证据，就是康熙所亲自宣谕的"内库银系朕之帑金，户部库银亦系朕之帑金，总无分别之处"。在他看来，国家与天下都是朕的，所谓的户部库银、内库银自然也都是朕的，国与家没有分别，家天下嘛。

八　内帑八害

康熙帝玄烨精心构思巧妙设计，既未重蹈先祖屠民掠财的强盗行径，又避免了明朝昏君一纸便敕就拿走国库帑银的愚蠢的笨拙之举，但却聚敛了堆积如山的内帑，这看似智慧绝顶机关算尽获利甚大，可是却贻害无穷。看看王纲明等六户商人承买黄铜的案例。

前面提到，王纲明等六户"内务府买卖人"承办每年铸钱所需的358万余斤黄铜每斤定价1钱5分银子，王纲明等只向户部领1钱银的铜价，余银孝敬皇上作"节省银"和送给税关监督作"盘缠银"。从康熙四十年到康熙五十四年的15年里，王纲明等六户"内务府买卖人"应交节省银256万余两，却只交了186万余两，尚欠节省银70万余两；欠交铜1390余万斤，按每斤1钱5分计欠户部帑银209万余两。户部尚书赵申乔查出王纲明等欠铜情弊，奏请取消王纲明等六户商人办铜，将铜改令各税关采办。康熙批准其奏，并命从内库拿出209万余两帑银，还与户部结清此案，而内帑209万余两则责令王纲明等六户商人归还，但扣除其交的节省银186万余两，实则只向王纲明等人追征21万余两。王纲明借口还债，初奏准在湖广、山西开铅矿，后又借口开铅未赚到钱无力还债，又奏准代买江南、湖广、浙江、江西、福建五省"营驿应补马匹"，每匹马扣三两银还债。后五省情愿每匹马交银三两给与王纲明，却不再找王买马。①

王纲明等"内务府买卖人"承办买铜之案应该算是康熙年间最大的经济犯罪案。说其是最大之案，根据有三：一是王纲明等六户"内务府买卖人"欠交黄铜1390余万斤，这是朝廷铸钱局一年额需铜360万斤的三倍多，即三年多没有铜拿来铸钱，铸钱局如不另外设法紧急购买1390余万斤的铜，就要停炉三年多，就要少铸铜钱将近20亿文（一年是5亿多文）。这在当时钱少闹钱荒的形势下，那就是天塌下来了的特大灾祸。以前税关办铜时，哪怕只少交几万斤铜也要革职问罪，何况这是1390余万斤，是三年多铸钱必需之额定铜量。二是亏欠户部巨量帑银。王纲明等领了户部二百多万两买铜的银子而不交铜，就是亏欠户部帑银，这样大的亏欠银两在康熙年间也是第一名。三为更严重、更恶劣、更不应该、更是胆大包天的罪过是，王纲明等人竟敢亏欠皇上的节省银七十万余两，并且让皇上拿出二百多万两内库帑银替他们还户部的债。要知道，欠皇上的钱那可是天大的罪行，皇庄的粮庄若欠皇粮一石则鞭打庄头二鞭；采参的壮丁欠一两人参则鞭一十，欠二两人参要鞭一百且枷四十日。王纲明等人胆敢欠交皇上的节省银70余万两，这都该处以极刑，甚至满门抄斩了。

可奇怪的是，这种可以算是与十恶相等的不赦大罪，竟然获得从轻发落，并且轻得无边。朝廷不仅不将王纲明等人押进天牢择日斩首，不籍没其家产，而且还大大减少其应还之银，一再允许王纲明借口还债而

---

① 《康熙汇编》8册，第606页；《康熙全译》，1195页；《雍正汇编》1册，第56、653、945页；《康熙起居注》，第2176、2181页；《清圣祖实录》卷264，第1、15页，卷266，第20页。

让其开矿买马拖欠不还。这个案子反映出八个问题：其一，昏君。这"昏君"二字，不是骂玄烨是个昏君，而是以"昏"字作为动词，是说玄烨昏了头，是作为利令智昏的意思来用。利令智昏是最早出于司马迁的《史记》，因贪其利，而令智昏。常人固然容易见利、思利而令自己的才智被弄昏了，做了不该做的事。可是，玄烨是大清国皇帝，普天之下莫非王土，天下都是你的，为何还要为利所蔽，被利所昏？王纲明犯下如此滔天大罪，就应该判令"斩立决"，籍没家产，妻、子为奴，怎么还能作出免罪无罪并代还其欠户部帑银等极端错误的宣判呢？这难道不是因为王纲明等曾为皇上孝敬"节省银"，为皇上要使内帑堆积如山而效力过吗？内帑，节省银，使皇上昏了头，使皇上利令智昏，竟当上了既吃回扣索要节省银又贪利枉法的大贪官角色。

其二，庸臣。"庸臣"二字与"昏君"含意相同，不是说大学士、户部尚书等人是"庸臣"，是平庸之臣，而是将"庸"字作为动词来用，是"势令臣庸"的意思；是说在皇帝之谕、皇帝之意旨的巨大无比、不可抗拒的压力之下，使大学士、尚书们的才智通通被排挤掉了，一个一个地被"庸"化了。这里特别要讲讲户部尚书赵申乔，这次铜商欠交1390余万斤铜，折合帑银高达200余万两的特大案子正是户部尚书赵申乔奏露出来的。赵申乔，两榜进士，历任知县、布政使、巡抚、户部尚书，其熟谙刑律，多次查办大案，因"清廉"、刚毅，"人皆畏其直"。他当然知道此案之重大、性质之恶劣，也当然知道应按不赦之大罪来审理，依律重判。可是，这次他在奏揭此案时，只讲了应该停止商人办铜，恢复税关买铜旧制，却只字不提应当严审严惩——很明显，他早已分析清楚了皇上的想法和轻判之意旨。其他尚书、大学士也和他一样，没有任何一位部院大臣、内阁大学士奏述处理意见。可见，"内帑"的威力无比强大，把阁臣、九卿们一个一个地"庸"化了，使他们才智尽丧，沦为"庸臣"。

其三，枉法。王纲明等欠交铸钱之铜，欠交皇上之节省银，数量巨大，情节恶劣，按律应斩，却被皇上不顾律例，宣谕轻判，置大清律法于不顾。这是枉法，是无法，是循帝之私而枉法。

其四，官贪。王纲明等奏准，从户部给的铜价银中每斤拿出 1 分 1 厘银子送给税关的监督作"盘缠银"，平均一位监督可得银 2800 两，使监督们一个个成了贪婪之臣。

其五，商奸。王纲明赚了大钱，是位老奸巨滑的大奸商。一是他们亏欠户部帑银的 209 万余两由皇上还了，而皇上却将他们应交的节省银 186 万余两扣抵欠帑，只向他们催征 23 万余两。二是，按照王纲明等六户商人康熙五十四年的呈请和允诺，其欠下的 23 万余两银已经交了 3 万两，只欠 20 万两。这笔钱由三项银还：一项是六户商人一年应领"购铅之水运银" 8.8 万余两；一项是交出 2.8 万两；另一项是王纲明一家承备江南等五省营、驿补购马匹之价银内，每马以三两计，估算偿银一年获银三万两余。以上三项，一年可偿银 14.7 万两，两年即能还清。白纸黑字，王纲明等六户商人的呈帖写得清清楚楚，仅一年五省的营、驿补购马匹的价银一年是 3 万两。可是，直到雍正元年，8 年过去了，马银应得了 24 万余两，王纲明的欠银还没有还清。此商之奸之贪，官员们之"庸"，真是无人能比。王纲明是无银还债吗？不是。就在赵申乔奏揭六户商人欠铜 1390 余万斤之前几个月，王纲明还拿银子 2000 两，在京师户部请捐三品顶戴（相当于一省司法之长官按察使的官品），并在康熙五十四年六月被批准。

其六，亏帑。王纲明等六户商人，15 年内欠户部帑银 209 万余两。拖欠皇上节省银 70 万两，按照康熙所宣谕外库、内库银两皆"系朕之帑金"，那么王纲明等六户商人欠交朝廷帑银 280 万两，欠银够多，胆子够大！

其七，误事。王纲明等六户商人，拿了 209 万两户部银子，却欠交 1390 余万斤铜，将使朝廷铸钱局三年多无铜铸钱，要少铸铜钱 20 亿文。若不是户部想尽方法凑足铜，炉未停铸，岂不是要闹天大钱荒，误了全国商民大事。

其八，病民。王纲明借口还债，在湖广、江西大开矿山挖矿找铅，骚扰民间。铜斤节省银后来转化成税关盈余银，每年各税关要增征几十万两盈余银，解交内库，危害商民。

王纲明等人买铜欠铜的案子，反映出来的昏君、庸臣、枉法、官贪、商奸、亏帑、误事、病民的八个问题，也就是八害。或者可以写为：利令君昏，势令臣庸，循旨枉法，奸商横行，亏空国库，贻误诸事，祸害黎民。税关盈余银等聚敛内帑的项目和措施，也大体存在这些弊病，可以说，这就是内帑八害。

规礼考

一　总督规礼二十万两

规礼，可以说是古已有之。京师的大学士、六部尚书、侍郎，各省的总督、巡抚、布政使、按察使、道员、知府，各产盐区的盐政、运使及钞关的监督——总而言之，握有一定权力的高中级官员常要下属送礼献银，下属也常主动给上司交纳银物，于是生日、年节、端午、中秋的四节之节礼，上任、升迁、进京等的贺礼、盘缠和征收赋银、税银、盐课的羡余等名目繁多且数量很大的规礼，就成了"久已有之"、"历年相沿"的惯例了。特别是明朝末年，吏治腐败，贪污盛行，规礼更成为贪官们搜刮民财、加耗私派的惯用手段。入清以后，这个陋习继续延续，尤在康熙年间中期更是恶性膨胀。现在先从总督规礼谈起。

康熙年间，全国有六位总督，他们是两江总督、两广总督、湖广总督、闽浙总督、川陕总督和云贵总督。总督官阶正二品，加兵部尚书衔为从一品，统辖两省或三省军民，综制文武，察举官吏，保卫边疆，是该地区最高长官，一般挂兵部侍郎（或尚书）、都察院副都御史衔。比如，两广总督的正式官称是总督广东广西等处地方军务兼理粮饷兵部右侍郎兼都察院右副都御史。

根据目前已知史料，两江总督傅腊塔是最早奏述督抚规礼情形的大臣。康熙三十一年（1692年）三月初九日，傅腊塔在满文密折上奏称：

"奴才先前生计贫寒，后蒙圣恩，以监察御史前往河东盐差，返回后买房七八十余间，买奴仆百余口以为差役，又买五六十余口汉子田耕种，生活富裕……惟感圣主无穷之恩，将地方所属官员每年所送四时礼品及盐商、各关恭送银数十万两，皆拒而未收……奴才赴任，经面奏皇父，将奴才家人真名报部，领取六十兵丁月饷、口米一百二十两，除给二名汉相公雇银外，以此所得钱粮供家人穿戴……再收取十余司道以上官员吉日所送猪畜米面等食物、大关章京等所馈送之缎钟。蒙圣主之恩，奴才及眷属生活即系如此。"①

傅腊塔此奏，说明了五个问题。一是总督"所属官员每年所送四时礼品及盐商、各关恭送银共计数十万两"，这相当于总督年俸180两的两三千倍，其数量之大，确实惊人。二是总督还有家丁60名的"月饷、口米"120两，一年为1440两。三是傅腊塔在十几年前当了一任河东盐政，一年的收入即买了田2000亩、奴仆百余、房七八十间，由"从前生计贫寒"可一跃变为"生活富裕"了。盐政的官俸不过百来两，能购田置房还买可供使役的百余奴仆，这还不是全凭盐政一年所得"规礼"而买的吗？五是傅腊塔敢于向皇上呈报盐政有丰厚的规礼及总督有数十万两的规礼，说明他知道皇上对规礼的态度。

过了二十多年，两江总督常鼐于康熙五十六年十一月二十一日的满文密折上奏称：

"今奴才对二省文武官员内之厅州县官员馈赠之礼物，俱未收纳。江苏布政使之秤银四千两，张伯行既然免之，不复收外，司、道、府等大员一年礼物银共四万两，两淮盐政拨银二万两，安徽布政使秤银四千两，江西布政使秤银四千两。再者，捐纳之事，总督、巡抚俱有份，一石抽取四分……一年二三千两不等，合计一年获七万两。"②

---

① 《康熙全译》，第26页。
② 《康熙全译》，第1267页。

常鼐是个贪官，在这里他隐瞒了规礼的数量。几年以后的新总督奏报的规礼项目银数，就戳穿了他的欺君之词。

雍正元年（1728年）四月二十五日，两江总督查弼纳在其满文密折中奏述总督岁收规礼情形说：

"每年二省布政司秤兑多余之银，粮道、驿盐道、两淮运使等多余之银，两淮盐商所赠礼银，皆送臣衙门，加之各关监督及属下官员馈送之四时礼物，核计岁得共近二十万两……两淮盐商每岁给臣衙门之礼银二万两、随封银四千两……江南、江西有关九个，前每岁皆向臣衙门馈送礼物，因淮安、凤阳、龙江、上海、湖口五关归漕粮总督、巡抚兼管，其多余银两由该管巡抚奏缴，故而停送礼物。其余浒墅关每岁送银六千两，扬州关二千两，芜湖关一千六百两，赣关一千二百两……至两省三布政司，每年每布政司交臣衙门秤兑多余之银各四千两，共计一万二千两，苏松粮道、江西粮道皆各交三千两，江西驿盐道交银二千两，两淮运使交银一千六百两，共计一万三千六百两。此等官吏皆职掌银粮衙门，有多余款项，故除礼物之外，每岁皆给送此项之银，已成惯例。"①

两广总督。广东巡抚法海在康熙五十六年正月二十九日、三月二十五日的两道满文密折中，讲到两广总督所收规礼说："凡晋升总督、巡抚新任，地方官员等均以贺礼赠予银绸，共银二万余两。""广东总督、巡抚所获之份，一份火耗银，一年八千余两。广州等处之税银一年获九千余两。""又总督、巡抚一年四次所获礼物……均足十万两银。"②

闽浙总督。总督满保在康熙五十五年四月初八日的满文奏折中说："今查总督衙门进项，在福建省，由布政司每年支付加耗银五千两，再衙役工食三千两，除一千两支给衙役外，仍可节余二千两。""查浙江省，不从布政司动支银两，向例由盐道每年给银一万两。""至于二省文武所

---

① 《雍正全译》，第106页。
② 《康熙全译》，第1170、1179页。

赠礼物，奴才概未收纳。"① 满保之奏，显系隐瞒，堂堂二品大员两省总督，岂能只有规礼一万余两！那么，两浙运司送的盐规有多少？浙江海关和北新关、南新关送的规礼又有多少？特别是两省司道府厅州县一年四节的节礼又有多少？两广之节礼银多达5万两，闽浙两省文武官员能不送，只以"概未收纳"四个字就能掩盖吗！

湖广总督。总督杨宗仁奏，仅盐商送与总督的"盐规"就已增至4万两。后来署总督福敏奏，"向有各衙门盐规银十六万两。"② 至于节礼、秤头等也不会少。

云贵总督。署云贵总督高其倬于康熙六十一年六月二十八日奏，贵州省布政司、按察司、贵东道三处，一年节礼1280余两。"云南一省司道府州县每年节礼通共二万一千四百余两"，"云南布政司地丁等项兑收银二十余万两，每年有奴才衙门平规三千余两"。盐务，"一年亦送奴才规礼一万三千两，又秤头银四千两。"③

川陕总督。总督鄂海于康熙五十三年八月二十一日奏：去年五月接任后，"所辖之道员、知府、州县等官员所送礼物，俱一律严禁"。唯"视西安旧例"，"四季中每季西安布政使送一千两，巩昌布政使送二百四十两，四川布政使送四百两，陕西提督、总兵官……各送二百两，四川提督送二百两，总兵官各送一百二十两。因西安粮道、四川按察使兼理盐务，各送二百四十两。总计算之，一年可得一万六千余两"。④

这个鄂海，又是一个隐瞒规礼实情的贪官庸官。

二　巡抚规礼

康熙年间，全国共有18位巡抚。

---

① 《康熙全译》，第1097页。
② 《雍正汇编》1册，第262页；《清世宗实录》卷54，第27页。
③ 《康熙汇编》8册，第910页。
④ 《康熙全译》，第970页。

山东。雍正元年（1723）十一月二十二日山东巡抚黄炳奏：

"伏查山东巡抚衙门：旧有各属节礼银六万余两，丁地规礼银一万余两，两司库美余银三万两，驿道、粮道规礼各二千两，盐道暨盐商规礼各三千两，通共计银十一万余两。"①

接替黄炳任山东巡抚的陈世倌于雍正二年九月初四日的奏折中也赞同黄炳所述巡抚"旧有"规礼情形，他说："查向来陋规，臣衙门有十一万余两"，"悉皆取之"于耗羡。②

江西。巡抚佟国襄于康熙五十二年十二月十二日奏，"曾将本衙门从前陋规约二万四千两有零不敢隐瞒，据实奏闻"。"本年钱粮奉蠲，陋规无出"。③

这个佟巡抚，也太贪太笨了，好些巡抚都奏称有规礼银10.11万两，江西乃有田40多万顷、收丁地赋银190余万两、粮80余万石的大省，比广东省还多三分之一，怎么陋规银才24000两？并且，此2.4万两乃系耗羡，那么，司、道、府、厅、州、县官员不送节礼吗？湖口关、赣州关不送税规吗？盐商不送盐规吗？这些明摆着的规礼收入，你都敢隐瞒，皇上能信吗？果然，他假惺惺地表示要捐用明年的耗羡陋规银给皇上修龙虎山庙宇时，康熙冷冰冰地朱笔批示："已有旨，用织造银了，不准"。

没过多久，新巡抚白潢于康熙五十六年十一月十三日奏述巡抚"旧规"说："一、巡抚衙门每年阖属有节礼银约计五万两……奴才到任后已经禁革。一、巡抚衙门每年粮道有征漕规礼银四千两……不应收取。一、巡抚衙门每年湖口、赣州二关共有规礼银二千四百两……不应收受。一、巡抚衙门每年盐商有盐规银一万两，（收后，盐价涨）……可否收受。一、巡抚衙门每年布政使有钱粮平头银八千两……当留作养赡之费。"④

---

① 《雍正汇编》2册，第296页。
② 《雍正汇编》3册，第550页。
③ 《康熙汇编》5册，第308页。
④ 《康熙汇编》8册，第12页。

（朱批："这折甚是，尔所议者亦是。准。"）（朱批：（盐规）"此向该收"）

白潢所奏陋规，虽远比佟巡抚多，但也并不是全无隐瞒。过了七年，巡抚裴率度奏称，节礼之外，还有很多"礼银"，还有"贺礼、贽礼、署印礼、表礼、水礼、随漕验封帮费、土仪。送礼时，又有随礼、门礼种种陋规"，"约有七八万两"。"节礼，各就地方之大中小，向来通省分送院、司、道、府衙门，约计每年尚有八万之数"。①

广东。新巡抚法海于康熙五十六年三月二十五日奏：巡抚一年所获之份为火耗银 8000 余两，广州府等处税银 9000 余两。另外，盐务之份 8000 余两，未收。"总督、巡抚一年共获礼物，均足十万两银。"② 法海又奏："凡晋升总督、巡抚新任，地方官员均以加礼，赠予银、绸、共银二万余两"，未受。过了几年，署广东巡抚年希尧奏："巡抚衙门规例，司、道、府、州、县每节送巡抚节礼一万二千余两，一年四节，约计银五万两"，未收。每年只收平规银 8000 两，广州四府税银 7000 两。粮道、盐道并无巡抚衙门例规。③

法海所奏一年获礼物足 10 万两银比较可信，但二人均对税关的规礼避而不谈。广东的粤海关进出口贸易大发展，太平关也很兴旺，年征关税数十万两，两关的监督能不孝敬巡抚大人吗？广东运司年征额课银 50 万两，盐官不进盐规，怎能运销？可见，两位巡抚都隐瞒了相当数目的规礼。

云南。康熙五十一年正月二十六日，云南巡抚吴存礼奏："滇省私派并属官节礼，业经督臣郭世隆革除。""奴才衙门蒙皇上赏给健丁饷银二千四百两，又有布政使每年旧规三千两，并余盐旧规银一万八千余两，奴才又酌量收过上任贺礼三千余两。"④ 五十八年七月初六日，巡抚甘国璧奏："伏查滇抚衙门历来旧有粮规银四千两、盐羡银一万八千两，以为

---

① 《雍正汇编》4 册，第 212 页。
② 《康熙全译》，第 1179 页。
③ 《雍正汇编》1 册，第 194 页。
④ 《康熙汇编》3 册，第 965 页。

养廉之资。"节礼已革除。①

这两位巡抚所报巡抚规礼银才 2 万两，未免太少了，这个隐瞒，让接替甘国壁的新云南巡抚杨名时来补报吧。杨名时于五十九年十二月上任，雍正元年七月初六日奏：

"到任，所有巡抚衙门相沿规例银两，如赞礼、贺礼、节礼、寿礼，臣一无收取。其铜厂之息铜、捐纳之羡余及计规、题官陋弊等，俱行严绝……所有盐规银五万二千两，除臣令盐道衙门存六千两以为恤灶修井之用不缴外，其四万六千两……留为供用之需。又藩司平规银四千两，通省税规银名有七千两……此臣衙门目前所入之数也。"②

杨名时提到的息铜，康熙五十五年就任云南布政使的金世扬说：康熙五十七年总督蒋陈锡称，已奏准将铜息"赏作养廉"。康熙五十七年"所得余息，蒋陈锡、甘国壁各分得银一万两，臣亦分得银六千两，五十八年出铜与分得余息，约略相同。"③

请看巡抚甘国壁又隐瞒了所得铜之余息银 2 万两。

贵州。巡抚毛文铨于雍正二年五月二十九日奏：

"窃奴才衙门自藩司以至州县止，共有节礼银七千两，此项奴才分文不敢收受。又有粮驿道衙门规例银二千两……亦分文不敢收取……有藩司平头银二千两，标下亲丁银二千一百余两，贵阳等州县税规三千六百两，又有官租米八百石。以上三项，共银七千七百余两，米八百石。"④

河南。署理河南巡抚嵇曾筠于雍正元年三月初四日奏："查臣衙门每

---

① 《康熙汇编》8 册，第 563 页。
② 《雍正汇编》1 册，第 624 页。
③ 《雍正汇编》2 册，第 886 页。
④ 《雍正汇编》3 册，第 116 页。

年司道交送平规银共三万两。又各府州县四节交送规礼,每节一万余两。"①

河南巡抚石文焯于雍正元年八月二十七日奏:"查巡抚衙门向有府州县节礼……历久相沿,系出自耗羡之内,既非苛派于民,又非始自今日……每年约有四万余两。"②

按照这两位巡抚的奏述,河南的巡抚一年才七万两规例收入,可是,雍正二年八月接替石文焯的新巡抚田文镜却显然不赞同此种表述,他于雍正三年正月二十四日奏称,"臣查据河南巡抚任内,一年所有各项陋例不下二十万两。臣复闻舆论,杨宗义(康熙五十七年五月至雍正元年正月任何南巡抚)在任,并非循良清正之员,每岁所入,为数尚多。"③

广西。巡抚高其倬于康熙六十年五月初二日奏述巡抚衙门规礼情形说:

"巡抚衙门规礼事:广西一省正杂等项共征银三十二万六千余两,每一千两平头银二十两,布政司每年得平头银六千五百余两,因钱粮数少,不送巡抚衙门平规,每年只送四节节礼,共银一千六百两。按察司一年节礼共六百两,苍梧道六百两,左江道二百两,右江道二百两,桂林府、平乐府、梧州府、浔州府、南宁府五处一年节礼共二千两。柳州府、太平府、庆远府、思恩府四处一年节礼共八百两。通省州县有送四节三节两节一节不等,亦有不送者,州县一年节礼共六千四百两。通省一共一万二千四百两。此项节礼,奴才不敢收受。端午一节送到,已经发回,嗣后已谕令止送。又有到任礼一分,如一季节礼之数,奴才亦不收发还。又桂林、平乐、梧州、浔州四府每年有落地税规共七千两,奴才恳乞圣恩,留为给赏兵丁养赡家口之用。谨奏请旨。

---

① 《雍正汇编》1 册 136 页。
② 《雍正汇编》1 册 893 页。
③ 《雍正汇编》4 册,第 339 页。

（朱批）是。"①

浙江。浙江巡抚徐元梦在康熙五十四年十一月二十五日奏述一年之内的进项及开支情形说：

"（前任）因兵丁少，故未吃兵丁空额钱粮，奴才亦丝毫未取（亦未收州县官员财物）……司、道、府官员节令所送礼品，奴才视居官清廉者，收一次者亦有，收两次者亦有，经核算，有五千两上下。再布政使所给之火耗银一万两，盐法道指令商人所给之银一万两，以上合计二万五千两（用于犒赏等）……目下奴才处仍剩三千两。"

（朱批）："真满洲也，毫无隐瞒之处。所奏知道了。"②

这位徐元梦，虽系朝野公认"讲学负声誉"，且不趋奉权相明珠，清官汤斌也盛赞其学。此奏虽被皇上嘉奖为"毫无隐瞒之""真满洲"，但其对规礼之呈述，显然也有遗漏之处。仅以盐规而论，雍正三年三月二十九日，浙江巡抚法海奏称，"浙省有盐规旧例，督、抚衙门每年二万五千余两，江苏巡抚、布按两司亦有浙商盐规一万三千余两，本省将军、织造亦有盐规三千余两，盐道分司盐规二万七千余两，按察使司盐规四千余两，杭州在城协将府厅县盐规共五千余两"。③ 又过了半年，九月二十日，署浙抚傅敏奏，"浙江各衙门盐规银共七万八千九十两。"④ 请看，法海说：总督、巡抚每年收的盐规银都是一样的多，皆为2.5两，比徐元梦所奏之1万两，多了一倍半，足见其言之欠真。

甘肃。甘肃是个穷省，只有民田二十余万顷，征赋银二十八万余两，不如江苏、浙江一个大府的收入，但是，甘肃巡抚也有相当多的收入。

---

① 《康熙汇编》8册，第771页。
② 《康熙全译》，第1074页。
③ 《雍正汇编》4册，第684页。
④ 《雍正汇编》6册，第184页。

被皇上多次嘉赞为"满洲在外官员中,只有甘肃巡抚齐世武之名望超群,清名无人不知"的齐世武,于康熙四十五年十月二十五日奏称:"奉御批:除茶马正税外,应得银两如何。钦此。奴才仰赖圣主洪恩,自办理茶马事务以来,将管茶官照商人旧例馈赠礼物等项,奴才尽行禁革。惟取马票时,亦稍循旧例,奴才将匀给营武官及军内头目少许,故皆分享圣主之恩。惟撒给茶引时,较旧例有所减,除茶商正项税外,奴才仰赖圣主恩赏,每年得银二万余两。奴才因此致富。"①

过了三年,甘肃巡抚舒图于康熙四十八年五月初一日奏:"奴才弗敢扣取属员赖以资生之物,但茶马旧项应得银二万二千余两,以为旧例,未行裁汰。"②

其实,齐世武对自己的规礼收入,也有隐瞒,他收布政司送的火耗银几千两,就未奏报。

三 司道规礼

司,指的是掌管一省行政、财赋之从二品布政使和管刑名的正三品按察使,又分别简称为藩司、臬司,全国共有19位布政使和18位按察使。道员官阶正四品,是藩司、臬司的辅佐官,全国有道员90余人。

浙江省布政使张文灿,于康熙五十六年正月二十一日就任湖北布政使,康熙五十九年四月十八日奉命退休,交印卸事。藩库"缺欠钱粮十四万九千余两,原系历年积欠"。康熙五十七年六月初三日,经湖北巡抚张连登查出后,即令张文灿停止管事,命粮道许大定代行藩司职责。湖广总督满丕与湖北巡抚张连登议定,今张文灿赔补大部分,督、抚将两年应得的"平头银"二万余两帮赔。到康熙五十八年,张文灿将应得的两年规礼及变卖家产等赔补完了十五万余两的钱粮,其自康熙五十六年正月上任到康熙五十七年元月停任的两年应得规礼及变卖物品、家人帮

---

① 《康熙全译》,第469页。
② 《康熙全译》,第620页。

赔等债开列清单如下：

"一、每年藩司约收各属新旧钱粮七十七万余两，每两二分九厘火耗，二年约略共该火耗银四万四千六百六十余两。

一、支发各杂项银两计增平余银，二年共银五千余两。

一、盐规每年得六千两，二年共得银一万二千两，俱交付粮道许大定收取补库。

一、节礼银每节日银三千五百余两，二年七节日共该银二万四千五百余两，随支二千四百五十两，支给门卫二千四百五十两。

一、库官、库吏每年钱粮外，费用银每千两按五两计，新征旧欠约略七十七万余两，二年共该银七千七百余两。

一、我家人刘三补偿库银一万两。

一、粮道旧衙役库吏徐弘远帮补银三千两。

一、督抚两院将应得钱粮火耗银帮补，二年共计银二万余两。

一、我自行变卖什物补库银一万六千两。

一、张圣弼原任按察司时，已还原借羡余银一千两，尚有一千两未还。

一、前任驿道杨绍已还原借羡余银一千两。

一、我借都司李愈隆九百两，完补司库，以上合计共完结银十五万六百六十余两。

经粮道许大定出结具报全完，督抚于五十九年正月二十四日，传集在城司道各官，亲赴藩库，逐一秤验，俱系实在，银子皆存。现银并无分毫缺少，当经折奏全完在案。"①

张文灿实际任职和收规礼的时间为 18 个月。一年半中有的项目按两年算，总计共收规礼（火耗、盐规、杂费）10 万两，数量不小，超过正俸两三百倍！

---

① 《雍正全译》，第 473 页。

山东布政使张保于雍正四年七月十三日奏述"司库赢余分规旧例相沿",本人应领之银说:

"通省州县卫所起运解司钱粮丁地银共二百七十万二千两……每解司钱粮一千两随有解费银十一两十四两不等,俟解交后,抚、藩二臣均分凑用。又解司钱粮每一千两有运费名色银五六两不等,内除支给解官零星费用,余系抚、藩分规。又解司钱粮每千两有饭银七两,起解京饷时,随解交部,以为部官饷银,若支发本省兵饷及河工等项钱粮不须饭银,所有赢余亦系分规。雍正三年十一月二十二日奴才到任……至本年六月终止,奴才共应分赢余银(一万五千余两)。"①

张保只计算了上任至奏折时的 7 个月布政使应得之火耗赢余,就分了 1.5 万两,照此类推,如果再加 5 个月一年应得的火耗赢余便可得到 25700 余两。其实,张保的奏述,还是有隐瞒的。他的上司山东巡抚陈世倌,于两年前雍正二年九月初四日便奏称:"至耗羡一项,查向来陋规,臣衙门有十一万余两,藩司四万三百两"。② 如果加上盐规和临清关税规,当上一年布政使,张保也可能拿到五六万六七万两。

广东布政使图理琛于雍正二年十月十五日奏述藩司的火耗羡余说:"广东旧例,由布政司收钱粮时,每两取平头银三分,总督、巡抚、布政使等,各取一分为盘缠。除此又收银三厘为库吏、库丁、衙役等为盘缠。"③ 广东每年征收田赋银 120 余万两、粮 30 余万石,按粮一石折银 1 两计,共 150 余万两,每两取 1 分银子,则总督、巡抚、布政使可各得"平头银"1.5 万余两。

四川布政使罗殷泰于雍正三年十二月十七日奏:"四川省解司钱粮每年约二十六万余两,每两旧例收耗银六分,内督抚两院分去银三分二厘,

---

① 《雍正汇编》7 册,第 656 页。
② 《雍正汇编》3 册,第 550 页。
③ 《雍正全译》,第 957 页。

奴才实得银二分八厘,一年共该得火耗银七千余两。内因州县申解钱粮,每一两又给布政司吏役纸笔饭钱银共六厘有零。""又通省解司杂税每年约银九千余两,每两有奴才火耗银一钱,奴才一年共得火耗银九百余两。贰共火耗银约共 8000 两。"①

安徽按察使祖秉圭于雍正四年七月初四日奏述"从前"按察使所收规礼说:"知府、直隶、知州所有规礼并盐规,共九千九百两","同知、通判所有规礼一千三百四十两","徽属六县规礼一千九百二十两","州县规礼内生日礼一分二千九百三十两"。"从前府厅州县各官一年节礼四分,并刑名部费羡余、盐规等项,共有二万八千一百七十余两"。奏请留下 8770 余两"赏作养廉,奴才一年用度有余,得免家计之累"。②

浙江按察使甘国奎于雍正二年十一月二十四日奏:"伏查浙江按察使向有各属四季节礼连随封共银一万七千七百四十两零六钱,盐务规礼连随封共银四千四百两,刑名部费四季共银四千五百三十七两二钱"。③ 一共是 26677 两。

黄炳在康熙末年任直隶按察使时,"向有盐商规礼,六载于兹,共收银三万两"。④

浙江粮道蔡仕舢于雍正二年十一月二十五日奏述本衙门陋规情形说:"确查臣衙门出入陋规,从前各州县漕规银六千余两,各帮丁北费银五千八百余两……尚有收银耗羡、发银平头、运官公贴之费、属员年节之仪,历任前道率沿旧例。(张楷酌减) 各运官每年贴费银共三千余两","每年收漕项银四十六万余两",每两耗羡银 8 厘,计银 3600 余两。又收耗羡银 8200 余两,备交"漕、督、抚三院节礼"。又"各属节礼,年约银四千余两"。⑤

不算准备交漕督、闽浙总督、浙江巡抚三院的节礼 8200 余两,仅粮

---

① 《雍正全译》,第 1247 页。
② 《雍正汇编》7 册,第 580 页。
③ 《雍正汇编》4 册,第 73 页。
④ 《雍正汇编》2 册,第 297 页。
⑤ 《雍正汇编》4 册,第 82 页。

道所得，便有20000余两。

陈瑸任台湾厦门道四年多，"应得公使钱"30000两，"悉屏不取"。①

四 规礼的来源与支出

人们都说，规礼银两之来源系出于火耗银。雍正元年（1723年）八月二十七日，河南巡抚石文焯奏述动用规礼银弥补亏空说："查巡抚衙门向有府州县节礼"，"查府州县旧规有上中下之分别，每年约有四万余两"，"历久相沿，系出自耗羡之内，既非苛派于民，又非始自今日"。②山东巡抚陈世倌也于雍正二年九月初四日奏："至耗羡一项，查向来陋规，臣衙门有十一万余两……皆取资其中"。③

揆诸史料，规礼银确与耗羡有关，很大一部分银子是来源于耗羡，但并非全取于此，它还有其他来源。比如盐规，两淮运司盐商每年固定交送两江总督、江苏巡抚的"盐规"银都是两万余两。每年湖广总督收盐商的"盐规银"四万两，此外湖北省巡抚、司、道等衙门每年还有盐规银15万两。又如，各钞关每年都要向总督、巡抚交税规银，像浒墅关、扬州关、芜湖关、赣关，每年送两江总督银一万余两。一些府也要向上司送税规银，广西的桂林等四府每年送广西巡抚"落地税规七千两"。

另外，在规礼银中节礼银是一个主要项目，但是司道府厅州县官员交送的节礼银是否全来源于耗羡也有问题。在全省几百名地方官员中，其所交的节礼银很多系他们收的耗羡，但也难保不是贪赃枉法勒索而来的赃款。请看：长芦盐商张霖历任陕西驿传道、安徽按察使、福建布政使和云南布政使，他既收属下节礼，又收耗羡，还借皇上内帑数十万两，行盐牟利，夹带私盐，"每年得银一二十万"；山东登州知府李元龙、山

---

① 《康熙全译》，第1030页；《清圣祖实录》卷282，第3页。
② 《雍正汇编》1册，第893页。
③ 《雍正汇编》3册，第550页。

西大同知府栾廷芳及太原知府赵凤诏等贪官,每年均获赃银数 10 万,他们向总督、巡抚所交的节礼银,能全是耗羡而不是赃银吗?

之所以官员们将规礼银归之于耗羡,一则是耗羡为规礼银的主要组成部分,再则也可能是因为在康熙中年以后,特别是雍正初年推行的"耗羡归公"。在人们心目中,耗羡成了地方官员的合法收入,其由此而派生的"规礼银"似乎也就随之而合法化正当化了,遂以此相称。

关于规礼银的用途,绝大多数督抚奏称其主要用于公务,一小部分作为养家之费;个别督抚则全用于公务,本人一文不沾。人们也都认可这种说法。但是,我不同意此一论点。我认为,大多数督、抚、司、道官员所收的规礼多数归入他们私囊,只有一小部分是用于公务和应酬。因为,在前面《俸工考》里,很多总督巡抚都奏称,地方公务以及军需开支都是"扣俸工",以本省官员吏役俸银工食银捐扣来办理的。这里不妨再重复一下,引述几省之情:

直隶巡抚赵弘燮奏:"直属历来公务,俱赖俸工捐助,即如修理密云城工所需银两,已将五十五、六两年俸工请抵",今用兵,所捐马骡,"暂动正项钱粮采买",于康熙五十七八等年俸工银内照数捐还。①

两广总督孔毓珣、广东巡抚年希尧奏:广东康熙四十二年以前,有"均平名色,以为交接应酬,办理公务",后康熙五十四年起,督抚公议,"每年将知县以上俸工捐出解司,办理公务"。②

河南巡抚杨宗义奏:修建派来河南的满洲蒙古兵丁住房 2584 间,估计约需银 8 万两,原拟扣捐俸工银两,但"俸工银两经前抚臣李锡题明,于康熙五十四五两年军需案内,扣至康熙六十一年。"③

福建布政使黄叔琬于雍正元年奏:"臣前折奏,因公挪用十万九千两,督、抚二臣奏明以俸工赔补"。今查,"实系修理战船,津贴运费,不敷铜价,整备水师军器火药,供应杭兵来往夫船,修理各处河滩,资助微员回籍,及历年赏给巡辑山贼官兵饭食,并省中应办各项公事夫役

---

① 《康熙汇编》6 册,第 365、380~384 页。
② 《雍正汇编》3 册,第 137 页。
③ 《康熙汇编》8 册,第 180 页。

脚价等项，总之，闽省公用，皆取给于俸工。彼时俸工尚未解到，遂将正项挪用，以致有十万九千之数。现在陆续扣补。"①

以扣俸工来办公务和开销各种支出，为各省、全国通例，本不必再赘述，但杨名时的奏折则很有趣，也很有说服力，不妨再引录一下。

杨名时，两榜出身，任上颇有惠政，康熙五十九年升任云南巡抚，雍正元年七月初六日特上长折，详述用规礼银备办公务，填补亏空、资助亲友等情况，他说：目前有盐规银 5.2 万两、藩司平规银 4000 两、通省税规银 7000 两、留银 6000 两为盐道衙门用外，现有 50000 余两规银。其开支情形是：拨补银厂缺课 15550 余两，"捐赔前任督抚运粮倒毙牛马等项银一万五千两。"再"历年供应在藏官兵各项军需赏赍费"，"又臣标赏兵、制买军衣等，及兴修水利，赈恤灾务，资给官员，供给书院生儒，刊刷书籍，科场供应，发给举人盘费，并修理衙署等。再日用交际，请幕宾，散工食，一切公私各用，皆取此规例银应办。又臣族人亲戚往回给与路费"，"以上诸用，自抵任迄今，共用银一十万两有零，存有底本。"②

杨名时上任三年，每年有规例银 5.5 万两，三年共 16.5 万两，各项开支共 13 万余两，只剩下 3 万两，不算多。可是，不要忘了，他所奏述开支军需公务等项银 10 万两左右并不是用了他的规例银，而是动用"俸工银"。一年之后，云南布政使李卫于雍正二年九月初六日奏称："查今番满兵撤回江浙，提、镇出兵，备养马匹，及差遣文武官军前办事，各种盘费，帮贴官兵安家等类，尚未班师，无凭造报。将来奏销案中，除应该开销外，尚有不准开销者，历来此等无着军需，皆用俸工抵补。查前番出兵，虚悬库帑，后经抚臣杨名时题明，节次扣抵，已预算至雍正十三年后，方能全完。"③ 请看，杨名时所述用他自己的规例银开支了 10 余万两，经过李卫这一奏述便显然站不住脚了。试问，你将全省的"俸工银"扣了十几年去应付"虚悬库帑"，还能故作清高，掩饰规例银已成

---

① 《雍正汇编》2 册，第 458 页。
② 《雍正汇编》1 册，第 624 页。
③ 《雍正汇编》3 册，第 563 页。

私财的真情吗？

其实，规礼银不仅被多数督抚收入囊中化为私财，一些官员还将其用于行贿权要，以扶植族人亲友巩固自己势力，山东巡抚李树德即系一例。李树德从康熙五十五年九月到康熙六十一年十月当了六年山东巡抚，按其收入算，巡抚官俸一年155两，"各府州县四节交送规礼，每节一万余两"，一年"四万余两"。① 李树德除了给41位堂叔、族叔、堂弟、妹夫、内侄、女婿、外甥、妻弟、族侄婿捐知县、知州、知府、道员、同知等官给银5万两外，又送给皇上的亲信太监魏珠银2.5万两，领侍卫内大臣、一等公马尔赛9000两，还送给和"帮助借给"内阁学士、都统、副都统、道员、知府、总兵官及副将鄂拓齐和图恩海等17人一共13万余两。②

五　规礼的性质与危害

规礼银来源于耗羡、盐规、税规等各种额外加派及官员的赃银，有规礼必有横征暴敛，则祸国殃民。清帝入主中原初期视规礼为必须严厉禁革的弊政，将规礼银定为赃银，把收者定为贪赃。

顺治元年及二年（1644~1645年），摄政王多尔衮在自己的谕旨和清帝的诏书中明确地严厉规定：有司征收钱粮，止取正数，不许分外侵渔秤头火耗，违者治以重罪。官吏犯赃，审实论斩，违禁加耗，即以犯赃论。"抚按旧习，迎送往来，交际馈遗，实为可恨。""不许交相馈送"，"俸禄之外，便是贪赃。"③

对于规礼陋习的祸国殃民，清廉官员是深恶痛绝严加挞伐。朝野公认的清官陆陇其在康熙十四至十五年（1675~1676年）任嘉定知县时就曾"革除火耗陋规"，"并不馈送（上司）节礼。"④

---

① 《雍正汇编》1册，第136、893页。
② 《雍正汇编》3册，第494页。
③ 《清世祖实录》卷6，第5页，卷15，第21、25页。
④ 《清史列传》卷8，《陆陇其传》；《清经世文编》卷27，钱陈群：《条陈耗羡疏》。

自左副都御史升为工部侍郎的田六善于康熙十七年奏称："今日官至督抚，居莫敢谁何之势，自非大贤，鲜不纵恣。道府岁纳规礼，加之以搜括，则道府所辖之民，不啻鬻之于道府矣。"①

康熙帝钦封的当今"清官第一"的于成龙，于康熙二十一年升任两江总督后，特发布《兴利除弊条约》，宣告要"尽行痛革"十三种"积弊"，着重强调规礼银来源于加征火耗和诉讼的赃私，必须严禁：

"严禁馈送。从来寡所用斯廉所取，未有用之极繁多，而取之能廉洁者也。本部院访得，两江官员，专事弥缝，惟尚交际，司、道、府、厅、州、县，生辰、令节、到任、署任、卸事，自下而上，无不递相馈送，视地方大小，区别等差，盈千累百，目为情规，于是官评之贤否，吏治之勤拙，俱不可问。且此等馈送，不出于钱粮之加征火耗，则出于词讼之婪取赃私，以小民之膏血，供多官之结纳，民生何以得遂，物力何以得阜也。本部院下车，清介自持，誓不受属员一毫馈送，尔司、道、府、厅、州、县，务期共相砥砺，痛绝馈送。……倘视具文，蔑玩不遵，本部院访闻得实，白简具在，断无宽贷。"②

他又专门颁布《禁送节礼谕》说："本部院督制两省，与各州县各官势位悬殊，举动攸关，若逢时馈献，希妄通达，本部院安肯收受敲骨吸髓之赃物，而平分男盗女娼之报应也，除檄行藩臬转行饬禁外，合行出示晓谕。"③

刚直清廉的浙江布政使赵申乔于康熙四十一年正月升任浙江巡抚后，特出《严饬官方以肃功令示》，宣布先前出示欲除州县的亏空必先革藩司之陋规，现更要端本清源，取消巡抚司道对属下的索取，以免层层剥削小民。他说：

---

① 《清史稿》卷268，《田六善传》。
② 于成龙：《于清端政书》卷7。
③ 于成龙：《于清端政书》卷7。

"今日端本清源，则更自巡抚始，巡抚取之于司道，则司道不得不取之于下属。知府取之于州县，则知县自不得不取之于小民，层层盘剥，咎实有归……倘司道苛求下属，以及知府勒索州县，州县虐诈小民，一经告发，或有访闻，立以白简从事。"①

杨宗仁从康熙三十五年任慈利知县开始，历任蓝山知县、阶州知州、兰州同知、临洮知府、西宁道、浙江广西按察使和广西巡抚、广东巡抚，他熟谙民情吏俗官场，于康熙五十八年三月十八日奏述规礼与重耗加派的关系说："如节礼一项，大抵文职出于加派，武职出于空粮，久在主子睿鉴之中。若各节礼不除，州县加派难绝。奴才衙门将州县及司道府各节礼尽行除革，则司道府自减收州县节礼，而州县火耗不过加一，庶足办理公务"。②杨宗仁于康熙六十一年升湖广总督。他于雍正元年四月二十日上折，再奏规礼祸害说：湖广"兵骄民刁之故，非属无因。皆因武弁文员，既多节礼馈送，又有公费频仍。如收受文武规节，州县必于私派横征，将弁亦必虚兵扣冒，兵民挟比逞奸，而文武官弁不敢顾问。所以奴才尽将节礼陋规一概严行禁革，不许有扣冒空粮，毋令有重耗杂派。"③

六 "外边汉官有一定规礼，朕管不得"

对于规礼弊政的祸国殃民，康熙帝并非不甚知晓，他也曾予以谴责和惩治。康熙十八年（1679年）七月二十八日，京师大地震，康熙召集文武百官，训斥"大小臣工所行不公不法"，造成六大弊端，致上天示警，责令各官"洗涤肺肠"，"痛改前非"。六弊之首就是："民生困苦已极，大臣长吏之家日益富饶。""地方官吏，谄媚上官，苛派百姓，总督、巡抚、司道，又转而馈送在京大臣，以天生有限之物力，民间易尽之脂

---

① 《清经世文编》卷20，赵申乔：《严饬官方肃功令示》。
② 《康熙汇编》8册，第436页。
③ 《雍正汇编》1册，第262页。

膏，尽归贪吏私囊"。九卿等遵谕议准："在京大臣各官，与督抚司道等，彼此馈送，及差人远赴任所，将大臣各官并不行举首之督抚司道俱革职。若有因事营求，苛派馈送大臣官员者，将馈送、收受之人，俱革职拿问。"①

八月二十六日，山东巡抚施维翰陛见时，康熙说："惟是杂派加征，不一而足；所以小民重困，不克聊生"。施维翰奏："有司加派，皆由上官苛求。"②

康熙二十九年十月，刑部等衙门议覆，福建巡抚张仲举"侵蚀库帑，拟斩监候。"布政使张永茂，"加派火耗，拟绞监候。""按察使田庆曾等，收受属员节礼，拟杖徙，援赦免罪，仍革职，永不叙用。"康熙批准所议。③

但是，随着时间的推移，康熙对待规礼弊政的态度发生了很大变化，从退缩、容忍、默许直到实际上的公开承认，这在他的"五允一不管"上显现得十分清楚。

一允，允许规礼银作为"养赡之费"。康熙四十五年九月二十六日，四川巡抚年羹尧奏称，极力禁革私派积弊，但四川布政司、按察司衙门每年各送巡抚羡余银4000两，"伏乞圣恩准臣取用，是臣之阖家百口饱暖有资，抚标两营操赏不乏。"康熙朱笔批示："是。知道了。"④

二允，允许规礼银用于公务。云南巡抚吴存礼奏："滇省私派并属官节礼，业经督臣郭瑮革除，奴才通行严禁。但奴才衙门蒙皇上赏给健丁饷银二千四百两，又有布政使每年旧规三千两，并余盐旧规银一万八千余两，奴才又酌量收过上任贺礼共银三千余两。除一年内犒赏省城八营操演官兵，并设义学，教养贫士读书，及奴才家下一切用途。"吴存礼既说了前任总督革除属官节礼且自己也通行严禁，但又说收布政使旧规和余盐旧规银2.1万两，还收"上任贺礼"银，显然是知禁犯禁，理应训

---

① 《清圣祖实录》卷82，第19页，卷83，第7页。
② 《康熙起居注》，第426页。
③ 《清圣祖实录》卷149，第10页。
④ 《康熙汇编》3册，第88页。

斥,可是康熙的朱批却只有例行的三个字"知道了"。默许了。①

三允,允许用于弥补亏空。广东于康熙五十二三年捐纳谷 100 万石之时,收有"公费银" 50 万两。两广总督杨琳奏请,将其中 21 万两公费银用于弥补"历年因公动用而积欠之库银,又用银三万余两"修筑南海、三水、高要、四会、高明王县围基及雷州东洋塘",并修建营房桨舡,又用银四万余两修造炮台城座制造炮位火药,请"皇上宽大弘恩,概与宽免"。康熙朱批:"事情该当如此"。②

四允,允许盐政、税关送地方督抚盐规银税规银。江西巡抚白潢于康熙五十六年十一月十三日奏述巡抚衙门的五项"旧规"说:一、"每年阖属有节礼银约计五万两",已禁革;一、"粮道有征漕规礼银四千两","不应收受";一、每年湖口、赣州二关有规礼银二千四百两,"不应收受";一、"每年盐商有盐规银一万两","可否收受"?康熙在此项朱笔批示:"此向(项之误)该收"。一、布政使有钱粮平头银八千两,乞留作养赡之费。康熙朱笔批示:"这折甚是。尔所议者亦是。准。"③

五允,允规银解交户部或军前。两广总督杨琳奏,捐纳的公费银 50 万两,除弥补亏空和筑围基修炮台等费用外还剩下三万两,加上"盐内羡余银七万两",共银 10 两,具折奏明后,已解交甘肃军前。朱批:"知道了"。④

云南巡抚甘国壁奏:"滇抚衙门历来旧有粮规银四千两、盐羡银一万八千两,以为养廉之资。"奴才到任后,革除节礼,"所有每年应得旧规,除历年捐补标兵衣甲器械、常操犒赏,并捐建各属义学、育婴堂及捐助军需马匹米石等项外"。"今任巡抚,家口众多,一切食用,皆取给于前项银两之内","但每年撙节用度,共得存剩银三万两"今军兴之际,乞解进,佐军需。康熙朱批:"就近本省用罢"。⑤

一不管,是朱笔批示"管不得"。所谓"朱批",是皇上在官员奏述

---

① 《康熙汇编》3 册,第 964 页。
② 《康熙汇编》8 册,第 362 页。
③ 《康熙汇编》8 册,第 13 页。
④ 《康熙汇编》8 册,第 564 页。
⑤ 《康熙汇编》8 册,第 562 页。

事情、人员的奏折上用朱笔批示旨意，并非无缘无故地随便写写，可奇怪的是，在已知的康熙朝七千余件满汉文朱批奏折中，却发现一件与官员奏述的事情完全没有任何关系的朱批。康熙五十六年二月二十五日，汉军旗人直隶总督赵弘燮在《奏谢天恩疏》中讲述感谢皇上派医生为己治病的事，康熙却在这道只说治病未牵涉任何朝政以及规礼火耗等任何事情的奏折上朱笔批示："外边汉官有一定规礼，朕管不得。"[①] 号称英武天纵、洞察秋毫、精细过人、经常挑出臣僚奏折上错字的圣祖仁皇帝，怎么会犯下这样文不对题的错误？略加思考，便可发现，这不是康熙的失误，而是他在反复思考规礼之事，是他对规礼的政策之公开宣示：虽有规礼，但管不得亦不能管，实际上承认了规礼的合法地位。

其实，这个政策，早在十几年前就已经部分实行了。康熙的亲信江宁织造郎中曹寅蒙帝特恩，奉旨兼理两淮盐政之初曾想涤清两淮弊政，特上禁革两淮运司浮费折，奏请将"省费，系江苏督抚司道各衙门规礼共三万四千五百两有零"革除。康熙在此条边朱笔批示："此一款去不得，必深得罪于督抚。银数无多，何苦积害。"[②] 所以康熙中年以后，玄烨经常以"应得之银"、"应用之银"来称呼规礼银。康熙五十五年十二月，福建巡抚陈瑸奏请将"捐谷应交巡抚公费银两"解充军饷，户部覆议，请允其奏。康熙不同意，谕称："从前督、抚曾奏请将公费银两办饷，朕俱批知道了，并未助饷。""此项银两，系伊等应用之银。"[③] 过了两年，康熙盛赞陈瑸"操守极清"说："前在台湾道任内，所应得银三万两，俱于修理炮台等公事动用，署总督印务，应得银两，亦未分毫入己。"[④]

之所以会有五允一不管，可能是康熙认为，在他大裁存留广兴捐输的方针沉重压力之下地方财政极其困难，只有这样才能解决极端棘手但又必须解决的地方财源难题。总督、巡抚虽然位尊权大，但区区695两至828两的一年收入，怎能养赡百口之家延请幕宾雇用差役，又怎能支付修

---

① 《康熙汇编》7册，第739页。
② 《康熙汇编》1册，第135页。
③ 《康熙汇编》8册，第363页；《康熙起居注》，第2337页；《清史列传》卷11，《陈瑸传》。
④ 《清史列传》卷11，《陈瑸传》。

补甲盔兵器、常操犒赏、兴建义学、捐助军需马驼米银、修筑炮台船艇等数以十万两银计的庞大开支，怎能馈遗京师阁臣九卿科道和来省及路过的各类钦差大臣与密使，怎能筑堤修坝防洪抗旱赈济灾民，怎能弥补库帑仓谷数十万的亏空？不能，绝对不能！巧妇尚难为无米之炊，何况督抚司道当中还有相当多的全凭祖先功劳、坐袭爵职娇生惯养的"旧家"子孙和捐银买官腹中空空的草包官员，看来只有饮鸩止渴，收受规礼了。

康熙还想通过规礼让文武大官家道富裕，他在陈璸陛见之时特别面谕："尔为巡抚，与为司道等官不同，若贪财好利，厚载而归，诚为非道。但应得之物，亦宜取为赏兵之需。身为封疆大吏，而室中萧然，无一物可以与人，亦非大臣所宜。"他又曾面谕阁臣、九卿、詹事、科道："大学士温达家饶，皆由税差致富。"① 税差就是各个钞关的监督，由六部及内务府司官金任，司官官阶五品，年俸80两。这点点银子吃穿都不够，哪能发财，之所以他能"由税差致富"，还不是靠税关的陋规规礼。可见，康熙对督抚司官是希望他们能由规礼而致富的。当然，他曾反对官员们"贪财好利，厚载而归"，要他们有所克制。他曾对阁臣、九卿、科、道等官面谕："作地方官自有余银以养家口，但要知足耳。"②

综上所述，康熙对待规礼的政策是：允许规礼存在，宣称规礼银是督、抚等官"应得之银"、"应用之银"；规礼银可用于官员养赡之费、致富之资，可用于地方公务、捐输军需和弥补亏空；地方官员可以适度收取规礼银，"但要知足"，不能"贪财好利，厚载而归"。这样一来，长期困扰朝廷的官俸微薄、地方财政极端困窘，无法支付公共用费、捐输军需、弥补亏空和军民不致遭受过重盘剥的三大难题即可以迎刃而解了，真是一举三得。然而，客观现实却无情，其不可抗拒地粉碎了帝君的幻想。既然皇上允许规礼存在，却又未明确规定规礼的名目、数量，贪婪官员就大有乘机凶狠勒索重收礼银的机会了。正如滔天巨浪，猛冲堤坝，口决一尺，瞬开九丈，随即堤崩坝溃，势不可挡。规礼遍及全国，赃银数以万两十万两计，其面涉之广，名目之繁，银数之多，前所未有。

---

① 《康熙起居注》，第2138、2233页。
② 《康熙起居注》，第2459页。

规礼之危害，不仅在于礼银太多——全国六位总督、两江总督规礼20万两。两广总督仅一年四次所获礼物"均足十万两银"，还不要说盐规、税规、平头银了。另外，在全国18位巡抚中，山东巡抚规礼银每年共计11万两，广东巡抚只是一年四次之礼物就有10万两；全国还有19位布政使、18位按察使、70余位相当于知府的直隶州知州，又该收取多少规礼银？总算下来，一年足足有几百万两，这对县民会带来多重的负担。

更重要的是，规礼致命地败坏了吏治。由于各省、各府、司道皆有规礼，不收规礼就无银送献上司规礼、支付地方公务用费和捐输军需，那就可能官位不保，纱帽落地，如此，谁还能两袖清风，清廉为官，爱民如子呢？那可真是太难太难了。完全可以，可以断定，规礼是败坏吏治、产生贪官的重要根源。

历朝皆有规礼，历朝皆有贪官勒令属员送金献银，除非是傻瓜白痴或根本不理朝政的皇帝。历朝皇帝也并非不知规礼情弊，却也未真正想彻底禁革此一恶习。但是，从秦始皇自称"始皇帝"开始（公元前221年），到康熙六十一年（1722年），1900余年里的共210余位帝君中，亲自朱笔批写"外边汉官有一定规礼，朕管不得"；在督抚呈述收受规礼情形的奏折上，或面谕大学士、九卿之时，明确宣称规礼银是官员"应得之银"、"应用之银"的帝君却只有清圣祖玄烨一人。就此而言，康熙真可以称得上是"千古一帝"了。

喀喇乌苏惨败考

准噶尔汗策妄阿拉布坦远袭西藏的消息，清朝中央政府在康熙五十六年（1717年）八月才知道。拉藏汗遣使通报清驻西宁的侍读学士查礼浑说：策妄阿喇布坦遣兵，于七月初四日掠拉藏汗的纳克禅边内波木室部人众，且言又令策零敦多卜领兵一万，"征取拉藏"。八月二十六日，议政大臣奏称：我兵不可不预为防备，令松潘、西宁兵丁出口安营。帝谕：依议。但如有信息，始行调兵，恐怕来不及。可派荆州满兵二千前往成都，派太原满兵五百前往西安①。

过了两个月，十月二十五日，青海和硕特部蒙古亲王罗布藏丹津奏称：策妄阿喇布坦属下策零敦多布领兵三千来到西藏，欲灭拉藏汗。拉藏汗整兵迎敌，交战数次双方没有胜负。策零敦多布的兵，"自远路冲雪前来，士卒冻馁，马驼倒毙，沿途食人犬，俱徒步而行"。三千兵内，厄鲁特之兵少，吴梁海之兵多，到者只二千五百，其余五百兵皆疲极，不能同到。

康熙帝阅疏后谕告议政大臣：西藏地方，达赖喇嘛储蓄的粮饷颇多，器械亦有预备，且西藏人众守法，今策妄无故毁教占藏，藏人岂肯容许。且策零敦多布之兵，已极疲敝，除病死阵亡外，未必满二千人，安能取得拉藏城池。但恐策零因为既不能取藏，回去又无生路，情急之下，恣行侵掠，应加意防备。议政大臣随即奏准，令青海蒙古众台吉速行领兵前往，命西安将军额伦特等统兵驻扎青海要地，以便侦探②。

---

① 《清圣祖实录》卷273，第23页。
② 《清圣祖实录》卷274，第21页。

拉藏汗在拉萨被围及城破败死之前曾两次派使者向皇上奏报战情，但都在城破之后才传到北京。第一次，使者胡喇奇向将军、总督额伦特和侍卫阿齐图禀告：拉藏汗及其子苏尔扎与准兵交战，斩获甚多，现在拉萨固守。准兵不服水土，遍身浮肿。大喇嘛乌尔齐木告诉额伦特说：拉藏汗告诉他，策妄阿喇布坦令策零敦多布率兵六千余人，来到达木。议政大臣于康熙五十七年正月二十六日议准，令额伦特等加谨防守，远探敌情，相机进剿①。此时，拉藏汗已败死50余天。

第二次是紧急恳求援救信。拉藏汗奏称："臣世受圣主洪恩"。策妄阿喇布坦发布六千，与我土伯特兵交战两月，虽并无胜负，而敌兵复又入招，臣见在率兵守护城池，但土伯特兵少，甚属可虑，若将喀木、危、藏之地，被伊据去，将使黄教殄灭。为此恳求皇上圣鉴，速发救兵，并青海之兵，即来策应。二月十一日，议政大臣对拉藏汗的恳求议称：查拉藏系顾实汗后裔，维护黄教，今恳救援，应令西宁、松潘、打箭炉、噶斯等处预备兵马，并土司杨如松属下兵丁一同前往，令青海（蒙古）王、台吉派兵六千。但非有满洲兵丁不可，应令侍卫色楞在西宁满兵选二百名，绿旗兵二百名及土司的兵，共一千名，带至青海，会同青海王、台吉等商酌行事。帝允其议②。但为时已晚，拉藏汗早在60多天前已命丧黄泉了。

康熙五十七年三月十五日，湖广总督、署西安将军额伦特奏请进藏征剿准军说：前经议政大臣议准，以色楞所统满洲、绿旗、土司兵及自西宁调往之兵，只有二千四百名，兵数少，力弱，令臣添派绿旗兵二千名前往进藏剿准。臣查，西宁进藏，能行之路有库库塞和拜尔，应令色楞为一路，臣率见在西宁绿旗兵两千及绰克来那木查尔等所派唐古特兵一万，从另一路前行③。

过了20天，康熙五十七年四月初三日，侍卫阿齐图报告拉藏汗兵败身亡的奏疏送到京师。阿齐图奏：正月初二日，遇见伊打木札布等人，

---

① 《清圣祖实录》卷277，第15页。
② 《清圣祖实录》卷277，第23、24页。
③ 《清圣祖实录》卷278，第11页。

带领拉藏汗之子苏尔扎的妻子从招地逃出，告称：准噶尔兵在达木与土伯特兵交战数次，彼此伤损甚多。去年十月三十日，厄鲁特之噶隆沙克都尔扎布叛归准噶尔，将小招献降，我土伯特兵众解散。台吉那木扎尔等在布达拉北城开门投顺，准噶尔兵众拥入。十一月初一日，苏尔扎率兵三十人冲围而出，被其擒获，拉藏汗被围身亡，我等逃奔而来①。

过了34天，五月初九日，额伦特奏报：四月初八日，拿获策零敦多卜的使者罗卜藏等八人。彼等供称：十月至布塔拉，本月二十八日夜攻取大招小招，次日围住布塔拉，杀害拉藏，将伊幼子及所属寨桑等送往策妄阿喇布坦处，伊子苏尔扎遁走，为土伯特擒获。拘达赖喇嘛于扎克布里庙。班禅仍住拉锡伦布②。

就在朝廷尚未正式派遣大军进藏征剿的时候，一等侍卫色楞已先斩后奏，统兵入藏了。色楞进军以后，遣人携带密折，向朝廷奏报进军事情。密折讲了六个问题：一是五月十三日已到木鲁乌斯苏；二是兵士数量。现有西安满兵六百，川陕总督标兵四百，西宁总兵官标兵四百四十。凉州总兵官康海之兵五百，土司杨如松等士兵六百余名，"兵强马壮粮足"；三是准军情形。准兵虽有四千，但分散驻在各处，"且无法纪"，除凭借深夜骚扰偷马以外，"无他本领"；四是穆鲁斯乌斯苏等处，无柴，靠烧牛粪。现在正是雨季，雨水连绵，没法烧，兵士以炒面加水食用，如果每天都吃和水的炒面，日子难过。原欲七月底到达（拉萨），故只带了五个月的米粮，若在此等候额伦特，则米粮用尽。五是藏人渴望大军早来，"如望云霓"；六是士气高涨，不要错过时机，故不等额伦特，决定进军③。

六月十七日，议臣大臣会议色楞之疏后奏称：观此所奏，甚是。应令色楞沿途小心，相机行事。再行文额伦特等，亦作速进兵策应。帝允此议④。

---

① 《清圣祖实录》卷278，第20页。
② 《清圣祖实录》卷279，第2页。
③ 《清圣祖实录》卷279，第14页；《康熙全译》，第1302、1303、1304页。
④ 《清圣祖实录》卷279，第14页；《康熙全译》，第1302、1303、1304页。

额伦特原本奏请率绿营兵二千，唐古特兵（藏兵）一万入藏，但得到议政大臣催促进兵公文后，只好带领标兵二千，匆促出发去接应色楞。

从色楞的奏请，进兵，议政大臣的议从其奏，帝之批准，以及额伦特匆促出发，可以看出四个问题：其一，低估准军实力。准噶尔士兵骁勇善战，统帅大策零敦多布智勇双全，曾领兵万人大败持有锋利火枪凶狠歹毒的六千沙俄殖民远征军，威震西北。然色楞却称其没有什么本领，不过是小偷之流，只会夜袭敌营，偷盗马匹而已；其二，高估天朝威力，以为藏人会像久旱之时盼望甘露一样喜迎清军。需知此时藏人尚未识破准军宣传护教、救藏，推翻拉藏汗暴政的骗局，还在听从准汗的调遣，对抗清军；其三，痴心妄想，不自量力。色楞只有士兵二千六百名，额伦特兵二千，区区四千余名普通士卒就想消灭准部精兵六千、藏兵六万，征服123万平方公里的西藏，真是白日做梦；其四，孤军深入，兵家大忌。从北京经西宁，到拉萨，按后来设立的驿站计算是8189里；从西宁到拉萨，是3560里。色楞、额伦特区区四千余兵，还分作两拨，各自前行，沿途还需留兵防御后面。其越走越远，兵力越少，不留兵，少留兵，要被准军截断后路，粮、草、器械、弹药、箭会被准军断绝，不能运输接应。日子一长，清军自会弹尽粮绝，全军覆没，形势便是这样发展的。

西安将军额伦特于康熙五十七年六月下旬奏称：六月十八日自穆鲁斯乌苏起程，于三日内到七义河，寻找色楞，没有发现色楞兵马渡河踪迹。六月二十四日自七义河向库库塞进兵，沿途整肃行伍，远设哨探，若与敌兵相遇，则奋力剿灭；若前至博克沙瓦，遇见色楞的兵，则会合前进[1]。

过了20多天，额伦特奏：七月十六日到齐诺郭尔安营。十七日晚上四更，敌兵冲逼营盘，遣游击王汝载等领兵交战，敌兵大败。敌军又自东自南齐进，臣亲统将士与敌对战，枪炮并发，从寅时到巳时（夜里

---

[1] 《清圣祖实录》卷280，第5页。

4时到第二天10点左右),敌军败下山坡。臣等追击十余里,见敌兵多而官兵少,四面山沟俱有可通的路,怕有埋伏,便未再穷追。讯问所俘的一名敌兵,供称敌首领托布齐、杜喀儿两人率兵四千,自喀喇乌苏河西小路而来。臣即咨告公策旺诺尔布统兵速来接应。臣仍相度机宜,渡过喀喇乌苏前往狼腊岭,若与色楞相遇,则会合前进,如碰不上,则见机行事。康熙于闰八月初一阅疏后降旨嘉奖说:据奏,大败厄鲁兵,杀伤甚多。额伦特领兵颇少,"直抵从未到之绝域,奋勇直前,建立朕功,殊非寻常军功可比",现先赏赐军前将士家属,事定之后,再从优议叙。①

也就在这一天,色楞侍卫的奏疏也送到了皇宫。色楞说:唐古特人,原系达赖喇嘛所属之人,自去年被厄鲁特贼众夺其牲畜,掳其妇女,扰害难堪,是以昼夜悬望大兵救援,"一闻大军前至,莫不欢跃投诚"。为首台吉卓里克图之子博音马松台吉,丹津绰音达克等率众来降。今已得到额伦特音信,臣在喀喇乌苏候彼到来,合兵一处,前进达穆地方。第二天,康熙五十七年闰八月初二日,色楞的奏疏又送到皇宫。色楞奏:七月二十日,臣等统兵至喀喇乌苏安营。二十一日,新降台吉博音马松等报告:厄鲁特贼人在伊地方勒索口粮,图谋来袭我军。臣即率兵,分列三队,前往截杀,贼众抵抗,我师分道夹击,连连败贼,夺其三处山梁。贼兵窜走,臣随统兵追杀二十里,斩杀贼兵二百余人,伤者甚众。康熙帝降旨:该部从优议叙。②

按照额伦特、色楞的上述奏疏,清军进展是十分顺利的。一则连败敌军,杀伤厄鲁特兵多人;再则,七月二十日,色楞已到喀喇乌苏,准备前往达穆。喀喇乌苏即黑河,后来设立黑河县、黑河地区,系以境内主要河流喀喇乌苏河(黑河)为名;1960年改为那曲地区、那曲县。黑河县总面积有10.6万平方公里,县城离拉萨320公里。达穆,又写为达木,即今天的当雄县,总面积约1万平方公里,县城离拉萨有170公里。

读过额伦特、色楞的奏疏,不禁使人产生一系列疑问。

---

① 《清圣祖实录》卷281,第2页。
② 《清圣祖实录》卷281,第1、2页。

其一，西宁到喀喇乌苏，按照后来康熙的上谕，称其途程有4000里，且山高路险，怎么色楞仅有官兵2600人就能顺利到达？是色楞智勇双全，力敌万夫，久经沙场，百战百胜吗？但又不像。色楞在其奏述不待批准即自行前进的密折中说道，自己是"世代蒙恩"，"自幼为侍卫"，"无他才干，未经历军务"。① 分明是一个凭借祖先光泽才荣任官将的纨绔子弟，行军之快，与他的个人才干无关。

其二，色楞说全军只带了五个月的粮饷。那么，从三月离开西宁，至七月二十日到达喀喇乌苏时，已有五个月，还有粮米吗？后方是否运来粮米？还能撑多久？藏人供给粮食吗？色楞没有说，议政大臣、皇上都没有就此提问，或就此采取措施。

其三，额伦特、色楞都没有奏明准军有多少兵马，官兵有无损伤，后方有无援军到来。准兵骁勇善战，大策零敦多布久战沙场，难道区区四千清军，在经过数千里行军疲惫不堪的条件下，还能继续孤军深入，消灭敌军，占据辽阔百万里的西藏吗？议政大臣、皇上，都没有提出任何疑问，都没有采取措施增派援兵或调运粮米弹药，这样一来，色楞、额伦特只有堕入万劫不复的深渊了。

《清圣祖实录》卷281第13页康熙五十七年九月二十九日载："先是，总督额伦特同侍卫色楞，俱统兵至喀喇乌苏地方，与贼众遇，屡败贼众，相持月余，至是，复率兵进击，射死敌人甚众。矢尽，额伦特犹力战，殁于阵。"

前面额伦特、色楞的奏疏皆称进展迅速，多次击杀敌兵，为什么突然又说额伦特战死，且是"矢尽"而死？并且，另一统帅色楞下落如何？全军有多少伤亡？诸多疑问，实录俱未叙述清楚。

过了五个多月，康熙五十八年二月初八日，《清圣祖实录》卷283第19页才载称：帝谕议政大臣等，四川总督年羹尧奏：据西藏第巴大克咱报称，策零敦多卜将被截取藏的五百名兵丁，自巴尔喀木一路送来。又过了50多天，五月初四，《清圣祖实录》卷284第10页又载：送回之

---

① 《康熙全译》，第1303页。

兵，已有三百七十人陆续到达里塘，还有数十人未到，已将满兵归入荆州满兵内，汉兵归入四川总督的督标兵丁内。

堂堂第一清军入藏驱准的大事，就这样被清实录稀里糊涂地了结了。撰写实录的翰林们、审定实录的总裁大学士，固然可以按照皇上旨意，舞文弄墨，精心取舍，尽力编造，把这样一件军国大事三言两语就敷衍过去。可是读过实录的人不禁要问，这次驱准之战是胜利还是失败？官阶从一品的总督、官阶正一品的西安将军额伦特的阵亡，是因为计谋欠妥调度无方而败死，还是由于朝廷决策有误？那位先斩后奏，欲以区区二千多兵，就要剿灭名将统率的准噶尔精兵六千，踏平西藏的官阶三品的一等侍卫色楞又在何处？他是英勇战死，还是蒙羞被俘？此次战役出现那样多的反常行为：如色楞的擅自进兵，且成了指挥总督、将军的实际上的全军统帅；从三月出发到十月败死，长达七八个月之久，为什么后方的川陕总督没有增派援兵，没有赶运粮草兵器，弄得将军矢尽而亡？至高无上的大清皇帝玄烨，20岁就指挥了满汉大军四十余万的八年平定三藩之乱的大战，随后又两征雅克萨俄军，统一台湾，三征噶尔丹，可以说得上是一位战无不胜的英明统帅，为什么这次却如此糊涂？归根到底，这次驱准之战是怎样失败的？为什么会失败？主要责任该由谁负？

其实，虽然实录的叙述是糊里糊涂的，可是皇上的心里却是一清二楚的，因为他知道的信息，比起实录那几条简而又简少而又少的记述多了上百倍。康熙五十八年正月十四日，康熙降下满文圣旨约两千字，抚远大将军王胤祯于康熙五十八年五月十二日写的两道满文密折，长达5000字[①]，叙述了战争进行情形，现从中摘录一些重要材料：

其一，清军系于康熙五十七年九月二十九日在喀喇乌苏惨败，总督、将军额伦特阵亡，色楞被俘。

其二，额伦特、色楞二人，"均自称为首，互不相让，导致不睦"，"表面甚好，暗地不睦"。

---

① 《康熙全译》，第1355、1391～1394页。

其三,"自闰八月二十日以来,我军之畜已尽,断了廪饩"。

其四,七月十六日,准军夜袭清军,抢走马匹百余。八月初五日交战,清军"廪饩驮子大半被夺",参将舒明奉将军之令,夺回部分。闰八月初一日,准军将额伦特部于营外十余里处牧放的马匹及跟役全部抢走,"自此我等兵畜完竭,廪饩均不济"。九月二十八日,额伦特、色楞"因饥饿不能守,自营地出",欲撤退迎米,第二日中午,大败。

其五,班禅使者埋怨色楞说:"尔等为何不齐来,因逐渐而至,致受准噶尔人伤害"。

其六,伤亡情形。康熙在圣旨中说:"我军交战,每人负伤,无不受浮伤,阵亡者五百余,瘴气致肿亡故者,乃二倍"。

其七,班禅遣使,劝准军停攻,清军放弃抵抗,由准部、班禅资助,剩余官兵离开西藏。

其八,失败原因。康熙在圣旨中总结性地指出,此战之败,乃系不晓"天时地利"的缘故。"春季青草萌发,夏秋草变黄,马畜渐瘦。送粮路,山梁被雪阻截,且冬季瘴气益烈,人不得食,始冻,全身肿胀即亡。此特为不晓天时地利所致"。

我认为,根据胤禛的两道满文密折、康熙的圣旨,结合有关材料,可以对色楞、额伦特领军入藏驱准之战,作出以下五点结论:

其一,全军覆没。这是清帝入主中原以来的第一次大败惨败。康熙在圣旨中说,官兵"阵亡五百余,瘴气致肿亡故者,乃二倍",此即1000人。这样说来,清军的失败最多只能算是中等程度,因为全军官兵是4600余人,死亡1500人只占全军总数的三分之一。但是,康熙所说的死亡人数,与实情相差大为悬殊。一则,大将军、王规定:从征病故的八旗文武官三四品者赐银50两,五六品官赐银40两,七品以下30两,绿营游击40两,把总20两,骑兵10两,步兵5两。据此,"因阵亡、病故、受伤及迷途之人抚养家口,共赏银107555两"。按照骑兵一人10两,步兵一人5两计算,这10.7万两银子,可以赐予17550名骑兵,或21510名步兵。即使扣除数十名总兵、副将、参将、游击,以及一两百名都司、守备、千总、把总,他们的赐银是20~50两,要多一些,剩下的八九万两银子也可赐予几千名兵丁了。可见此战死亡的兵士不止是 1500 名。

更重要、更能说明这次战争中清军是全军覆没的证据是：密折所述，九月二十九日额伦特等战死以后，班禅遣使劝策零敦多布停攻，劝仍在兵营未死未降的清军停止抵抗，让策零敦多布给予粮食牲畜，放他们回西宁。双方同意，于是除色楞等极少数人被准军扣下以外，其余 500 多名官兵（包括参将舒明等将官）全部安全离开西藏。既然色楞、额伦特原来领兵入藏的士卒是 4600 余名，此时只剩下 500 余名，那么，绝对可以肯定，这支部队死亡了 4000 名。一支 4600 名兵士的部队，死了 4000 名，死亡率高达百分之九十几；且两位统帅中，一位战死，一位被俘，这不是全军覆没，又是什么？

其二，英勇奋战。这次清军的士兵组成，地位和质量都不高，4600 余名兵士中只有西安满兵 600 名，余为绿营兵 3400 名、土兵 600 名。清政府的军事支柱是满洲、蒙古、汉军八旗军 20 万，尤以满洲八旗的 10 万满兵为支柱的核心，绿营 60 余万名兵士只起辅助、配合作用。清军中旗兵待遇优厚，马兵一名，每月饷银 3 两，一年领米 24 石（每石 400 斤，合共是 9600 斤）；而绿营马兵却是月饷 2 两，一年领米 36 斗（每斗 40 斤，合共是 1440 斤）；步兵月饷 1 两 5 钱，守兵月饷 1 两，皆一年给米 36 斗。绿营的马兵少，步兵、守兵多，大体上是马 2 步 8，比旗兵的饷银食米少了百分之八十，当然影响到其战斗力。但是，这次入藏驱准，这支 4600 余名兵士的军队却在极其恶劣的条件下英勇奋战，尤其是在八月、闰八月、九月三个月的战斗中，尽管筋疲力尽，冻饿交加，却顽强抗敌，拼死厮杀。最后，直到班禅出面调停，剩下的 500 余名士兵才停止战斗，遣回西宁，其余官兵全部战死，所以康熙盛赞这支军队官兵是"不惜生命，整百日余昼夜交战，古来无有"。

其三，错误百出。色楞、额伦特带领入藏征准的军队人数不多——区区四千余人；时间不长——从出发到结束，不过七个月。比起八年的平定三藩之乱和前后持续七八年的三征噶尔丹，入藏征准简直是不值一提的小战，照说应该是很好统领，很好指挥，很易进行，不会出什么乱子，犯什么错误了。可出乎人们意料，这短短的七个月里却是怪事多多，乱象丛生，差错频繁。一是区区一个官阶三品的一等侍卫，却可以不通报将军、总督，不先奏准，而擅自领兵入藏征准。连策零敦多布都斥责被俘的色楞说："大国之主阿穆呼朗汗，令尔率兵驻木鲁斯乌苏而已，并未令你率兵征伐我等，尔违悖谕旨，轻视我等，率少数兵深入者何意？今被我等俘获，尔又有何言以对？"①

二是以往征战，朝廷总要任命统帅和参赞大臣，如果是兵士众多，分路前往，每路也会指定一人为该路统帅。可是这次进藏打了7个月，虽兵分两路且各有领军之人，却未指定谁系此战的全军统帅，也未讲明色楞军与额伦特军是什么样的关系。两军中是平行的互不隶属的独立做主，还是谁为主谁辅？没有明确指示。这导致出现将士们所说额伦特、色楞二人"均自称为首，互不相让"，"暗地不睦"的乱象。

三系长途行军征战四千里，没有见到增派兵马、输送粮饷的行为。负有保障征战后勤任务的陕甘总督，具体议处军机事务的议政大臣，有过什么指示？采取过什么措施？难道他们就是一堆端坐高位的泥塑木偶，只知享受精美供食，不顾前方官兵冻饿死亡，混过7个月了事？况且，也未看到朝廷对这帮有责之臣予以惩罚，这对于一向严明军纪、曾经将几位铁帽子王的大将军革职削爵的康熙皇帝来说也是一个例外，何故？

其四，后果严重。征途遥远，山高路险，粮饷难运，瘴疠严重，准兵凶悍，全军覆没，严重地打击了百官锐气，震慑住了青海蒙古王公台吉。满朝文武大臣不敢再次出兵征准，驱逐策零敦多布军队。青海和硕特部察罕丹津亲王等固始汗的子孙"八台吉"，当准军刚佔藏区时，他们要赶走准军，继承已故拉藏汗的藏王位子，故吵吵嚷嚷要求清朝出兵，他们率部从征。但听到清军惨败消息后，这些人便吓破了胆，不再强烈要求征剿准军了。他们甚至以新的胡毕勒罕格桑桑嘉措的名义上奏朝廷，声称"各处俱有禅床，皆可安设，若为我兴兵，实关系众生"，不需要为了他在拉萨坐床安禅成为新达赖而派大军入藏驱准。② 此时的新胡必勒罕（仓央嘉措的转世灵童）格桑嘉措才11岁，他哪能对军政大事做出正确

---

① 《清圣祖实录》卷273，第23页。
② 《清圣祖实录》卷286，第19页。

判断，这显然是青海蒙古王公"畏惧策妄阿喇布坦，密嘱新胡必尔汗"上奏。①

其五，责在帝君。康熙在圣旨中，把清军失败的原因归诸于"不晓天时地利所致"。这个结论是错误的，是站不住脚的，是在为他的失误辩解。西藏瘴疠，确实厉害，但是为什么准兵没有因为瘴疠而失败？夏季秋季草要变黄，马就渐瘦，此说亦属谬误。一则夏季青草仍多，马牛有吃；二则秋季虽草渐枯黄，但也是深秋至冬天的事，八月、闰八月的时候马羊仍有草吃。又曰运粮的路被雪阻截，运不过去。可当时根本没有后方运送粮草弹药的事，早在八月还没有下雪的时候，清军就是"兵畜完竭，饩均不济了"。既然色楞军队只带了五个月粮米，从三月出发到七月底必然会用完，这点道理，色楞、额伦特不知道吗？他们不会提前遣人催促后方运粮吗？川陕总督、论政大臣们不应该提前赶运吗？可是，史料没有这些运送粮草的记载，活活让四千多入藏征准的将士饿死冻死。康熙打了四次大战，特别是三征噶尔丹，那时他深知粮饷关系到战争的胜负和将士的生命，故而特别重视粮米的运输，还专门委任能臣都御史于成龙率领大批人员负责运送，保证了将士、马匹的食用。

因此，清军的惨败，根本不是"不晓天时地利"，而是要从最高决策者康熙皇帝身上去找原因。两员统兵之将色楞、额伦特，是康熙听从议政大臣的议奏批准任命的；他们只带4600名兵士就入藏与六千准噶尔精兵交战，也是康熙批准的。没有指定统帅、没有规定色楞与额伦特之间的明确关系、没有及时赶运充足粮米和增派援兵等皆与康熙有关，归根结底，康熙的失误是导致清军惨败的根本原因。

康熙主要在四个方面判断和决策，犯了严重错误。一是不知晓准军的实力；二是不了解西藏问题的复杂性，不能简单地只以军事行动来解决；三是对西藏的山高路险、气候恶劣、瘴疠等严重情形认识不足，重视不够；四是毫不了解色楞其人，没有对其恶劣行为及时制裁和采取补救措施；而对额伦特只看到其廉洁忠诚，未认识到其缺乏卓越统帅才干。

---

① 《清圣祖实录》卷286，第19页。

总而言之，既不知彼，又不知己，还不晓天时地利，因而才使康熙犯下了严重轻敌毛病。他还一再宣称，准噶尔汗策妄阿拉布坦之人，"皆乌合之众，其心不一，我大兵一到，即或降或散"。① 征剿侵占西藏的准军，"兵亦不用多，二百余人便可破之矣"。② 所以，这次战争才出现了那样多怪事，才容忍了那样多错误。

---

① 《清圣祖实录》卷273，第9页。
② 《清圣祖实录》卷275，第16页。

清代前期的土地买卖

在古代中国,买卖土地的行为由来已久,其延续不断,十分频繁。秦汉以降,勋贵达官广置庄园,富民大户求田问舍,贫苦农民典卖祖业的事情史不绝书。乏银使用便卖田,积有余钱就买地,这种以田易钱用银取地而且立契为凭的交换行为似乎是十分自由不受任何限制的。这样,便自然而然地引出了一系列的疑问:中国古代土地买卖的真实状况和具体内容如何?它属于什么性质,与近代的土地买卖有无区别?土地买卖是土地所有权的转移,既然其能够自由交换,这种古代的土地所有权又是什么样的性质?它与近代的土地所有权有何不同?这是关系到中国封建社会的性质和特点的重大问题,需要阐述清楚。以往的正史、官书,方志、笔记、文集等历史文献对土地买卖均有所叙述,但一般是比较抽象且过于简略,不易从中了解其详情实况,给我们的研究带来了极大的困难。1963至1965年,笔者参加了历史研究所与中国第一历史档案馆合编《乾隆刑科题本租佃关系史料》的工作,看到了许多具体、详细记述土地买卖的资料,现以乾隆刑科题本为主,结合其他文献,对清代前期土地买卖的几个问题作些论述,欠妥之处欢迎批评指正。

一 先尽亲房、原业

清代买卖田产的手续和规定,大体上沿袭明制而有所增益和发展。一般是从业主请托中人,先问亲房与原业开始,然后买主、卖主、中人三方当面议价,写立卖地书契,交纳田价,付给画字银、脱业钱,丈量地亩，并依照法例报官投税，更写档册，过割钱粮，这样算是进行了买地的第一个阶段。嗣后，还要经过找价、回赎和绝卖，才彻底地完成了这块田地的买卖手续。其名目繁多，关口重重，稍有不当，这笔田产买卖便难以实现。

先说尽问亲房、原业之俗。清代的许多州县，都存在着先问亲房的"乡俗"，一般是卖地时，需先问弟、侄、叔、伯亲房。亲房要买，则应卖给；亲房无钱或不愿购买，再问本家族人；族人不要，然后才能找另外的人承买。不先问亲房径直外找买主是不妥当的，往往要引起争端，甚至惹出人命重案，搞得买主、卖主或卖主亲房倾家荡产，充军问斩。这种案例，在乾隆刑科题本中比比皆是。如河南登封县陈刘氏，因丈夫陈兆高死了以后"家下没什么度用"，于雍正十三年（1735年）十二月，托产行经纪陈兆凝作中卖地。其时，"尽过陈姓本家人，说都不要。侄子陈雅也说没银子"，叫陈刘氏"只管寻主出卖"。陈兆凝找了王仁承买，议价三两三钱银子一亩，写完地契交银丈地时陈雅却来拦阻，混骂王仁"擅买他陈家的地"。后王仁答应"将地让陈雅承买"，陈雅仍然骂不绝口，并追殴王仁。由此二人互相争殴，陈雅伤重而死，王仁也因杀人抵命被判处死刑[1]。

直隶吴桥县姜子兴有地十亩，先尽过族人，言都不买。此时族人姜子宽外出，姜子兴便卖与刘崇文。姜子宽出外归来后，听说此事十分不满，找到刘崇文吵嚷，说刘某"偷买了他家地亩"。二人争执起来，刘崇文跌倒在地痰雍而死，姜子宽被判处绞刑。事发之后，卖主姜子兴到官供称："小的因穷苦难过，原把家中十亩地卖给村人刘崇文，先前原问过族中的人，因姜子宽那时出外做工去了，没有在家，所以没有问他，并不是小的私卖的。"[2] 从这些案子看来，买地不仅要先问弟、侄、叔、伯等亲房，而且还要问堂兄堂弟和堂侄，对族中之人不得遗漏，否则就是"私卖"或"偷买"，可见此习俗之厉害。

---

[1] 中国第一历史档案馆藏《乾隆刑科题本》命案类土地债务类（以下简称刑科题本），乾隆元年十二月十六日，刑部尚书徐本题。

[2] 刑科题本，乾隆二十四年十一月十六日，直隶总督方观承题。

这种先尽亲房、本家、族人的"乡规"、"乡俗",究竟对谁有利?从表面上看,卖地先尽亲房或本家,可使土地长期保持在本族之中,似乎对卖者及卖者家族有利。可是,从大量事实来看,情况恰恰相反——这种"乡规"既引起许多争端,破坏了同族人的感情,又严重地损害了卖者的利益,对族内贫穷之人也没有好处(他们根本拿不出钱来买地),只不过是为族中富户豪民贱买田产提供了方便而已。贵州普安州李廷槐,分受祖遗屯田一分,乾隆四年(1739)出当与李廷科,价银五两五钱。乾隆二十七年,李廷槐将田赎回,转卖与郎抢宾,议定田价是二十一两。与李廷槐同祖所生的堂兄李廷贤知道这个消息后,向李廷槐说:"这田是祖遗的,不许卖与外姓。"于是廷槐同意取消原约卖与李廷贤,价银照郎抢宾的二十一两出卖。但廷贤却坚持只能照过去当与李廷科的价银五两五钱承买。这分明是借端抑勒,时间已过去了23年,田价涨了很多,并且五两五钱不是卖价,而是当价,卖价自然要比当价多一些。一份价值二十一两的屯田,李廷槐却要依仗"先尽亲房"的俗规,仅以五两五钱银子就要买取,这样的贱价抑买李廷槐当然不愿依从。故而李廷贤多次吵闹,乾隆二十七年八月十九日,他又带领儿子楸党等四人各拿木棒来到廷槐家门,"硬要"廷槐写契"强逼成交"。其间楸党挥动大棒,将其堂叔李廷槐打得满头流血,晕倒在地,廷槐之子李慕德愤怒反抗,打死楸党。官府判决:李慕德依"殴本宗小功尊长致死律"拟斩立决,先行刺字;李廷贤"短价强逼买田酿衅",杖八十,折责三十板;李楸朝、李楸瑞,随同其父李廷贤嚷闹,"致成人命,亦属不合",杖七十,折责二十五板[①]。先尽亲房之俗,伤了同祖所生子孙的和气,破坏了骨肉同胞之情,死了两条人命,杖责三人,两家聚讼经年,花钱打点费用浩繁……如此,真是人死财空,祸害无穷。

有些州县还流行着卖地"先尽原业"的习俗。陕西咸宁县张稍,曾将九亩九分地卖给李必忠家。乾隆二十六年,李必忠卖地与张国佐原业主张稍的亲房张仲建"执卖地先尽原业俗规",告诉张国佐说:他是亲

---

① 刑科题本,乾隆二十八年三月二十三日,贵州巡抚乔光烈题。

房,"见卖得赎,他要赎这地亩"。张国佐同意放赎。张仲建却因筹措不到银钱,一时未赎,并借故与张国佐家争吵,相互斗殴。后张仲建之弟张仲必打死张国佐,被官府判处死刑①。湖南新宁县何文生,于雍正年间买族人何士文的祖父园土一块。乾隆二十四年,何文生之孙何廷秀"无银使用",把园土卖与周绍美。何士文因何廷秀转卖园土时"不照依乡规先尽问原业主","不来通知,私地卖与周绍美为业",甚为不满,屡往吵闹,并"强犁"园土,使其"不能安业"。周绍美之弟周学子拦阻,打伤何士文;何士文之弟何士武救兄相拒,殴死周学子,被依律绞死②。

　　这种卖地先尽原业的"乡俗",对一般农民来说也是害多利少。因为,一方面,原业主的家族可以凭借"先尽原业"之俗贱价抑买田地;另一方面,田产卖出年久,地价上涨以后,买地之人因贫转卖时,如果原业主积有余钱,也可能借用此规欲图低价买回,这样就会损害买主的利益。例如,四川眉州沈长现,乾隆十一年将"一分祖遗田地"卖与沈文瓒、沈文乔,自己迁到峨眉县去住。乾隆三十一年,沈文瓒要出卖这分田地,先去信通知沈长现。沈长现及其子沈文元带银回来,与沈文瓒议价,沈文瓒要三百七十两银子,这是按当时田产行情提出的,没有多要。可是沈文元只肯出二百五十两,少了三分之一。沈文瓒当然不会同意,时值邻居刘占明要买田,愿出三百七十两承买,写立田契,付银买地。沈文元因贱价抑买未成,对地被刘占明"私下买去"十分恼怒,即前往拦阻殴死刘占明,故而被官府判决,依律拟绞③。沈文元之父沈长现是豪强大户还是自耕小农或半自耕农?档案虽未写明,但有两点是记载清楚的:其一,他家是卖地迁居,不是因贫卖地,不是迫于官赋私债卖地;其二,沈长现、沈文元刚见到沈文瓒的信就立即带银回来,愿出二百五十两。二百五十两银不是些须小数,可买粮谷四、五百石,如果沈长现家不富裕,怎能立刻筹得二百五十两银子?由此可见,沈长现家不大可能是贫寒小户,因而其依恃原业贱买田地之实质就显示无遗了。

---

① 刑科题本,乾隆二十七年四月二十二日,陕西巡抚钟音题。
② 刑科题本,乾隆二十七年闰五月初五日,湖南巡抚冯铃题。
③ 刑科题本,乾隆三十二年四月二十一日,四川总督阿尔泰题。

二 画字银与脱业钱

　　画字银，是卖主及其亲房、族人在田地正价之外，向买主索要的银钱。画字银之俗，在许多地区颇为流行，名称不太相同，给的数目也多少不一，经常为此引起纠纷，甚至酿成命案。湖南省的一些州县叫画字银为"挂红线"。湖南桃源县刘东山弟兄，将汪家塌田屋山凭中人刘清士卖与丁庭贵，价九十六千文。"因乡间俗规，买主在正价外，另有酌给挂红钱文"，丁庭贵议给挂红钱三千二百文，约定过几日送交。随后，刘东山外出，其弟刘大庆屡向丁庭贵讨要，均未付给。两年之后刘东山回家，邀约原中与乡保到了家索取。丁庭贵借口"从前买价已贵，不肯再出"，其子丁科还责备刘东山"不应讨钱"，对其肆意辱骂并要动手殴打。刘东山十分气愤，回家约同刘泽宏等四个兄弟，携带木锄、铁条来到丁家。双方吵骂相殴，刘泽宏打死丁科。湖南巡抚浦霖上报皇帝时拟议：刘泽宏绞监候，秋后处决；刘东山杖六十，徒一年；丁庭贵原曾议给挂红钱，后又"撒赖不给"，"辄行翻悔不交，致肇衅端，甚属不当"，"其挂红钱文，系乡例相沿，仍照追给领。"①

　　有的地方，画字银相当多。安徽合肥县雷相民，乾隆二十年将八斗六升半秧田及基地、房屋三间卖与贡生许赓元，"言明正价四十两"，"又过割交庄画字银十两"②。正价四十两，画字银却为十两，相当于正价的百分之二十五，可买粮谷十余石，确实是不少了。

　　不仅卖主本人要领画字银，他的同胞弟兄也要索讨。四川涪州杨榜，乾隆十四年三月将田一分卖与杨仕荣，价银一百三十两，其兄杨显、杨椿二人各得画字银九两，杨椿又另外得写契银一两，共十九两。八月初，杨显"因家里穷苦，没得吃"，央中人要杨仕荣再给一两，"以符杨椿所得之数"。杨仕荣不给，杨显即强割其田稻谷二石，并殴死前来劝解的张

---

① 刑科题本，乾隆五十四年三月初九日湖南巡抚浦霖题。
② 刑科题本，乾隆二十一年七月十七日，安徽巡抚高晋题。

全德被依律拟绞监候①。

这种亲房弟侄的画字银,在一些地区已经成为乡规俗例,凡是田产交易,买主必须付给这笔钱,否则要引起很多麻烦。湖南武陵县邱成贵,乾隆四十年三月初五日,将田四斗八升卖与邱承荣。"武陵俗例:凡是卖产,亲房弟侄都有画押的钱文"。当时,邱成贵之侄邱胜陇因事外出,没有画押。二十五日邱胜陇回来,按照"俗例",向邱承荣索讨画押钱,并出言辱骂,动手殴打,被邱承荣之子邱胜藩打死②。

有些地区,索要画字银的人员不仅包括卖主及其亲房,范围还更加广泛,连卖主本支户族之人都可索要。乾隆三十九年十月,湖南绥宁县唐玉文,将牯中冲、硬头冲两处田亩卖与唐兴才,"契明价足",买卖本身是没有问题了。可是,"绥宁俗例:凡是卖产,业主本支户族,都给画字银两。"唐义灿及侄唐恩恒因与唐玉文"支派相同",就按照"俗例"向唐兴才索讨银两。唐兴才给了五两,唐思恒二人嫌少,收银之后又去阻拦买主收割,说"少给画字银子,不许收谷"。后双方辱骂互殴,唐思恒伤重而死,唐兴才被判处绞监候。唐文灿并不是卖主唐玉文的亲房弟兄,只不过是其堂弟;唐思恒虽号称是"唐文灿之侄",但已出了五服,隔了六代,只是其"无服族侄",他与唐玉文相差更远,相隔九代③。这样的堂弟,这样疏远的无服族侄,居然也可以说成是"支派相同",可以凭借"业主本支户族"的资格向买主索要画字银,给少了还不行。如果算上卖主及其亲房弟侄叔伯,卖主的堂叔,堂伯、堂兄、堂弟,卖主的有服族叔、族弟、族侄,卖主同支的其他无服叔侄、族弟,讨要画字银的人就相当多了,买主需支出大量的银钱。

有些州县还有分给卖主"族戚"的"脱业遗念钱"俗例。湖北随州向高怀自幼收养陈世洪为义子,改名向正明。向高怀先死,乾隆三十七年七月其妻张氏亦病故,向正明找族长向奉早商量,要卖田安埋。向奉早同族戚议定,将向高怀遗下二十亩田留一半给向正明,其余十亩田凭

---

① 刑科题本,乾隆十五年十二月二十九日,署刑部尚书阿克敦题。
② 刑科题本,乾隆四十年十二月二十七日,大学士管刑部事舒赫德题。
③ 刑科题本,乾隆四十一年七月初四日,大学士管刑部事舒赫德题。

中卖与彭玉忠，田价作葬母之费。因本地"俗例"："绝户卖田，要给族戚们脱业遗念钱，议定正价一百一十千文，"脱业钱"二十千文，所卖正价，除去安葬费，"如有余钱"，仍要"分给族戚作遗念"。向奉早先拿到脱业遗念钱十七千文，分给向高怀的族侄向正元、向正富各四千文，给兄长向奉起二千文，本人分三千文；作为"脱业礼"，给向正明的亲姑夫聂开周四千文，"作遗念"。向正明所得地价一百一十千文，除去安葬费用外，还剩十七千余文，亦分"给族戚们作遗念钱"①。

在许多州县，买主虽然交清了田地正价，付了画字银，费用已经颇为可观了，但是问题还没有完，还得拿出一笔钱给予这分田地的"原业主"，即上首业主。这种乡俗流行比较广泛，名目不一，已经成为"俗例"，一般是必须付给，不给不行。其时，湖北襄阳、江陵及湖南安化等州县称这种钱为"脱业钱"。湖南安化县李祥一，把夏家冲田地卖与李彩槐以后迁往湘乡县居住。乾隆四十三年，李彩槐又转卖与李茂柏。"乡间俗例：凡是卖田，上首业主原有脱业钱文"。因李祥一不在，当时没有付给。乾隆四十四年李祥一回籍查知，托李彩槐告诉李茂柏：他是"老业主，要讨脱业钱。"李茂柏借口"成交日久"不给，双方争吵斗殴，李祥一被李茂柏之子李高桐打死，官府判处李高桐死刑②。

安徽寿州及霍邱县的一些乡镇，叫这种钱为"喜礼银"。安徽霍邱县汪登，曾将庄田三斗与汪让相换。乾隆二十年十二月，汪让凭中人汪月江将田卖与汪凡机，价钱十千文。"霍邱乡间俗例：凡田地转卖，原业主该有喜礼钱。"汪登因系原业主，便到汪凡机家依循乡例索要喜礼钱，双方争吵打架，汪凡机伤重殒命，汪登被判绞监候③。

安徽六安州、河南固始县叫这种钱为"贺银"、"赏贺银"。乾隆十九年，安徽六安州杨之安卖了一分田产与徐恒章，其中一石二斗田的原业主是杨敬宗。六安州"乡间俗例：凡有把产业转卖别人，原业主都要问卖田的要几两银子，叫做贺银。"杨敬宗之子杨晨熙，因父患病，到徐恒

---

① 刑科题本，乾隆三十九年正月二十六日，湖北巡抚陈辉祖题。
② 刑科题本，乾隆四十五年十二月十三日大学士兼管刑部事英廉题。
③ 刑科题本，乾隆二十一年十月五日安徽巡抚高晋题。

章家想要几两银子。徐恒章不给，杨晨熙说："这是向来俗例，多少要给几两银子的。"田邻范世魁也帮着说："原业主要几两贺银，也是该的。"彼此出言辱骂斗殴，徐恒章之子徐彬文扎死范世魁，被判死刑①。

从"俗例"的形成、名称的不同及案件之多，可见"画字银"与"脱业钱"习俗的流行是相当广泛的。现在我们要进一步探讨这种习俗的利弊和影响。根据档案和有关文献，我们认为，这两种乡俗的普遍存在，对农村社会、农业经济及土地所有制和土地买卖产生了相当大的影响。业主出卖田地，除正价以外还可以获得画字银，该地转卖时又可索要脱业钱，业主的亲房、本家、族人也能领到一些钱……这对业主来说自然是增加了一笔收入，对困窘的家庭有所补益，可略解燃眉之急。就此而论，这种习俗在短暂时间内应当说对业主是有些好处。但是，从根本上说，从长远来看，这种习俗是封建制度的产物，对农业经济的发展起了很坏的影响，不利于土地买卖摆脱封建制度的束缚向资本主义的土地买卖过渡，对业主也并非真正有利。

画字银与脱业钱的俗例，使买主要多支出一笔钱，有时，这笔钱的数量相当多。如果再加上卖主本家的画字银，付给原业主及其族人的脱业钱，数目就更为可观了。这种钱，实际上是附加的地价，是封建制度、封建势力、封建习俗强加于土地买卖的追加的地价。这样，地价便提高了，从而使得原业主买回祖业的努力更加难以收效。尤其是对贫困的自耕小农、半自耕农及兼营手工副业的小块土地占有者来说，他们本来就是因为衣食不周，艰窘难熬或葬亲乏银、欠赋无交而被迫出卖祖遗薄产，以后或者是租种原因沦为佃农，或者是佣工为业，挣点糊口之资，或者是四处流浪乞讨维生，哪能能力积累足够数量的钱，用来支付正额地价（正额地价也在不断增长），并支给画字银，付与脱业钱呢？这样一来，他们重买田耕再振家业的愿望就很难实现了。

并且，在一些地区，田地转买时，上首的原业主所得的脱业钱并不是新买主付给的，而是由转买田地的卖主交纳。安徽寿州方冠，曾将父

---

① 刑科题本，乾隆二十一年闰九月初五刑部尚书鄂弥达题。

亲遗下的五斗种田卖与无服叔祖方子玉。乾隆七年，方子玉把这块田与张世明的一处基地对换，方冠因"寿州俗例：产动，原业有分喜礼"，就向方子玉索要"转业喜礼"，方子玉应允给二两银子。方子玉将田丈量给予张世明时，方冠为之书算，得了两石稻谷。方冠认为这些稻谷是"丈田谢仪"，方子玉却说是"转业喜礼"，双方争吵，方子玉被方冠之子方连扎死①。湖南湘潭县张开源，曾买邱再阳家田亩，乾隆五十六年转卖与陈芳桂。"湘潭俗例：出卖田产，原业向有画字银。"邱再阳援例索讨，张开源答应给银三两，邱再阳嫌少，争闹斗殴，邱再阳伤重而死，张开源被判处绞刑②。这样的脱业钱习俗，实际上减少了卖主的地价收入，对贫民小户显然是有害的。当然，总的看来，原业主向卖主索要脱业银的情况还不普遍，更多的仍然是向新买主、新业主讨要。

画字银、脱业钱的习俗提高了地价，增加了经营地主、佃富农及其他富裕农民购买田产的费用，相应地减少了用于改良土壤、增添牲畜、改进技术、提高产量的资金，加重了他们的经济负担，对经营地主和富裕农户的发展是很不利的。而且，画字银、脱业钱的索讨和支付经常引起纠纷，酿成事端，使得不少卖主、买主、原业主及其亲房、本家族人，甚至田邻、中人、劝解者为此而伤了和气，以至搞得倾家荡产。这些触目惊心的事例，自然会影响经营地主、富农、佃富农购买土地扩大生产的积极性。因此，索讨画字银、脱业钱的习俗对农业经济的发展是不利的，其阻碍了土地买卖摆脱封建制度束缚向自由的资本主义的土地买卖过渡，是一种落后的封建习俗。

三 活卖、找价、回赎与绝卖

土地买卖，本来也和其他物品如衣服、粮谷、器皿以及牲畜的交易一样，一经出卖就归买主所有，卖者再也无权干预，不存在索找补贴价

---

① 刑科题本，乾隆九年五月十六日刑部尚书来保题。
② 刑科题本，乾隆五十七年十二月初五日大学士管刑部事阿桂题。

银或备钱回赎的问题，当然也就无所谓活卖、绝卖之分了。可是，随着社会的进展，田产买卖的日益频繁，地租额不断增加，地价的持续上涨，土地这一封建社会中最根本的生产资料，在交易的过程中就显示了与其他物品颇不相同的特点，出现了活卖与绝卖的区别，产生了索找价银和回赎原业的习俗，这在清代表现得尤为突出。

我们先引录乾隆刑科题本所载的一份卖地文契来看看。康熙六十年（1721年），江苏武进县刘文龙将田一亩八分卖与陈德山家佃种纳租，写立了卖田文契。其契如下：

> 立卖契刘文龙，今将惊字号平田一丘计一亩八分，央中卖与陈名下收租，得受价银七两，每年完租夏麦五斗四升、冬米一石八斗，如有不清，听凭业主自种，立此存照。康熙六十年七月日，立卖契刘文龙。凭中伯之球兄文信。代笔张茂之。①

这张文契，一开始就点明了它的性质，是卖田之契而不是典契；接着又写了田地数目、卖地价格及买主姓氏，最后中人、代笔人、卖主在契上画押。照说，这笔田产的交易就算完成了，此后应由买主陈德山家管业收租，卖主不能再对此地提出要求了。但按照清代民间社会实际上流行的习俗和清朝政府的法例，这张文契只不过是土地的活卖之契，而不是绝卖契；这块田只是活卖，不是绝卖。

所谓"活卖"，是卖地之时业主于契上载明"卖活契"、"不拘年月远近，银到归赎"等字句，或者是虽未写这类文字但也未注明"杜绝"等词句。这样的卖田叫做活卖，卖主有权随时备办原价银钱向买主赎回此地，或要求买主"补贴价银"，买主不能"揞勒不放"，也不能拒付找价银钱。我们先引两张有代表性的活卖地契来看看，第一张是注明了"活卖"的地契。雍正元年（1723年），山东兰山县营子村农民杨樾为筹办钱粮，将地六亩托中人卖与杨洪如，立契如下：

---

① 刑科题本，乾隆二十三年正月二十三日江宁巡抚明德题。

"立卖活契人杨槲同子杨文炳、杨文卓，因钱粮无凑，央到中人曹德仁说合，情愿将业地六亩卖与杨洪如名下耕种为业，言定时价银三两六钱，其银当日收足，并无短少，钱粮如契过割。恐后无凭，立契约存照。雍正元年十二月初三日，立卖活契人杨槲同子杨文炳、杨文卓。执约人杨洪如。说合人曹德仁。代字人阚克恭。"①

这张文契载称，杨槲因凑办赋银，乏钱使用，将地六亩卖与杨洪如为业，而且要报明官政，过割钱粮。可见，从所有权角度看，这六亩地已转归杨洪如所有，杨洪如是这块地的业主了。但是，契上又两次着重载明，这张契是"卖活契"。由此可以肯定，这六亩地之出售，是活卖而不是绝卖。

有的文契并未标明活卖字样，但也是活卖。雍正十二年，江苏镇洋县殷顾氏将田七亩八分卖与潘晋扬，立下卖地文契：

立卖田文契殷门顾氏同叔殷足，为因钱粮急迫，央中金胜贤，愿将自己坐落东一都短字圩官民田七亩八分，卖到潘处为业，二面议得时值田价银一十一两五钱正，言定五周年为满，其银契下一并收足。自卖之后，任凭立户办粮，并无上下门房阻挡，亦非债准重易等情，此系两愿，各无后悔，欲后有凭，立此卖田文契为照。计开银色九六法马。入山号四处另开。雍正十二年五月日，立卖田文契殷门顾氏同叔殷足。中金胜贤。②

这张文契没有写"卖活契"三字，并载明"言定五周年为满"，仅就此而言似为典地，定有典限。可是，契上又有"立卖田文契殷门顾氏"，"卖到潘处为业"，而且规定"自卖之后，任凭立户办粮"，即报告官府，更换册簿，过割钱粮，这又完全是卖地买地的意义。由此可以判明，所谓"言定五周年为满"，不是讲将此地典出以五年为限，而是说此地是活

---

① 刑科题本，乾隆四十一年十一月初十日山东巡抚杨景素题。
② 刑科题本，乾隆十五年二月二十二日两江总督黄廷桂题。

卖，不是绝卖，五年以后可以回赎。

既为活卖，卖主就可以向买主找补银钱，或叫贴补银钱，通常简称为"找价"。原业主索要找价银的理由，一般都是诉说原价太少，需要补贴。前面曾经谈到江苏武进县刘文龙于康熙六十年将田一亩八分卖与陈德山，价银七两。雍正七年，刘文龙以"原价轻浅"向陈家索找，立下找契：

> 立找契刘文龙，向有惊字号平田一亩八分，卖与陈名下收租。今因原价轻浅，央中找得银一两正，其田仍照前契，业主收租，立此存照。雍正七年八月日，立找契刘文龙。中张芳之。①

这种找价，有时不只找一次，而是二次、三次、四次，直到找绝为止。刘文龙于乾隆十四年再向陈家索找，立契为证。其契如下：

> "又立找契刘文龙，向有惊字号平田一亩八分，卖与陈名下，原价轻浅，找过一次，仍未敷足，今再央中向找银七两，前后共收银十五两。自找之后，田虽原主承种，如有租息不清，听凭业主收回自耕。恐后无凭，立此存照。乾隆十四年二月日，立找契刘文龙。中王元、陈瑞章。代笔元襄。"②

尽管这块田已经找过两次，但契上并未注明找绝，并未说以后再不许找，因而卖主刘文龙还可以再向买主索要补贴银两。

卖田之后，一找、二找、三找之事经常出现。湖南邵阳县邓成明，于康熙二十九年将田二亩五分活卖与肖如先家，价银五两七钱，契载"原价到日，将地退还"。康熙三十二年，邓成明向肖家"索过补价银三两"；康熙三十六年又"索过脱业银一两"，皆分别写立文约，前后共立三契，由肖家管业。乾隆二年七月，邓成明之子邓志茂托邓君志、许在

---

① 刑科题本，乾隆三十二年正月二十三日江宁巡抚明德题。
② 刑科题本，乾隆三十二年正月二十三日江宁巡抚明德题。

田向肖家赎田，肖如先将卖地文契及两次找价文契拿了出来，邓君志二人看后认为不能回赎，并转告邓志茂。邓志茂说："父亲三次只得他九两七钱银子，原是轻价，如今时价就值得二十多两"；"他若不肯叫赎，叫他再补些价银"。许在田听后，劝肖家再补几两银，肖如先坚持不肯，致双方争吵出了人命案①。江西雩都县温仪上，康熙三十七年将田租十六石六斗卖与钟卓仁家，随后"找过价银八两五钱"。乾隆四年，温仪上之妻李氏因"家里穷苦"，找过价银一两二钱；乾隆五年，李氏以"年纪老了，没有养活"再找价银十两；乾隆六年，李氏再以"同病起，没得吃"，又找价二两，"前后共找价四次，俱立有契"。乾隆七年李氏再往索讨，钟卓仁不依，闹出命案，官府以"李氏屡经找价肇衅"，罚杖七十②。

找价之俗官府一般是承认的，如果买主不交应该付给的找价银钱，引起纠纷后官府还要惩办买主。江西广丰县潘奠宁，将粮田二十四亩卖与盛生张健行，后因"田多价少"，潘"希图找价"，并赴县控告，要求回赎。知县断令张健行交纳找价银十四两，张未立即付给，遂惹起争端，发生命案。官府以"张健行不将断找之价即银交领"为由，依"不应轻律"笞四十，责合上交找价银十四两，给与潘奠宇③。

与活卖相联的还有回赎。回赎，是业主将田活卖以后，经过一段时间备足原价或加上找价银钱向买主赎回原田。这种情况，只要不是绝卖，价没有找尽，年限不太久远，买主必须收银放赎，即使此田已经几易其主都必须赎回，归原主管业。有些业主，出卖田地之时就在契上注明"回赎"、"银到归赎"或"银到契还"等类字句，卖了以后经过若干年月，原主就备银回赎。江苏常熟县卢明岗，乾隆九年将田十九亩及随田草房卖与叔父卢国荣管业，曾经找过田价，正贴价银共五十六两。乾隆十六年十一月，卢明岗再向叔父索要找价银，卢国荣无银付给，应允放赎，让卢明岗备足原价及找价银两赎回其田。卢国荣写立放赎凭票如下：

---

① 刑科题本，乾隆三年七月十六日护理湖南巡抚印务张璨题。
② 刑科题本，乾隆八年十二月十二日刑部尚书来保题。
③ 刑科题本，乾隆三十二年十一月十六日大学士管刑部事刘统勋题。

立凭票叔国荣，为因昔年曾买明岗侄畏、寥两号田一十九亩、随田草房两间一厦，共价银五十六两正。今田无力找贴，若有原价，情愿即便放赎。恐后无凭，立此凭票为照。乾隆十六年十一月日，立凭票叔国荣。中吴新在。①

与活卖相对照的是绝卖。出卖年久无力回赎，或一找再找，活卖便变成绝卖；也有一开始就将地卖绝的。所谓"绝卖"，本来的意思是此地出卖之后永归买主管业，不能再索要找价银钱，也不能备银回赎，契上或载明"杜卖"、"绝卖"字样，或规定"永远管业"、"永不加找、"永不回赎"。现引录一张绝卖地契看看。广东兴宁县蔡廷献、蔡廷树的母亲蔡刘氏，有口食田五升，乾隆十年卖与生员刘兆云（原名刘璋如），写立绝卖文契：

"立卖契入蔡刘氏，今因乏食，母子商议，愿将承祖分下口食坐落士名蕉头窝田三坵，又大路边田二坵，共田种五升正，内载粮米七合二勺，要行出卖。先招后招，无人成交，自请中人，送与刘璋如承买，就日亲领到田，踏看界址分明，回家立契。三面言定时价足色银九两正，当日银契两交明白，并无短少债贷准折等情。其田自卖之后，任从买主另批别佃，过户当差，永远管业，廷献兄弟日后永不得收赎，亦不得借端加找等情。空口无凭，立卖契为照。的笔男蔡廷树。中人马俊荣。在场林清桂。见人蔡廷辅。乾隆十年十一月二十七日，立卖契人蔡廷献、蔡廷树。"②

将这张契与前引之刘文龙卖地契相比，虽然都是"立卖契"，未标明活卖、绝卖，但后者是写明"卖与陈名下收租"，如欠租谷，"听凭业主自种"；而前者却是自卖之后任从买主"永远管业"，"永不得收赎，亦不得借端加找"。故前者是把地卖绝了，卖断了，两者之间有很大的差别。

---
① 刑科题本，乾隆十七年八月十七日江宁巡抚庄有恭题。
② 刑科题本，乾隆十一年十一月十六日刑部尚书阿克效题。

此外，不少地契除规定不得找价、回赎以外，还特地明确写为"杜卖契"、"绝卖契"。例如，安徽合肥县雷相明将田卖与贡生许赓元，这分田产就是绝卖，雷相明写立了杜卖文契：

"立杜卖田房契人雷相明，今因手头不足，情愿将父遗实种一石在册方口八斗六升半田，并公塘外浮房三间、南首基地一块，东西南俱以田为界，北以墙根为界，四至凭中踹明，出卖与许赓元名下子孙永远为业……其田自卖之后，听凭许宅择佃耕种，过割全耕，永不加找回赎。此系两愿，并无勒逼成交货物利债等情。今欲有凭，立此杜卖文契，永远存照。乾隆二十年三月十六日，立杜卖契入雷相明。凭中邢维圣等。"①

从以上文契可以看出，本来绝卖契与活卖契的根本区别在于能否找价、回赎。活卖契不管是否注明可以找价、回赎，或是不写明绝卖，卖主与这分地产并未彻底断绝关系，还能够索要找价银钱，还可以备办原价银回赎；而绝卖地卖则写明永不加找、永不回赎，也就是说，将这块田地卖尽了，卖断了，卖绝了，永远脱离关系，让此地世世代代归属买主所有，原业主及其子孙不得再对此地提出任何要求，不得再行找价，不得再行回赎。但是，随着时间的推移，形势不断发生变化，绝卖的含义也有了新的内容，许多地方都发生了绝卖之后原主继续索讨找价银、要求回赎的案件。现引二例为证。广东龙川县邹立坤于康熙五十五年将亚公坪田三亩"绝卖"与曾玉登，价钱三十千文。乾隆十三年，曾玉登将田转卖与叔伯兄弟曾玉堂，"因田价渐贵"议增二十二千，得钱五十二千文。邹立坤之孙邹葵生知悉后，"想起近来田地甚贵"，以其"转卖多钱，复要找价"。乡老谢德捷劝令曾家出钱一千二百文，邹葵生收后嫌少，仍然"希图找贴"，遂与曾家相吵，殴死一人。官府除判处邹葵生绞监候以外，以田系"绝卖，按例不应找贴"，责令邹家此后"毋许再行索找滋事"②。福建武平县钟乘龙家，曾

---

① 刑科题本，乾隆二十一年七月十七日安徽巡抚高晋题。
② 刑科题本，乾隆十四年二月初一日广东巡抚岳濬题。

将棉花田五秤"绝卖与舒科伯",乾隆二十年舒科伯把这块田及自己的十五秤田"一并卖断与苏得一之父苏荣山为业"。乾隆二十七年,钟乘龙"因发底乏用"向苏得一索找,苏以"田非向钟家所买,又系卖断之产,不允"。双方争殴,钟乘龙伤重而死。官府判决说:"棉花田五秤,既系卖断之业,例不准找。"①

尽管买主不愿在绝买之后另付找价银,官府也多次申禁不许加找,但卖主仍然纷纷讨要补贴银钱,一些买主也同意了这种要求,付给找价银。安徽怀宁县监生刘梅的祖父于雍正十二年买了杨廷荣家田亩园地,"契载杜绝",本来是不能再找了,可是杨家却因"原价甚轻",屡向刘梅的父亲刘万纪"索找加价":其乾隆三年加银二十两,乾隆九年又加银十四两,乾隆十八年再加二十两,三次共五十四两,"都有纸笔叠据"。乾隆二十二年十二月,杨廷荣"因家里穷苦,不能过年,无处设措,想到刘万纪家再找九两银子度岁",刘万纪不肯再给,双方争斗,刘万纪被殴死。官府判处杨廷荣"绞监候",并令"刘梅所买杨姓田亩园地,饬令照契管业,毋许杨姓再行加找"。②

前面曾经提到的江苏镇洋县殷顾氏,雍正十二年将田七亩八分卖与潘晋扬时写立活卖文契,价银十一两五钱,契载"自卖之后,任凭立户办粮",同时又立下"找绝田文契",将田找价绝卖。其契为:

"立找绝田文契。殷门顾氏同叔殷足,为因钱粮急迫,曾有契卖东一都短字圩田七亩八分,卖到潘处为业,已经得价。因原价不敷,复夹原中金胜贤,三面议定找绝银七两正,契下一并收足。自找之后,再无不尽不绝。欲后有凭,立此找绝田文契为照。雍正十二年五月日,立找绝田文契。殷门顾氏同叔殷足。原中金胜贤。"③

这张"找绝田文契"本文已经写明此田找价绝卖了,从此以后"再

---

① 刑科题本,乾隆二十八年八月十八日广东巡抚定长题。
② 刑科题本,乾隆二十三年十一月初七日安徽巡抚高晋题。
③ 刑科题本,乾隆十五年二月三十日两江总督黄廷桂题。

无不尽不绝"，即再也不能找价了。可是后来卖主却仍然继续索找，买主也一再付给找价银。雍正十三年，殷家向潘晋扬找银四两，写立"贴绝田文契"如下：

"立贴绝田文契。殷门顾氏同叔殷足，为有者年契卖东一都短字圩官民田七亩八分，卖与潘为业，已经得价得找外，因原价不敷，复夹原中金胜贤，三面议得贴绝银四两正，契下一并收足。自贴之后，再无不尽不绝，永远潘姓管业，与殷姓无干。欲后有凭，立此贴绝田文契为照。雍正十三年五月日，立贴绝田文契。殷门顾氏同叔殷足。原中金胜贤。"①

这是第二张找绝田契，第二次绝卖了。两次找绝银共十一两，仅比卖地正价少五钱，后一张贴绝田契特别载明"自贴之后，再无不尽不绝，永远潘姓管业，与殷姓无干"。照理而论，这总可以算是彻底绝卖了，总不能再找再贴了，然而问题并没有完，卖主还要索讨，买主也要如数付给，而且上首原业主也要讨要银钱。乾隆二年，殷顾氏邀同上首原业主潘薛氏向潘晋扬再索找价银二十四两，潘薛氏分得二两，写立杜绝田文契。其契如下：

"立杜绝田文契。潘门薛氏同男凤观，为有先夫潘仲卿祖遗东一都短字圩官田七亩八分，于康熙四十七年间得价卖与殷处，殷亦转卖潘晋扬处见在管业。今因尚亏原价，为此协同原中，向潘晋扬找绝田价银二十四两正，契下一并收足。自我之后，其田任凭潘姓建房造坟开河掘沟，与潘、殷二姓永无干涉。欲后有凭，立比杜绝田文契为照。乾隆二年九月日，立杜绝田文契。潘门薛氏同男凤观。过于殷门顾氏。"②

---

① 刑科题本，乾隆十五年二月三十日两江总督黄廷桂题。
② 刑科题本，乾隆十五年二月三十日两江总督黄廷桂题。

这份田产,从雍正十二年出卖到乾隆二年,四年之中三立找绝文契,找绝之后再贴绝,贴绝之后又找绝,找价银累计为三十五两,超过卖地正价十一两五钱的百分之二百。这田直到最后一次才算彻底找绝,真够复杂了。

正是因为绝卖之后索要找价的行为比较普遍,一些州县还形成了绝卖之后可以加找一次的"俗例"。比如,安徽怀宁县江益珍家于乾隆四十七年将田种三石绝卖与黄廷粥,价钱一百三十四千文。乾隆五十一年,江益珍"因贫难度","照乡间俗例杜卖加找一次",央中人黄以千向黄廷粥"议定加添足钱七千五百文","写立加约",讨黄家收存①。

以上扼要地介绍了活卖、找价、回赎与绝卖的基本情况,现在我们要进一步分析找价、回赎的利弊及其对社会、对农民与地主阶级的影响。

从表面上看,找价、回赎习俗对地主阶级颇为不利,对农民阶级好像还有些好处。田地出卖之后,原主要索找价银、要备银回赎,使买地之人(这自然是以地主为多)增加了一些用费,有些田地确实也被原主及其子孙赎回去了,给买主带来了一些麻烦,就此而论,对买主是不利的。从卖主(多为自耕小农、半自耕农及小块土地占有者)来说,他们出售祖产之后,能够陆续讨取一些补贴价银,可以暂时渡过无米下锅的难关,略解燃眉之急,积有余银之日(这种可能性不太大),还可赎回祖业,这样看来,似乎找价、回赎之规给他们带来了好处。但是,这只不过是表面假象,如果联系清代历史实际深入分析,我们便可看出,从根本上说,从长远来看,找价、回赎习俗对农民阶级的危害是很大的,它不利于农业的进步,它阻碍了社会经济的发展。这种习俗至少有以下四大弊病:

第一,找价的数目相当大,原主很难回赎。从乾隆朝刑科题本看,原主索要的找价银,或是一两次,或是三四次,钱数都不少。自耕小农和半自耕农是兼营小本买卖或手工业的小土地占有者,他们或者是由于"钱粮急迫"、利债催逼,或者葬亲乏资、药费无措,或者是"贫穷难熬"

---

① 刑科题本,乾隆五十三年五月初二日安徽巡抚陈用敷题。

无法生活，万不得已才走上这条绝人之路——被迫出卖先祖遗传下来的小块田地。卖地之后，其全家老小或是佃地耕种缴纳高额地租，或是长雇短佣挣取微薄工钱，处境更加艰窘，收入更加减少。如此，他们连糊口维生都很困难，哪能积蓄起足够的钱去赎回原业？这种因贫难赎之例，在刑科题本中比比皆是。江苏镇洋县张庄，康熙六十年将田三十亩卖与朱瑞先，价银九十两，第一次贴银二十七两，第二次贴银十六两，第三次再贴银三十两，合计七十三两，相当于原价百分之八十一。此田正价、贴价共一百六十三两，可买谷三百余石。张庄卖地以后更加穷困，雍正十二年"因穷苦不过"，身带尖刀来到朱瑞先家，借口"贴价银子还短些银色，要他找几两"，若不给与"就刎死在他家里，也讨口好棺木"。① 这样贫穷不堪之人，哪能能拿出一百六十三两银子去赎地？

第二，一再找价，使活卖找成绝卖。原主乏银使用，将田活卖以后出于各种原因急需银钱，其无处筹措，只好向买主索要找价银，写立找绝文契，将地绝卖。湖南耒阳县李龙生于康熙四十二年将田禾十二担卖与王宜忠，价银三两。雍正六年，李龙生之侄李子逵、李子照向王宜忠找价，王宜忠凭中人将田禾四担退与李家，又给银三两九钱，找绝了八担田禾，"找契内载明永远绝卖字样"②。此外，有的原主是卖田佃种，欠租无偿，把所欠租银抵作找价，将田找绝。浙江江山县徐汝南，于雍正十一年至乾隆五年陆续将田十二亩分作五契卖给余之益，价钱六十三两，"契内都注明回赎"。但徐汝南拖欠租谷无法缴纳，乾隆八年从十二亩内提出三亩七分"另立绝契"，"把欠租抵作找价，归给清楚"③。

第三，卖地时间较久，禁止回赎。由于卖田区分为活卖与绝卖两类，活卖之地可以回赎，从而发生了许多赎地纠纷。清朝政府遂制定法例，划清活卖、绝卖的界限，确定找价、回赎的年限。雍正八年（1730年）规定："卖产立有绝卖文契，并未注明找贴字样者，概不准贴赎。如契未载绝卖字样，或注定年限回赎者，并听回赎。若卖主无力回赎，许凭中

---

① 刑科题本，乾隆元年二月十四日总理刑部事务果亲王允礼题。
② 刑科题本，乾隆九年九月二十四日刑部尚书张照题。
③ 刑科题本，乾隆十二年八月初三日浙江巡抚常安题。

公估找贴一次．另立绝卖契纸"。乾隆十八年（1753年）再定："嗣后民间置买产业，如系典契，务于契内注明回赎字样。如系卖契，亦于契内注明永不回赎字样。其自乾隆十八年定例以前，典卖契载不明之产，如在三十年以内，契无绝卖字样者，听其照例分别找赎。若远在三十年以外，契内虽无绝卖字样，但未注明回赎者，即以绝产论，概不许找赎。如有混行争告者，均照不应重律治罪。"①

江西龙泉县袁远生，康熙四十一年把旱田五斗五升、荒租三斗卖与袁蒂贲，价银二两。雍正十一年袁蒂贲得银三两，转卖与袁子愈。乾隆二十一年，袁远生的孙子袁棕昌备办原价银两，记袁景章向袁子愈取赎。从康熙四十一年到乾隆二十一年已过了五十四年，地价涨了很多，此时有些州县的田比康熙中期田价增加了好几倍，如果按原价取赎，对袁棕昌当然是十分有利的。可是，袁子愈却拿出地契给袁景章看，凭借法例，坚持"已经出卖年久，回赎不得"。袁景章看过地契后，"查明契系远年难赎"，就劝袁子愈拿三两银子作为找价给与袁棕昌，以了结此事。袁子愈依仗国法，知道袁棕昌既无权找价也无权回赎，故不允给银。后双方争执，出了人命案，官府断决："袁远生久卖之田，例不准赎，听袁子愈管业。"②

前面曾经讲到的江苏武进县刘文龙，于康熙六十年将田一亩八分卖与陈德山家，价银七两。后于雍正七年、乾隆十四年两次写立找契，贴银八两，但"并未绝卖"，田仍刘文龙佃种交租。乾隆三十一年，因欠租纠纷双方斗殴，刘家一人伤重而死。官府断决："田亩已经两次找价，且远在三十年以外，虽契内无绝卖字样，但并未注明回赎，例应以绝卖论"，其田归陈德山家管业和自耕③。

第四，地价增加，争吵频繁。田地买卖，原来只有一个价格，即卖田若干亩，价银若干两，就此而已。但是，随着找价、回赎之俗盛行，土地的出售分化为活卖与绝卖。由于活卖可索要找价银两，这样一来，

---

① 光绪《大清会典事例》卷755。
② 刑科题本，乾隆二十二年十月二十二日署理江西巡抚阿思哈题。
③ 刑科题本，乾隆三十二年正月二十三日江宁巡抚明德题。

找价银钱成为地价的附加物，实际上使地价增加了，即除原来卖地的正价外，还要加上一找、二找、三找的价银直到找绝为止，这块田地的价格就由原来的卖价（活卖之价）提高到加上找价的绝卖价，无形中增加了许多，有的高达好几倍。浙江义乌县陈尚彩，康熙五十五年将田四斗卖与陈承洪，价银二两五钱，"契内注明回赎"。雍正四年，陈承洪没有通知原业主直接把田绝卖给陈乾志，得银七两六钱①②，比原买之活卖价增加了两倍。湖南耒阳县王圣照家，康熙四十二年用银三两活买田禾十二担；又于乾隆六年将这十二担田禾中的八担田禾绝卖与曹含芳，价银二十四两，比康熙四十二年的活卖价提高了八九倍。浙江江山县徐进鉴家，于雍正至乾隆五年陆续卖出田地十五亩，"契上原注明回赎"，价银六十三两③。乾隆九年，买主写立"绝契"，将五亩七分田卖与生员祝登龙，得价六十两。照此推算，比原来活卖之价增加了将近两倍。山东兰山县杨鹤家，曾于雍正元年把六亩田地立契活卖与杨刘氏，价银三两六钱。乾隆四十年，杨鹤写立绝卖契，卖与杨四"永远为业"，得钱四十五千文④，比雍正元年的活卖价增加了十几倍。

找价、回赎习俗，既为买地之人设置了不少的障碍，又提高了地价，其不仅不利于农业经营者、富裕农民购买田地扩大生产，而且还引起了许多纠纷。尤其是乾隆年间，许多卖主、买主为了索讨找价回赎原业而争吵不休，其间大打出手导致人命案子之例也层出不穷。很多人因田地买卖身体伤残，被杖责流徙或绞斩处死。而且因此事聚讼公庭，疏通关节花费浩繁，不少原告、被告被搞得倾家荡产，面对触目惊心的案例，自然使得一些买地之人不得不有所考虑。所以，找价、回赎习俗影响了农业经营者和富裕农民置买田地的积极性，这一切，对农业的进展及对农业中资本主义萌芽的发生和发展，都起了显著的阻碍作用。

---

① 刑科题本，乾隆八年二月初七日浙江巡抚常安题。
② 刑科题本，乾隆九年九月二十四日刑部尚书张照题。
③ 刑科题本，乾隆十二年八月初三日浙江巡抚常安题。
④ 刑科题本，乾隆四十一年十一月初五日山东巡抚杨景素题。

以上，简要地论述了清代前期土地买卖几个方面的大致情况。我认为，清代的土地买卖比诸明代交易更加频繁，形式更为多样，手续更加繁琐，"乡俗"的名目更多、更为盛行，对社会经济和阶级关系发生了更大的影响。但是，这种土地买卖受到了许多限制，它仍然是封建的土地买卖，与近代资本主义的自由的土地买卖有着重大的差别。

"八旗生计"考

八旗制度是清朝特有的制度，它对满族的形成和发展，对清朝军、政、财、经、文等各个方面产生了强大的影响。"八旗生计"是八旗生计问题的简化说法，是康熙年中期以后尤其是雍正、乾隆时期被人们频繁提到的重要问题，它与八旗制度有着密不可分的关系。

一 八旗建立

八旗制度是清太祖努尔哈赤建立的，这一制度的出现有着深刻的历史背景。首先，是和当时女真各部的状况密切相关，明王朝对女真的政策也起到了重大的影响。

明代的女真散处辽宁、吉林、黑龙江各地，大体上分为海西、建州、"野人女真"三大系统，其下各分为大小不同的若干部寨。明朝政府因之将其编立卫所，赐予敕书，分别封其酋长为都督、都督同知、指挥佥事、都指挥使、都指挥同知、都指挥佥事、指挥使、镇抚等职衔。

《满文老档》太祖朝卷七九、八十、八一载录了明万历三十八年（1610年）努尔哈赤家族及其官将持有的明政府赐给女真各卫酋长的敕书，其对于了解此时女真的情形和八旗制度出现的条件具有十分重要的意义，现摘录凡例如下：

"汗家之敕书：……海西益实左卫都指挥使乌星阿之孙塔毕哈，

嘉靖四十五年七月二十一日生。海西图蒲卫都指挥使塔莫之子赛棱格，隆庆三年四月二十五日生。"

"阿尔哈图图门（努尔哈赤之长子褚英贝勒）：鄂三山卫都督佥事旺吉鲁之孙洪巴图鲁。万历五十［原档残缺］年十一月二十五日生。奇纳河卫都指挥使古沁之孙［原档残缺］，嘉靖三十八年八月二十一日生。"

"古英巴图鲁（努尔哈赤之次子代善贝勒）：海西哈里卫都督佥事额尔奇斯之子古英巴都里，万历三十七年十一月二十五日生。"

"达尔汉巴图鲁（努尔哈赤之弟舒尔哈齐贝勒）：舍里卫都指挥使图依布鲁之子唐布伦，万历二十七年二月初九日生。"

"额亦都巴图鲁：海西木河卫都指挥使希鲁之子海浑，隆庆三年四月二十五日生。"

"费英东扎尔固齐：海西塔山卫都指挥使佟吉努之子希伯格，嘉靖四十五年七月二十一生。"

"达尔汉虾：兀里卫都指挥使翁纳瑚之孙达扬阿，嘉靖四十二年六月十四日生。"

"栋鄂额驸（何和里）：卜答卫都指挥使塔巴泰之子巴克奇纳，万历十一年十一月十七日生。"

"硕翁科罗巴图鲁（安费扬古）：兀泰岗河卫都指挥使伊哈察之孙伯佟，万历二十七年二月初九日生。"

"扬书：海西式木卫都指挥佥事色克之子伯克星，嘉靖四十四年九月十三日生。"

"乌尔古岱：兀者前卫都指挥佥事塔克图福喀，万历三十五年闰六月十二日生。"

"额尔德尼：海西鄂朵卫都指挥使呼希哈之子奥克，隆庆元年八月二十三日生。"

这些敕书中载录的女真卫所有：甫河卫、城讨温卫、益实左卫、图蒲卫、塔哈卫、兀里河卫、库布特卫、秃河卫、兰山卫、益实卫、九塔卫、吉滩河卫、兀者前卫、木山卫、海西右卫、朵儿必卫、安河卫、兀尔简河卫、阿津卫、希喀莫里卫、秃都河卫、德希库卫、古山卫、哈兰城卫、喀摩卫、牙鲁卫、哈儿分卫、土河堡卫、硕陵河卫、阿勒楚卫、吉米奇卫、兀扎瑚卫、木束河卫、凯庆卫、栋鄂山卫、石佛卫、准扎吉卫等等，共280余卫，① 这些卫所与明朝史书的记载是相吻合的。

据《明史》卷九十记载，明初建立了180多个女真卫所。此后陆续增设。嘉靖末年修的《全辽志》卷六载，女真卫所有299卫、22所。万历初年增为381卫、24所、站7、地面7、寨1②。

据上所录，结合其他资料，可以看出四个问题：

其一，女真部落很多，很分散。直到清太宗皇太极统一全部建州、海西和"野人女真"各个部落时，满洲男丁总数也不过六万余丁，除以三四百个卫所，每卫平均只有200丁，人数实为不多，而各卫人丁又有多有少，少的只有几十丁，大的卫所多达数百丁。

其二，各部争斗激烈，混战一团。《满洲实录》卷一总述海西、建州女真分裂涣散征战不休情形说："各部蜂起，皆称王争长，互相战杀，甚且骨肉相残，强凌弱，众暴寡。"

其三，女真人要求统一，逐渐出现联合的趋势。明帝赐建州女真敕书500道，海西女真1000道。明朝末年，建州右卫都指挥王杲剽悍善战，称雄建州，号令各部，横行20年。王兀堂亦建州大酋，一度为建州各部之长。海西上百卫所到明末已经基本上合并为哈达、乌拉、叶赫、辉发四部，其中哈达汗王台更为强大。该部曾"远者招徕，近者攻取，其势愈盛"，"所辖东尽灰扒（辉发）、兀剌（乌拉）等江夷，南尽清河、建州，北尽仰、逼二奴（叶赫），凡数千里，拥有敕书七百道。""东方诸部落，自抚顺、开原而北属海西，王台制之。"③

---

① 《满文老档》太祖朝卷七九、八十、八一。
② 《万历明会典》卷一二五。
③ 《武皇帝实录》卷一；谢国桢编《清初史料四种》；张鼐：《辽夷略》；《明经世文编》卷四五三；杨道宾：《海建夷贡补至南北部落未明谨遵例奏请乞赐诘问以折狂谋事》；《清史稿》卷二二二《王杲传》。

其四，努尔哈赤统一了大部分女真，成为女真之主。从《满文老档》太祖朝卷七九、八十、八一看，努尔哈赤持有甫河卫等卫敕书三十九道，其中有十六道敕书是海西女真卫所的。这还只是老档载录努尔哈赤敕书的一部分。其长子褚英、次子代善也各持有敕书几十道，其中多半是海西女真卫所敕书。众所周知，努尔哈赤家境本来并不富裕，只是在万历十一年其父、祖被明兵误杀后，明朝边将才赐给他三十道敕书。当时褚英才四岁，代善刚呱呱坠地，当然不可能持有敕书，而现在父子三人却持有上百道敕书，并且大多是海西女真敕书（显然不是明朝边将赐给努尔哈赤的），就此而言，可见努尔哈赤统一了建州、海西女真许多部落，才持有这样多的敕书。万历三十八年，离努尔哈赤以遗甲十三副起兵的万历十一年已过去了27年，努尔哈赤统一了建州女真各部，灭了海西女真的辉发部和一度十分强大的哈达部，两年以后又灭了乌拉部，已经从当年的小部酋长一跃而为辖地辽阔臣民众多的女真国汗了。

努尔哈赤要想长期巩固地统治原来散处辽宁、吉林各地，其习俗不一，制度悬殊的众多女真人，就必须建立新的统一的管理制度，取代旧日分散的各自为政的方式，以免重蹈哈达王台汗晚年衰败的覆辙。与此同时，明朝政府这时已视努尔哈赤为心腹之患。万历三十六年，署礼部尚书杨道宾连上三道奏疏，强调指出："今建州夷酋奴儿哈赤，既并毛怜等卫，而取其敕书，又举海西南关一带卫所酋目，若布占吉，若猛骨孛罗等而有之……臣阅金、辽二史，辽人尝言，女直兵若满万，则不可敌……今奴酋精兵业已三万有奇，况其老弱更多有之"。宜"整顿兵备，以耀威武，以防侵暴，则制人而非制于人"。① 在此之前，万历三十五年十二月，辽东巡按肖淳奏称，努尔哈赤"明肆桀傲"，声势叵测"，实系大害，应该发兵征讨，以消除祸患。②

---

① 《明经世文编》卷四五三，杨道宾：《海建二酋逾期违贡疏》、《建酋兼并属夷凭陵属国罪状已著乞速颁文告严饬武备以遏乱萌事》、《海建夷贡补至南北部落未明谨遵例奏请乞赐诘问以折狂谋事》；《明神宗实录》卷四四四。
② 《明神宗实录》卷四四一。

正是在这样错综复杂危机四伏的严峻形势下,努尔哈赤在女真人长期流行的牛录制基础上,予以改组、发展和扩大,建立了八旗制度。很久以来,女真人"凡遇行师出猎,不论人之多寡,照依族寨而行……出猎行围之际,各出箭一枝,十人中立一总领,属九人而行,各照方向,不许错乱。此总领呼为牛录(华言大箭)厄真(厄真,华言主也)"①。这是以族寨为基础凑编而成的临时性的武装组织,遇逢打仗行围时便自由组合,兵猎完毕即解散。所谓的牛录额真,仅仅是由参加兵猎的诸申民主推立的临时指挥者。这种制度延续、助长了女真的分裂,如不加以改革,完全照搬,很难使分裂涣散的大小女真部落统一起来,融合成为一个牢固的统一体,努尔哈赤在这个问题上显示了卓越的政治家领导才干,将这种古老的制度予以继承、改组、发展和扩大,最后建立了八旗制度。

现将明万历四十三年以前努尔哈赤编立的部分牛录列表于下:

姓名	旗别	地名	简况	出处
索尔果	镶黄	苏　完	率五百户来归,编五牛录,使其子侁统之。	《八旗通志》卷十一,佐领。
三　潭	正白	苏　完	领三百户来投,编牛录,令其子布赖统之。	《八旗满洲氏族通谱》卷一,以下简称《通谱》。
扎　萧	正白	苏　完	来归,设牛录,使统之。	《通谱》卷一。
赫东额	正白	马　佳	同弟尼玛禅率五十户来归,收尼玛禅为备御。	《通谱》卷七。
何和里	正红	董　鄂	"率部下来归",编牛录,使统之。	《通谱》卷八。
鲁可苏	正白	董　鄂	领四百人来归,编牛录,令其子石汉统之。	《八旗都统衙门》档。
克齐巴颜	镶红	董　鄂	"率领部属来归",编三牛录,令其子噶尔呼机、侄阿兰珠、朗格统之。	《通谱》卷八。
罗　屯	正红	安褚拉库	"率八百户来归",编二牛录,令其子艾唐阿、侄安充阿统之。	《通谱》卷十一。

---

① 《武皇帝实录》卷二。

续表

姓名	旗别	地名	简况	出处
乌尔古岱	镶黄	哈达	"率部属来归",将其属下人分隶八旗,所余之人编牛录,令其孙克什纳统之。	《通谱》卷二三。
苏巴海	镶白	哈达	率二百人来归,编牛录,令其子莽果统之。	《通谱》卷二三。
约兰	正红	哈达	来归后,其子懋巴里授为参将,设牛录,使统之。	《通谱》卷二三。
夏瑚	正黄	哈达	率八十户来归,编牛录,令其子雅琥统之。	《通谱》卷二三。
常舒	镶白	沽河	来归后,编牛录,使统之。又编半个牛录,令其子布汉图统之。	《通谱》卷三二。
阿球巴图鲁	正蓝	沙晋穆尔吉	"率族众及八十人来归",编牛录,使统之。	《通谱》卷四。
明安图巴颜	镶红	绥芬	率亲族及女真"一千余众来归",编二牛录,令其子哈哈纳、绰和诺统之。	《通谱》卷二一。
阿尔都山	镶白	额宜湖	"招抚"萨齐库城女真三百余,编牛录,令其子哈宁阿统之。	《通谱》卷二五。
乌珠阿穆巴	镶红	蕫优	来归后,编牛录,使统之。	《通谱》卷二五。
策穆特赫	正白	蕫优	率五百户来归,编牛录,使统之。	《通谱》卷二五。
孟古慎郭和	镶白	纳殷	率弟子及"同里壮丁"五百名来归,授予牛录额真。	《通谱》卷二六。
康古札	正白	那木都鲁	与弟略克笃里率壮丁二百名来投,编二牛录,令其弟兄二人分辖。	《八旗都统衙门》档。
叶克书	正红	长白山	率尼马察村三百余人来归,编牛录,使统之。	《八旗都统衙门》档。
琥球	镶红	尼马察	率三百户来投,编牛录,使统之。	《八旗都统衙门》档。
图尔坤黄占	镶白	费雅郎阿	率百余户来投,设牛录,使统之。	《通谱》卷四十。
僧额	镶黄	宁古塔	率兄弟及同村三百人来归,编二牛录,令僧额及其子赛纽克统之。	《通谱》卷四一。
雅穆什达	正黄	绥芬	率一百五十人来,以其孙任牛录额真。	《通谱》卷四一。
南济兰	镶黄	乌喇	率二十五人来,编牛录,使统之	《通谱》卷四四。

根据表中所示,结合有关文献,可以归纳出六点意见。

其一,多数牛录系以某部某地"来归"之人编立,即以率众而来的酋长或其子弟叔侄为牛录额真,"使统之"。比如,绥芬路屯长康果札,于万历三十八年额亦都率兵征东海渥集部，招降各路屯长时，他与其弟喀克都里和泰松阿、伊勒占、苏尔休、明克图巴颜等屯长，以及明克图巴颜之子哈哈纳、绰和诺、泰松阿之子叶克书，"凡十九辈，率丁壮千余来归"。"（太祖）分其众为六牛录，以康果札、喀克都里、伊勒占、苏尔休、哈哈纳、绰和诺世领牛录额真，""分辖其众"。①

其二，将分散的"归顺"诸申或临阵投降及俘获的诸申，凑编牛录，赐予有功之臣辖领。像额亦都，原系依姑为生的贫寒诸申，最早投向努尔哈赤，因奋勇冲杀，战功累累，深受努尔哈赤器重和宠用，屡赐人畜财帛，编立牛录。《满文老档》太祖朝卷六三载述努尔哈赤赐予额亦都的敕书说："额亦都巴图鲁，独取舒勒格布占，取巴尔达城，破萨克扎人之来兵，于尼玛兰城之前率先而战，有功，为第一等，给与三牛录，使之专管。"额亦都之后裔和邦额、恩特等追述此事说：额亦都"自十九岁比众先随太祖高皇帝，辅助开创行走时，将所得俘获人等编作三个佐领以为属下"，"专属之，令为采参之役"。②

其三，厚待率领众多人丁来投的酋长。万历十六年，苏完部长索尔果"率本部军民归，太祖以其子费英东为大臣"，"以皇长子台吉褚英女妻之"；"栋鄂部部长克辙孙何和里亦率本部军民归，太祖以长公主嫩哲妻之，授以大臣之职"；雅尔古部长扈拉瑚，"率军民来归，将其子扈尔汉赐姓觉罗，为养子，亦授大臣之职"。此三人皆为开国元勋，后任至固山额真。他们率领来归之人，分别编为牛录，由他们世代辖领。费英东之后裔雅尔塞追述祖先来归情形说：索尔果"太祖高皇帝时，比众俱先，率领十子五百户满洲来归"，"五百户初编五佐领"。扈拉瑚后裔关保、佟柱等呈称：戊子年（万历十六年）高祖扈拉瑚、曾祖扈尔汉率所属军民来归，"初设佐领时，将身祖所带军民""编为三佐领"。③

---

① 《清史列传》卷四，《康果礼传》；《清史稿》卷二二七，《康果礼传》。
② 中国第一历史档案馆藏《历朝八旗杂档》第2包48号、第3包63号。转引自陈佳华、傅克东《八旗建立前满洲牛录和人口初探》。以下简称一史馆《历朝八旗杂档》，皆引自陈、傅此文。
③ 《满洲图录》卷二；《清史列传》卷四，《费英东传、扈尔汉传、何和礼传》；一史馆《历朝八旗杂档》第2包48号，第4包147号。

其四，牛录的人丁多少不等，急需划一。上表所列牛录的人丁数目很不一致，有的牛录是一百人、一百二十余人，有的五百户编五牛录，有的八百户编两个牛录，最多的"一千余众"编二牛录，最少的十八户亦编一牛录。人丁的悬殊，给统一管辖带来了很多困难。不管是夫役、兵丁的征用，还是俘获分配，额真品级地位诸多问题，各牛录人丁没有一个大致的划一，这些问题是很难解决的。

其五，归附日众，牛录激增，迫切需要建立统一严密的分级管辖制度。从万历十一年以遗甲十三副、三十人起兵，到万历四十三年，努尔哈赤已统一了建州女真，灭了海西女真的辉发部、哈达部、乌拉部，成了辖地上千里、牛录数百、臣民众多的女真国汗。这样多的人丁、牛录，这样辽阔的领地，如果全由努尔哈赤直接辖治，不建立必需的分级管理制度，是不行的，很难形成牢固的真正的统一之国。

其六，牛录已经成为固定的社会基层组织。万历二十三年进入努尔哈赤辖区的朝鲜官员申忠一对这种情形作了详细的记载。申忠一写道，努尔哈赤"于各处部落，例置屯田，使其酋长掌治耕耘"。遇有征战，传令于"各部落酋长……各领其兵。军器、军粮使之自备，兵之多寡，则奴酋定数云"。重要地方，设堡驻军戍守，"军则以各堡附近部落调送，十日相遆云"。对于私自潜入朝鲜渭原采参的女真，"奴酋乃令其部落刷出，每名或牛一只，或银十八两，以赎其私自越江之罪"。差役之制是"役军，则三四日程内部落，每一户计其男丁之数，分番赴役，每名输十条云"。① 正是在这样的条件下，努尔哈赤在传统的女真牛录制的基础上不断加以改组、发展、扩大和定型，创立了八旗制度。

关于满洲八旗建立的时间，及何时以牛录额真为官衔，鄂尔果尼、洛科是否是辖丁三百的、专职官将的、正式的牛录额真，文献和学术界有不同的看法。《满洲实录》卷一、二载：万历十二年冬，努尔哈赤"率兵五百，往攻栋鄂"，以雪大罢兵，转攻翁鄂洛城。城内的鄂尔果尼和洛科各发一箭，分别射中努尔哈赤头部和项，使其重伤撤兵。不久

---

① 申忠一：《建州图录》。

努尔哈赤攻克翁鄂洛城擒获鄂尔果尼与洛科，以其英勇，宥而不杀，并"赐以牛录之爵，属三百人，厚养之"。《高皇帝实录》卷一对此记载说："乃擢鄂尔果尼、洛科为牛录额真，统辖三百人。"《满洲实录》与《高皇帝实录》言及擢鄂尔果尼、洛科为"牛录之爵"、"牛录额真"，足见此时的牛录额真已略微带有"官衔"的味道，与昔日诸申民主推立的临时指挥者有了一些区别，可是它还不是严格意义上的专职官将。至于两书所说鄂尔果尼二人被授牛录额真后"统辖三百人"，显然有误，至少不准确——这把后来努尔哈赤定每牛录辖丁300，设一牛录额真之事提前了。因为，此时努尔哈赤辖领的人丁并不多，他多次征战，领兵最多时也只有500人，他怎能让鄂尔果尼和洛科各为300人之长，各辖300人？

至于满洲八旗建立的时间，历史文献记述模糊，或互不一致。《清史稿》卷二二五《何和礼传》载称：万历十六年何和礼"率所部来附"，"旗制初定，何和礼所部隶红旗，为本旗总管。""天命建元，旗制更定，何和礼所部隶正红旗"。按照这段记述，可以推论出"旗制初定"是在万历十六年，但也可以说是另外的年岁。因为，它并未明确说是万历十六年初定的旗制，只是说何和礼于十六年来归，"旗制初定"之前，还有何和礼之妻的一段话。

有的学者认为，初建黄旗、红旗、蓝旗、白旗四旗是在辛丑年（万历二十九年），"当时有四个牛录，每牛录为三百人，盖有训练之兵千二百人"。我认为，努尔哈赤辖领的牛录是逐步增加的，随之而于辛丑建立黄旗、红旗、蓝旗、白旗四旗，万历四十三年将四旗改为八旗，正式确立了八旗制度。

明万历十一年五月努尔哈赤起兵之时，只有遗甲13副，自己所辖之兵只有30人。随着征战的胜利，统一的女真部落越来越多，编立的牛录相应迅速增加，仅仅过了五年，至万历十六年牛录已不少于16个。其中，费英东弟兄有5个牛录，沾河寨寨长常书、扬书弟兄各有一个牛录，额亦都有3个牛录，雅尔古寨长扈拉瑚父子有3个牛录。另外，世居完颜地方的博尔晋，"太祖初年，率领满洲来归，授为侍卫，初立佐领时，得为佐领"，有一个牛录。① 世居沙济地方的旺吉努，当万历十一年明兵攻杀阿亥章京后，"正遇太祖皇帝兴兵复仇，旺吉努带领弟兄、族及属下人等投归太祖皇帝后"，将其"族中人等及领来壮丁编为半个佐领"，"使统之"。② 世居马佳的尼玛禅，"当太祖兵初起，从其兄赫东额率五十余户来归，任牛录额真"。尼玛禅辖治的牛录，只有丁 55 名，编设半个牛录。③ 以上有明确史料记载的牛录为 14 个整牛录和两个半分牛录，如果再加上号称"兵强马壮"人丁众多的栋鄂额驸何和里，以及安费扬占等开国元勋的牛录，其数目更要多一些。

又过了八年，即万历二十四年，努尔哈赤所编立的牛录至少超过了 40 个。世居佟佳地方的噶哈，"国初来归，设佐领，使统之"，其次子蓝拜后来任至固山额真、工部尚书、刑部尚书，封二等阿思哈尼哈番。蓝拜的曾孙佐领长生呈述高祖噶哈、曾祖蓝拜先年来归编立牛录的情形说：

> 佐领长生、渣亲等现管佐领，原系职等高祖噶哈［自佟音地方］带领兄弟并一处之人投奔高祖皇帝始集成一佐领，着职高祖噶哈管理。（后由哈思呼布拉喀、东阿密、蓝拜、苏赫等相继袭任佐领）……此佐领屡次出缺乏时，止将长子一祖之子孙拟用，并未将族人、外姓人拟用。天命元年以前二十年，长生之高祖噶哈从佟家（即佟佳）地方带领兄弟并一处之人投奔太祖皇帝，创制四十佐领时，将职祖带来壮丁编成一佐领，著职高祖噶哈管理。④

"天命元年以前二十年"是明万历二十四年，即公元 1596 年。可见，这时努尔哈赤已有 40 个牛录。又过了五年，明万历二十九年辛丑年，

---

① 《清史稿》卷二二七，《博尔晋传》；一史馆《历朝八旗杂档》第 3 包 63 号；《八旗满洲氏族通谱》卷二八，《博尔晋传》。
② 《八旗满洲氏族通谱》卷二五，《旺吉努传》；一史馆《历朝八旗杂档》第 1 包 47 号。
③ 《清史稿》卷二二七，《雅希禅传》；《八旗满洲氏族通谱》卷七，《赫东额传》；一史馆《历朝八旗杂档》第 2 包 48 号。
④ 史馆《历朝八旗杂档》第 9 包 308 号；《清史稿》卷二四一，《蓝拜传》；《八旗满洲氏族通谱》卷二十，《噶哈传》。

《满洲实录》卷三载称:"是年,太祖将所聚之众,每三百人内,立一牛录额真管辖……于是,以牛录额真为官。"《武皇帝实录》卷二亦记道:"是年,太祖将所聚之众,每三百人,立一牛录厄真管属……于是,以牛录厄真为官名。"《八旗通志》初集卷一《旗分志一》载:"辛丑年,以诸国徕服人众,编三百人为一牛录,每牛录设额真一"。这三部文献,皆只说明辛丑年划一牛录人丁数目,以牛录额真为官名,但未讲何时设立四旗。只有《八旗通志》二集卷三二《兵制志》对此有了明确的说法。它载称:"至辛丑年,设黄、白、红、蓝四旗,旗皆纯色,每旗,三百人为一牛录。"据此可见,辛丑年,即万历二十九年(1603年),努尔哈赤规范了牛录人丁数额,正式以牛录额真为官名,建立了黄、白、红、蓝四旗。

又过了14年,万历四十三年,努尔哈赤"将此四色镶之为八色,成八固山(八旗)",正式创立了八旗制度,此为满洲八旗。后来其子皇太极又编立了蒙古八旗和汉军八旗。

二 旗制内容

八旗制度于明万历四十三年(1615年)正式建立以后,延续了近三百年,其内容、作用、影响和性质,随着时间的推移,有不同的变化。《武皇帝实录》卷二载:

(万历四十三年)太祖削平各处,于是每三百人立一牛录厄真,五牛录为一扎拦厄真,五扎拦立一固山厄真,固山厄真左右立美凌厄真。原旗有黄、白、蓝、红四色,将此四色,镶之为八色,成八固山。行军时,若地广,则八固山并列,队伍整齐,中有节次。路狭,则八固山合一路而一,节次不乱。军士禁喧哗,行伍禁纷杂……又立理国政听讼大臣五员,都堂十员……凡事都堂先审理,次达五臣,五臣鞫问,再达诸王。如此循序问达,令讼者跪于太祖前,先闻听讼者之言,犹恐怨抑者,更详问之,将是非剖析明白。

《满洲实录》卷四对此制的记述，基本与《武皇帝实录》相同。

《满文老档》太祖朝卷四对此制作了如下记述：

（万历四十三年）聪睿恭敬汗之聚集之众多国人，皆均匀整齐点数，将三百丁编一牛录，一牛录设一额真。牛录额真之下，设代子二人、章京四人、村寨拨什库四人。四章京分率三百丁编为达旦，无论做何事，往何处，按四达旦之人当班计，共同劳动，同出同行。若兵丁甲胄弓箭刀枪鞍辔等物恶劣，贬降牛录额真。若俱整修良好，军马肥壮，则擢升牛录额真。诸事豫为立法，俾得遵循。

因若取赋谷于部众，将苦累部众，乃令出一牛录之十丁四牛于公，于闲地耕田，多获谷物，充实仓库，委任十六大臣、八巴克什，掌管库谷之登记收支。

选审断国事公正善良之人为八大臣，再选四十审事官，不贪酒，不索金银。每五日召集诸贝勒、大臣于衙门相议，使公正审断事之是非，成为常例。

努尔哈赤明确规定，所有人员必须编入八旗，"聚集之众多国人，皆均匀整齐点数"，分隶各牛录，禁止隐匿丁口脱漏不报。这样，就将来自不同地区、部落、族寨的分散的数十万人口统一编制起来。八旗实行三级管理制度。三百丁编一牛录，设一牛录额真；五牛录为一扎拦，置一扎拦额真（即甲喇额真，亦称五牛录额真）；五扎拦立一固山额真，固山额真左右设美凌额真（即梅勒额真）。各级额真分别管理属下人员，固山额真归本固山（即本旗）旗主贝勒辖治。八旗之上，有聪睿恭敬汗、英明汗努尔哈赤主宰一切。这样编立的八旗制度，是后金国的军事制度。八旗的诸申是兵民合一，平时耕猎为民，战则披甲当兵从征。各个时期壮丁披甲的比例，不尽相同。天命三年（1618年）四月，努尔哈赤以"七大恨"兴师伐明时下令："一牛录五十甲，以十甲之人守城，四十甲从征。"[①] 后来规定一牛录

---

① 《满文老档》太祖朝卷六。

出100甲，有时又多达150甲。总的来看，大体上是三丁抽一。这样，就建立起一支拥有精兵数万的军队——八旗劲旅。

征战之时，固山额真、甲喇额真、牛录额真分率本旗、本甲喇、本牛录士卒，在汗和本旗旗主贝勒的指挥下冲锋陷阵，攻城夺寨。天命三年四月之时，努尔哈赤谕告统兵诸贝勒、大臣："五牛录额真及牛录额真不以汗所颁法令宣谕于众，则罚五牛录额真马一匹，罚牛录额真马一匹。若五牛录额真及牛录额真谕之不从，仍擅离行走者，论死。"①

八旗制还包括了征赋金役等财经方面的内容。后金国的筑城运输等项力役，皆按旗金派牛录人丁担任。天命元年七月，因征东海瑚尔哈部女真，"令一牛录出三人造舟，共遣六百人，往兀尔简河上游之森林，造刳舟二百"②。努尔哈赤几次迁都，大修都城，在各地筑城造堡，皆按旗分牛录金丁服役。到东海取回煎煮的海盐，亦命阿尔布尼参将"率每牛录之四人"运送③。每牛录还出十丁四牛，在闲地耕田，所收之谷纳入国库。后金国的其他费用，皆派各牛录备办。朝鲜李民寏记："凡有杂物收合之用，战斗力役之事，奴酋令于八将，八将令于所属柳累（即牛录）将，柳累将令于所属军卒，令出不少迟缓。"④

八旗制又是后金国进入辽沈地区以前的国家政权特殊的组织形式，牛录是其基层政权组织机构，上为甲喇，再上为固山（旗）。八旗的固山额真、甲喇额真、牛录额真是执行汗和旗主贝勒命令辖治属下人员的专职官将。努尔哈赤一再谕示各级额真严格管辖属下兵民。他降谕说："汗所任用之诸大臣，自众额真以下，牛录章京以上，尔等当各自谨慎恪守职责，坚持法令，严加管辖……管教国人。"⑤

综上所述，八旗制度是包含了军、政、财、刑等各方面职能的满族的根本制度，并且还是进入辽沈以前后金国政权组织的特殊形式。

八旗制度的建立，有力地促进了满族的形成和发展，改变了部分女

---

① 《满文老档》太祖朝卷六。
② 《满文老档》太祖朝卷五。
③ 《满文老档》太祖朝卷一七。
④ 李民寏：《栅中日录》。
⑤ 《满文老档》太祖朝卷一七。

真旧日渔猎为生的落后方式，达到八旗人员以"耕田食谷为生"的水平，促使生产迅速发展。八旗制度把分散的几十万人严密地编制起来，三丁抽一，拥有精兵数万且军威强大，为打败明军进驻辽沈提供了极为有利的条件。八旗制度的建立，还对满族从原始社会末期向奴隶制社会过渡，及其再向封建制转化，起到了重大的作用。

八旗制度的建立，对诸申的影响有利有弊。一方面，它加强了汗、贝勒对诸申的统治。在后金国和八旗制度建立以前，及其建立以后，诸申的处境发生了很大的变化。万历二十四年朝鲜官员申忠一进入建州，记下了努尔哈赤的诸申讲述他们处境的两句话。诸申说："前则一任自意行止，亦且田猎资生。今则既束行止，又纳所猎。"① 所说"前则一任自意行止"，表明了过去诸申可以自由行走、迁移、定居，耕田打猎，皆可按照自己意愿行动，不受任何拘束，不听所谓的"贝勒"即族长、寨长、部长的约束。因为这些酋长与其同部人员并没有"君臣上下之分"，无权禁约诸申。这时的诸申与所谓的都督、"贝勒"之类的酋长，双方之间基本上是平等的关系，既无尊卑之别，也无上下之分。这时他们的耕猎所获，仍然归己所有，不向"贝勒"纳赋当差。此时则不同了，所谓"今则既束行止，又纳所猎"。诸申必须编入八旗，具体隶属在一个牛录之内，被八旗制度束缚起来，不得不为汗、贝勒效劳了。诸申必须听从汗、贝勒的命令，披甲当兵，连年征战，屯田筑城，运送粮盐，还要遭受固山额真、甲喇额真、牛录额真等官将的管治和勒索。诸申已从原先"任意行止"的自由的氏族成员转变为汗、贝勒辖治的奴隶占有制国家的穷苦平民；就此而言，诸申的处境是大大恶化了。另一方面，由于八旗制度的建立，增强了后金国实力，生产发展了，社会进步了，诸申的生产条件、生活条件也有所改善，即所谓的"满洲民殷国富"。兼之，随着连年征战的胜利，后金军俘获了大量人畜财帛，诸申也分领了部分战利品，一些诸申还因劫因抢占有了不少奴仆牲畜，被汗、贝勒升为牛录额真、甲喇额真，出现了后人追述"昔太祖、太宗

---

① 申忠一：《建州图录》。

时,满洲将士征战勤劳,多所俘获,兼之土沃岁稔,日用充饶","无饷而富"的情形。①

三 生计艰难

"八旗生计"问题,指的是入关以后的八旗正身旗人,尤其是大多数旗兵和余丁的生计艰难,而且日益严重,成为长期困扰清朝统治者的问题。

其实,八旗的正身旗人生计本来应当是充裕的。入关以前,正身旗人的收入主要是计丁分田的田地耕耘所获及出征时分取的人畜财帛,将士没有兵饷。顺治元年清帝君临天下后,给将士定了俸饷制度。顺治元年(1644年)定,八旗前锋、护军、领催、马甲,"每名月给饷银二两";顺治六年定,"步兵月给饷银一两",后增为一两五钱;顺治九年三月定,前锋、护军每月饷银增为三两。康熙九年定制:前锋、护军、领催,"月给饷银四两,甲兵月给饷银三两"。旗兵还有饷米。前锋、护军、领催、马兵,"每岁给饷米四十八斛。步兵给二十四斛"②。在八旗兵士中,四分之三以上的旗兵是前锋、护军和马甲,步兵只占总数的四分之一弱,以当时的物价,旗兵的饷银饷米是很高的了。如工部在东直门外为旗兵盖的房屋,"每间面阔一丈,进深一丈五尺,檐柱高七尺八寸,五檩铺苇箔成造,每间需用银二十两零二分"③。这就是说,一名护军五个月的饷银就可以在东直门外造一间房,一年的饷银可以造两间多房。再以米价为例。当时北京的中等食米不过七八钱银一石(一石为400斤),姑按一石价银一两计算,全年48两饷银可买48石米,即19200斤米——以一人一月吃30斤米计算,可供53人的全年食用。如果加上护军一年领饷米48斛,即24石,那么一名护军的饷银饷米可折为米72石,即

---

① 《清世祖实录》卷九十,第4、5页;林起龙:《更定八旗兵制疏》,《皇清奏议》卷八。
② 《八旗通志》初集卷二九;《皇朝文献通考》四二。
③ 《八旗通志》初集卷二三。

28800 斤米，可供 80 人一年食用。一名护军的饷银饷米可供应 80 人的一年食米，其收入之高不言而喻。我们还可以从旗兵之饷与官员之俸作一比较。堂堂百里诸侯的七品县太爷，每年的俸银是 45 两，另有心红纸张银、迎送上司伞扇银 40 两，一共 85 两——较诸护军的饷银、饷米折银 72 两，仅只多了一点点。何况，旗兵还分领了免除国赋的畿辅旗地。以一名旗兵有一名余丁计算，可领旗地 60 亩（一丁 30 亩）。按每亩收租谷 5 斗计（这是很低的租额），60 亩地可收 30 石租谷。此外，旗兵还有官分的住房。顺治五年规定，护军、甲兵每人分给京城之内房屋两间。饷银、饷米、旗地及旗地租谷，加之官给住房，一名护军的收入是相当高的了，养活十几个人没有问题，而且还是相当不错的生活水平。另外，遇逢国有大庆，如皇帝或太后的万寿圣诞、太后加徽号、大胜恩诏等等，旗兵都可领到赏银；遭遇旱涝灾害，旗兵余丁也能领到赈济银米。比如，顺治十年，"八旗贫人，满洲、蒙古每佐领下，给布六十疋、棉花六百斤、米一百石"；顺治十一年，"八旗涝地，令即赈给到通漕米，满洲、蒙古每佐领下，给仓米二百石，汉军每佐领下，给仓米一百石"；顺治十三年，"满洲、蒙古每佐领给米三百石，汉军每佐领给米一百石"[1]。

按照上述情形，八旗兵士的日子应当很好过，可是，由于另外一些原因，他们的处境并不好。早在被顺治帝福临及户部左侍郎林起龙盛赞"无饷而富"、"日用充饶"的太祖、太宗年间，崇德六年（1641 年）二月便察出满洲、蒙古十六旗下吴赖等"四十八牛录俱贫"[2]。

入关以后，特别是在顺治年间到康熙三十年（1691 年）的近 50 年里，大多数八旗兵士和余丁的日子很不好过，十分艰难。

清初几十年的频繁战争，八旗兵丁大量伤亡，而买马置械，又要支出很多银两，因而兵丁贫困者多。顺治十六年七月，翰林院掌院学士折库纳专上密疏，奏述满洲兵丁困苦情况说："年来用兵，披甲人买马制械，奴仆逃亡，生业凋零，艰难日甚。我国家初定中原，凡官属兵丁俱计丁授田，富厚有力之家，得田每至数百垧，满洲披甲人或止父子，或

---

[1] 《八旗通志》初集卷二六。
[2] 《清太宗实录》卷五四，第 20 页。

止兄弟，或止一身，得田不过数垧，征役甚烦，授田甚少，殊为可悯。"① 吏科给事中林起龙在《更定八旗兵制疏》中指出：八旗兵丁"有饷而穷"的根本原因有二：一是连年征战，自备器械马匹，负担太重，每次"往返动辄数万里，马匹十损八九，且南方卑湿，军装器械无不溽烂"，"物价腾贵数倍，所得月饷有限，而器械、什物、棚仗、马匹，无一不系自备"；二是土地收入没有保障，"地薄路远，叠遭水旱，兼之新设庄头不能养主，反来索粮，少加督责，携家而逃"②。

早在顺治年间，顺治帝福临就多次下谕，讲述八旗兵丁的贫穷困苦。顺治十二年正月十四日和十九日，他两次下谕："满洲兵丁，困苦至极。"满洲武弁兵丁，"生计萧条，仆逃马毙，而又各处征剿，整理器械，久在行间，不得安宁，且年来水旱频仍，秋成莫望，无以聊生"。③ 就在这一年三月初七日，他又下谕："在昔太祖、太宗时，满洲将士征战勤劳，多所俘获，兼之土沃岁稔，日用充饶。兹数年来，叠遭饥馑，又用武遐方，征调四出，月饷甚薄，困苦多端，向来血战所得人口，以供种地牧马诸役，乃逃亡日众，十不获一。"④ 类似情况在康熙朝依旧存在。康熙帝玄烨在康熙十二年十二月初六日谕告八旗都统和六部满尚书说："满洲乃国家根本，宜加轸惜，近见满洲贫而负债者甚多。"过了几年，他又因八旗兵丁征伐艰苦，生计贫困，许诺代还其欠债，于康熙十七年六月二十八日下谕说："不意逆贼吴三桂背恩反叛，扰乱地方，数年以来，遣兵征讨，尚未授首，以致出征将士披坚执锐，盛暑祁寒，备受劳苦。且兴师日久，满洲、蒙古、汉军，或器械朽坏，或有马匹倒毙，借贷置办者，或年幼未给田亩，军资器用，悉称贷置办者，种种疾苦，朕深为悯恻。但逆贼未灭，不得已而用兵，诸路官军，其奋勇剿除，底定疆土，凯旋之日，一切称贷，俱令该部代偿。"⑤ 康熙二十九年十月初三日，康熙皇帝总述八旗兵丁情形说："闻满洲兵丁，家贫者甚多，曩日满洲初进京

---

① 《清世祖实录》卷一二七，第 15 页。
② 林起龙：《更定八旗兵制疏》，《皇清奏议》卷八。
③ 《清世祖实录》卷八八，第 7 页。
④ 《清世祖实录》卷九〇，第 4 页。
⑤ 《清圣祖实录》卷四四，第 8 页；卷七四，第 18 页。

时，人人俱给有田房，各遂生计，今子孙繁衍，无田房者甚多。且从顺治年间以来，出征行间，致有称贷，不能偿还，遂至贫困。"① 除很少提及"水旱频仍"一类自然灾害原因外，康熙朝情况几乎与顺治朝一样。

四　救贫之法

由于清帝认为"八旗甲兵，国家根本"，因此从顺治帝福临起，历经康熙帝玄烨、雍正帝胤禛、乾隆帝弘历，为抚恤旗人解决八旗生计问题都采取了不少措施。归纳起来，清帝采取了六项重大措施。

其一，增加甲兵月饷和岁粮。康熙九年（1607年）三月二十日，康熙帝谕户部、兵部：

"满洲甲兵，系国家根本，虽天下平定，不可不加意爱养。近闻八旗甲兵，牧养马匹，整办器械，费用繁多，除月饷外，别无生理，不足养赡妻子家口，朕甚悯焉。月饷银米应作价增给，永著为例，尔二部会同详议以闻。"②

兵部、户部随即议奏："甲兵每人月增银一两，岁增米二斛。"帝从其奏。这样一来，前锋、护军、领催，月给饷银四两"，甲兵，月给饷银三两"，皆每岁给饷米四十八斛。二十五年又定，步兵饷银，每月加五钱，共月饷一两五银。③

其二，归并余丁，新编佐领。清太祖努尔哈赤编立八旗制度之初，规定每牛录辖丁300名。入关前夕，清太宗皇太极改为每牛录辖丁200名。康熙十二年十二月初六日，康熙帝谕告八旗满洲、蒙古、汉军都统、副都统、六部尚书说："满洲乃国家根本，宜加爱惜。今见满洲贫而负债

---

① 《清圣祖实录》卷一四九，第3页。
② 《清圣祖实录》卷三二，第22页。
③ 《清圣祖实录》卷三二，第22页；《八旗通志》初集卷二九。

者甚多。""今见以佐领事讼者甚多,但知荣贵,而爱养所属之道,全然不知。或有佐领下各户之主不令披甲,听徇情面,令家人披甲者甚众,此等俱宜严行禁止,停其家人披甲。或二三佐领,或四五佐领,酌量归并,将闲散满洲令其披甲,则满洲人丁各得食粮,庶可少资生理。"都统图海、尚书明珠等当即题准:"满洲、蒙古都统下每一佐领,除留一百三十人以上,一百四十人以下外,其余丁另合为一佐领。以后新属喀尔喀蒙古之人,停其充入满洲数内。"①

入关前夕,满洲八旗有 309 个佐领和 18 个半分佐领,蒙古八旗有 117 个佐领和 5 个半分佐领,汉军八旗有 157 个佐领和 5 个半分佐领,合计 538 个整佐领和 28 个半分佐领。顺治年间,满洲八旗增设 8 个佐领,蒙古八旗增 13 个佐领,减半分佐领 5 个;汉军八旗增 49 个佐领,减半分佐领 2 个;合计增整佐领 70 个,减半分佐领 7 个。康熙年间,满洲八旗增整佐领 356 个,减半分佐领 12 个;蒙古八旗增 76 个整佐领,减半分佐领 4 个;汉军八旗增 55 个佐领,减半分佐领 2 个;合计增 487 个整佐领,减半分佐领 18 个。雍正年间,满洲八旗增佐领 5 个,蒙古八旗增佐领 1 个,汉军八旗增整佐领 4 个,减半分佐领 3 个。乾隆年间,满洲八旗增佐领 2 个,减半分佐领 1 个,蒙古八旗无增减,汉军八旗减佐领 2 个,减半分佐领 2 个。总计,乾隆年间满洲八旗共有整佐领 676 个,半分佐领 5 个,比入关前夕增加了整佐领 367 个,减少了半分佐领 13 个;蒙古八旗有整佐领 204 个,比入关前夕增加了整佐领 87 个,减少了半分佐领 5 个;汉军八旗有整佐领 265 个,半分佐领 1 个,比入关前夕增加了 108 个整佐领,减少了半分佐领 4 个。综述,乾隆年间满洲八旗、蒙古八旗、汉军八旗共有整佐领 1145 个,半分佐领 6 个,比入关前夕增加了 562 个整佐领,将近增加了一倍。②

其三,代还旧债,颁发赏银,设立管库。康熙三十年二月十六日,康熙帝谕令户部动支库银代八旗兵丁偿还积债时说:

---

① 《清圣祖实录》卷四四,第 8 页;《康熙起居注》,中华书局,1984,第 139、140 页。
② 光绪《大清会典事例》卷一一一一。

> 八旗甲兵，国家根本，当使生计充裕，匮乏无虞。向因剿除三逆，久历行间，制办军器，购送马匹，兼之户口日增，费用益广，以致物力渐绌，称贷滋多。朕每念及，深为轸恻，若不大沛恩施，清还负逋，将愈至困迫，难以资生。今八旗满洲、蒙古护军校、骁骑校及另户护军、拨什库、马甲，并子幼或无嗣寡妇、老病伤残、告退人等家下马甲，所有积债，尔部动支库银给还。汉军每佐领，各给银五千两，令其偿还债负外，余者各该都统收贮，以备公用。①

同日，他又谕告大学士设立官库，供兵丁借贷说：

> 八旗兵丁债负偿完，恐犹有不得已而称贷之事，若向部内借支。事务繁扰，今发帑银，交与八旗，将各旗内部院堂官派出，会同该都统、副都统视其需用之事借给，于每月钱粮陆续扣除，如此，则兵丁不至窘迫，将来可免称贷之累，永有裨益矣。②

这次动支了多少库银代偿八旗兵丁积债，具体数目虽未说明，但可以肯定，其数目是巨大的。因为，迄至康熙三十年这次上谕时，满洲八旗共有610个佐领，蒙古八旗194个佐领，汉军八旗有252个佐领③。按汉军每佐领给银5000两计算，汉军八旗252个佐领当领银126万两。满洲八旗、蒙古八旗每个佐领所领取的银子肯定比汉军佐领多得多（这是惯例），姑且按与汉军佐领相同之数5000两计，则610个满洲佐领和194个蒙古佐领当领银402万两；如果满洲，蒙古每佐领的银两比汉军多百分之五十，即每佐领7500两，则满洲、蒙古的804个佐领当领银603万两。可见，这次代偿八旗兵丁积债动支的库银多达500多万两至800多万两，数量确实巨大。

至于设立官库贷给八旗兵丁的银子，由于贫困兵丁无力偿还，康熙

---

① 《清圣祖实录》卷一五〇，第14、15页。
② 《清圣祖实录》卷一五〇，第14、15页。
③ 光绪《大清会典事例》卷一一一一。

帝也几次蠲免。在康熙二十九年、三十五年、三十六年三次征剿噶尔丹时，每次都出动了数万八旗兵丁，而他们在出征之前，大都向官库借了大量银两置备兵器。康熙帝大胜噶尔丹后，于康熙三十六年七月二十三日下谕："免三次出兵八旗兵丁所借官库银两。"① 这又是一笔几百万两的巨款。康熙四十二年，官库贷给八旗兵丁共银655万余两，到康熙四十五年冬天，还有395万余两未还，康熙下谕免其归还说："朕念八旗禁旅，为国家根本所系，时加恩爱养，用俾生计充盈，或动支公帑数百万，代清积逋，或于各旗设立官库，资济匮绌，所以为众甲兵筹划者甚切。康熙四十二年，又曾颁发帑金，贷给八旗兵丁共六百五十五万两有奇，至康熙四十五年冬，除陆续扣完外，尚未扣完银三百九十五万六千六百两有奇，若仍行按月扣取，恐各兵营办器用，赡养室家，必有不敷之处。朕每怀及此，深切轸恻，兹特大沛恩施，式弘抚育，将未经扣取银两，通行豁免。"②

康熙五十六年十一月二十四日，康熙帝因为公库无益于旗兵，下谕停止公库，豁免旗兵所欠银两说：

> 自剿灭三逆以后，为八旗甲兵详加筹画，曾颁发帑金数百万两，代清积逋，又资其匮乏，复赏银数百万两，凡随围行往，虽给行月钱粮官驼马匹，犹恐用途不继，设立八旗官库，以济官兵，四十五年复施恩将官库未经扣完银三百九十五万六千六百余两尽与除免。嗣后官库事务渐至纷扰，故停止八旗之库，设立总库。……近闻领取银两兵丁，甫出部门，即彼人持去，公库既行扣除，又复偿还私债，兵丁所剩甚少，以此养赡室家，奉行差务，断然不足。朕每怀及此，深切轸恻，兹特大沛恩施，式弘抚育，停止公库，将见今未行扣完银一百九十六万八千两有奇，通行豁免。……俾咸知朕优恤禁旅至意。③

---

① 《清圣祖实录》卷一八四，第18页。
② 《清圣祖实录》卷二二七，第19页。
③ 《清圣祖实录》卷二七五，第17、18页。

其四，增加兵额。要想改变旗人的困窘状况，增加他们的固定收入，最能立刻见效的办法是增加八旗军的兵额。八旗子弟若能够挑补上护军，每年可领饷银 48 两、饷米 48 斛，可以养活一二十人。而且这还能够为壮大军威提供人员方面的保证，所以历朝清帝都采取这方面的措施。从顺治到乾隆，八旗兵额究竟有多少，其具体的详细情形无从知晓，只魏源在《圣武记》卷十四《军储篇四》中写道："世祖时，八旗定甲八万，甲岁饷银若干两，米若干石。圣祖时，增为十二万甲。额兵十万，养育兵二万。"魏源又在《圣武记》卷十一中写道：顺治年间英王、豫王及准塔都统各领兵五六万出征山东、陕西及江淮，"合之京师宿卫之兵，已不下二十万人"，"其后遂以存京师者为禁旅，而分镇各省者为驻防，定兵额约二十万"。"通计京师之兵，满洲、蒙古、汉军、绿营四项，共十万有奇，而余丁二万七千四百不与焉"。各省驻防兵共"十万七千七百有六十"。此绿营指的是京师的"五城巡捕营"，是绿营汉兵，为一万名。余丁，指的是养育兵。

魏源的记述，对了解八旗军的兵额很有帮助。因为，至今为止，还未看到其他清朝官员、文人讲到清初八旗兵额的记述。八旗兵额是非常机密的问题，一般人很难接触到这类材料，所以魏源的上述记述的确是珍贵史料，很有参考价值。但是，我认为，魏源的论述有不够准确之处，其所说顺治时定北京八旗军的"禁旅"兵额为"八万甲"，数字偏大，应没有这样多。根据有二：其一，顺治年间，满洲八旗男丁只有五万丁左右，加上蒙古八旗两万余丁，汉军八旗男丁约两万余丁，总共不到十万丁，哪能佥征八万旗兵！何况，这不到十万丁的旗人，还包括了驻防八旗兵在内，更可推测出京城八旗兵到不了"八万甲"。其二，更能说明"禁旅"没有"八万甲"兵额的是科尔昆的一份题本。顺治十二年四月初三日，兵部左侍郎觉罗科尔昆呈奏的《为恭呈御览总披甲数目事》的题本写道：

"窃于今年二丁披一抽甲为二万七千七百七十八名，开除拜唐阿披甲后，京城每佐领拟为各三十名。于顺治九年酌情补充披甲内，将其五千一百七十名披甲拨入之后，又不足额，故今又已补充披甲一千三百一十名。以上共计披甲三万四千二百五十八名，较之顺治八年披甲多二百又二名。此项总数目内，含有驻省披甲……谨将披甲共有数目题知皇上，请旨……［批红］：知道了。①

这是兵部呈奏皇上八旗军总披甲的题本，所述之情当然准确可靠，是谈论此时八旗军数额的权威资料，其他任何官员、文人的记述都不如这份题本更为可靠。因此，我们完全可以依据这道题本断定：顺治八年八旗军（包括驻防旗兵）共有披甲"三万四千零五十六甲"，顺治十二年增为"三万四千二百五十八甲"。此数比魏源所说"世祖时八旗定甲八万"少了4.5万余名。

如果扣除驻防八旗兵，京城八旗军的数额还要减少。根据《八旗通志》初集卷二七《八旗甲兵》和光绪《大清会典事例》卷一一二七的记载，顺治年间，畿辅驻防有顺义、昌平、良乡、固安、采育里、东安、三河、古北门、喜峰口、独石口、保定、沧州、张家口和山海关等14处，除保定驻防有八旗兵401名和沧州驻防旗兵311名以外，其余12处只采育里有兵100名，其余皆只有四五十名。这畿辅14处驻防，一共有八旗兵（以满洲旗兵为主）1218名；东北有盛京、兴京、牛庄、凤凰城、广宁五处驻防，旗兵为2383名；各省驻防有江宁、京口旗兵5000名，西安3000名，太原349名，德州340名，杭州3811名，合计12500名。畿辅—东北及各省驻防八旗兵共16301名，在兵部左侍郎觉罗科尔昆所报的"含有驻省披甲"的"总披甲"34258名里，扣除驻省披甲16101名后京师八旗兵只剩下18159名了。可见，顺治八年、十二年"禁旅"之兵实在不多，与"世祖时八旗定甲八万"之说相距太远。

此后，由于征三藩、统一台湾、三征噶尔丹、大战雅克萨及进军西藏等一系列的战争需要，大大增加兵额是必然的事，康熙帝为此增编了400多个佐领，因此也给八旗男丁提供了领饷的机会。八旗军的兵额迅速

---

① 安双成：《顺治朝八旗男丁满文档案选择》，载阎崇年主编《满学研究》第一辑，吉林文史出版社，1992。

增加，京师"禁旅"和各地驻防旗兵始近 20 万人。乾隆帝为了"筹策旗人生计"，于乾隆三年和乾隆十八年两次下谕，增添"护军、领催，马甲"5330 余名。①

与此同时，雍正帝、乾隆帝还为解决八旗生计艰难问题，实施了"养育兵"政策。雍正二年（1724 年）谕：

> 八旗满洲、蒙古、汉军，均系累世效力旧人，承平既久，满洲户口滋盛，余丁繁多，或有丁多之佐领，因护军、骁骑校皆有定额，其不得充武之闲散满洲，至有窘迫不能养其妻子者。每思及此，恻然动念，将如何施恩俾得生计之处，再四筹画，并无长策。欲增编佐领，恐正饷不敷，若不给以钱粮，俾为养赡，何以聊生，既不能养口，何由造就以成其材。今将旗下满洲、蒙古、汉军共选四千八百人为教养兵，训练艺业，每人各给三两钱粮，每年共需钱粮十有七万二千八百两。每旗满洲、蒙古、汉军共六百名，内满洲每旗四百六十名，蒙古六十名，汉军八十名。其汉军之八十名，令为步兵，食二两钱粮，就此钱粮内通融料理，可多得四十名，汉军每旗著选百二十名。②

乾隆帝认为这办法很好，予以继承和发展。乾隆三年（1738 年）谕：

> "朕即位以来，仰体皇祖、皇考圣心，无时不以眷养旗人为念，凡有益于伊等生计者，悉已次第举行。今再四思维，八旗生齿日繁，若于每佐领下各添兵额，则食钱粮者加增于原数，而闲散者自少，似为养赡旗人之本计。除各王公所属包衣佐领外，八旗满洲、蒙古八百八十二佐领，每佐领下添设护军一名、领催一名、马甲二名、食二两钱粮养育兵十名。圆明园八旗，每旗添养育兵四十二名。汉军二百七十一个半佐领，每佐领下添领催一名、马甲二名、养育兵

---

① 光绪《大清会典事例》卷一一二一。
② 光绪《大清会典事例》卷一一二一。

六名。通计加添护军、领催、马甲四千三百三十余名、养育兵一万七百七十余名。其如何办理妥协之处，著军机大臣会同议政王大臣、八旗大臣妥议具奏。"①

军机大臣等遵谕议准："八旗养育兵除原食三两钱粮之满洲、蒙古养育兵四千一百六十名尽数挑取新增护军、领催、马甲四千余名外，其所出之缺，与新增养育兵，合计一万五千九百余名，由十岁以上壮丁内挑取，并将鳏寡人等之子，不论年岁拨补，每月给饷二两。"②

过了十五年，乾隆帝为增加马甲和养育兵的名额，特下一道谕旨：

> 朕筹策旗人生计，添设护军、领催、马甲、养育兵缺，借与库银，以济穷乏而资生理。但八旗生齿渐繁，生计仍未免有拮据之处，今特加恩，著八旗更添马甲一千名，附于健锐营，建造新房居住。再八旗养育兵原为赡养户口而设，并无官差，坐食饷银二两，理宜变通办理。譬如十人，现止六人食饷，若于伊等二两饷银内减去五钱，即将此六人所减钱粮，增添二缺，再加恩添设二缺，则十人俱得霑恩。其如何将缺额均匀，分与八旗陆续挑补之处，著军机大臣会同八旗都统议奏。③

军机大臣等随即议准："添设养育兵五千四十四名，其旧有之满洲、蒙古、汉军食饷二两养育兵一万五千一百二十四名内，除满洲每旗选九十四名，蒙古每旗选三十一名，共一千名，俱作为马甲，派附建锐营，建房安置，其缺仍照数挑取外，俱改食银一两五钱，每遇三缺，再加养育兵一名，八旗共应匀出五千四十四缺，为二万一百四十六缺，合计新旧养育兵为二万六千二百有八名。"④

---

① 光绪《大清会典事例》卷一一二一。
② 光绪《大清会典事例》卷一一二一。
③ 光绪《大清会典事例》卷一一二一。
④ 光绪《大清会典事例》卷一一二一。

这两次共增设护军、领催、马甲5330余名和养育兵21000余名，数量是不小的了。

其五，回赎旗地与"井田"和拉林垦地。为了解决八旗生计艰难问题，乾隆皇帝动支库银赎回大量民典旗地，而后或分与旗人，或召旗人减价购买。

乾隆四年（1739年），八旗都统等遵旨议准回赎民典旗地的处理办法，规定："民典旗地，不下数百万亩，典地民人不下数十万户。""取赎民典旗地，贫乏兵丁既无从措价，亦不能多买。按八旗公产，及旗退余存入官等地，并此项赎回民田，不下数十万亩，详查八旗闲散人等，有正身情愿下乡种地者，上地给予一百亩，中地给予一百五十亩。下地给予二百亩，令携家口居乡耕种。初种之年，量给牛种房屋之资。""八旗子闲散零户中，选入安静居家勤俭者，令下乡种地，不必指定人数，亦不必拘定年限，陆续发往，下乡之后，仍准拣选当差。初下乡屯，每户给房四间，每间折银十两，令地方官盖造。每名给牛具籽种口粮等银百两。如承买公房人等，有原令子弟下乡耕种者，亦照此办理，于公产项下给发。"[①]

乾隆十四年（1749年），朝廷赎回民典旗地1869顷，八旗查送"旗人原圈及自置地亩典卖与民者，前此清查时未经报出，此次共报出一万四千七百五十九顷有奇"。乾隆二十八年，乾隆帝下谕，回赎旗地中设庄头之地，宜妥善处理。谕文说："上年因八旗回赎旗地，积至二万余顷之多，降旨令户部会同内务府及八旗大臣定议，以三四千顷安置庄头，余俱赏给八旗，作为恒产。第念此项地亩，虽系旗人世产，但贫民耕种日久，籍以资生，若改归庄头，于佃佃农民未免失业，所有分设庄头管理之处，宜如何交租，并酌定章程之处，著军机大臣会同议奏。"军机大臣等随即议准具体办法[②]。

回赎旗地的一部分由八旗人员减价购买，大部分旗地则由八旗管理，

---

① 光绪《大清会典事例》卷一一一七。
② 光绪《大清会典事例》卷一一一八。

年收租银数十万两，以备"赏给贫乏旗人，以资养赡之用"①。

为了给八旗人员提供谋生之地，雍正帝胤禛曾实行"井田制"。雍正二年朝廷从内务府余地及拖欠钱粮人所交的入官地中拨出200余顷，"作为井田"，"将无产业之满洲、蒙古、汉军，共选一百户，前往耕种，每户授田百亩，凡八百亩为私田，百亩为公田，共力同养公田"。官府为井田户盖房400间，给予口粮、耕牛、农具。后又选100户，共用白银数万两。因井田户逃回者多，乾隆元年规定改为"屯地"，并指出："设立井田以来，所有承种之一百八十户，缘事咨回者，已有九十余户，循环顶补，大都皆不能服田力穑之人，行之未见成效。行令确查实力耕种安插得所者，改为屯户，按亩纳粮，于附近州县仓内，收存备用。"②

乾隆年间，有识之士先后奏请移京旗余丁垦种东北土地。乾隆二年，军机章京舒赫德奏称："八旗生齿日繁，盛京、黑龙江、宁古塔三省土沃可耕"，"请移八旗散丁数万屯东三省，以实旧都而还淳朴，分京师生齿之繁"③。乾隆六年五月，户部侍郎梁诗正上疏：以"八旗兵饷浩繁"，"各省绿营兵饷日增"，请派八旗闲散人丁屯垦东北。其疏称："皇上为旗人资生计者，委曲备至，而旗人仍不免穷乏。盖生齿日繁，若不使自为养，而常欲官养之，势有不能。臣谓非屯田不可。今内地无闲田，兴、盛二京膏腴未尽辟。世宗时，欲令黑龙江、宁古塔等处分驻旗人耕种，已有成议，未及举行。今不早为之所，数百年后，旗户十倍于今，以有数之钱粮，赡无穷之生齿"，势有不能。"请及时变通，八旗闲散人丁，宜分寘边屯，以广生计。"④乾隆十年，御史柴潮生建议派旗人屯垦东北说："臣闻奉天沿边诸地，水泉肥美，请遣干略大臣，分道经理。视可屯田之处，发帑建堡墩，起屋庐，置耕牛农具，令各旗满洲除正身披甲在京当差，其次丁、余丁力能耕者前往居住。所耕之田，即为永业，分年扣完工本，更不升科。惟令农隙操演，数年之后，皆成劲卒。逐年发往

---

① 《清文献通考》卷五。
② 光绪《大清会典事例》卷一一一九。
③ 《清史稿》卷三一三，《舒赫德传》。
④ 《清高宗实录》卷一四三，第7页；《清史稿》卷三〇三，《梁诗正传》。

军台之人，令其分地捐资效力，此后有愿往者，令其陆续前往。此安顿满洲闲散之法也。"①

这种欲图从根本上解决京城八旗兵丁生计艰难问题的主张，曾遭到朝议的否决。乾隆六年五月，大学士议覆梁诗正的奏疏认为："查乾隆二年、五年，经御史舒赫德、范咸条奏，将在京旗人移驻兴、盛二京等处耕种，经议政王大臣等屡行详议。缘宁古塔、拉林、阿勒楚喀、珲春、博尔咯屯、海阑，素系产参之所，移驻满洲，不谙耕种，召民开垦，恐行刨采，而黑龙江风土，迥异京城，旗人不能与本地人一体种地打牲，耐受劳苦，一遇歉收，难以接济，奉天亦无旷土可耕，应将八旗闲散人丁分寘边屯之处，无庸议。"但乾隆皇帝不同意议政王大臣等详议的意见，特下谕旨："八旗人丁分置边屯一事，著大学士查郎阿、侍郎阿里衮前往奉天一带，相度时势，再行定议。"②五个月后的乾隆六年十月，查郎阿、阿里衮考察后还京奏称：

> 臣等奉命往盛京相度时势，先往吉林乌喇、黑龙江等处查勘。自威远堡边门以东，看得和尔苏站之东南四家子处，有地一段，宽十里至三十里不等，约长五六十里。和尔苏站至一统河道北，宽七八里至四十里不等，约长百里。刷烟站之西南，有地一段，宽十五里至三十里不等，约长五六十里。刷烟站之东北，有地一段，宽二十里至四十里不等，约长六七十里。此四段地内，有殖民开垦成熟之地。细询土人，除棉花外，谷麦杂粮俱可耕种，洵称上地。③

经过一段时间的商议，朝廷拟出了派遣八旗满洲前往拉林移垦的方案。乾隆七年五月初七日，议政大臣裕亲王广禄等议覆大学士查郎阿等奏说：

---

① 《清史稿》卷三〇六，《柴潮生传》。
② 《清高宗实录》卷一四三，第7页。
③ 《清高宗实录》卷一五三，第22页。

……宁古塔一带相度，可垦之地甚多，惟拉林、阿勒楚喀去船厂甚近，平畴沃壤，五谷皆宜，请先移满洲一千名屯垦耕种。豫筹各事宜：一、拣选派往。查屯垦人丁，必须勤俭安分之人，方为妥协，应令八旗满洲都统等，于各佐领下，不论兵丁闲散，摘有妻室之单户，令其携眷前往。一、定边界，置庄屯。查该处周八百余里，地方辽阔，今派往之人，不过千户，非驻防官兵可比，若不联络，亦于耕种不便，请给每户屋三间，地三顷，按旗分为八区，查丈应给地亩，立界报部，其住房即随地亩分置建造……一、筹画积贮。查该处向无存储米石，自不便雇船厂等处民人代为开荒，应于闲散余丁及台站壮丁内，酌量派往，给与开荒所需牛具籽种，将来满洲移驻时，即以此项拨给……①

乾隆皇帝批准了这个方案，开始进行具体准备工作。

乾隆九年秋，一千户八旗移垦人员从北京陆续出发，前往拉林屯垦。乾隆帝十分关心移垦的情况，特降谕旨，命军机大臣向阿勒楚喀副都统巴尔品询问拉林移垦满洲的情形。乾隆十年十二月二十日，军机大臣上奏说：

据（巴尔品）称：孤寡年老及十五六岁以下不能力作者百余户，年力虽强，耕耘未谙，不能尽地利者十六七，力胜耕耘，兼有协助之人者十二三。大约以五口计之，种一顷者，日用外所余不过三四十石。种五六十，六七十亩者，所余不过一二十石。再下，仅堪糊口。缘初学耕种，且无协助之人，安家银两渐次用完，不能多种，牛只等项毙坏，无力置买，不免拮据。查移驻满洲，每户原议给地三顷，因甫经移驻，一时未能全种，先给成熟地一顷，余俟量力渐次开垦。此内有子弟偕往，或带有奴仆者，均可协助耕种，其无子弟奴仆者，上年曾议令于附近民人内置买为仆。至孤寡及老幼不能

---

① 《清高宗实录》卷一六六，第9、10页。

力作者，生计艰难，余或勉力耕种，而尚未谙习，或农具牛只损毙，不能置立，均应量为补助。请每年赏银五千两，交该副都统，查实系无力之人，随时随事，酌量补助。如一年内，所用尚有余剩，令存为下年添补之用，每年总以五千两为率，俟居住已定，无须补助时，奏明停给。从之。①

移垦拉林旗丁因力量不足，未能全耕给予之地致口粮不敷，曾向官府借谷 8000 石，但仍然不够食用。吉林将军阿兰泰向帝奏述："拉林一千满洲，去岁所荒地亩，因伊等力量不足，将原给地一千顷不能全力耕种，所收谷石，因还从前所借谷石，并备籽种，以致口粮不能接济。"乾隆帝于十三年三月二十八日下谕批示："一千满洲，口粮既不敷，著该将军等于拉林仓谷借给一万石，以资接济。此项谷石俟原借八千石扣还后，分作五年扣还。该部即遵谕行。"②

乾隆帝因移往拉林的满洲人丁多未携家眷同行，恐怕他们不安心，特于乾隆七年九月初十日下谕指出："八旗发往拉林、阿勒楚喀种地人等，多未携家同行，恐不能在彼安心，或私自逃回，或逃往他处，皆未可定。著传谕八旗大臣等，嗣后咨送拉林、阿勒楚喀种地人等，将家属一并咨送，不准留京。"③

乾隆帝十分重视拉林移垦，除原有一千满洲人外，又增派二千名男丁离京移垦，并于乾隆二十一年正月初六日专门下达长谕讲述此事，强调要办好。他说：

> 数年以来，朕念满洲生计艰难，曲为筹画，除八旗额设前锋、护军、马甲外，复特降谕旨，添设领催、养兵额缺，伊等生计较前已有起色。但念现在京中满洲生齿日繁，额缺有定，恃一人钱粮，供赡多口，终恐拮据。是以于拉林开垦地亩，建造房屋，挑取八旗

---

① 《清高宗实录》卷二五五，第 13 页。
② 《清高宗实录》卷三一一，第 24、25 页。
③ 《清高宗实录》卷四二二，第 15、16 页。

满洲，前边屯种，此欲我满洲世仆仍归故土，生计充裕至意，非如不肖犯法，发往拉林者可比。即如此次前往人等，由京起身之先，每户赏给治装银两，沿途复给与车辆草束，到彼又赏给立产银，并官房田地，以及牛具籽种等项，计一户需银百余两。则所遣三千满洲，用银不下数万余两，朕所以不惜此费者，盖欲伊等永远所得，曲为体恤。伊等至彼，各宜感戴朕恩，撙节用度，以屯垦为务，稍有余暇，勤习骑射技勇，设所学有成，在彼处又可挑取马甲差事，未尝无出身之地。著传谕该将军、副都统等，详悉晓谕。但此次遣往人数甚多，良莠不一，设有不肖匪类，恣意横行，或不愿彼处安生，潜逃来京者，该将军等，一经拿获，即行奏闻，于彼处正法众，决不姑息。将此亦并传谕知之。①

乾隆帝对移垦拉林的满洲人丁采取了祖传"恩威并用"的办法，既在经济上予以优厚待遇，赏给银两，以"恩"相诱，又以"威"相逼，严刑峻法，严加管束。移垦满洲人按旗分居，辖于阿勒楚喀副都统，对私行逃走者处以极刑。乾隆二十四年十一月十四日，乾隆帝下谕处死逃人六雅图，并传示八旗。谕文说：

朕因满洲生齿日繁，酌量拨往拉林种地，自京起程时，赏给整装银两，复令在拉林建盖房屋，又赏给牛具等项，原为伊等生计充裕起见。伊等自应感戴朕恩，安静循分，乃年来逃回者甚众，情殊可恶，是以拿获者，俱经解回，正法示众。今六雅图又经逃回，实属目无法纪，若仍发回拉林正法，徒觉纷扰，六雅图著即行正法，并传谕八旗人等知之。②

经过一段时间的经营，拉林、阿勒楚喀的满洲人和汉民人数越来越多，盛京将军于乾隆二十五年六月奏请在拉林、阿勒楚喀设立税局说：

---

① 《清高宗实录》卷五〇四，第12、13页。
② 《清高宗实录》卷六〇〇，第33页。

"拉林、阿勒楚喀地方，驻扎满洲日多，居民日密，商贩牲畜不期而集。请照宁古塔伯都纳之例，设立税局，并派协领、佐领、防御各员管理，按年将征实数报部，即充本处俸饷，俟二三年后，再定税额。"军机大臣议准，从其所请。①

乾隆帝之所以动用大量人力、物力，将北京满洲人口迁移至拉林垦种，主要是为了解决八旗生计问题，减少北京满洲人口的压力，同时也可通过移垦旗人的"用暇操演"和"可成劲旅"，为其"拱卫宸极，绥靖疆域"的"满洲甲兵，国家根本"的方针服务。如此可谓是一举两得。尽管移垦拉林的计划不能说是不周全，其措施也很具体严密，但是，这次移垦仍像三十多年前的"井田"制一样失败了。不仅是移去的满洲人"逃回者甚众"，就是留在当地的垦种男丁也未能继续亲自耕种。据《吉林通志》卷三一的记载："移驻京旗苏拉，盖房垦地，均借吉林各城兵力赶办。其地但垦而不种，虽酌留数人教种，一年裁汰。新移京旗苏拉，始而雇觅流民，代为力田，久之多为民有。"

其六，汉军人员出旗为民。为了减轻八旗人口的压力，保障满洲八旗人员的生活，乾隆帝施行了允许汉军八旗人员"出旗为民"的政策。乾隆七年（1742年）四月十三日，他下长谕有条件地允许汉军八旗人员出旗为民。其谕说：

> 八旗汉军，自从龙定鼎以来，国家休养生息，户口日繁，其出仕差者，原有俸禄钱粮，足资养赡，第闲散人多，生计未免窘迫，又因限于成例，外任人员，既不能置产另居，而闲散之人，外省即有亲友可依，及手艺工作，可以别出营生者，皆为定例所拘，不得前往，以致袖手坐食，困守一隅，深堪轸念。朕思汉军，其初本系汉人，有从龙入关者，有定鼎后投诚入旗者，亦有缘罪入旗，与夫三藩户下归入者，内务府王公包衣拨出者，以及召募之炮手，过继之异姓，并随母因亲等类，先后归旗，情节不一。其中惟从龙人员

---

① 《清高宗实录》卷六一五，第6页。

子孙,皆系旧有功勋,历世既久,自无庸另议更张,其余各项人等,或有庐墓产业在本籍者,或有族党姻属在他省者,朕意欲稍为变通,以广其谋生之路。如有愿改归原籍者,准其与该处民人,一例编入保甲,有不愿改入原籍,而外省可以居住者,不拘道里远近,准其前往入籍居住,此内如有世职,仍许其带往,一体承袭。其有原籍并无倚赖,外省亦难寄居,不愿出旗,仍旧当差者听之。所有愿改归民籍,与愿移居外省者,无论京外官兵闲散,俱限一年内具呈,本管官查奏。如此屏当,原为汉军人等,生齿日多,筹久永安全计,出自特恩,后不为例。此朕格外施仁,原情体恤之意,并非逐伊等使之出旗为民,亦非为国家粮饷有所不给。可令八旗汉军都统等,详悉晓谕,仍询问伊等有无情愿之处,具摺奏闻。①

由于这是第一次办理汉军出旗为民,其中又有"从龙入关"人员子孙不能出旗为民的限制,所以申请出旗为民的汉军八旗人员并不多。乾隆八年四月二十五日,八旗汉军都统奏:

> 皇上以八旗汉军生齿日繁,改归民籍。查现在情愿为民者,一千三百九十六人……其进士、举人、贡监生,及候补、候选、降调官员,并捐纳职衔,共一百十七名,应照本身职衔,与汉人一体考试录用。其现食钱粮约马步兵、拜唐阿,并告休参革官员,以及闲散,共一千二百五十六名,应照呈准入各该地方民籍,一体编入保甲。②

乾隆帝对八旗汉军都统呈奏的情形,下谕批示:

> 朕前因八旗汉军,户口日繁,生计未免窘迫,又限于成例,不能外出营生,特降谕旨,除从龙人员子孙,无庸更张外,其余各项

---

① 《清高宗实录》卷一六四,第32、33页。
② 《清高宗实录》卷一八九,第15、16页。

八旗人等，有愿改归民籍，与愿移居外省者，准其具呈本管官查奏。原指未经出仕，及微末之员而言，至于服官既久，世受国恩之人，在伊等本身，及伊等子弟，自不应呈请改籍，而朕亦不忍令其出旗。此奏内文职自同知等官以上，武职自守备等官以上，俱不必改归民籍。余依议。

入关前夕，满洲八旗有309个佐领和18个半分佐领，汉军八旗才有157个佐领和5个半分佐领，比满洲八旗少了159个佐领，仅为满洲八旗佐领的百分之五十。150多年后的乾隆六十年，汉军八旗有260个佐领和1个半分佐领，此时满洲八旗有676个佐领和5个半分佐领，比汉军八旗多了412个佐领，超过汉军八旗百分之一百五十六。在264个汉军佐领中，有入关前编立的，也就是谕旨中所说"从龙入关人员"的157个佐领和5个半分佐领的汉军八旗人员，这些即是圣谕指的"不能出旗为民"的八旗。只有入关后编立的107个佐领的汉军人员才被允许申请出旗，但其中"文职自同知等官以上，武职自守备等官以上"，"俱不必改归民籍"。因此，可以申请出旗为民的汉军人员又减少了一些，大体上在现有的264个汉军佐领中，只有四之分一的汉军佐领人员才有申请出旗为民的资格。

乾隆十二年（1747年），乾隆帝又下谕旨，允许汉军人员在各省居住，"各自谋生"。其谕说：

朕因八旗汉军人等，生聚日繁，家计未裕，于乾隆七年特降谕旨，除从龙人员子孙外，愿改归民籍移居外省者，准具呈明本管官具奏，旋据汉军都统等分析办理允许在案。朕观汉军人等，或祖父曾经外任，置立房产，或有亲族在外，依倚资生，及以手艺潜往直隶各省居住者，颇自不少，而按功令，究属违例，伊等潜居于外，于心亦自不安，朕恩与其违例潜居，孰若听从其便，亦可各自谋生。嗣后八旗汉军人等，愿在外省居住者，在京报明该旗，在外呈明督抚，不拘远近，任其随便散处。该督抚咨明该旗，每年汇奏一次，以便稽查，务令安静营生，毋得强横生事，如此则于功令不相妨碍，伊等亦得安居乐业，生计有资矣。

这次，允许汉军人员经过呈报本管官员后可以到各省居住谋生。过了七年，乾隆帝又进一步扩大了汉军出旗为民的范围，于乾隆十九年三月二十七日下谕，宣布要让驻防八旗汉军出旗，命闽浙总督喀尔吉善和福州将军新柱先办福建汉军出旗为民之事。他说：

经朕降旨，将京城八旗汉军人等，听其散处，愿为民者，准其为民，现今遵照办理。至各省驻防汉军人等，并未办及，亦应照此办理，令其各得生计，所遗之缺，将京城满洲派往，而京城满洲，亦得稍为疏通也。著交总督喀尔吉善会同福州将军新柱，将彼处汉军人等，或亦照京城汉军之例，各听其散处经营，或将军标绿旗营兵缺出，将伊等转补，所出之缺，即将京城满洲兵，派往顶补，则京城满洲，既得以疏通，而本处汉军等，于生计之道，亦得自由，诚为两便。喀尔吉善、新柱，熟筹妥议具奏。[①②③]

根据乾隆帝的谕旨，汉军出旗为民的范围迅速扩大，全国各地的驻防汉军都可以出旗为民。

一年多以后，广东因为办理本省驻防汉军出旗不力，受到乾隆帝的批驳。乾隆二十年十一月初四日谕：

锡特等覆奏办理广东驻防汉军一摺，于筹办此事本意，殊未明晰。汉军生齿日繁，若令专隶八旗，坐守驻防之缺，转不能如汉人之随便谋生，所以令其出旗，正为伊等生计起见，而所遗甲缺，即以满洲充补，亦于满洲生计有益，所一举而两得也。若如所奏，汉

---

① 《清高宗实录》卷一八九，第16、17页。
② 光绪《大清会典事例》卷一一一五。
③ 《清高宗实录》卷四五九，第17页。

军出旗后，复为料理安插，亲族户口，辗转筹画，是使伊等仍就拘束，不能随便营生，其与不令出旗何异。至于改补绿营粮缺，乃专为汉军中之只能披甲食粮者而设，初非驱散处之汉军尽入绿营也。该将军等，乃以所支粮饷之多寡，沾沾相较，试思直省民人，如此浩繁，其日用盈缩，焉能一一官为料理耶？此等岂非胶柱鼓瑟之见。且现在闽省已经办有章程，粤东不过依照办理，何乃过于瞻顾若此。著将此传谕将军等知之。①

乾隆二十三年又具体规定：八旗汉军中年老残疾不能当差者，以及差使平常、不堪教养者俱令为民。其闲散人等，无以养赡依靠亲属者，亦令出旗为民。至于领种官地之人，久在各州县种地，业属各州县管束，应即令其就近为民②。

乾隆二十七年，更修改从龙入关人员不能出旗的旧章，放宽了限制，规定：八旗汉军从龙人员，如直省有可依靠之处，任其随便散处，愿为民者听之③。

出旗为民汉军原来充当的差使，如旗兵等，遗缺由八旗满洲人员顶补，这对满洲余丁生活的改善，可以起点作用，但毕竟是杯水车薪，解决不了满洲正身旗人生计艰难的根本问题。

五　症结所在

康雍乾时期，尽管三朝皇帝都关注"八旗生计"，先后投入几千万两银子，用以赏赐兵丁、代偿积逋、回赎民典旗地、实行"井田"、拉林移垦等等，但始终解决不了八旗生计的艰难问题，而且问题日益严重。造成这种局面的因素有好几个方面。

---

① 《清高宗实录》卷五〇〇，第6、7页。
② 光绪《大清会典事例》卷一一一五。
③ 光绪《大清会典事例》卷一一一五。

其一，元气大伤。清初40余年，由于战争频繁，伤亡惨重，八旗兵丁尤其是满洲八旗兵丁的大多数都遭到了严重打击。

顺治元年（1644年）清军入关以后，需面对上百万的李自成大顺农民军和五六十万的张献忠大西农民军，以及南明福王、唐王、鲁王、桂王的几十万军队，还有各地组织起来的抗清武装，敌对方的军队总数当在300万左右。皇父摄政王多尔衮和顺治帝福临先后委派了定国大将军豫亲王多铎、靖远大将军英亲王阿济格、定远大将军郑亲王济尔哈朗、征南大将军端重亲王博洛、定西大将军敬谨亲王尼堪、征西大将军礼亲王满达海、平南大将军顺承郡王勒克德浑、宁南靖寇大将军贝子洛托等16位大将军，各率八旗将士分路征剿，历时18年，才大体上消灭了敌军，基本上统一了全国。

康熙十二年（1673年）平西王吴三桂起兵反清，靖南王耿精忠、平南王尚之信及四川、贵州、陕西、湖南等省汉官汉将相继响应，半个中国非清政府所能控制。康熙帝玄烨调动满洲、蒙古、汉军八旗和绿营汉兵数十万全力以赴，与叛军鏖战8年，才平定了"三藩之乱"。这场长达二三十年的战争，对八旗兵丁给予了十分严重的打击，其在三个方面带来了恶劣影响。

一是人口减少。因为战争，大量旗兵战死沙场或伤重归家后去世。入关前夕，满洲八旗有309个整佐领和18个半分佐领，蒙古八旗有117个整佐领和5个半分佐领，汉军八旗有157个整佐领和5个半分佐领。按每个整佐领辖丁200名、半分佐领辖丁140名计算，满洲八旗当有64000余丁，蒙古八旗有24000丁，汉军八旗有31000丁，共约有12万丁。但是，顺治五年的《八旗男丁编审册》载称，满洲八旗有男丁"五万五千三百三十"，"蒙古、察哈尔蒙古共二万八千七百八十五"。与入关前相比较，满洲八旗男丁少了将近一万丁，即减少了8%。九年后的顺治十四年，如按正常情况，男丁可以增加十之一二；但是同年《八旗编审男丁册》却记载了不同的情形："镶黄旗满洲男丁六千五百二十三"，"正黄旗满洲男丁七千一百七十四"，"正白旗满洲男丁五千九百三十五"，"镶白旗满洲男丁五千九百六十九"，"正红旗满洲男丁五千七百四十"，"镶红旗满洲男丁六千四百六十七"，"正蓝旗满洲男丁五千八百九十九"，"镶蓝旗满洲男丁五千九百八十八"，合计"八旗共有满洲男丁四万九千六百九十五"，比顺治五年又减少了5635丁。如与入关前夕相比，则在这十余年中，满洲男丁减少了14600余名，减少数目将近四分之一①。礼亲王昭梿追述那时的情形说："国初自定中原后，复遭三逆之乱，故八旗士卒，多争先用命，效死疆场，丁口稀少。"②

二是债台高筑，贫困不堪。早期满洲兵丁要自备马匹兵器，这就需要相当多的银两。满洲兵士月饷只有白银二两，计丁分得的一份旗地又远在乡下无人耕种，且常遭灾荒。他们没有银钱去买马置械，只好借贷过日，时间越长，借钱需要支付的利息越来越多，家境自然十分窘迫。这一点，康熙帝也是知道的。康熙九年三月二十日，他谕告户部、兵部说："近闻八旗甲兵牧养马匹，整办器械，费用繁多，除月饷外，别无生理，不足赡养妻子家口，朕甚悯焉。"③

三是旗兵阵亡或伤重返家去世后留下孤儿寡母，这些人被断绝了粮饷来源故而贫困不堪，很多人因此饥寒交迫而离开人世。康熙二十九年正月，康熙帝玄烨以"八旗官兵皆倚屯庄收获，用以资生，若有被灾贫乏，耕作无力者"，须"酌量资助牛种"，命户部查询。户部查后奏称："八旗不能赡养之庄屯人口及穷官、护军、拨什库、兵等之庄屯人口共二万二千四百二十八人，每人给米一石。至于孑身寡妇，退甲护军、拨什库及无马甲止给一两钱粮者，其家口庄屯人口共六万三千七百一十九人，每人亦给米一石。"④ 仅此呈报的贫乏兵丁及其家口和庄屯人口中需要赈济的，就多达八万余名口，可见八旗兵丁穷困不堪者之多！八旗兵丁元气大伤，当然影响了以后的发展，影响到生计的困难。

其二，人口激增。康熙二十年以后，征战时间不长，社会比较安定，康熙帝又实行"抚恤"旗兵的政策。在这些因素的影响下，八旗人丁数目急剧增加。到康熙六十年，满洲八旗有667个佐领，蒙古八旗有203个

---

① 安双成：《清初编审八旗男丁满文档案选译》，《历史档案》1988年第4期。
② 昭梿：《啸亭杂录》卷一，《爱惜满洲士卒》。
③ 《清圣祖实录》卷三二，第22页。
④ 《清圣祖实录》卷一四四，第4、16页。

佐领，汉军八旗有 268 个佐领。若按每佐领辖丁 130～140 丁计算，满洲八旗当有 9 万余丁，蒙古八旗有 3 万丁，汉军八旗有 8 万余丁。

按佐领总数及其辖丁 130～140 丁来推算，固然可以估计出八旗人丁增加的大概情况，但还是不如史籍载明的具体数字更为确切。于中国第一历史档案馆藏存的怡亲王允祥奏疏曾引录了康熙六十年八旗编审男丁册的数字，现引录如下：

> 总理户部事务和硕怡亲王允详等谨奏，为奉闻事。
>
> 窃于雍正元年四月初五日，御前头等侍卫·署总管内务府大臣事务赖保传旨：自盛京初入京城时，八旗男丁数有多少？现在男丁数有多少？著查奏。钦此。钦遵。臣等查得顺治五年八旗编审男丁册载，满洲五万五千三百三十。康熙六十年八旗编审男丁册载，满洲十五万四千一百一十七丁，比较顺治五年编审数目，满洲增加九万八千七百八十七。顺治五年编审蒙古、察哈尔蒙古共二万八千七百八十五。康熙六十年编审蒙古、察哈尔等蒙古共计六万一千五百六十，比较顺治五年编审数目，蒙古共增三万二千七百六十五。顺治五年编审汉军、台尼堪等汉人共计四万五千八百四十九。康熙六十年编审汉军、台尼堪等汉人计二十三万九千五百一十，比较顺治五年编审数目，共增汉军等汉人一十九万六百六十一。顺治五年编审满洲、蒙古包衣阿哈尼堪共二十一万六千九百六十七。康熙六十年编审满洲、蒙古包衣阿哈尼堪二十四万一千四百九十四，比较顺治五年编审数目，共增满洲、蒙古包衣阿哈尼堪二万四千五百二十七。
>
> 以上顺治五年编审满洲、蒙古、汉军、台尼堪、满洲蒙古包衣、阿哈尼堪共三十四万六千九百三十一。康熙六十年编审满洲、蒙古、汉军、台尼堪、满洲蒙古包衣、阿哈尼堪共六十九万六千六百八十一，比较顺治五年编审数目，共增满洲、蒙古、汉军、台尼堪、满洲蒙古包衣阿哈尼堪三十四万九千七百五十。为此，谨具奏闻。①

---

① 中国第一历史档案馆：《清初编审八旗男丁满文档案选译》，安双成编译；载《历史档案》1988 年第 4 期。

以上资料载明,至康熙六十年八旗满洲男丁有154117丁,比顺治五年的55330丁多了98787丁,增加了将近两倍;八旗满洲、蒙古、汉军、台尼堪、满洲蒙古包衣阿哈尼堪共有696681丁,比顺治五年多了349750丁,增加了一倍。连带其妻子、父母、儿女,其时八旗人口当有二三百万左右,可见八旗人口增长之迅速。

雍正乾隆时期,人口增长更快。雍正九年,两安将军泰布奏:西安额设驻防八旗兵丁8000名,"今户口繁滋,将及四万。"① 乾隆六年十二月,荆州将军衮泰奏:"驻防满兵,生齿日繁,现在入册闲散幼丁,共计二千六百余名,请添养育兵八百名。"② 荆州将军所辖旗兵一共才4000名,而入册的"闲散",却有2600余名,为正额百分之六十多。乾隆十年,御史柴潮生疏陈理财三策,第一策就是讲八旗人丁增长很多,生计更加艰难。他说:"满洲、蒙古、汉军各有八旗,丁口蕃昌,视顺治时盖一衍为十,而生计艰难,视康熙时已十不及五,而且仰给于官而不已,局于五百里之内而不使出,则将来上之弊如北宋之养兵,下弊亦如有明之宗室,此不可不筹通变者也。"③ 进士魏源也指出:"计八旗丁册,乾隆初已数十万。"④

其三,旗地典卖。八旗兵丁贫窘难熬,债主逼迫,无可奈何,只有典卖计丁领取的免赋旗地。早在顺治年间,即已有典卖旗地的行为。⑤ 尽管清帝严禁旗地典卖与民,但没有效果,到了康熙年间,更形成旗地大量典卖与民人的高潮:

"民典旗地之事,自康熙二三十年间即有此风。"⑥
"户部谨奏:近年以来(追赎康熙年间典卖旗地的)案牍日多,构讼不息。臣等伏思,康熙年间典卖旗地,至今多则八九十年,少

---

① 《清世宗实录》卷一〇八,第1页。
② 《清高宗实录》卷一五七,第19页。
③ 《清史稿》卷三〇六,《柴潮生传》。
④ 魏源:《圣武记》卷一四。
⑤ 中国第一历史档案馆藏:乾隆二十二年二月《内务府来文》。
⑥ 林峯;《筹八旗恒产疏》,《皇清奏议》卷四五。

亦三四十年。"①

"撤回旗地……其在康熙三十九年清撤以前交易者，民人纳粮当差已久，此在应撤之内，应追给半价，亦应免治罪者，其在康熙三十九年清撤以后交易者……应治罪。"②

雍正、乾隆年间，旗地继续典卖与民，其十之五六已归民人所有。乾隆帝知道这种情形后，决定动用库银赎回民典旗地，再次分与八旗人员。他于乾隆四年下旨："我朝定鼎之初，将近京地亩拨给旗人，在当日为八旗生计，有不得不然之势，其时旗人所得地亩，原足以资养赡。嗣因生齿日繁，恒产渐少，又或因事急需，将地渐次典与民间为业，间年久远，辗转相授，已成民产。今欲将从前典出旗地陆续赎回，必须于民全无扰累，办理始为妥协"。八旗都统、户部、直隶总督集议后上奏："民典旗地，不下数百万亩，典地民人，不下数十万户。"③

旗地典卖殆尽，使绝大多数正身旗人（主要是旗兵、余丁，也包括一部分祖先曾任中下官将现已没落的子弟）丧失了最基本的不动产，断绝了重要的生活来源。

其四，恶习庸俗害人。康熙中叶以后，清朝进入"康乾盛世"，此期百业兴旺，城市繁荣，王公贵族达官富商和大地主大兴土木，他们奢侈浪费，鲜衣美食，挥霍无度，大讲排场，虚吹浮夸。这种坏风恶习也影响到旗兵余丁，很多人逐渐地沾染上了陋习，好逸恶劳，讲吃讲穿，比阔斗富。雍正帝胤禛多次对此严厉申斥，他降谕说："满洲本性，原以淳朴俭约为尚，今渐染汉人习俗，互相仿效，致诸凡用度，皆涉侈靡，不识撙节之道，罔顾生计"。"妄事奢靡"，"即如兵丁等，每饭必欲食肉"，"一月所得钱粮，不过多食肉数次，即行罄尽矣"。"从前皇考之时，轸念兵丁效力行间，致有债负，曾发帑金五百四十一万五千余两，一家获赏，俱至数百，如此赏赉，未闻兵丁等置有产业生计有益者，悉由妄用于衣

---

① 中国第一历史档案馆藏：乾隆二十二年《内务府来文》。
② 光绪《大清会典事例》卷一五九。
③ 光绪《大清会典事例》卷一一一七。

食，徒令贸易之人得利，一二年间，荡然无余"。"其后又发帑金六百五十五万四千余两，赏赐兵丁人等，亦如从前立时费尽"。① 乾隆帝于乾隆元年讲述旗人浪费致贫时说："八旗从前风俗，最为近古。迨承平日久，生齿日繁，渐及侈靡。如服官外省，奉差收税，即恣意花销，亏帑犯法，亲戚朋侪牵连困顿。而兵丁闲散惟知鲜衣美食，荡费成风，旗人贫乏，率由于此。"②

其五，国策束缚。以上元气大伤、人口激增等情形虽然对八旗正身旗人生计有负面影响，但这都不是致命之伤，都可以设法解决。造成"八旗生计"问题的根本因素，不是其他，而是由号称最为关怀旗人的大清皇帝确定的"满洲根本"的基本国策。因为，清帝如果给八旗正身旗人创造良好的条件，提供有利的、宽松的客观环境，那么，元气伤了之后，可以经过休养生息而恢复过来。人口激增，对于一个人数很少的民族来说应该是件好事。人多了，致力于士农工商的人也就多了，他们收入增加，生产发展，生活改善，会促使整个满族不断前进，迅速发展。

至于说，旗人因有禁令而不得经商谋生，致陷于"不士不农不工不商"困境的这种说法，其实与历史实际相差太远。翻遍大清会典、大清律，以及顺康雍乾四朝清帝的谕旨，均找不到清政府禁止旗人经商做工谋生的例证。140多年以前，历任翰林院编修、侍读学士、户部左侍郎、陕西巡抚、四川总督、两广总督、工部尚书、熟诸政情旗情的王庆云，便在其《石渠余纪》的《旗人生计》条中批驳了这种说法。他说：

"今之扼腕八旗生计者，辄曰国有四民功令，独旗人不得经商逐利，故贫困至此，是亦未闻故事耳。方世祖入关……而各处庄头入市强买……五年禁王府商人及旗员家人外省贸易……（康熙）十八年廷臣遵旨议定：包衣下人，王公大臣家人，领帑本霸占关津生理，倚势欺凌者，立斩……乾隆元年谕曰：朕因旗兵寒苦者多，借给库银营运，自应仰体朕心樽节，以为久远之计。乃闻领银到手，不知

---

① 光绪《大清会典事例》卷一一四六。
② 《石果余记》卷四，《纪旗人生计》。

爱惜，而市肆将绸缎衣物增长价值，以巧取之……大抵旗人狃于挥霍，炫于鲜衣美食，经商逐利，不待禁而不能。夫借之帑金曰'俾资营运'，犹谓终禁其经商逐利也，亦徒资惰窳之口实而已。"①

有的人认为，旗人生计困难之因在于禁止其自由谋生。不错，北京旗人是被禁止擅自离京外出和禁止前往各省行走的，但是，京城也够大了，机会够多了，要想就业并不难。既然上百万的汉人——士子商贾工人皆有，都能在京城各谋其生各就其业，一家大小有吃有穿，为什么旗人就不能效其行，开店设坊，办厂佣工，从而衣食不愁呢？可见不到外省，只要有决心，肯于努力辛勤，旗人照样可以解决生计问题。

追究到底，我们便可发现，旗人生计之难，根本原因在于清帝对旗人制定的基本国策束缚了旗人手脚。从顺治帝福临开始，康熙帝玄烨、雍正帝胤禛、乾隆帝弘历以及嘉庆皇帝，诸位帝君皆执行"满洲根本"、"八旗根本"、"满洲甲兵根本"的基本国策。顺治帝福临制定了"首崇满洲"之基本国策②。康熙帝玄烨多次下谕，反复强调"满洲乃国家根本"，"满洲甲兵，系国家根本"，"八旗甲兵，国家根本"③。雍正帝胤禛也一再强调"八旗满洲，乃我朝之根本"，"八旗人员，乃国家根本"④。其实，入关之前，清太祖努尔哈赤、清太宗皇太极也是这样看待满洲八旗和八旗人员兵丁的，因为，他们都是以八旗甲兵尤其是满洲甲兵为主要支柱建立和维护大清国统治的。八旗制度是入关以后体现和执行基本国策的重要制度，清帝通过八旗制度，把全体旗人编制并控制起来，壮丁披甲，建立起一支20余万人的八旗军，使他们为"拱卫宸极，绥靖疆域"而效劳卖命。清帝又制定了优厚的旗兵兵饷，一名护军一年的收入远远高于开个普通店铺的商人和雇佣三几名工人的小作坊主，而且这份兵饷还是雷打不动的被人们称为"旱涝保收"的"铁杆庄稼"。旗人当上

---

① 《石果余记》卷四，《纪旗人生计》。
② 《清世祖实录》卷七二，第4页。
③ 《清圣祖实录》卷二二，第21页；卷一五〇，第8页；光绪《大清会典事例》卷一一四七。
④ 光绪《大清会典事例》卷一一四七。

护军、亲兵、前锋、马甲还有机会往上升迁，遇有征战立下军功，或者差使干得好，讨得上司欢喜，便可晋升护军校、亲军校或前锋校，这可是比七品县太爷的官衔还高的正六品武官。地位高了，俸银也多了，因此已经披上甲的旗兵都愿意长期当差；未曾金兵的余丁中，绝大多数人的唯一希望是谋求当兵，种上"铁杆庄稼"，而不愿或开店设坊或经商办厂，更不屑于沿街叫卖以佣工为生了。他们要开大店铺，办大矿，却既无本钱，又无这方面的能耐；要读书，从书中寻找"黄金屋"和"颜如玉"，却既没有钱长期上学，又没有毅力。这样一来，因为高不成低不就，他们只有得过且过，混一天，算一天，生计焉能不难？最后，终于形成了曾于乾隆七年任直隶布政使的沈起元所说的，几十万八旗余丁成为"不士、不农、不工、不商、不兵、不民，而环聚于京师数百里之内，于是生计日蹙，而无可为计"的局面①。魏源也就此指出："计八旗丁册，乾隆初已数十万，今则数百万，而所圈近京五百里之旗地，大半尽典于民。聚数百万不士、不农、不工、不商、不兵、不民之人于京师，而莫为之所，虽竭海内之正供，不足以赡。"②

沈起元、魏源等有识之士已经看出八旗生计困难形成的根本原因，他们也提出了解决之法，但因都与基本国策相冲突而无法实行。这一点，在嘉庆帝处理御史罗家彦的事情上表现得非常清楚。嘉庆二十一年，御史罗家彦呈上条奏《筹画旗民生计章程》奏折，嘉庆帝看后，十分不满，谕交八旗都统议奏。八旗都统对罗家彦的奏折予以批驳，嘉庆帝赞同八旗都统的意见，并于二十一年十一月初九日下谕，严厉斥责罗家彦之奏是对抗"国家赡养八旗劲旅"的根本国策。他说：

"八旗都统等奏驳御史罗家彦条奏筹画旗民生计章程一折，所驳甚是。该御史条陈，以为旗民生计艰难，欲令八旗老幼男妇，皆以纺织为业。当奏上时，朕即觉其事不可行，今该都统等所奏，果众论俱以为事多窒碍，公同议驳。本日特召见诸皇子、军机大臣等，

---

① 沈起元：《拟时务策》，《皇朝经世文编》卷三五。
② 魏源：《圣武记》卷十四《军储篇四》。

明白宣谕。我八旗满洲，首以清语骑射为本务，其次则诵读经书，以为明理治事之用……我朝列圣垂训，命后嗣无改衣冠，以清语骑射为重。圣谟深远，我子孙所当万世遵守。若如该御史所奏，八旗男妇皆以纺织为务，则骑射将置之不讲，且营谋小利，势必至渐以贸易为生，纷纷四出，于国家赡养八旗劲旅，屯住京师本计，岂不大相刺谬乎……著革退（罗家彦）御史，仍回原衙门以编修用。将此通谕知之。"①

由此可见，正是清帝制定之"满洲甲兵，系国家根本"，八旗甲兵"拱卫宸极，绥靖疆域"的基本国策，以及八旗制度束缚了八旗人员，捆绑了八旗兵士余丁的手脚。如此迫使他们既不能自由谋生，也不愿从事其他行业，只能坐盼兵缺苟且度日，更使数以十万计的余丁中的大多数，陷入了"不士、不农、不工、不商、不兵、不民"的困难处境。因为余丁生计日益艰难。八旗生计问题也就因此长期得不到根本解决。

---

① 《清仁宗实录》卷三二四，第8、9页。

论顺治皇帝福临

爱新觉罗·福临（1638~1661），是入关以后清朝的第一位皇帝。对于这位少年天子以往人们评价不高，认为他没有重大建树，难入英君明主行列。民间则对他的身世颇感兴趣，两百多年来关于他的各种传说甚为流行，比如，"太后下嫁"；董鄂妃即系董小宛，或系帝之弟媳襄亲王福晋；世祖出家，在五台出匿居念佛等等。迄今为止，全面评述顺治帝的论文尚不多见，本文拟就关于福临的几个问题作些粗浅探讨，欠妥之处，请读者斧正。

一

福临6岁登极，14岁亲政，24岁去世，时间不太长。作为一位帝君来说，他的处境并不好。从他于崇德八年（1643年）八月被八旗王公大臣议立为新君继承先帝太宗的皇位起，到顺治七年（1650年）十二月他的叔叔"皇父摄政王"、睿亲王多尔衮病故之时止，在这七年摄政期间，他这位号称至高无上的天子没有一点实权，不能处理任何政务，仅仅是一位傀儡儿皇帝。此间，军国大权皆归睿亲王掌握。

多尔衮抛弃立帝之时必须秉公辅政听从八旗王贝勒之议的誓言，排斥异己，屠戮政敌，结党营私，重用亲信，独揽军政大权。他"以朝廷自居"，"独专威权"，"擅作威福，任意黜陟"，命王贝勒等日候府前；他削去福临之长兄肃亲王豪格爵位，籍没家产户口牛录，将其幽禁逼死，且强纳其妻；他罢革郑亲王济尔哈朗之辅政摄政，惩罚效忠于帝之索尼等大臣，并吞了太宗去位时手领的正蓝旗，收买了属幼君亲领的正黄镶黄二旗的主要大臣锡翰、巩阿岱、谭泰等人，从而完全掌握了军政大权，成为大清的真正国主。由此，他的封号也相应地发生了变化，初由和硕睿亲王、辅政王变成摄政王、"叔父摄政王"，又晋为"皇叔父摄政王"，再尊为"皇父摄政王"。他死后丧仪依帝礼，追谥为"懋德修道广业定功安民立政诚敬义皇帝"，庙号成宗。

睿王摄政期间，福临不仅没有实权，而且地位也很低，处境很坏，仰鼻息于叔王，随时都有被废被谋害的危险。姑举数例。顺治二年（1645年），英亲王阿济格收纳赤城道朱某贿物，谕令宣府巡抚李鉴不要纠参朱某之贪婪，将朱释放，李鉴答称"此钦犯也"，不能放，否则王亦不便。英王竟蔑视幼帝，贬称其为"孺子"，这样的"欺君之罪"，事后未受任何处罚。①

入关之后不久，大学士冯铨、洪承畴等即奏请为幼帝选择师傅教习汉文和经史说："上古帝王，奠安天下，必以修德勤学为首务，故金世宗、元世祖皆博综典籍，勤于文学，至今犹称颂不衰。皇上承太祖、太宗之大统，聪明天纵，前代未有，今满书俱已熟习，但帝王修身治人之道，尽备于六经，一日之间，万机待理，必习汉文晓汉语，始上意得达，而下情易通。伏祈择满汉词臣，朝夕进讲，则圣德日进，而治化益光矣"。②对于这样关系到幼君成长理政治国的头等大事，多尔衮竟置之不理，不予批答。四个月之后，顺治二年（1645年）七月，工科给事中许作梅上疏，重奏此事说："辅养圣德，学问为先"，请择国学中满洲子弟通汉语汉书，及汉子弟聪慧端方者数人更番侍读，然后慎简贤良博学之臣为讲官，"皇上时御经筵，群臣尽心开导，于六经诸史中，检其有益君身治道者，录呈圣览，凡历代兴亡治乱、风土人情、人才进退，不越几案而得之，则圣学王道合而为一矣"。这次，睿亲王又找了一个借口，将其搁置。③从此群臣知悉睿亲王不欲幼帝求学之心，再不敢上奏，而福临

---

① 《清世祖实录》卷十三，第2页；卷二十，第12页。
② 《清世祖实录》卷十五，第5、6页。
③ 《清世祖实录》卷十九，第22页；卷二十，第2页。

也就在长达八年的摄政期间里失学了。

顺治四年（1647年）七至八月，睿亲王"以避痘为名，奉皇上远幸边外西喇塔喇地方"，堂堂"天下共主"之顺治皇帝，竟然在摄政王统率上万将士的重兵包围下，身边"侍卫不及百人，又乏扈从之兵"，若王起歹心，福临焉能逃命。故后来诸王、大臣追述此事时犹心有余悸地说："时经长夏，势甚孤危"，将此定为睿亲王谋逆之一大罪。① 顺治七年（1650年）五月初九日，帝之随侍大臣锡翰等人往诣摄政王府，王大发怨言说："顷予罹此莫大之忧（指嫡福晋去世），体复不快，上虽人主，念此大故，亦宜循家人礼，一为临幸"，实即谕示锡翰等人勒令帝来问安。谄附于王的锡翰立即进宫，"奉"帝至睿王府，时间匆忙，"内大臣及侍卫等不及二十人"。一等侍卫喀兰图闻听后，以"睿王专政，潜有异志"，"惧有叵测"，急忙回家，"挟弓矢追从，密为防卫"。②

睿亲王多尔衮不仅在崇德八年（1643年）八月太宗去世时欲图夺位为君，此后心亦未死。他曾对其亲信大臣说："若以我为君，以今上（指福临）居储位，我何以有此病症"。③

无需赘述，睿亲王多尔衮独掌大权，"潜有异志"，随时都可以废除幼君自立为帝，福临确是危如累卵，朝不保夕！

顺治七年（1650年）十二月初九日睿亲王归天，顺治八年（1651年）正月十二日举行了少年天子亲政的隆重典礼，福临的处境发生了根本性的变化。然而，并非天下太平，幼君可以高枕无忧，此时还有许多棘手的难题需要他去一一解决。

首先，诸王势大，君威不振。亲政之仪，并不等于福临确已成为日理万机，言出令行，至尊无比的天子。他应拥有的君权，有相当大的一部分已被诸王夺走了，他还不能完全做到乾纲独断，还需观视诸王眼色行事。郑亲王济尔哈朗、巽亲王满达海、平郡王罗科铎分系镶蓝、正红、镶红旗的旗主，信亲王多尼继承了其父豫亲王多铎的爵位和镶白旗旗主。

---

① 《清世祖实录》卷九十，第17页。
② 《清世祖实录》卷四九，第14页；卷七七，第14页，卷九十，第17页。
③ 《清世祖实录》卷六三，第19页。

敬谨亲王尼堪、端重亲王博洛、康郡王杰书、顺承郡王勒克德浑、谦郡王瓦克达、安郡王岳乐、贝勒喀尔楚浑、巴思哈等王贝勒各辖若干牛录。王、贝勒先后分任定远大将军、征西大将军、定西大将军、平南大将军、宣威大将军和征南大将军，他们统领大军征剿抗清武装，统一了全国，他们的旗下人员多分任中央要职和封疆大吏与驻防都统将军。诸王贝勒还系议政王或议政贝勒，参与议处军国大政。王权之大，逾于摄政之时。

尤其是郑亲王济尔哈朗，在多尔衮死后几乎成了新的辅政王和摄政王，其子富尔敦、济度等同一天由闲散宗室分别超封为世子和郡王。郑王权势之大，从下述两件事可以看得十分清楚。一是顺治帝亲政不久，博洛、尼堪和两黄旗大臣决定讦告睿亲王心腹正白旗大臣罗什等人之"动摇国是"大罪，但并不直接奏呈皇上，而是"跪诉于郑亲王"。① 这是摄政之时诸王须向睿亲王多尔衮行君臣之礼向其跪诉之制重现。二是福临虽然亲政，可是直到顺治九年（1652年）正月二十九日，一应章奏却必须先启郑王，然后才进呈皇上。② 这不又是睿亲王摄政之例吗？怎能说顺治八年正月十二日举行了亲政大典后的皇帝福临能够独揽军政大权？

还可再举一个有力例证。顺治八年正月十七日，即亲政大典之后第五天，先前聘册科尔沁国卓礼克图亲王吴克善之女为后，现王送女至京，理事三王满达海、博洛、尼堪及内大臣奏请于二月内举行大婚礼。这本是循例依制之事，必能也必须批准，何况此女大有来头。她不是漠南蒙古普通王爷的格格，而是吴克善亲王之女，即皇上亲舅舅之女，是孝庄皇太后的亲侄女，是福临的亲表妹，还是娇丽多姿的塞上美女。且值国家多事之秋，孝庄太后娘家吴克善等科尔沁部王爷所辖之数以千计蒙古健儿还是"拱卫宸极"的重要依靠力量。此时大婚，既系大喜之事，又是大有益处之事，福临肯定会欣然允诺，急盼佳期。不料，对三王与内大臣的奏请，福临却冷冰冰拒绝说："大婚吉礼，此时未可遽议，所奏不准行"③。此举大出人们意料之外。福临之拒议，原因主要是痛恨睿王之

---

① 《清世祖实录》卷五三，第7页。
② 《清世祖实录》卷六二，第15页。
③ 《清世祖实录》卷五二，第17页。

如此决断。虽然此时多尔衮尚系成宗义皇帝，太庙供享，但福临忆及八年傀儡儿皇帝之苦难生涯，早就对其恨之入骨，很快就要清算旧账追罪睿亲王了，当然不愿与睿王聘定之女完婚。可是，显然由于太后的压力，或者还有郑王的影响，他们不愿开罪于科尔沁部蒙古王公，不愿惹怒太后的娘家，失去蒙古健儿的支持，故仅仅过了四个多月，六月十八日便备丰厚的行纳采礼，还赐送皇后的父母金 100 两、银 5000 两，以及上等金银器物朝衣马匹等①。八月十二日又以大婚礼祭告天地太庙，十三日举行了隆重的大婚礼，册立吴克善亲王之女博尔济吉特氏为皇后，随即昭告天下，上圣母徽号，并特颁恩诏，大赦天下②。是否福临因见皇后貌美而改怒为爱举行大婚，答案是否定的，因为他根本反对此事，并未改变不愿完婚的态度，只是迫于无奈才被迫演出了这幕闹剧。如此令他更是倍加愤怒，便以分居来对抗。大婚之日即是分居之夜，这也可算是两千年中国帝后生活中罕见之事。这不也正说明，福临虽已亲政，实际上并不能完全掌握军国大权，他还受着诸王的牵制和限制，离真正的乾纲独断还有很远一段距离。

其次，军情紧急，南方危殆。由于睿王于顺治二年（1645 年）六月强制推行剃发易服等民族压迫政策，激起汉族和其他民族人员无比愤怒，抗清烽火燃遍大江南北，使得在此之前"东南帖然"的大好局面立即丧失。一时间，大西军声威大震，两蹶名王天下震动。清平南大将军、定南王孔有德被困桂林，自杀身亡；定远大将军、敬谨亲王尼堪于衡州中伏战死。南明延平郡王郑成功统军屡攻闽、浙，占夺大批州县，并一度围攻江宁，下镇江，破瓜州。江苏、安徽的太平、宁国等四府三州二十四县"望风纳款"，扬州、常州、苏州旦夕即破，"东南大震，军报阻绝"。云南、贵州、四川、湖南、广西、广东、福建等省大部分州县皆非清有，且因此而影响到北方的稳定，形成"天下民生所以不安者，以云贵有孙可望，海上有郑成功也"的局面③。

---

① 《清世祖实录》卷五七，第 21 页。
② 《清世祖实录》卷五九，第 11、12 页。
③ 《清世祖实录》卷一〇〇，第 12 页。

再次，军费巨大，入不敷出。连年战争，军费浩繁，再加上睿亲王多尔衮大修王府，"糜费帑金数百万"，"以致兵饷空虚"，国库如洗，债台高筑。福临亲政之日，大库只有银20万两，而百官岁俸却需60万两，加之其他王禄、河工、各衙门经常用费等，数百万两的开支皆无着落。而且由于南方大部分地区非清所辖，严重地影响了赋税收入。此期征战频仍，兵饷需银巨大，因而国家钱粮大半用于兵饷。顺治十年（1653年）二月，陕西有绿营兵98000余名，还有满洲四旗驻防军及平西王吴三桂、固山额真李国翰军队，岁需兵饷360万两，而陕西全省赋税只有186万，尽供军需尚缺一半。① 同年三月，大学士范文程曰："直省钱粮每年缺额四百余万"，奏请广垦荒田。② 顺治十一年（1654年）六月，户部奏述收入支出情形说："国家所赖者赋税，官兵所倚者俸饷，关系非轻"，今北直、山东、山西、河南、浙江、江南、陕西、湖广、福建、广东、江西十一省，原额地丁银3100万余两，内除荒亡（主要是部分州县为敌军占据）蠲免银639万余两，地方存留银837万余两及起解各部司银207万余两外，应给户部银1480万两，户部支出十一年分各省镇兵饷银1151万余两，又找拨陕西、广东、湖广等处兵饷银180万两，又支出京师王公官兵俸饷银190万两。③ 以上支出兵饷银1330余万两，又地方存留银约800余万两中有很大一部分是用于军费，再加上京师兵饷100万两，总计用于军费者共1400余万两至1700多万两。由于顺治九年定南王孔有德、敬谨亲王尼堪败亡，清廷增兵调将，军费大增。顺治十三年（1656年），共应支为2000万两，而全国岁入只有1814万两，不敷180万两，再加上王公官员俸禄100万两及少数部司用费，这一年"出浮于入者447万"。④ 此后，兵饷又由顺治十三年的2000万两增至2400万两，而全年额赋只有1960万两，岁缺兵饷400万两。如果加上王禄宫赋、部司衙门必用经费，以及赈灾、河工等项用费，又岁需数百万两，即清政府每年财政赤字多达岁

---

① 《清世祖实录》卷六七，第6页；《清史稿》卷二三七，《孟乔芳传》。
② 《清世祖实录》卷六九，第19页。
③ 《清世祖实录》卷八四，第26、27页。
④ 《清世祖实录》卷一〇〇，第13页；《清史稿》卷二四四，《王命岳传》。

入的一半。这既不利于统一全国的战争，又不利于政府为了巩固统治、恢复生产、发展经济而采取的某些必要措施，如治河防边等。

又次，一比二千，满丁太少。大西军将士数十万，延平郡王郑成功水陆兵士十余万，大顺军余部数万，加上其他抗清武装，总数当在百万以上。以汉民为主的各族人员，约有一亿，分居全国1700余府厅州县。清帝一贯强调的"满洲甲兵系国家根本"，君临天下的顺治帝所依靠的本族将士这一基本支柱又有多少人呢？顺治元年四月入关前夕，满洲八旗只有310个牛录，按官方规定每牛录200男丁计算，只有62000丁。入主中原以后十余年，依据正常时期的人口规律，应当增长10%至20%，可是满洲男丁不仅没有增加，相反却在减少。顺治五年（1648年），满洲八旗只有55330丁；顺治十一年（1654年）又减少10%，只有49660丁；顺治十四年（1657年）为49695丁。① 就算是全民皆兵，男丁全部披甲，也只有五万兵士，去征勦百万抗清武装，是与20倍于己的敌军血战；若用于对付、控制汉民，则是一比二千，数量之差，是太悬殊了，何况总得留下上万满兵"拱卫宸极"，兵力就更加不足了。

复次，边外形势，亦较严峻。其时沙俄殖民军不断入侵黑龙江流域，烧杀掳掠，侵占了大片领土；漠北蒙古喀尔喀三部汗贝勒与清廷关系紧张，时有再起战争的危险；朝鲜仍然心怀故明，虽然表面上对清帝称臣纳贡，私下却十分盼望南明成功覆灭清朝，故而其国内文移往来和君臣议论继续称清为"虏"为"胡"。

面临"疆圉未靖，水旱频仍，吏治惰污，民生憔悴"，"饥窘人民转徙沟壑，满洲兵士困苦无聊，灾变未弥，时艰莫救"的紧迫形势，② 主持国政的大清皇帝却非屡败强敌转危为安的开国之君，而是一位还差18天才满13周岁的生长于宫中的少年天子。且因睿亲王的有意安排，使他在亲政前没有受到帝君应有的良好教育，只知也只能是成天嬉耍骑射，以致其亲政之时连阅诸臣奏章都茫然不解。

种种困难表明，这是清政府尤其是顺治帝福临十分困难的时刻，设

---

① 《历史档案》1988年第四期，《清初编审八旗男丁满文档案选译》。
② 《清世祖实录》卷八八，第4、10页。

若施政不当，不仅太祖、太宗所创之业飘摇动荡，而且可能出现南北对峙的局面。

尽管形势严峻，困难重重，但福临并未苟且因循，得过且过。他继承了皇祖、皇父勇于进取、巧于行事的优良传统，以明君自励，立志做出一番事业。他追罪睿亲王，革除诸王掌管部院；他擢用索尼、鳌拜、遏必隆等忠于少帝的两黄旗大臣，加强两黄正白上三旗。经过几年努力，福临真正做到了乾纲独断，言出令行，无比威严。这就为他排除守旧的满洲王公大臣干扰，推行新政、统一全国奠定了坚实基础。

二

顺治帝福临夺回军政大权的目的，并不只是为了摆脱有名无实的傀儡皇帝的困境，这固然是他所想迅速达到的一个目标，但他还有更宏伟的愿望，那就是要成为一个很有作为的英君名主。

有一次，他独召大学士陈名夏，商讨治国之道时，讲到了自己的抱负和要求。他说："人君之有天下，非图逸豫乃身，当孜孜爱民，以一身治天下也。若徒身耽逸乐，又安望天下治平。惟勤劳其身，以茂臻上理，誉流青史，顾不美欤！"① 他又在另一次到内院时，问大范学士范文程等人："上古帝王，圣如尧舜，固难与比伦，其自汉高以下，明代以前，何帝为优？"诸大学士答称："汉高、文帝、光武、唐太宗、宋太祖、明洪武，俱属贤君"。福临又问："此数君者，孰为贤？"陈名夏对称："唐太宗似过之"。福临却独具创见，推崇明太祖朱元璋说："岂独唐太宗。朕以为历代贤君，莫如洪武，何也？数君德者，有善者，有未尽善者，至洪武所定条例章程，规划周详，朕所以谓历代之君不及洪武也"。② 这两次谈话，清楚地表明了福临很想有所作为，以明君自期。

福临又想成为什么样的明君？是开国之主汉高祖刘邦、宋太祖赵匡

---

① 《清世祖实录》卷七一，第27页。
② 《清世祖实录》卷七一，第24页。

胤、明太祖朱元璋，还是守成之时采取与民休息政策的汉文帝刘恒，还是既创业又守成的唐太宗李世民？尽管他推崇明太祖，鄙视唐朝诸帝，认为唐朝家法甚丑，但他不能成为明太祖式的英君，因为他不是开国之主。他又不可能与守成之君汉文帝刘恒相提并论，因为文帝之前，有汉高祖刘邦、汉惠帝刘盈两个皇帝，还有汉高后吕雉临朝称制八年，全国早已统一。福临却在定鼎燕京后第八年即亲理国政，南方大多数州县还非清有，他也不可能坐享祖业守成而治。

他面临的形势，在吏科右给事中魏裔介于顺治九年（1652年）七月初四日的奏疏中，讲得比较清楚："臣闻创业难，守成不易，古帝王凛凛乎覆舟驭索之惧，诚以骄恣易生，而晏安之足为害也。我皇上圣神文武，以创业兼守成，亘古帝王未之或有。然纲纪法度，尚须修明，礼乐政刑，实多缺失，欲以立一代之弘规，昭子孙之法守，未见其久而无弊也。方令畿辅多失业之民，吴越有水涝之患，山左荒亡不清，闽楚馈饷未给，两河重困于畚锸，三秦奔疲于转运，川蜀虽下，善后之计未周，滇黔不宁，进取之方宜裕。此皆机务最要，仰赖圣谕焦者劳也"。[①] 福临就是处于"以创业兼守成"时期之帝君，他能否有所作为，也就是看其在创业和守成这两个方面有无建树。

这基本形势，聪睿机智的孝庄皇太后应该是比较清楚的。因此，在她14岁的爱子福临亲政之时，她便对皇帝下了一道诰谕，总论治国之法。《清世祖实录》载：顺治八年二月十一日，"昭圣慈寿皇太后诰谕皇帝曰：为天子者，处于至尊，诚为不易，上承祖宗功德，益廓鸿图，下能兢兢业业，经国理民，斯可为天下主。民者，国之本，治民必简任贤才，治国必亲忠远佞，用人必出于灼见真知，莅政必加以详审刚断，赏罚必得其平，服用必合乎则，毋作奢靡，务图远大，勤学好问，惩忿戒嬉，倘专事佚豫，则大业由兹替矣。凡几务至前，必综理勿倦。诚守此言，岂惟福泽及于万世，亦大孝之本也。"

这道诰谕字虽不多，但很重要，表述了其母后对爱子的殷切期望和

[①] 《清世祖实录》卷六六，第2页。

严格要求：胸怀大志，励精图治，民为国本，任人唯贤，亲忠远佞，赏罚严明，节用省费，勤学戒嬉。一句话，孝庄太后希望福临成为一位继承祖志大有作为的英君名主。福临10年亲政的实际行动，表明了他没有辜负母后的期望。

总观福临10年亲政生涯，可以看出他主要在五个方面做了不少事情。

其一，他制定严法，重惩贪官。清太祖、太宗就十分痛恨明朝的贪官污吏，且曾深受其害。《满文老档·太祖》卷六十四载述早年明朝官将侮辱女真——满洲人说："昔日太平时期，女真与尼堪（明国）贸易往来之时……蔑视女真诸大臣，欺侮凌辱，用拳殴打，不许站在门口"。天聪四年（明崇祯三年，1630年）皇太极领兵入边攻明时，发印木刻揭榜的"七大恨"榜文说："我祖宗以来，与大明看边，忠顺有年。只因南朝皇帝高拱深宫之中，文武百官欺诳壅蔽，无怀柔之方略，有势利之机权，势不使尽不休，利不括尽不已，苦害欺凌，千态莫状"①。清人把贪污盛行，视为明朝灭亡的一个主要原因，而作为前车之鉴，力图铲除。顺治元年（1644年）六月二十日，摄政王多尔衮谕告众汉官汉民说："明国之所以倾覆者，皆由内外部院官吏贿赂公行，功过不明"②。

福临对贪官更是深恶痛绝，连下谕旨痛斥其罪，立法严办。他一亲政，即谕告都察院："朝廷治国安民，首在严惩贪官。欲严惩贪官，必在审实论罪"。他下令严惩贪官，"凡贪婪官员一挂弹章，必非完璧，或降调闲散，或勒令休致，皆不得仍还原职。从前参问贪官，姑照恩赦日月免罪追赃，自今颁谕之后，大贪官员罪至应死者，遇赦不宥"③。以后他又因巡按顾仁收蠹纳贿，将其处死籍没，并再申惩贪之禁："安民之本，首在惩贪"，今后各巡按必遵圣旨，察吏安民，不得贪婪，否则"即行正法"。④ 山东巡按刘允谦奏请改应绞贪官张珲、应斩蠹役周一聘为监候，福临降旨驳斥说："凡系贪污应秋决者，不许再请停决，著永著为例"⑤。

---

① 转引自孟森《清太祖告天七大恨之真本研究》。
② 《清世祖实录》卷五，第20页。
③ 《清世祖实录》卷五四，第26、27页。
④ 《清世祖实录》卷九五，第18、19页。
⑤ 《清世祖实录》卷一〇三，第27页。

他于顺治十二年（1655年）十一月初七日下谕将赃银10两以上之贪官家产籍没："贪官蠹国害民，最为可恨。向因法度太轻，虽经革职拟罪，犹得享用赃资，以致贪风不息。嗣后内外大小官员，凡受赃至十两以上者，除依律定罪外，不分枉法不枉法，俱籍其家产入官，著为例"①。顺治十六年（1659年）闰三月初七日，他又下谕加重处治贪官，悉令流徙席北："前因贪官污吏，剥民取财，情罪可恶，故法严惩，赃至十两者，籍没家产，至今贪习犹未尽改，须另立法制，以杜其源。今后贪官赃至十两者，免其籍没，责四十板，流徙席北地方。其犯赃罪应杖责者，不准折赎"②。

此谕一下，贪婪官员胆战心惊，其亲朋好友恩师年兄，亦纷感不安，多想取消这一新制。顺治十七年（1660年）九月十五日，蒙皇上嘉奖赏识超擢凤阳巡抚的林起龙，奏请废除此禁："惩贪之法，自奉新例流徙，犯人惧罪，不吐真赃，岁少赃赎，以致亏饷，伏乞皇上施浩荡之仁，收充饷之实，敕部详考旧章，照律拟罪"。福临谕令会议："前以贪官蠹役坏法害民，深为可恨，故立流徙之法，重惩贪蠹，以安民生。刑名事关重大，立法不厌周详，此奏内事情，著九卿科道会同详议具奏"③。不久，刑部等衙门议上，奏请依从林起龙之请，"今后贪官犯赃，仍照律追拟，以助军需"，不再流徙。福临对此议下谕严厉驳斥："贪官蠹役害民，屡惩弗悛，不得不特立严法，冀人人畏惧，省改贪心，始不负朕惩贪救民之意。今林起龙疏称，只缘法重，以致人犯抵死不招，追赃甚少，尔等会议，请仍照律拟罪，赃追入官，以助军需。夫与其畏法不招，何若使其畏法不贪；与其餍足贪腹，以赃济饷，何若使其不贪，民得丰裕，国赋亦充。朕明知立法既严，于贪官蠹吏有所不便，必怀怨心，但轸念民生，即为贪蠹所怨，亦不遑恤，若不如此，贪风何由止息，小民何日安生，仍著遵前谕行。林起龙所奏，与尔等所议，俱属不合，著严饬行"④。

---

① 《清世祖实录》卷九五，第8页。
② 《清世祖实录》卷一二五，页7。
③ 《清世祖实录》卷一四〇，第8页。
④ 《清世祖实录》卷一四二，第21、22页。

顺治皇帝福临不仅严斥贪官，订立新法，而且付诸执行。他在十年亲政期间惩处了一大批贪婪官员，仅依据《清世祖实录》的部分记载，先后将贪官分别予以革职、籍没、流徙、处死者，计有官至总督、巡抚、巡按、按察使、布政使、侍郎、道员及总兵的吴惟华、土国宝、耿焞、周亮工、卢慎言、顾仁等近百人。

福临抓准了"治国安民，首在惩贪"这一根本问题，对贪官严惩不贷，使明末以来贪污盛行之劣习有所改变。顺治年间，以直谏著名久任言官的任克溥于康熙十一年（1672年）上疏，比较今昔之情说："嘉鱼知县李世锡告湖广巡抚林天擎索贿，以此知馈遗不绝，苞苴尚行，较世祖朝有司不敢馈遗督抚，不敢轻至省会，风气迥殊"①。

其二，坚不增赋，蠲除睿王加派。由于国库空虚，入不敷出，奸诈小人乘机言利生事。顺治八年（1651年）八月，原任曹州副将许武光奏请尽掘天下遗银说："开封前因水淹，周王府内有银二三百万不止，曾被沉压。乞假臣三年之功，搜尽天下遗银，以资兵饷"。福临对其议严加斥责说："帝王生财之道，在于节用爱民，掘地求金，亘古未有，倘此议一行，恐生事扰民，深属未便。许武光借端求官，兼图牟利，殊为不合，著交与该城御史斥逐"②。另一个奏清开采深山木材以供修殿之用的汉官，遭到了更为严厉的斥责和处罚。阿达哈哈番张国材奏称："大工肇举，材木不敷，请开采云雾等山"。这是延续明朝弊政之奏。明万历中，三殿工兴，采楠杉于湖广、四川、贵州，费银900余万两。贪官污吏奸商狼狈为奸，借此吞没帑银，勒索百姓，成为祸国殃民之大害，史称"虚糜干没，公私交困焉"③。顺治帝对张国材生事言利，加以严厉斥责，说："采木修造，系工部职掌，张国村生事图利，屡行妄奏，奉有严旨，何得又差家奴，假充官员从人，直入太和门内渎扰，甚属可恶。张国材并代奏家人，著刑部严审，定拟具奏"。后将张国材革职流徙，为其代奏之家人鞭一

---

① 《清史稿》卷二六四，《任克溥传》。
② 《清世祖实录》卷五九，第4页。
③ 《明史》卷八二，《采木》。

百，流徙①。

福临不仅不许增赋，且下谕取消摄政王的加派。顺治七年（1650年）七月，多尔衮借口北京"地污水咸"，"溽暑难堪"，欲在喀喇和屯（距今承德市区40华里）修建避暑凉城，谕令"除每年旧额钱粮外，特为造城，新增钱粮，加派于直隶、山西、浙江九省地方"，共计加派赋银250万两。这位曾将明朝加派"三饷"斥之为亡国弊政的摄政王，竟也搞起加派来了。福临深知此情，于顺治八年（1651年）二月十三日下谕将其取消："边外筑城避暑，甚属无用，且加派钱粮，民尤苦累，此工程著即停止"。"其因筑城加派钱粮"，"著姑照原派征完，查照完过数目，开除八年正额钱粮"②。

此外，他还以加圣母徽号及因灾因事等理由，多次蠲减赋税，免除积逋钱粮，并取消了一些地方的贡品，如陕西汉中府额贡柑子、江南贡桔、河南贡石榴、陕西织造䍁褐粧蟒、江西额造龙碗等，以免"苦累小民"，"糜费钱粮"③。

其三，倾心于汉族先进文化、制度，擢用英才，力倡"满汉一家"。福临于8岁在沈阳崇政殿登极，虽名为大清国皇帝，实则不过是东北王。直到第二年入关，在北京武英殿再行登极大典，他才成为真正君临天下的皇帝，满洲王公大臣也由辖治辽宁、吉林、黑龙江的地方政权贵族官将一跃而为辖民上亿的天朝王爷大臣。这一巨大变化，对于许多满洲开国元勋、佐命大臣来说，来得太突然了，他们不了解伴随这一巨大变化而形成的新局面，出现的新问题。虽然由于摄政王多尔衮聪睿果断，采纳了汉大学士范文程的建议，做出了"清沿明制"的正确决定，即大体上继承明朝的制度，同时也保留和掺入了满洲旧制，且以前者为主。这一决定在相当大程度上适应了社会发展的要求，因而未出现南辕北辙的情形。可是，多尔衮毕竟也有失误之处，尤其是当他沾沾自喜盲目狂妄之时，便自觉不自觉地强行维持和移植关外落后的农奴制，扩大满汉差

---

① 《清世祖实录》卷七二，第14页。
② 《清世祖实录》卷四九，第11、12页；卷五三，第17页。
③ 《清世祖实录》卷五二，第10、11、12、16页。

别。基于此，相当多的满洲王公大臣更从私利出发，强调"首崇满洲"，排斥汉官，反对和阻挠执行延续多年行之有效的汉族某些先进制度和规定。他们竭力推行旧制，恢复体现民族压迫政策的圈地、投充、逃人、剃发、易服五大弊政，激起汉民猛烈反抗，闹得全国不得安宁。顺治帝福临亲政以后力破旧习，排除因循保守的满洲王公大臣干扰，努力推行汉制，扩大汉官职权。他大量擢用汉官中有才之人，尤其是对入关以后应试考中的进士、庶吉士更是特别重视和破格提拔。山东聊城人傅以渐，顺治三年（1646年）状元，摄政王时当了四年多弘文院修撰。福临亲政当年，就迁其为国史院侍讲，顺治十年擢国史院学士；顺治十一年升任秘书院大学士，越迁之速，清朝罕有。江南武进人吕宫，顺治四年状元，授秘书院修撰。帝亲政后，于顺治九年加吕为右中允；顺治十年二月以其撰文评论甚佳，获福临嘉奖，命升学士，闰六月迁吏部侍郎，十二月又超授弘文院大学士。直隶柏乡人魏裔介，顺治三年进士，四年授给事中，不久以母忧归乡。顺治九年起复故官，福临以其多次疏言时政利弊，甚为嘉奖，顺治十一年迁其为兵科都给事中，寻擢左副都御史；顺治十四年再升左都御史。顺治三年进上李霨，于顺治十年由编修擢中允并一再高升，顺治十五年已任至大学士。进士冯溥、王熙、吴正治、黄机、宋德宜、徐元文（顺治十六年状元），亦皆蒙福临赏识，除徐元文因年轻应试太迟外，其余诸人分别任用为侍郎、尚书、左都御使，后来连徐元文在内，皆成为康熙时的大学士。

　　福临还破除了大学士多用满洲、汉军旗人的旧例，增加了汉大学士名额。从顺治元年到顺治七年，汉官任大学士者很少，在每年七八名内三院大学士里只有两名汉大学士，约占总数的四分之一。顺治八年（1651年）大学士任革频繁。这一年里，先后有12名大学士，除去被革或处死者外，实际上有满洲、汉军大学士希福、额色黑、范文程、宁完我、洪承畴5人，汉大学士宋权、陈名夏两人；第二年汉大学士也只有两名，与过去一样，是五与二之比例。

　　顺治十年（1654年）六月二十七日，福临下谕增加汉人大学士名额："纶扉为机密重地，事务殷繁，宜选贤能，以弘匡赞，每院应各设汉官大学士二员。著吏部详察实行,确举堪任者奏闻"①。于是,这一年的内三院里,汉官大学士多达8名,而满洲、汉军大学士只有5人,汉官大学士超过了满洲、汉军大学士百分之四十。

福临还多次临幸内三院,和大学士探讨历朝帝君治国之道,论各朝英君明主,鼓励大学士们直言诤谏②。

顺治十五年(1658年)七月二十三日,福临下谕改内三院为内阁,并设立殿阁大学士。③

福临还采取了另外两项重要措施来提高汉官地位,扩大其职权,调动他们的积极性以破除旧制。一是谕令内院和六部等衙门的满汉大臣皆可奏事。顺治十年正月初三日,他谕告内三院:"朕稽历代圣君良臣,一心一德,克致太平,载诸史册,甚盛事也。朕自亲政以来,各衙门奏事,但有满臣,未见汉臣,顷经御史条奏,甚属详恳。朕思大小臣士,皆朕腹心手足,嗣后凡进奏本章,内院、六部、都察院、通政使司、大理寺等衙门,满汉侍郎、卿以上,参酌公同来奏,其奏内事情,或未当者,可以顾问商酌。尔等传谕诸臣,务体朕怀、各竭公忠、尽除推诿,以绍一心一德之盛"④。二是令汉官可掌部印。顺治十六年(1659年)十月初四日,福临又谕令汉官可掌部印说:"向来各衙门印务,俱系满官掌管,以后各部尚书、侍郎及院寺堂官,受事在先者,即著掌印,不必分别满、汉"⑤。

在不少重大问题上,福临摈斥了满洲王公大臣欠妥之议,而采纳汉官意见。比如,顺治九年,西藏五世达赖应帝之邀请入京朝贡,福临于九月初二日谕令满洲王贝勒大臣及九卿科道会议是否亲迎之事。满洲王公大臣主张皇上亲往边外相迎,众汉臣则认为"皇上为天下国家之主",不当往迎。福临看过双方意见后,于九月十一日遣使谕告达赖,将在边外代噶地方亲迎。就在此事已成定局之时,汉军旗大学士洪承畴、汉大学士陈之遴于九月二十九日上疏谏阻。帝立即降旨批示:"此奏甚是,朕

---

① 《清世祖实录》卷七六,第12页。余金:《熙朝新语》卷一。
② 《清世祖实录》卷七一,第27页。
③ 《清世祖实录》卷一一九,第6、7页;卷一二〇,第18页。
④ 《清世祖实录》卷七一,第2、3页。
⑤ 《清世祖实录》卷一二九,第2页。

行即停止"。他又遣内大臣索尼传谕洪承畴等人予以嘉奖："以卿等贤能，故擢赞密勿。嗣后国家一切机务，及百姓疾苦之处，如何始合民心，如何不合民心，卿等有所见闻，即详明敷陈，勿得隐讳"①。

又如，巡按之停遣与复派之争，顺治年间也很激烈。明朝时行巡按制，以其"存恤孤老，巡视仓库，查算钱粮，勉励学校，表扬善类，翦除豪蠹，以正风俗，振纲纪"②。多尔衮率军入京后，仍依明制，派遣巡按，每省各一员，定期返京交差。但是，满洲王公大臣对此十分反感，一有机会就想取消此制。顺治七年四月，户部等衙门会议兵饷缺额事宜，奏上裁减冗员冗费若干条，多尔衮降旨批示："巡按御史，已到地方者，奉行事件，无论已完未完"，即行停止办事，立即回京③。福临亲政后，给事中姚文然奏请复派巡按说："巡按察吏安民，其任綦最"。随即遵旨议定，复遣巡按，订立巡方事宜禁约若干条。福临亲谕各巡按："朝廷遣御史巡方等差，原为察吏安民"，"倘总督、巡抚、总兵等官，有不公不法，蒙蔽专擅，纵兵害民，纵贼害良等事，许巡方御史即行纠举"④。但满洲王公大臣坚决主张取消这个制度，就在皇上下谕复遣巡按两年多后，郑亲王济尔哈朗等议政王大臣就借口各省巡按"多受属员献媚，参劾无闻"奏请停遣，吏部、都察院复议赞同。无奈，福临只好批准其议⑤。汉官当然不愿就此罢休，给事中林起龙便上疏请求复遣巡按说："巡方者，天子耳目之官，内宣朝廷德意，外察督抚贤否，上考百官善恶，下问万民疾苦，以及封疆安危，兵马强弱，刑名直枉，无不稽察，所关至重，乞速选新旧廉能大臣，巡行各境"。后帝命郑亲王济尔哈朗等会议，郑王等才拟议复遣，帝从其议，于六月份遣顾仁等为各省巡按⑥。可是，争论并没有完。顺治十七年（1660年）六月二十一日，都察院可能是迫于压力，以巡按"未能即致地方宁谧"为借口，"请停止巡方之差"，帝命议政王、贝勒、大

---

① 《清世祖实录》卷六八，第1、2、3、5、31、32页。
② 《明史》卷七三，《职官志二》。
③ 《清世祖实录》卷四八，第22页。
④ 《清世祖实录》卷五三，第20页；卷五五，第7、8、9、13、14、15页。
⑤ 《清世祖实录》卷七五，第8页。
⑥ 《清世祖实录》卷八三，第13页；八九，第3页，卷九二，第1、2页。

臣会议具奏。过了七天，安亲王岳乐等议奏停遣巡按，福临降旨："御史停差，关系甚大，仍著议政王、贝勒、大臣会同九卿、科道确议具奏"。几经再议，最后，议政王大臣只好遵旨议拟继续派遣巡按，帝从其议①。

其四，剿抚兼施，统一全国。福临虽然深知，导致财政极端困难的根本因素是军费巨大，如不停止征战，不减官兵，就不能扭转财政困局；但就此停战，则南方多数省份归于大西军、南明政权辖束，不能改变南北朝局面，会在政治、经济等方面带来十分严重的恶果。长痛不如短痛，因此，他咬紧牙关痛下决心，不顾经济困难的巨大压力，坚决要完成统一全国大业，为尔后出现民富国强的太平盛世奠定基础。他谕令剿抚兼施，一方面尽量招劝南明延平郡王郑成功降顺，同时调兵遣将，委授大学士洪承畴为湖广、云南、贵州、广东、广西五省经略；罗托为宁南靖寇大将军；平西王吴三桂为平西大将军；卓布泰为征西南将军；信郡王多尼为安远靖寇大将军。这些人分统满汉官兵，苦战九年平定了南方，除个别地区外，全国绝大多数州县尽隶于清。随后，福临又两遣官兵，击败罗刹，驱逐了侵入黑龙江流域的沙俄殖民军。

其五，盟蒙封藏，边区安宁。福临于顺治九年（1652年）礼请五世达赖进京，隆重接待，厚赐金银珍宝，并册封其为"西天大善自在佛领天下释教普通瓦赤喇怛达赖喇嘛"，使达赖成为主管西藏及青海藏区和蒙古地区的最高宗教领袖。他又册封漠西蒙古厄鲁特部之和硕部顾实汗为"遵文行义敏慧顾实汗"，谕其"益矢忠诚，广宣声教，作朕屏辅"，承认和确立其为西藏行政领袖，正式建立了西藏地方政权与清朝中央政府的隶属关系。这次册封，满足了达赖和顾实汗的要求，维护了其既得利益，对增进藏清联系及安定西藏起了很大的作用②。

福临极端重视与漠南蒙古各部的关系，其与各部首领互为婚娶，下嫁公主，聘娶蒙古格格为帝王妃子，厚赐钱帛。又于顺治十三年（1656年）

---

① 《清世祖实录》卷一三七，第11、18页；卷一三八，第7、8、17页；卷一三九，第9、10、11页；卷一四〇，第3、4、5、6页；卷一四二，第13、14页。

② 《清世祖实录》卷七十，第20页；卷七一，第11、16页；卷七二，第10、12页；卷七四，第18、19页；《圣武记》卷五，《国朝抚绥西藏记上》。

八月初一，特遣大臣赍勒，分别慰谕科尔沁、乌朱穆沁、察哈尔、敖汉、鄂尔多斯、苏尼特、蒿齐忒、奈曼、阿霸垓、翁牛特、阿禄科尔沁、巴林、四子部落、哈喇沁、扎鲁特、内喀尔喀、杜尔伯特、吴喇忒、喀喇车尼克、土默特、郭尔罗斯等部土谢图亲王巴达礼、卓礼克图亲王吴克善、固伦和硕额驸和硕亲王阿布鼐等数十位亲王、郡王、贝勒、贝子、公，高度嘉奖他们早在太祖太宗时"即诚心效力，结为姻娅，请为屏藩"，第一次正式向他们提出"我国家世世为天子，尔等亦世世为王，享富贵于无穷"的基本国策，增进了蒙清联系，漠南蒙古各部与清中央政府的隶属关系与友好关系进一步加强了[①]。他又屡授方略，促成了与漠北喀尔喀三部蒙古的议和修贡，与漠西厄鲁特蒙古也保持了良好关系，使北方边境安然无事。

当然，福临毕竟年轻，性格又相当急躁，容易冲动，也做错了一些事。例如，他硬搬明制，设立十三衙门；他深受满洲王公大臣影响，并过分看重个人庄园人丁的利益，强行保持落后的农奴制庄园，厉行逃人法，严惩窝主，闹得京畿、河北、山东等地民不聊生，冤狱繁多，囚犯满路。当顺治十六年（1659年）郑成功围攻江宁"东南大震"之时，他初因惊恐异常，恳求太后迁都东北，舍京保命；后又因受母后斥责而恼羞成怒，下诏亲征，幸被谏阻，始未成行等。但是，他勇于进取，努力改革，倾心于汉族先进文化，擢用、倚任博学有才能干的汉官，且惩贪恤民，坚不加赋。因而，在他十年亲政期间，文治武功两方面都取得了很大成就，基本上统一了全国。此期，清疆域之宽广远逾明朝，且政局稳定，生产恢复，垦田顷亩倍增，为后来"康乾盛世"的出现奠定了坚实基础。

三

摄政时期，福临因受睿王多尔衮的限制荒废了学业，他文化水平很低，不谙政务。后来他回忆童年生活说："朕极不幸，五岁时先太宗早已

[①] 《清世祖实录》卷一〇三，第1、2、3页。

晏驾，皇太后生朕一人，又极娇养，无人教训，坐此失学。年至十四，九王薨，方始亲政，阅诸臣奏章，茫然不解。"为了治国安天下，巩固先祖遗业，亲政以后，他"发奋读书"，"每晨牌至午理军国大事外，即读至晚，然顽心犹在，多不能记。逮五更起读，天宇空明，始能背诵。计前后诸书，读了九年，曾经呕血"。他所读之书十分广泛，左传、史记、庄子、离骚，"先秦两汉唐宋八大家，以及元明撰著"无所不读。他既苦读，记性又好，很多佳作都能背诵。在一次和高僧木陈忞谈论时，他相继背诵了苏轼的《前赤壁赋》《后赤壁赋》和陶渊明的《归去来辞》，且一字不差。他对戏剧小说亦很爱好，对《西厢记》颇有创见，对《水浒》也有评论[①]。

从顺治八年到顺治十三年，福临深受德国传教士钦天监监正汤若望的影响。他敬赞汤若望之学识渊博，秉性善良，直言敢谏，尊称其为"玛法"，并诰封其为光禄大夫，授通政使司通政使，赐号"通玄教师"。他还经常临幸汤府，求学请教，双方之间存在着十分亲密的关系。汤若望不负厚恩，尽心辅导，勇于诤谏，几年之内呈上奏疏禀帖三百余封，对匡正福临欠妥之处及时政谬误起了相当大的作用。左都御史龚鼎孳盛称汤若望谏诤之能说："睹时政之得失，必手疏以密陈。于凡修身事天，展亲笃旧，恤兵勤民，用贤纳谏，下宽大之令，慎刑狱之威，磐固人心，镞厉志气，随时匡建，知无不言"[②]。

从顺治十四年（1657年）冬天起，福临逐渐崇信佛祖，先后召见南方高僧木陈忞、玉林琇、茚溪森、憨璞聪进宫讲经说法，参禅念佛。他对玉林琇和木陈忞皆待以师礼，自称弟子，并请玉林琇为己起法名，坚请禅师"要用丑些字眼"。玉林琇选书十余字进呈，帝"自择痴字"，法名定为"行痴"，号"痴道人"。以后凡请禅师说戒等御札，福临"悉称弟子某某，即玺章亦有痴道人之称"[③]。

福临喜爱写字绘画，深研书法，达到了相当高的水平。他多次赐赠

[①] 木陈忞：《北游集》，转引自《陈垣史学论著选》，上海人民出版社，1981。
[②] 《陈垣史学论著选》，上海人民出版社，1981，第447页。
[③] 《玉林琇年谱》，转引自《陈垣史学论著选》。

书画与大臣、学士、"玛法"和高僧,曾亲赐汤若望"两把他亲手所绘画而按有皇帝御印的扇子"。木陈忞求赐墨宝,他立命侍臣研墨,"即席濡墨,擘窠书一'敬'字。复起立连书数幅",持一幅赠与禅师。木陈忞离京南返时,福临又书"敬佛"二大字相赐,并亲笔画出水、蒲桃各一幅赠行。此后,他又赐禅师御书唐诗一幅,诗系唐岑参之《春梦》。其文为:"洞房昨夜春风起,遥忆美人湘江水。枕上片时春梦中,行尽江南数千里"。

清初大诗人、刑部尚书王士祯在其《池北偶谈》中,四次记述和赞颂帝之书画。卷一《世祖御书》载:"西山新法海寺,前对裂帛湖,世祖章皇帝翠华驻此,瞻仰湖光,因赐今名。殿有巨碑,刻'敬佛'二字,笔画飞动,世祖御书也"。卷十二《世祖御笔》记:"康熙丁未上元夜,于礼部尚书王公崇简青箱堂,恭睹世祖章皇帝御笔山水小幅,写林峦向背水石明晦之状,真得宋、元人三昧。上以武功定天下,万几之余,游艺翰墨。时以奎藻颁部院大臣,而胸中丘壑,又有荆、关、倪、黄辈所不到者,真天纵也"。卷十三《御画牛》对福临所画水牛之高超,叹为观止。其文说:"戊申新正五日,过宋牧仲慈仁寺僧舍,恭睹世祖皇帝画渡水牛,乃赫蹏纸上用指上螺纹印成之,意态生动,笔墨烘染所不能到。又风竹一幅,上有广运之宝"。谈迁等人也有不少福临书画的记载①。

这位书画双妙儒释皆精的英俊少年天子,还是古代罕有的痴情帝君。福临早年也曾纵情声色,行为放荡,他的"玛法"汤若望曾一再就此进行诤谏。当他结婚以后又发生了"道德方面的过失"时,汤若望又亲上谏书。福临问道:"玛法,哪一种罪过是较大的,是吝啬,或是淫乐呢?"汤若望回答说:"是淫乐,尤其是在地位高的人们,因为这是一种恶劣的榜样,所引起的祸害,更要多,更要大的"。福临"略一思量之后,就点头默认"。但是,他的"这改悔,终究是不能持久的"。汤若望的规谏并未收到很大效果,太监们"诱引性欲本来就很强烈的皇帝,过一种放纵

---

① 谈迁:《北游录》、《纪邮下》;陈康祺:《郎潜纪闻》《三笔·本朝列圣多工绘画》;吴振棫:《养吉斋丛录》卷十七。

淫逸的生活"①。

可是，自从顺治十三年八月册立董鄂氏为贤妃（第二月晋皇贵妃）后，福临顿改旧习，专情于妃。其二人心心相印，情深爱笃，忠贞不贰。董鄂妃乃满洲正白旗人鄂硕之女，鄂硕于天聪时袭父游击世职，转战南北，累立军功。顺治八年，鄂硕已任至巴牙喇纛章京，晋世职为二等阿思哈尼哈番（二等男爵）；其于顺治十三年擢内大臣，进一等子爵；顺治十四年以女晋皇贵妃，进三等伯爵。其于顺治十四年卒，赠三等侯爵，以其子费扬古袭三等伯爵。

关于董鄂妃，传闻纷纭。有说她是江南名妓董小宛，此说早经孟森先生论证否定；有说她是顺治帝福临之弟襄亲王博穆博果尔的嫡福晋，我认为，此说亦难成立。详见拙著《顺治皇帝全传》，此处毋庸赘述。

福临对董鄂妃之痴情和专一达到了无以复加地步，以致顺治十七年八月爱妃因病仙逝之后他悲痛万分，哀不欲生，"竟致寻死觅活，不顾一切。人们不得不昼夜看守着他，使他不得自杀"。他为爱妃大办丧事，"太监与宫中女官一共三十名，悉行赐死，免得皇妃在其他世界中缺乏服侍者。全国均须服丧"，"为殡葬的事务曾耗费极巨量的国帑"。他又请高僧茚溪森在景山主持举办大道场，将妃隆重火化。福临追封董鄂妃为"孝献庄和至德宣仁温惠端敬皇后"，亲写皇后《行状》，长达数千言。其册文中言及己之悲痛情形时说："方期永式于璇房，讵意俄升夫仙驭。凡兹九寓，同深月掩之惊；矧余一人，益重鉴亡之痛。嗟掖庭之失助，伤令范之去遒。露泫风回，感凄清于素节；帏虚殿迥，怅窗邀于云程"，不胜哀切之至②。

福临寻死未遂，便决心出家。虽太后和满洲王公大臣再三谏阻，亦毫无效果。他请茚溪森主持了"净发"仪式，剃掉头发，后经茚溪森之师玉林琇以欲焚死徒弟而示谏，福临乃同意蓄发不出家③。然而，由于他体弱有病，爱妃死后又悲痛过度，身体状况急剧恶化，不巧又得了天花，

---

① 魏特：《汤若望传》。
② 《清世祖实录》卷一三九，第20、21页；魏特：《汤若望传》。
③ 《续指月录》，转引自《陈垣史学论著选》；孟森：《世祖出家事考实》。

于顺治十八年（1661年）正月初七日逝世，享年24岁。其遗诏罪己，命立皇三子玄烨为皇太子，继承帝位，并指定心腹大臣索尼、苏克萨哈、遏必隆、鳌拜四人辅政。

　　福临虽然亲政只有10年，且英年早逝，但也做了不少利民利国的好事，在"守成"、"创业"两方面都取得了很大的成就，而且钟情于董鄂妃至死不移。因此，我认为福临是一位既能守成又能创业的年轻名君，是满族的一位杰出领袖，也是中国古代两千年里罕有的忠于爱情的痴情君主。"创业兼守成，罕有痴情君"，这就是本文对爱新觉罗·福临的基本评价。

乾隆皇帝弘历

爱新觉罗·弘历，生于康熙五十年八月十三日，雍正十三年九月初三日即帝位，改明年年号为乾隆，嘉庆元年正月初一日禅位于皇太子颙琰，自为"太上皇帝"，嘉庆四年正月初三日去世，享年89岁，执政63年有余。

以往人们对乾隆皇帝弘历的评价一般偏低，认为他是靠着祖父康熙皇帝玄烨和父亲雍正皇帝胤禛的遗业坐享其成才出现了"康乾盛世"；其本人才干亦不突出，建树不多，而且狂傲浮夸，骄奢淫逸，挥霍无度，又宠信权相和珅，使清朝盛极而衰。有的传说还讲弘历是为了贪恋回部王妃绝色佳人而用兵天山。我认为，乾隆皇帝弘历固然犯有不少错误，做了好些错事，但总的说来，他仍然是一位卓越的君主，对中国历史进程起了积极的促进作用。

一　登基形势　有利有弊

乾隆皇帝弘历是入关以后清朝的第四位皇帝，当然继承了皇祖玄烨、皇父胤禛的遗业。这份庞大的遗业，包含了对新君有利的许多好的条件，比如，领土极为辽阔——其时外蒙、内蒙古、青海、西藏等边区皆隶于大皇帝；人口众多，土地开辟；百业发展，赋税收入增加——雍正年间，岁征田赋银三千万两左右、赋米四百余万石、盐课银四百余万两；国库存银数量巨大——顺治年间国库如洗入不敷出，康熙六年以后库银迅速增加，康熙中叶以后库银基本上在四千余万两左右，最多的一年达五千余万两。雍正年间,国库存银平均为四千余万两,其中雍正七年八年皆为六千余万两,这样长时期的国库充盈,在中国历史上还是罕见的①。还有一点,也很重要,那就是没有发生全国性的大的战争。虽然当时贵州部分苗族土司土官聚众起事,反对改土归流引得清廷派兵征剿,但历时才不过几个月,调遣官兵仅局限于一省之内,对全国影响不大。且当时清廷与准噶尔部的战争已经基本停止,双方正在议和,可望短期内达成和议。对于一个刚刚继承帝位的新君来说,应该说是形势大好了。他只要不暴虐无道,倒行逆施,穷兵黩武,只是坐享其成,维持原状,墨守旧规,那么,哪怕他闭着眼睛享乐宫中,他也可以舒舒服服地当上几十年太平皇帝,获得守成之君的美名。但是,如果新君想有大的作为,建树不朽功勋,其中的不利因素就纷至沓来了。

第一,外部环境和西南西北边区的形势,不容乐观。姑且不谈西方英国等资本主义国家正在不断东侵,不久将成为中国的极大祸害,就是周边的国家如缅甸、廓尔喀等国势力也不断强大,极易与清朝发生纠纷和开启兵端。西南边区西藏的一些野心勃勃官员怀有强烈的分裂主义情绪,随时可能制造大的事端,破坏国家的统一。漠西厄鲁特四部(准噶尔部、和硕特部、杜尔伯特部、辉特部)的总汗噶尔丹策零(他也是准噶尔汗)辖有天山南北广阔土地,他兵精将勇,曾于雍正九年大败清军于和通泊,此时严重威胁到漠北喀尔喀蒙古的生存和西北地区的安宁。

第二,"生齿日繁","民用难充",矛盾尖锐。清君入主中原已近百年,百年来人口激增,乾隆六年在册人口已有14300万有余,乾隆二十七年突破两亿大关。而且随着土地兼并和集中的加剧,大量自耕农丧失了土地,许许多多民人衣食艰难,饥寒交迫,阶级矛盾日益尖锐,民间宗教和秘密结社盛行,不少旗人典卖了旗地,生计窘困,这都严重地影响了社会的稳定和国家的发展。

第三,满洲丁少,汉人众多,悬殊太大。清帝制定了"八旗为国家根本"、"八旗甲兵"乃"国家根本"的基本国策,八旗军尤其是满

---

① 《历史档案》1984 年第 4 期,《康雍乾户部银库历年存档》。

洲八旗军是清廷的主要统治支柱，但满人太少了。顺治五年，八旗满洲男丁为 55330 丁。因战争频繁，至顺治十一年减少到 49660 丁；又过了三年，至顺治十四年为 49695 丁。当年全国在册男丁为 18611996 丁，满汉男丁比例为 1∶370，即汉人男丁 370 倍于满洲。过了七八十年，雍正元年满洲八旗有男丁 154329 丁，而全国在册男丁为 25734864 丁，汉丁 160 余倍于满洲男丁[①]。以 15 万满洲男丁，来统治全国 1700 余府厅州县以汉人为主的两亿兵民，其难度之大是可想而知的。

第四，将庸兵弱，军威不振。不仅是为国家之根本的满洲男丁太少，而且满洲甲兵大不如前，满洲、蒙古、汉军八旗军的实力大大削弱。雍正元年，满洲八旗有男丁 154329 丁，蒙古八旗及察哈尔蒙古等 58697 丁，汉军、台尼堪等 194795 丁，满洲、蒙古包衣阿哈尼堪 219536 丁，投充汉人、太监、北京汉人 30169 丁，总计八旗男丁为 657526 丁。清帝在八旗男丁中拣选兵士约 20 万人，组成八旗军。另外，招募汉人为兵的绿营兵雍正末年约为 67 万，辅助八旗军内外征战。早年八旗军曾经多次以少胜多，攻城夺地，所向无敌，绿营兵亦曾一再辅助八旗军，败敌下城，并在平定"三藩之乱"中建树了大功。雍正二年正月，四川提督、奋威将军岳钟琪率绿营兵五千，大败青海和硕特部蒙古叛王罗卜藏丹津军队十余万，斩八万，降数万，用兵 15 天，平定了青海。然而，好景不长，承平日久，将领懈怠享乐怯于征战，唯知克扣兵饷大发横财；士卒疲弱厌战，动辄溃逃；八旗军、绿营兵实力下降，军威不振。雍正七年开始的进攻准噶尔汗噶尔丹策零的战争历时六年，调兵十余万，从征役夫十余万，军费多达七千余万两，可是却无功而止，且曾大败于和通泊，以满洲、蒙古兵为主的北路大军，主帅丢盔弃甲易服逃窜，两位副将军及都统、副都统、前锋统领等十余位高级将领阵亡，七千余名将士死亡和失踪，是清军 70 余年以来第一次大惨败。乾隆十二年开始的金川之役，进攻不满万人的金川藏人，调兵六万，用银 1100 余万两，历时两年多，却寸土未得。其时清军战辄溃逃，一再惨败，往往是两三千官兵败于金川

[①]《历史档案》1988 年第 4 期：《清初编审男丁满文档案选译》；《清世祖实录》卷 113，第 23 页；《清世宗实录》卷 14，第 23 页。

藏民数十人之手，最后只好招抚收兵。这样的庸帅怯将疲弱士卒，怎能迎战强敌开疆拓地？

二 脱颖而出 胸怀大志

雍正十三年九月初三日即帝位之时，弘历25岁，距顺治元年（1644年）世祖福临入主中原已有92年，他是一位地地道道的守成之君年岁的皇帝。此时，摆在他面前的道路有三条，他可以有三种选择。第一条道路和选择，是历代绝大多数守成年岁的君主所走之路。所作的选择，即坐享其成墨守祖规得过且过，既不荒淫无道暴虐残酷，又不讲求进取，胸无大志苟且因循当一个平庸之君。这条路很平坦，走起来很舒服，看中此路之君甚多。第二条路是昏君之路。隋炀帝杨广继位之时农业发达，其时人口增加国泰民安库藏充盈，这个昏君不思继承父志，却大兴土木，巡游四方，穷兵黩武，骄奢淫逸，害得百姓死亡流徙，田畴多荒，在位仅仅14年即被杀亡国。第三条路是守成兼创业之路。如汉武帝和唐玄宗都曾有所作为，但也很艰苦，走这条路的君王也很少。弘历在少年时期的表现及其受到的教育，对促使他走守成兼创业的道路起了很大作用。

弘历少年时的客观环境条件并不好，既非皇太子，又非皇太孙，只是康熙皇帝玄烨的百余皇孙之一。他父亲胤禛只是一位亲王，其弟兄封亲王者有七位，封郡王者四位。在皇孙中，弘历的地位更为低下，他的生母钮祜禄氏只是雍亲王胤禛的小妾，没有封号。弘历的长兄、二哥皆早殇，其三哥弘时之母是胤禛的侧福晋李氏，按子以母贵而言，弘历排不上队。而他的百余位堂兄堂弟中，生母为王爷的嫡福晋者至少有十余位，生母为侧福晋者更多[①]。按清制，乾隆以前，亲王之嫡福晋所生的嫡长子当袭亲王，嫡福晋所生其他嫡子封镇国公，比嫡长子已经低了六个大级。亲王的侧福晋所生之子又降二等，按贝勒的余子例，封二等镇国

---

① 《清史稿》卷214。

将军，比亲王之嫡长子低了十个大级；亲王的小妾所生之子，不给封爵。乾隆八年才规定，亲王、郡王、贝勒、贝子的妾媵所生之子给以爵职，亲王的妾媵所生之子封授三等辅国将军，这比亲王之嫡长子袭亲王，低了十一个大级①。按照乾隆八年以前封爵的规定，弘历是无权领受爵位之人，比其可封授二等镇国将军的三哥弘时地位低了很多，如果与其他已封为亲王世子（袭亲王）、郡王长子（袭郡王）、贝勒、贝子的皇孙比，那更是天渊之别了。设若亲王妾媵之子没有能耐，不是聪颖过人，文武双全，品学兼优，又怎能讨得父王欢心，更怎能得到皇祖的疼爱，从而永远摆脱没有封爵的低下地位。弘历就是靠着自己的聪明才智于11岁谒见皇祖时博得了皇祖的欢心，他被带回宫中养育，由皇祖抚视周挚，亲授书课。康熙帝又带弘历巡幸塞外，同住于万壑松风，祖孙朝夕相处，形影不离。看到弘历勤奋读书，练习骑射一箭中的，康熙对弘历更加喜爱，他曾亲举虎枪，击毙扑向弘历的大熊，事后他对妃子说：弘历"命贵重，福将过予"。康熙帝对弘历的赞赏和喜欢，对弘历之父胤禛的继位起了重大的促进作用，当然会得到皇父的宠爱。雍正元年八月，弘历便被胤禛秘密定为嗣君，以后又封为宝亲王，继承帝位②。这样一位从小就靠自己本事脱颖而出的英俊君主，登基以后当然要继承祖先勇于进取的优良传统，要做出一番轰轰烈烈的伟大事业。弘历心目中的楷模就是他敬爱的皇祖康熙皇帝玄烨，他经常讲的一句话就是，"以皇祖之心为心"，"法皇祖之事为事"。从弘历63年的执政实践看，他确实是这样做的，以皇祖为楷模，效其所行，法其所事，达到皇祖所取得的伟大成就，在此基础上有所发展，功勋更著，创建大清全盛之世，这就是他毕生追求的目标。

三　轻徭薄赋　五免天下钱粮

乾隆皇帝弘历创建盛世的基本方法，也是从他皇祖那里继承和发展

---

① 光绪《大清会典事例》卷2。
② 《清高宗实录》卷1，第2、3、4、5页；昭梿《啸亭杂录》卷1。

的，首先是轻徭薄赋，即大蠲赋税，普免钱粮。康熙帝曾着重指出："蠲租乃古今第一仁政，下至穷谷荒陬，皆沾实惠"。"民为邦本，勤恤为先，政在养民，蠲租为急。"乾隆皇帝弘历也是这样说和这样做的。乾隆年间蠲免钱粮的次数之多和数量之大，在中国历代王朝中可以说是空前绝后。弘历于雍正十三年九月一日登基，就下诏尽免雍正十二年以前民欠钱粮，总计免了几千万两积欠赋银，此后又多次蠲免地方粮赋和积欠[①]。特别需要着重指出的是，乾隆帝弘历曾五次全免天下一年钱粮。第一次是乾隆十一年。乾隆十年正月初六日弘历下谕免赋说："朕思海宇乂安，民气和乐，持盈保泰，莫先于足民……（我皇祖）曾特颁恩旨，将天下钱粮普免一次……朕以继志述事之心，际重熙累洽之候，欲使海澨山陬，一民一物，无不浃沾大泽，为是特降谕旨，将丙寅年（乾隆十一年）直省应征钱粮，通行蠲免。"[②]廷臣随即遵旨议准，于乾隆十一、十二、十三年三年之内，将各省分为三批依次全免全国地丁钱粮银2824万余两，以及原来不在蠲免范围内的甘肃"番粮草束"、四川的"夷赋"、河南官庄义田、广东官租学租等，亦行蠲免[③]。

乾隆帝的这次谕免全国钱粮，很显然是效法皇祖，将此谕和康熙四十九年十月初三日玄烨普免钱粮的谕旨相比，从原因到内容，以及分三批蠲免的办法，都完全相同。可不同的，这就是下谕的时间。康熙帝普免之谕是他在位长达49年后下达的，而弘历却在登基后10年便降旨免赋，这更显示了弘历知难而进的英雄气概。从康熙三十年至康熙四十九年，除康熙三十年、三十一年、三十二年、四十二年、四十三年这五年里，每年国库存银平均3500多万两外，其余15年每年库银都多达4000余万两，康熙四十九年更为4588万两，确实是国泰民安，库藏充盈。而乾隆元年到乾隆十年的11年里，除乾隆八年是2912万余两，其余10年各为3100余万两至3400余万两，比康熙年间平均每年少了1100余万两（乾隆十年库银为3317万余两，比康熙四十九年少了1200余万两）。库

---

① 《清高宗实录》卷3，第3、15页；《清高宗实录》卷115，第14页。
② 《清高宗实录》卷242，第9、10页。
③ 《清高宗实录》卷243，第14页。

银少了，开支却增加了，尤以兵饷一项增加了很多。雍正元年以前，各省绿营总额为58万余名，后用兵苗疆及准噶尔陆续增设了116000余名，比康熙时岁增兵饷银600万两，这当然严重地影响了库银的数量。乾隆十年，户部尚书梁诗正疏陈收支节余说："每岁天下租赋，以供官兵俸饷各项经费，惟余二百余万，实不足备水旱干戈之用。"① 乾隆十年国库存银3317万余两，如果扣除全免一年钱粮约3000万两，库银就所剩无几了，怎能支付水旱兵戈之用。所以一些才识短浅之人极不赞同全免赋税，御史赫泰公然上疏谏阻，力言"国家经费，有备无患，今当无事之时，不应蠲免一年钱粮。"② 乾隆帝高瞻远瞩，将普免钱粮视为实现其使民有恒产"本固邦宁"目标的重要有效措施，排斥浮议，知难而进，坚决贯彻执行。他特下专谕说："朕以爱养百姓为心，早夜思维，惟期薄海内外，家给人足，共享升平之福，故特颁发谕旨，将天下钱粮通行蠲免。"赫泰"逞其私智小慧，妄议朝廷重大政务"，"悖谬已极"，不能体朕"爱民之心"，"而生异议"，交部严加议处，后降二级调用③。

此后，弘历又于乾隆三十五年、四十三年、五十五年和嘉庆元年四次全免天下一年钱粮，并三次全免南方漕粮。这些蠲免累计赋银两亿两，相当于五年的全国财政收入，数量之多，在中国历代王朝里，是空前绝后的。

弘历五次普免钱粮，收到了显著效果。其时，朝廷粮赋需岁岁交纳，对违令抗粮者严惩不饶。有清一代，每年都至少有几十万贫苦农民和中小地主因欠交国赋而遭官吏差役残酷鞭挞和百般勒索。除额定正赋之外，征收过程中还有淋尖、踢桶、地面、鼠耗、草鞋钱等分外苛派，且其常常数倍于正额。一旦明谕免赋，正额固然不纳，苛派也就无从收起，对自耕农和中小土地所有者确是一大福音。因此，免赋受到广大百姓赞颂，出现了"万方忭舞"的欢乐景象④。这对改善百姓生活，促进农业发展和百业繁荣起

---

① 《清史稿》卷303，《梁诗正传》。
② 《清高宗实录》卷243，第7页。
③ 《清高宗实录》卷243，第7、8页。
④ 龚炜：《巢林笔谈》卷4，《乾隆十年全蠲丁粮》。

了很大的作用。

乾隆帝还以"水旱灾荒，尤关百姓之身命"，列为自己急欲闻之速为赈救的大事。他多次下谕发银赈灾，严禁地方官员匿灾不报，反复强调"国家之正供，原出于闾阎，今地方被灾，应行赈恤，以取之于民者用于民，是属理所当然，虽多何所吝惜"①。他对敢于任事为民减困的贤能官员嘉奖备至。因州遭大水，城几尽没，"灾民嗷嗷，流冗载道"，山东平度州知州颜希深遵母之命，尽发仓粟赈饥，"民赖以苏"。上司以其擅动仓谷奏劾其过，欲革其官。乾隆帝阅疏大怒说："有此贤母好官，为国为民，宜保反劾，何以示劝"，立擢颜希深为知府，赐其母三品封。颜希深后官至巡抚②。乾隆帝曾于乾隆二十一年正月十九日下谕讲述大发帑银米谷赈救灾民之事说："朕自即位以来，刻以爱民为念，偶遇地方荒歉，多方赈恤，惟恐一夫失所……即如上年命户部查奏，雍正十三年之间，江南（江苏、安徽二省）赈项，凡用一百四十三万，已不为不多，而乾隆元年至十八年，用至二千四百八十余万，米称是。"③乾隆年间赈灾次数之多，范围之广，规模之大，发放银米数撼之巨，在中国历代王朝中当居首位。

乾隆帝也很重视兴修水利。为治理黄河他动用了巨量银两，仅每年列为"河工"的固定专项经费银两即多达四千余万两，其数量之多也是前所罕有的。

四 痛惩贪官 屡诛大员

乾隆皇帝弘历为了创建盛世、延续盛世，采取的另一重要措施就是整顿吏治，严办贪官。在他执政的63年里，陆续审理惩办了一百余名贪婪的文武大臣。从这些案件里，可以看出乾隆帝惩贪的五个特点。

---

① 《清高宗实录》卷175，第2、3页。
② 陈康祺：《郎潜纪闻初笔》卷7，《颜中丞母发仓粟赈饥》。
③ 《清高宗实录》卷505，第3页。

第一，重惩大员。乾隆帝不仅惩治知县、知州等一般小官，更特别重视对文武大臣贪婪案件的审理，依法处治。他先后惩办了上百员按察使、布政使、巡抚、总督、尚书等三品以上的大官，像山西布政使萨哈谅敛银一千两论斩；兵部尚书鄂善受贿一千两处死；贵州巡抚方世儁受银一千两绞监候；云贵总督恒文勒令属员买金，短发金价，巡阅营武时沿途纵容家人收受属员门包，被勒令自尽等。就是他曾嘉奖过的能臣，如违法营私纳贿，查明之后也要依律处治。浙江巡抚卢焯治浙有方，曾减盐价、免米税、广学额、修尖山大坝，使民受惠且免遭水灾，蒙雍正帝赐其"文澜学海"之匾，乾隆帝亲书尖山坝的碑文盛赞卢焯之功。可是，一当发现卢焯纳银数万两，帝即将其处以绞监候。开国功臣"抚顺额驸"李永芳的四世孙李侍尧，乾隆初年以印务章京的小官身份见帝时，弘历夸奖其系"天下奇才"，立授官阶正二品的副都统。不久，李侍尧就任两广总督，历任户部尚书、刑部尚书、云贵总督等要职。其才干超群，政绩卓著，升武英殿大学士、留总督任、袭二等昭信伯，被帝誉为"老臣能事"之督抚中佼佼者。这样一位被帝宠信的军国重臣，一旦被揭劾出收受属员赃银三万两，就被乾隆帝严厉斥责，革职籍没，处以斩监候[1]。

第二，皇亲国戚难逃法网。两淮盐政高恒系大学士、两江总督高斌之子，其姐为乾隆帝之爱妃慧贤皇贵妃。因其系皇亲国戚，蒙帝擢用，历任总兵、侍郎、内务府总管大臣，当了8年两淮盐政，在万岁巡幸江南时对天子的侍奉尽心竭力，讨得了皇上欢心。他本可以继续晋任要职，不料被人揭出有侵吞余引盐银之嫌，帝即下旨严查，终以赃银数万革职籍没斩首。其子高朴，因帝赞其"年少奋勉"，很早就任至左副都御史，不久又因奏劾太监高云从私自泄露《道府记载》之事，蒙帝嘉奖，迁任兵部侍郎，出任叶尔羌钦差办事大臣，很有希望再次高升。可是，当帝得知高朴扰累回人，勒取回人财物，赃银累累又私役回人数千

---

[1] 《清高宗实录》卷138，第10页，卷140，第13页，卷140，第18页，卷165，第23页，卷852，第3页，卷546，第22页，卷1116，第4页；《清代碑传全集》卷79，袁枚：《原任浙江巡抚卢公神道碑》。

采玉贩卖,致使回人怨恨几酿变乱时,立即连下谕旨痛责其罪,于叶尔羌当众正法①。

乾隆帝对皇贵妃之亲弟,也就是自己的小舅子高恒这样的皇亲国戚,依法处以死刑,并非没有干扰。荣任首席大学士、身为孝贤纯皇后之弟的傅恒就为高恒求情说:"愿皇上念慧贤皇贵妃之情,姑免其死。"乾隆帝拒从其请,严肃说道:"若皇后兄弟犯法,当如之何?"吓得傅恒"战栗失色"②。乾隆帝这样做是十分正确的,充分表明了他整饬吏治严惩贪官的决心。

第三,对官官相护的徇私枉法,严办不贷。徇情庇奸,官官相护,乃官场积弊,害得百姓苦不堪言,严重破坏了吏治。乾隆帝对这一痼症进行了狠狠的打击,制裁了庇贪大臣。湖南巡抚蒋炳,于秋审官册内以原湖南布政使杨灏克扣侵吞买谷余银三千余两,被判斩监候,拟于秋后被处决。后因在限期以内缴清赃银,将其定拟"缓决",三法司九卿科道廷审时依从其议,大学士亦未提异议。按照秋审通行习惯,帝多依议而行,杨灏似乎可以安然无恙了。然而,大出廷臣意外的是,乾隆帝竟连下谕旨,痛斥蒋炳庇护贪官,严斥九卿等官雷同附合。其命将杨灏斩首;革蒋炳职,发往军台效力赎罪;尚书蒋溥、李元亮、赵弘恩、鄂弥达及侍郎王际华、刘纶、金德瑛、三和、钱维城等以及给事中、御史等官68人分别处以革职留任、降级留任、销级、销纪录、降级、注册等处分③。曾于乾隆四年高中状元的庄有恭,深受皇上赏识、擢升和宠信,历任内阁学士、侍郎、学政和江苏、湖北、浙江巡抚,署两江总督,后擢刑部尚书,授协办大学士。这样一位博学多才、"以清廉自励"、政绩卓著的为帝宠信大臣,竟由于一念之差,为了不使其熟人陕西巡抚和其衷免去保举非人的过错,庇护贪婪官员苏州同知段成功,被乾隆帝查出。帝即谕令彻底审理,最后将庄有恭、和其衷革职、斩监候;有关人员两

---

① 《清高宋实录》卷 814,第 25 页,卷 815,第 2 页,卷 816 页,第 1 页,卷 821,第 21 页,卷 1063,第 2 页,卷 1067,第 37 页。
② 昭梿:《啸亭杂录》卷 1,《杀高恒》。
③ 《清高宗实录》卷 546,第 11~17 页,卷 548,第 16、17 页。

江总督高晋革职留任，两位按察使革职，送军台效力；90名州县官员交部议处①。

第四，亲阅案卷，察出奸伪。乾隆帝勤理国政，亲阅奏疏，常常从中发现别人漏掉的重大破绽，侦破贪案。乾隆帝曾于乾隆三十九年批准甘肃商民交纳粮食，捐为国子监生员，以充实当地粮库。此粮被称为"监粮"，特调浙江布政使王亶望往任甘肃布政使，主持此事。三年之内，王亶望奏报已收"监粮"六百多万石。乾隆四十六年四月、五月统兵镇压甘肃回民起义的钦差大臣和珅、阿桂上疏奏报军情时，多次言及雨水太多，影响用兵。乾隆帝大起疑心，立即警觉起来，估计甘省连年赈灾用谷必有毛病。他便降谕询问阿桂："该省向来年年报旱，何以今岁得雨独多，其中必有捏饰情弊"，令阿桂等臣仔细审察办理。此后，他连续下谕，指授查办机宜，严厉追查，终于查出甘肃全省大小官员通同作弊，全部"监粮"皆系折收银两，随即以虚报干旱成灾赈济饥民的借口，"开销监粮至六百余万石"及常平仓谷130余万石，这八百余万石的粮银全由甘肃官员侵吞瓜分，成为130余年以来罕见的第一大案。闻之，乾隆帝愤怒无比。为严惩贪臣，他赐令陕甘总督勒尔谨自尽；斩杀已升任巡抚的王亶望；其他侵吞监粮的知州、知县、同知、通判等官有56名被正法，免死发遣46人②。

第五，知错而改，查明大案。乾隆帝久理国政，成效显著，因而滋长了骄傲自负情绪，有时判案难免有误，但他能知过改错。浙江学政窦光鼐参劾浙省库存钱粮亏空严重，巡抚伊龄阿、钦差大臣阿桂、曹文埴等却硬说并无其事。乾隆帝下谕，按钦差之议作了结论。然窦光鼐坚持原奏，并奏劾平阳知县黄梅"丁忧演戏"，贪婪不法，赃银巨万，要亲至平阳彻底查审。伊龄阿等官连续参劾窦光鼐"拘钝无能"，执辩不休，污人名节，逼勒生员写供，并称其"不欲做官，不要性命"也一定要参

---

① 《清高宗实录》卷751，第6页，卷752，第12~18页，卷753，第14~18页，卷755，第12页，卷754，第20页；《清代碑传全集》卷27，《庄有恭墓志铭》。
② 《清高宗实录》卷1134，第15页，卷1135，第2页，卷1136，第8页，卷1137，第45页，卷1138，第18页，卷1139，第10页，卷1167，第18~22页。

倒黄梅。乾隆帝偏信了钦差大臣等官的一面之词，大发雷霆，连下几道谕旨痛斥窦光鼐"竟系病疯"，"举动颠狂"，将其着即革职，拿交刑部治罪。不料，就在窦光鼐被铁链加身押上北京途中，窦的另一份参劾黄梅贪婪之疏及田单、印票、收帖等物证送到了皇上面前，实证查明黄梅赃银二十余万两。乾隆帝大吃一惊，仔细分析奏疏及田单等票据，断定证据确凿。他便立下数谕，承认自己有错，责令钦差大臣改过重审，不得固执谬见。最后黄梅案情查明，帝谕依律惩治，并将钦差大臣、巡抚等官交部议处；调窦光鼐进京，初署理光禄寺卿，旋擢宗人府府丞，迁礼部侍郎，再迁左都御史①。

乾隆帝几十年如一日地大蠲赋税，轻徭薄赋，审断贪案，严惩贪婪不法的高级官员，对整顿吏治、促进农业生产、兴旺百业和城市繁荣起了重大作用，尤其是在户部银库存银上，表现得更为清楚。乾隆帝即位时，国库只有存银 2400 万两，以后又五次免天下钱粮两亿两，平时蠲免不下一亿两，赈灾上亿两，"十全武功"耗粮 14000 万两，但乾隆年间库银仍不断增加。乾隆元年至乾隆十四年，只有三年库银是 2700 万至 2900 万两，其余 11 年皆在三千万两以上。乾隆十五年至乾隆二十八年里，有五年是四千万两以上，其余年份为三千余万两。乾隆二十九年为 5427 万两；乾隆三十年至乾隆三十九年，有四年是六千余万两，五年是七千余万两，乾隆三十六年为八千余万两；乾隆四十一年为 6000 余万两，乾隆四十二年、四十五年、四十六年、四十七年、四十九年、五十一年、五十五年、六十年，库银皆在七千万两以上②。国库存银长期保持在六七千万两之间。这不仅在清朝，就是在以往汉唐盛世也是绝无仅有的。

---

① 《清高宗实录》卷 1252，第 17～20 页，卷 1254，第 3、4、5 页，卷 1255，第 6、7、8 页，卷 1260，第 2、3 页，卷 1261，第 36～42 页，卷 1265，第 2～17 页；《清代碑传全集》卷 36，秦瀛：《都察院左都御史窦光鼐墓志铭》。

② 《历史档案》1984 年第 4 期，《康雍乾户部银库历年存银数》、《清高宗实录》卷 900，第 32 页，卷 1018，第 21 页，卷 1025，第 29 页，卷 1138，第 33 页，1212，第 23 页，卷 1261，第 10 页，卷 1213，第 41 页。

五 固边宁境 开疆拓地

乾隆帝弘历的勇于进取和力创伟业，在固边宁境的开疆拓地上表现得更为清楚。尽管将懦卒疲，军力大不如前，但弘历却继承了先祖勇于进取不畏艰险的精神，为巩固和发展大清国进行了多次战争。他一即位，就碰上了贵州苗疆土司反对改土归流的"苗变"。其时苗人攻城夺地，黔省大震，使雍正帝后悔不该在贵州苗区改土归流，欲图舍弃苗疆，恢复土司旧制。在这"前功几尽失，全局几大变"的关键时刻，新君弘历坚持要将苗疆改土归流进行到底。他撤换庸劣统帅，惩办失职官将，委任能臣，剿抚兼施，仅仅几个月就平定苗变。而后，他又设屯委官，办好了先帝未能办成的"最要最重事件"。

为了彻底清除威胁漠北喀尔喀蒙古生存和西藏、内蒙古、甘肃、青海安宁的祸害，弘历力排众议，在满洲王公大臣"畏怯退缩"反对用兵的情形下，坚主利用厄鲁特四部内部纷争、新总汗和准噶尔汗达瓦齐昏庸好战导致人心离散这一稍纵即逝的"天时人事辐辏"的大好时机，统一厄鲁特。他于乾隆十九年五月下谕宣布：明年征准，调兵 5 万，其中北路 3 万，西路 2 万以计有满兵 13000 名，索伦兵、巴尔虎兵 8000 名，察哈尔等地蒙古兵 16000 名，绿营兵 11000 名，厄鲁特部之杜尔伯特部"三车凌"（车凌、车凌乌巴什、车凌孟克）新降之兵 2000 名。两个月后，听说辉特部首领阿睦尔撒纳率其同母之兄和硕特部大台吉班珠尔、其小舅子杜尔伯特部大台吉讷默库及三部属人 2 万、兵士五千余名来降，弘历大喜，亲自接见三位大台吉且厚加奖赏。他改变了用兵方针，把五月份以满洲蒙古索伦兵为主的方针，改为"以新归顺之厄鲁特攻厄鲁特"，即"以准攻准"，主要利用已归顺的厄鲁特兵攻打准噶尔汗（也即是厄鲁特四部的总汗）达瓦齐。经过安排，最后弘历决定于乾隆二十年春用兵，兵分两路——北路任领侍卫内大臣、署定边左副将军、兵部尚书、世袭子爵班第为定北将军，亲王阿睦尔撒纳为副帅定边左副将军，郡王讷默库、班珠尔为参赞大臣；西路授陕甘总督、内大臣永常为主帅定西将军，几年前来归的准部宰桑、领侍卫内大臣萨喇尔为副帅定边右副将军，三车凌为参赞大臣。乾隆帝又硬行规定，北路副帅阿睦尔撒纳领兵六千（是其三部来归人员）先行，主帅班第带少量绿营兵晚些时候出发，在后缓慢尾行。西路副帅萨喇尔领兵五千余名（其中二千名是三车凌属下人员）先行，主帅永常带少量绿营兵远离其后尾行。

由于厄鲁特四部总汗和准噶尔汗达瓦齐昏庸酗酒好战，四部大乱，清军所至，"各部落望风崩角"，"台吉、宰桑，或数百户，或千余户，携酮酪，献羊马，络绎道左"，竞相来归。大军"师行数千里，无一人抗颜者"，五月初二日即进入伊犁，六月十三日擒达瓦齐。仅仅用了三个月的时间，厄鲁特四部即已尽数纳入清朝版图。

乾隆帝认为，将厄鲁特四部统一于总汗一人之下是造成七八十年来干戈频起、西北不安的主要因素，必须"众建以分其势"。故其决定取消总汗，"议编四部，分设四汗"，按照漠南蒙古、漠北蒙古之例实行扎萨克制度，四部各设一汗；欲封车凌乌巴什为杜尔伯特汗，阿睦尔撒纳为辉特汗，班珠尔为和硕特汗。不料，正当他安排部汗人选之时，前线传来了阿睦尔撒纳叛乱的消息。原来，乾隆帝在用兵准部的决策上犯下了大错，带来了严重危害。在厄鲁特四部纷争离散的形势下，"以准攻准"方针是可以的，这样既能顺利进军，很快统一厄鲁特四部，又可大大减少清军的人数、兵费及人员伤亡。但是，这需要一个前提条件，即有强大的清军作后盾，让来归的厄鲁特台吉、宰桑率其部下（8000）前行，满洲主帅统领几万清军紧随其后——这样，清军主力既可接应"先行军"，又可震慑"先行军"和厄鲁特四部，以免降人生变。乾隆帝却忽略了这一重大问题，片面轻信阿睦尔撒纳，让其率领三部兵士六千人先行，使其大树个人威信，扩大自己实力。清军北路、西路虽各有兵士上万，但随主帅尾跟"先行军"的兵士分别只有几百名和千余名，而且一旦伊犁归顺，乾隆帝即下令撤退清军，以致北路主帅定北将军班第手下只有五百名兵士，当然没法震慑住野心勃勃拥兵近万的阿睦尔撒纳。阿睦尔撒纳当厄鲁特四部总汗的要求被拒绝后，于乾隆二十年八月十九日起兵叛乱，定北将军班第、参赞大臣鄂容安遭受叛军重重包围，"力战不支"，自杀尽节；班珠尔、讷默库、噶勒藏多尔济等台吉、宰桑陆续反叛，厄鲁特四部大乱；不久，回部大小和卓亦乘机起兵叛清。噩讯传来，朝野震动，反对用兵准部的"浮议"又甚嚣尘上。在这关系西北安危的关键时刻，乾隆帝英勇无畏，见难而进，痛斥"浮议"，坚持将办理厄鲁特四部和回部之事进行到底。他委任将帅，统兵攻剿叛汗，四年多来历经艰险，军费开支3300余万两，终于削平准回叛军，统一了天山南北广阔土地。他又因势利导，决定取消汗辖准部及和卓伯克管辖回部的旧制，设立伊犁将军，总管全疆军政财经等一切事务，其下设都统、参赞大臣等官，筑城驻兵，屯田移民，征赋佥役，将全疆直接隶属于清帝之下[①]。为了捍卫领土，保证西藏安宁，打退廓尔喀入侵西藏的军队，年逾80高龄的乾隆帝委任一等公福康安为大将军，二等公海兰察为参赞大臣，率领精兵六千进攻廓尔喀，尽逐其军于境外。随之，清军并乘胜前进，屡败敌军，深入其国七百余里，迫使对方议和朝贡。乾隆总结出西藏噶伦专权、驻藏钦差大臣实权太少，是廓尔喀得以乘机入侵的主要原因，故决定改革旧制，创立"金奔巴瓶"抽签确定达赖、班禅等大喇嘛的化身的制度，颁布《钦定西藏善后章程》，明确规定中央政府拥有管辖藏区政治、军事、经济（赋税、银钱）、外交、外贸等各方面的最高权力。此外，朝廷在宗教方面也有很大权限，达赖、班禅及各大喇嘛的化身需经清中央政府掣签挑选和批准；各大喇嘛违犯国法将受到中央政府的严厉制裁[②]。从此以后，西藏进一步直隶中央，这对藏族的发展及西南西北的安宁和中华民族的统一，都起了重大作用。

由于乾隆皇帝弘历勇于进取和不懈的努力，在其皇祖、皇父奠定的基础上把"康乾盛世"推到了新的高峰，从而促进形成了"大清国全盛之势"的"盛世"。他在文治武功两个方面都做出了重大贡献，超越了皇

[①] 《清高宗实录》卷464，第9页，卷470，第7、19页，卷479，第11～20页，卷481，第3页，卷491，第14页，卷512，第12页，卷535，第5页，卷599，第23～32页。
[②] 《清高宗实录》卷1399，第13页，卷1410，第22页，卷1411，第11页、12，卷1193，第11～13页，卷1403，第21页，卷1418，第10～12页；《啸亭杂录》卷6，《廓尔喀之降》。

祖康熙帝取得的成就。他执政的时候，清政府统一了准部、回部，拓缰二万余里，使西北、北方彻底安定；西藏严格隶属中央；四川、青海宁谧；贵州改土归流得以坚持；云南南部民族地区牢固内附，从而最后奠定了近代中国版图，使得强大的中国屹立于东方。在社会经济文化方面，康熙帝普免天下一次钱粮和一次漕粮，乾隆帝则五免天下钱粮和三免漕粮；康熙帝最盛时库银有五千多万两，但由于用兵准部，去世时只剩下二千余万两，而乾隆朝的库银却长期保持在七千万两上下，最多时为八千多万两。与康熙朝相比，乾隆时国家更为强大和宽广，国库更加充盈，其农业发展，百业兴旺，城市繁荣，文化发展，确系"盛世"。

当然，乾隆帝在军政要务上也有不少失误，尤其是他晚年盲目自满，讳过喜功，拒听直谏。他宠信奸相和珅，使其得以揽权纳贿以致"政以贿成"，贪污盛行，国力大损。清末盛极而衰，他对此也要负重大责任。

总的看来，乾隆帝弘历对增强国家的统一、促进中华民族的发展和最后奠定近代中国的版图都做出了重大贡献，建树了宏伟业绩。他虽然犯有错误，但瑕不掩瑜，功大于过，可以说是中国历史上执政最久、年寿最高、影响巨大、文治武功兼备的杰出封建帝君。

明代辽东军户制初探

——明代辽东档案研究之一

周远廉　谢肇华

明代辽东档案有 1080 卷，是 1949 年在沈阳故宫发现的，原藏东北档案馆，现存辽宁省档案馆。

这批档案本系明代辽东各官署的文件。1621 年 3 月后金国汗努尔哈赤率领八旗官兵进驻辽沈以后，一来不懂得这批档案的史料价值，二来当时极缺棉花，就将一部分明档用来代替棉花，絮入包装"信牌"的囊袋夹层。由于它们被剪成信牌形状，所以现在称之为"信牌档"；另一些档案被用来裱糊沈阳宫殿的屏风，因而今天被叫作"屏风档"。这批档案大多是残件，有的首尾不全，有的中间残缺；其原来的顺序也被弄乱了，有重复的，有缺页的，也有前后颠倒的。

这些文件起于洪武年间，止于崇祯末年，它详细、具体、比较真实地载录了明代辽东地区经济、政治、军事、文化、民族关系等方面的情况，是研究明史特别是辽东地区历史和清初历史的珍贵资料。

我们对这批材料作了初步的研究，觉得有不少问题值得探索，本文首先介绍和论述明代辽东的军户。[①]

军户制度是明代的一项重要制度，明初全国有二百万军户，占户口总数的五分之一[②]。弄清军户制，对研究明代的军事、政治、经济制度和

---

① 谢肇华研究员，曾任辽宁社会科学院副院长和该院历史所所长论著颇半。
② 《太宗实录》卷 33，永乐二年八月庚寅，都察院左都御史陈瑛言："以天下通计，人民不下一千万户，军官（官军）不下二百万家。"据实录，该年全国著籍人户是九百六十八万五千二十户。

阶级关系、阶级斗争等问题都有重大意义。

这些情形，虽然《明实录》等官方典籍和私人著述多有涉及，但不够具体。明档则有上百件专谈这个问题，现以明档为主，结合有关文献，对辽东军户制的若干侧面作些探讨。

一　明代辽东军户的来源

明太祖朱元璋夺取全国政权以后，在如何统治和役使人民方面因袭了元朝统治者配户当差的老办法，仍然把全国百姓分成军、民、匠、灶等不同类型的户。这些不同类型的人户分别籍属于中央不同的部，承担不同的差役，而且不准改籍，役皆永充，世代延续。军户，就是供应军役的户，著军籍，隶兵部。

关于军户的来源，《明史》在总论明朝兵制时指出："其取兵，有从征，有归附，有谪发。"① 即是说有随从朱元璋起义反元的人户，有归降、依附的元军和义军的人户，有因罪充军的人户。除此之外，还包括民户因"垛集"而一时变为军户的，以及元代的旧军户等等。

辽东的军户，大多是谪发的。《明史》指出："初太祖沿边设卫，惟土著兵及有罪谪戍者。"② 这在明档中有突出的反映，因罪充军的记载很多。明档丙类五十三号、五十八号（原系一件，整理时分为两件）是各地谪发辽东都司某卫充当军士的清册，分别载明充军人的姓名、原籍、充军时间和罪名及逃故年月。比如："一名，宋辉，系本县（浙江省武义县）在城西隅人，洪武二十五年，为不应事，充本卫左所百户赵文所总（旗□□）……小甲缺下军，本年六月内故。"由于该档记录了265名军犯的情况，约有一万余字，不便全引，仅选录若干条，列表如下，以观其一斑。

---

① 《明史》卷90，兵二。
② 《明史》卷91，兵三。

各地谪发辽东都司某卫充当军士情况表

姓名	原籍	充军时间	充军罪名	逃故年月
叶官保	×县在城西五隅人	洪武二十五年	为剁指事	洪武二十六年二月故
王道	×县在城东二隅人	〃	为不应事	洪武二十八年二月故
于子祥	×县在城南八隅人	〃	为违法事	洪武二十六年二月故
姜道伍	×县依任乡七都庚字圩人	〃	为不法事	本年六月故
□道胜	×县十都三保人	〃	为马草事	洪武二十六年二月故
沈来孙	×县一都人	〃	为马匹事	洪武二十七年七月逃
王亮	×县二十九都二保人	〃	为党送事	本年二月故
朱小二	×县十四都人	〃	为私盐事	洪武二十六年二月故
何伏四	×县四都人	〃	为盐法事	本年二月故
应佛伍	×县人	〃	为钱粮事	洪武二十六年十一月故
范肆	×县十四都人	〃	为粮草事	洪武二十八年六月故
叶叔同	本县(龙游县)三十一都人	〃	为法除民害事	本年闰十二月故
□□□	×县市中隅人	〃	为起宗事	洪武二十九年二月故
杨允中	×县人	洪武二十五年	为黄册事	永乐二年九月故
郑良桧	本县(送安县)五都人	〃	为钞法事	洪武三十五年五月故
□□□	□□□□□	□□□十五年	为钱法事	洪武二十九年十月故
王思发	本县(静乐县)围城都人	洪武二十五年	为未完勘合事	永乐二十年十□□
□□贰	×县九都人	〃	为不举事	本年九月逃
朱受一	×县三十五都修圩好人	〃	为巡补事	洪武二十八年三月故
王信	本县(福山县)松江社人	〃	为力士事	□□□□年九月故
王输	泰原府徐沟县人	〃	为起送老人事	洪武□□□□□
周原善	×县东北隅人	〃	为说事过钱事	本年七月故

根据上表，我们可以看出六个问题：

第一，因罪充军的名目繁多，统治人民的法网细密。上表载录的充军罪名有 22 种：为剁指事、为不应事、为违法事、为不法事、为党送事、为马草事、为马旺枣、为私盐事、为盐法事、为钱粮事、为粮草事、为法除民害事、为起宗事、为黄册事、为钞法事、为钱法事、为未完勘合事、为不举事、为巡补事、为力士事、为起送老人事、为说事过钱事。若不是档案残缺，名目一定还会更多。不过就是这些名目，已经清楚地表明明时大到国家粮赋，小至个人一言一行，处处有禁，动辄得咎。人民像被网起来的鱼儿一样，根本没有行动自由。

第二，这些充军的罪名，大大超过了明廷正式规定的条文。洪武时，明王朝曾明确规定了"合编充军"的22条，即："贩卖私盐。诡寄田粮。私充牙行。私自下海。闲吏。土豪。应合抄劄家属。积年害民官吏。诬告人充军。无籍户。揽纳户。旧日山寨头目。更名易姓家属。不务生理。游食。断指诽谤。小书生。主文。野牢子。帮虎。伴当。直司。"① 上述档案记录的22种充军罪名中，只有私盐、钱粮、剁指三项，符合这项正式规定，盐法、粮草、法除民害三项，与此项规定可能也有些关系。其余如不应事、黄册事、起宗事、党送事等十多种充军罪名，皆与"合编充军"的律令无关，可是，照样被强行解到辽东卫所充军②。

第三，轻罪重惩，滥施刑罚。既然档案记录的22种充军罪名中，有三分之二以上的罪名不符合明廷充军的律令，那么明王朝各级政权滥施刑罚的情况就显而易见了。比如，在明档丙类五十三号和五十八号记录充军的265人中，"为不应事"有89人，占总数的百分之三十三点六。什么是"不应事"？就是"不应为而为之之事"。这个"不应事"伸缩性很大，凡是封建政权认为不应该的，看着不顺眼的，都可以诬为"不应事"。真是欲加之罪，何患无辞！这仅是"滥"的一个方面。另一方面，按照刑律，"不应事"本非什么大罪，一般是"杖八十"即可了结，可是反倒变成了只比死罪低一等的充军大罪。这是"滥"的另一方面，即轻罪重惩的一面。又如"为马草事"、"为黄册事"等条，都不属大罪，可是都要充军。

这种滥施刑罚、大量逼民充军的情况，在明廷大臣的奏疏中也有所披露："而所谓罪者（指充军之罪），或粮赋违限，或工作误式，甚而至于洪、永之际，奏请小有不合，僚属偶尔不和，又甚而死事逮于群众，诖误累及亲友，纵其身罪合，而今应补者日以远也。"③

第四，残酷镇压人民的反抗。档案记录"为剁指事"而充军的达99

---

① 《诸司职掌》刑部司门科，页11下～13上。载《玄览堂丛书》第48册。
② 《明律集解附例》载称，充军条例在弘治时增至四十六款，嘉靖时增至二百十三款，万历时又增至二百九十三款，比洪武时"合编充军"的二十二条包罗的宽得多，但这是一二百年以后的事了。
③ 王世贞：《议处清军事宜以实营伍以苏民困疏》，《明经世文编》卷332。

人，占总数的百分之三十七，为犯罪充军中人数最多的一种。所谓"剁指"，不是剁别人之指，而是剁自己之指。这是劳动人民困于苛敛重赋，苦于当兵远戍，而被迫采取的自身致残的办法。这种现象在明代相当普遍，它是抵制、反对封建国家剥削奴役的一种消极手段。但是，统治阶级对人民的镇压是全面的，无论是积极反抗还是消极反抗，它都要镇压。《大诰》把"断指诽谤"定为"杂犯死罪"①，因为皇帝"恩赦"，减免一等，才改为充军。

"合编充军"条例中的"不务生理"、"游食"等条，亦是明廷针对贫民的反抗而规定的。所谓"不务生理"，就是穷到了没法"务生理"的地步，不是无土地，便是无牛具，因而再不能够为封建国家种田、纳粮、当差了。所谓"游食"，就是企图摆脱国家户籍，不愿纳粮当差的游食之民，也即朱元璋说的"若有不务耕种、专事末作者，是为游民，则逮捕之"②。因为"不务生理"、"游食"之人，已经不对封建国家尽"民"的"本分"了，所以要逮捕他们问"罪"，强迫他们从军，这是对人民哪怕是一点点微小反抗的残酷镇压。至于"合编充军"中的"旧日山寨头目"一条，更是赤裸裸的对准元末时反抗暴政的农民义军制定的。

第五，充军的人来自天南海北，地区十分广泛。档案丙类五十三号和五十八号记录的是一个卫的情况。充军到这一卫的人来自许多不同的地方，仅可查出地名的，就有浙江省的武义县、龙游县、丽水县、遂安县、龙泉县；山东省的寇城县、福山县、文登县、栖霞县、夏津县、日远县；山西省的泰原县、静乐县、徐沟县、沓县、泽州，共计三省十六个州、县。每一县又分若干乡、里、都，不少乡、里都有充军之人。例如丽水县下就有六都、七都、十都、十一都、十三都、十九都、二十都、四十九都等处之人充军。有的都甚至有好几个人充军的，如丽水县的十一都，就有张仲新、肖伍朝、叶在善、梅仲机、叶幼等五人同时充军到

---

① 见《诸司职掌》刑部都官科，页19上。载《玄览堂丛书》第48册。
② 《太祖实录》卷208，洪武二十四年四月癸亥。

该卫①。

第六，因罪充军的人很多。按明制，每百户所设总旗（或名总甲）二，各辖军士 56 名。而明档丙字五十三号、五十八号载明，在洪武二十五年一年内，充军到该卫后所百户薛方所总甲某名下的，就有陈佛受、叶官保、于子祥、陈显、许盂、查荣、张善、倪安保、陆阿三等 21 人②。这还是根据残档所作出的不完全的统计，可见因罪充军的比重是多么的大。

这些档案的记载，并不是孤立的、局部的现象，而是符合历史实际的，与其他文献的叙述也完全吻合。《明史》指出："明初法严，（充军之人）县以千数，数传之后，以万计矣。"③

自从洪武四年（1371 年）明都指挥叶旺、马云率兵入辽陆续设立卫所以后，明王朝就不断遣发罪犯充军辽东。洪武十八年（1385 年），明太祖朱元璋命令赏赐辽东军士，因为这时"谪发者"已是辽东军士的重要组成部分，所以不得不打破"例不赏赐"的旧规，特意指明对"谪发者"也要赏赐④。洪武二十年（1387 年），朱元璋还专门对谪戍辽东之人下诏说："凡吏民谪发辽东戍守者，各以时力田讲武，不得更上封事，论诉是非，违者罪之。"⑤ 遣发罪犯充军辽东的直接记录也时有出现，例如：洪

---

① 辽宁省档案馆藏（下同）《明档》，丙类 53 号，丽水县下载有："一名，张仲新，系本县十一都人。洪武二十五年，为不应事，充本卫左所百户邹□……小甲缺下军。""一名，肖伍朝，系本县十一都人。洪武二十五年，为马草事，充本卫左所百户邹荣所□玉小甲缺下军。""一名，叶在善，系本县十一都人。洪武二十五年，为不应事，充本卫左所百户邹荣□玉小甲缺下军。""一名，梅仲机，系本县十一都人。洪武二十五年，为马草事，充本卫左所百户邹荣所蒋玉小甲缺下军"。"一名，叶幼，系本县十一都人。洪武二十五年，为剁指事，充本卫后所百户薛□……小甲缺下军。"
② 《明档》丙类 53 号载有："一名，陈佛受，系本县十三都人。洪武二十五年，为剁指事，充本卫后所百户薛方□成小甲缺下军。"等等，共十二条；两类五十八号载有："一名，倪安保，系本县十二都利字圩人。洪武二十五年，为剁指事，充本卫后所百户薛方所总甲张成小甲缺下军。"等等，共九条。
③ 《明史》，卷 93，刑法一。
④ 《太祖实录》卷 171，洪武十八年二月戊午："命赐辽东等处军士钞，尝从征者人三锭，谪发者人二锭。"另，卷 240，洪武二十八年八月辛巳："赐山东辽东诸卫恩军棉布各二匹、棉花二斤。初，以恩军为宥罪之人，比之正军例不赏赐。至是，上以边地苦寒，特命赐之。"
⑤ 《太祖实录》卷 182，洪武二十年六月甲申。

武二十九年（1396年）三月，清水江中平等寨"群蛮聚众为乱，贵州守御官军捕之，获从乱蛮人五百，械至京师，俱有死给衣，谪戍三万卫"①。同年六月，因会同县所辖上下十八洞的"蛮民"不遵约束，各立栅寨，"置标枪刀弩，拒命不供赋役"，明廷发兵攻剿。以所获"顽民"械送京师，"谪戍三万卫"②。类似的记载还有不少。所以，管领辽东的山东巡按张聪，在论及辽东的军兵情形时，得出"辽东军士，多以罪谪戍"③的结论。

辽东的军户，除了因罪谪戍的以外，还有从征兵士留戍辽东的④，金女真为兵的⑤，因为所占比重不大，这里就不详细论述了。

以上情况表明，封建国家的专制权力和人丁对国家的封建人身依附是建立军户制的基础。明王朝统治集团正是运用封建国家的这种专制权力，利用全国人丁隶属于封建国家的人身依附关系，施行暴力，镇压反抗，强迫金发大批贫民当兵建立了军户制度，从而形成了辽东的军户。

二　军户制对军户、兵丁的残酷剥削和压迫

据明档丙类五十三号和五十八号各地谪发辽东都司某卫充当军丁清册的统计，在洪武二十五年充军的约有254人，死亡的约达215人，占百分之八十四点六。其中洪武年间，即在头七年内死亡的，约有178人，占充军总数的百分之七十。而在洪武二十五年当年死亡的竟有68名，占充军总数的百分之二十六点七；第二年死亡的29名，占百分之十一点四。充军之人，多系壮丁，为什么会死得这么多、这样快？原因不难理解，

---

① 《太祖实录》卷245，洪武二十九年三月庚辰。
② 《太祖实录》卷246，洪武二十九年六月辛丑。
③ 《宣宗实录》卷107，宣德八年十二月庚午。
④ 《太祖实录》卷86，洪武六年闰十一月癸酉："置定辽右卫于辽阳城之北，立所属千户所五，命定辽卫指挥佥事王才等，领原将山东诸卫家马屯守。"
⑤ 《太宗实录》卷178，洪武十九年秋七月戊午："置东守卫。初，辽东都指挥使司以辽阳高丽、女直来归官民，每五丁以一丁编为军，立东宁、南京、海洋、草河、女真五千户所分隶焉。"

那就是封建专制国家对军户、兵丁残酷压迫和剥削所造成的。明王朝要对军户、兵丁进行剥削，就必须先把他们束缚起来，实行严格的军事编制。这种军事编制包括两个方面，一是军户单独成籍；二是兵丁固定卫所。这都是具有强制性的。

关于军户单独成籍，上面已经提到。明王朝统治者的根本目的是，"凡军、匠、灶户，役皆永充。"① 因此，对于保持军户的军籍极为注意。明宣宗朱瞻基曾谕示兵部："朝廷于军民，如舟车任载，不可偏重。有司宜审实，毋混。"② 为"军"者世代为"军"，为"民"者世代为"民"，严禁军籍改入民籍。只有两种例外的情况：或皇帝亲自恩准，或官至兵部尚书，才能除去军籍。但这种机会都是绝少的。《明史》兵志曾记述一例："宣德四年，上虞人李志道充楚雄卫军，死，有孙宗皋宜继。时已中乡试，尚书张本言于帝，得免。如此者绝少。户有军籍，必仕至兵部尚书始得除。"③ 军户只有这样永远固定起来，才可能"永充"统治者"任载"之"舟车"，供其驱使。

有了固定的军户，可以保证兵源不枯竭，而要想任意役使兵丁，还得把兵丁编制起来，这就是卫所编制。其法大体是"度要害地，系一郡者设所，连郡者设卫。大率五千六百人为卫，千一百二十人为千户所，百十有二人为百户所。所设总旗二，小旗十，大小联比以成军。"④ 总旗即总甲，小旗即小甲。洪武二十一年（1388年）秋，明廷更"令卫所著军士姓名、乡贯为籍，具载丁口，以便取补"⑤。其具体做法是："一样造册二本，将各总小甲军人姓名、年籍、乡贯、住址，并该管百户姓名、充军卫分，注写明白。一本进赴内府收照，一本同总小甲军人付该管百户，领去充军，仍咨呈该付作数。"⑥ 这样，对兵丁的控制就更严了。军丁充军的地方大体上也是一定的，基本上是南方人谪戍北方，北方人谪

---

① 《明史》卷78，食货二。
② 《明史》卷92，兵四。
③ 《明史》卷92，兵四。
④ 《明史》卷90，兵二。
⑤ 《明史》卷92，兵四。
⑥ 《诸司职掌》刑部司门科，页11下~13上。载《玄览堂丛书》第48册。

戍南方。"如浙江、河南、山东、陕西、北平、福建、并直隶应天、庐州、凤阳、淮安、扬州、苏州、松江、常州、和州、滁州、徐州人,发云南、四川属卫;江西、湖广、四川、广东、广西、并直隶太平、宁国、池州、徽州、广德、安庆人,发北平、大宁、辽东属卫。"① 这当然也不是绝对的,如上引明档记录,充军到辽东的就有山西和山东之人。统治者的用意是,路程遥远,防止军丁逃亡。

对于军丁的逃亡,明廷是严行禁止的。明律将"从军征讨私逃再犯"和"三犯逃军",都定为"真犯死罪"②。对于"一次、二次在逃因军",处理稍轻一点,兵部要"照例刺字,依律杖断原伍旧军"。"若系在京军人,调发外卫"③。法律不仅规定了对逃军的惩处条例,同时也对"两邻里甲"、"众百姓"发出了严厉警告:"毋得隐藏逃军,虽是至亲,必须首告",否则,"两邻并影射之家,尽行拿充军役"。对于"隐藏逃军之家",则"全家拿赴京来,迁居化外","家私就赏捉拿之人"④,惩处是够狠的了。

卫所的军丁一旦逃亡、老疾或病故,则必须勾取原户壮丁补充,是谓清军。明律规定:"凡各卫所开报逃故并老疾勾丁代役军人,先须查对乡贯住址明白,具手本赴内府给批,差人前去,着落有司官吏,逃军,根捉正身。如正身未获,先将户丁起解补役,仍根捉正身补替。其故军,勾取户内壮丁补役……老疾军人,就留原籍住坐,将户下壮丁起解替役。"⑤ 军士若被少数民族统治者掳去,亦勾原户壮丁充补⑥。总之,只要籍为军户,不管遇到什么严重情况(老疾、被掳、死亡等),都还得为封建国家供军丁,服军役。

清军给人民带来的灾难极为沉重。宣德时,有些地区因此而"株累

---

① 《诸司职掌》刑部司门科,页 11 下 ~13 上。载《玄览堂丛书》第 48 册。
② 《诸司职掌》刑部都官科,页 16 下 ~18 上。载《玄览堂丛书》第 48 册。
③ 《诸司职掌》兵部职方部,页 23 下 ~24 上。载《玄览堂丛书》第 48 册。
④ 《大诰续编》,逃军第七十一。
⑤ 《诸司职掌》兵部库部,页 39。载《玄览堂丛书》第 48 册。
⑥ 《宣宗实录》卷 28,宣德二年六月丁卯:"辽东三万卫总甲张显言……盖其人被掳时,原卫已取户内壮丁补伍。"

族党，动以千计"①。到"嘉靖初，捕亡令愈苛，有株累数十家，勾摄经数十年者，丁口已尽，犹移覆纷纭不已"②。"每当勾丁，逮捕族属、里长，延及他甲，鸡犬为之不宁"③。清军如此害民，以至《明史》的作者也借他人之口议论说："论者谓（充军）即减死罪一等，而法反加于刀锯之上，如革除所遣谪，至国亡，戍籍犹有存者，刑莫惨于此矣！"④

明王朝正是通过这些手段，来保证兵源，对军士进行残酷剥削。

在军户的差役里边，最根本的一项是服兵役。明初规定，每一军户必须出一丁，到指定的卫所当兵。到永乐时期，由于军事行动增加，竟强令一个军户出数丁当兵。为此，有军户多达三丁、五丁为兵，简直是全家壮丁都为军了。这种"重役"在宣宗以后虽有所减轻，但一直未能彻底改变。一家数人当兵的事情，在档案里面也有反映。例如，成化十七年（1481年），记录有王秀祖父共垜一军的事情：

"旧军王英儿捏作故军，原籍清勾，蒙本县将秀同妻□……瘦子帮军不缺。今来若不状告，切思祖父共垜一军，见有军余不缺，带回原籍，听继军伍便益，有此具状来告山东监察御史大人处，详状施行。成化十七年正月十八日告。"⑤

这种情况，其他史籍也不乏记载。比如，正德年间，有一家二名壮丁同时当操守旗军的⑥；隆庆年间，有一户四丁而三丁当兵的，也有一户二丁全部当兵的⑦。

军户要给军士置办军装、筹备路费，费用相当浩大，常常因此倾家荡产。这几乎成了普遍的情况，以至不能隐瞒。管理清军的给事中徐贞

---

① 《明史》卷92，兵四。
② 《明史》卷92，兵四。
③ 《明史》卷92，刑法一。
④ 《明史》卷93，刑法一。
⑤ 《明档》，丙类11号。
⑥ 见《大明会典》卷156，兵部38，军政2，起解。
⑦ 《穆宗实录》卷62，隆庆五年十月乙未。

明曾言："勾军东南，资装出于户丁，解送出于里递，每军不下百金。大困东南之民……"① 这些费用，有时还要强加在军丁的亲族头上，即"亲族有科敛军装之费"②。为了羁绊军丁不致逃亡，明廷允许甚至提倡军丁携带家属。如果出军役时加上办婚事，那就更不堪设想了，"民间娶妻、佥解路费、军装，无虑百金，故一军出，则一家敝，一伍出，则一里敝……往往见新军殊死，号泣道路"③。

军丁被押解到卫以后须向卫官行贿，交"见面钱"或"拜见钱"，这竟然成了常例。明档记有：

管队张春"索要见面钱，张玉银八钱、崔祥银□……罗中拜见钱铜壶一把，入□□□□□□将黑漆纸髻髢四十个，共值银四钱……"④

连《明史》这种官修"正史"，也不得不承认，军丁每"至所充之卫，卫官必索常例"⑤。需要行贿的事情是很多的，例如，军丁不许外出，因故外出，就得行贿；甚至回原籍扫墓，还需交银一两⑥。

军户的另一项经常性的差役，就是被迫耕种屯田。谪发辽东的军兵绝大部分被用来屯耕，他们要缴纳高额屯粮，受很重的剥削。明初，辽东军屯的情况大体是，"八分屯种，二分成逻。每军限田五十亩，租十五石"⑦。对于屯军的全面情况将另文专述，这里就不细说了。

此外，军户还要承担各种官役。明代的徭役大致有三种：里甲、均徭、杂泛差役。按照法令规定，军户的军田可以免除杂役。事实上，军户除负担"里甲"、"均徭"之役外，还是要应承各种杂役的，即"正军

---

① 《明史》卷92，兵四。
② 《明史》，卷93，刑法一。
③ 汪道昆：《辽东善后事宜疏》，《明经世文编》卷337。
④ 《明档》，乙类119号。
⑤ 《明史》卷93，刑法一。
⑥ 《孝宗实录》卷196，弘治十六年二月庚戌。
⑦ 《宪宗实录》卷244，成化十九年九月戊申，毛泰奏。

领马操备，余丁各有差役"①。这种情况在屯军里最为突出。屯田的正军和军余，往往要承担养马、打柴、打草、修建、筑堤、运粮、烧炭等差役，甚至还要为官府运送与己毫不相干的钢铁②。因此，"总理屯盐都御史"庞尚鹏在总论屯田之弊时指出："若论其大端，则虏患不时，科差无度，最为屯田之梗，而侵盗剋剥次之。"③他特别强调的一点，就是"科差无度"。

军户、军丁还遭到各级官吏非法的盘剥奴役，有的甚至被逼勒致死。这在明档里有大量的记录。请看镇抚张春对军丁崔祥等人科索的情况：

"……被害不过，脱走回屯，差管事军人李旺拘崔得户丁崔祥，前来更替□……布一匹。本年闰三月内，军人张洪年老，告将户丁张玉代役，要银八钱。弘治十年五月，有军人罗五十病故，将户丁罗中代役，要银七钱，铜壶一把。本年九月内，散与军人董俊，周文、余能、金全等四名，每名黑漆纸髻髻十斤（个），要谷草一车。髻髻四十斤（个），要草四车。弘治十一年正月内，有军人周文老疾，告将余丁周芳替军，要银一两。替后又要银五钱，送周芳跟都指挥张俊作识字吏，俱是贪脏。"

"十月内，每军科要狐狸皮一个，做皮袄备寒，每个用银三钱买交。内有军人线林、王原……狐狸皮不堪，退出要换。今弘治十一年四月内，存留军人白二汗在家熟皮，不去防护。"

"去迤西防护人夫修边，本官令军人韩能、崔得、罗五十、王祥、徐敬同洪□……打柳木杆，着各军官马连芦席、干鱼驮送辽阳城西地名三里庄（家里）。"④

可以看出，军丁代役时要勒索，安排好差事要勒索，变季节的时候

---

① 《孝宗实录》卷196，弘治十六年二月庚戌。
② 《神宗实录》卷222，万历十八年四月辛巳。
③ 庞尚鹏：《答王总制论屯盐书》，《明经世文编》卷360。
④ 《明档》，两类25号。

也要勒索。勒索的东西有白银、布匹、髹髻、谷草、狐狸皮、柳木杆、芦席、干鱼,应有尽有。甚至在防边吃紧之时,这个张春还不忘损"公"肥私,留下军人为自己熟皮子,即使到边防的,也要抽出一些人为自己搞"副业",捞外快。

再看王瓒、戴英揭发老吏周祥虐待余丁一例:

"今弘治九□五月,有本百户所老吏余丁周祥妻李氏在家倚大,要行见害,是瓒不从,迳被本妇串同伊亲孟广、孟位住、周和尚、周升、周山马同男妇韩氏,上瓒门首欺侮,将家产毁坏缸二个、盆二个。是瓒含忍不过,要行告理。后周祥回家,带领周和尚等十数余名,将瓒踩打肿,抢去绒帽一顶、三梭布衫一领、褶儿一腰,抢去无存。不期老吏周祥在卫谋干,弘治六年管收三年,每年椿木二百五十车、芦苇三百车,尽数卖放,讨钱肥已……不期先年迎承管事,要英青儿马一匹,箅银五两,凭中见人张昂,至今拖欠,累讨不还。又得本丁将男妇韩氏欺奸,有妇前到瓒窗下敢叫,瓒得知。又将役占本百户所余丁丘全等十数余名牛马人力,俱无远近差役,讨钱肥己……老吏周祥不守公道,假公干私科害等情,将椿木、芦苇、砖瓦装运地名郎均在,起盖房三间住坐"。①

一个小小的管收旧吏,对余丁可以毒打、抄家,可以私收实物上千车,可以役占余丁十数名,盖起三间"别墅"……其他卫官势要盘剥役使余丁的情况也可推想而知了。

有些军士余丁,不堪盘剥奴役,竟有被逼勒致死者。请看明档记录招头杨景时逼死林秀等人的案卷:

"……早辰,守堡镇抚刘谦在演武厅内点□□□□器听候阅时。彼有林秀军器不堪,令未到□……通点已毕,本官将各军亲管招首、

---

① 《明档》,甲类41号。

管队旗器数轨较，景时与小甲王英每名责打二十棍，严□……景时就不合用言威逼林秀：你的军器不堪，将我辄等语。至巳时分，林秀恐累时责打，密用白麻兀刺袋□□□去演武厅房梁上自缢身死……比时，王英与辛淮等九名各不合将尸坑浅挖坯埋，以致狼狗（刨）开，将尸拖拽，食残无存。本月内，有伊父林聚才得知，到堡探望。景时因见林秀缢死，缺人当军，又兼听候问实，就将林［聚才］捉拿应役。比伊不从，景时将伊责打二十棍，锁项交□□□□□在官军人许英不合手拿铁锁，将伊下牙打落……

"添［杨景］时先撒派本招军士七十三名，每军兀刺［一双银二钱，弓弦一条银一钱］，共勒要银二十一两六钱，因男家窘□□□责打四十棍，棒疮举发，气绝身死等项实……"①

因家贫，没有好军器，就要挨打；人被逼死了，尸体让狗吃了，抬头还不罢休，探视的家属还要挨棒打、被充军；家寒窘者，不堪勒索，也要被毒打而致死亡。卫官贪婪残暴的形象，真是跃然于档案之中。

除此之外，有些狡猾的官吏在勒索军士、余丁时常常搞点伪装，"设计套银"。兹举嘉靖二十五年（1546年）铁岭卫军犯董朝用告发掌案积吏罗通一例：

"……问拟朝用徒三年，发本城边墩夏洼空守哨，满日疎放，照旧充军。押□到堡，当有掌案积吏罗通设计套银，故称守堡用刑时锁，你可凑些银物送他。将红赤骒马一匹变卖与客人赵三，改机一桶，银二两交付本丁，收送了讫着役。至本年七月内，遇蒙恩宥，例该释放，照旧回卫应役。今本年五月内，不料污吏罗通假捏批文，随带军人马镗，不知何处差遣，到朝用家说称，各处查点徒夫，替你使银打点，二人又索银物一两二钱，本丁收存。"②

---

① 《明档》，乙类153号。
② 《明档》，甲类55号。

有时候，贪官们勒索不均，以致互相告发，出现狗咬狗的局面。请看嘉靖二十一年（1542年年）海州卫指挥佥事林相与李春的互相揭发。林相揭发李春：

"……指挥李春栏挡，军夫停止，不行做工，差令管队秦端、管工董杲、写字李振等，将做工军余高也儿、赵杲、王堂等四十队共一千名，每名科收银一钱，共银一百两，不知何用。"①

李春揭发林相：

"……指挥林相谋干前来督修东胜并本堡工程，在彼住扎，□思军苦，每日科逼队伍军甲王付等管办，各日不等，共要烧酒四十壶、鸡四十只、肉四十斤、粳米八斗、青酱二十碗，同伊弟林二并亲识等十余人往来吃用。仍科要军余曹隆、魏住、宁景、刘春及五百户所黄青甫等各鹅不等，共鹅九十三只。台军王成、铺司兵丁那海等共银二两、马尾网巾一十六顶，俱本官科要入己。仍将做工夫丁李序、汪钦等每队二名，共夫四十二名，私役割田使用一十余日，不修边工。贪心不足……"②

明档中有关官吏盘剥军丁的记录举不胜举，并且都如一幅幅历史画卷，非常细腻逼真，其与《明实录》的记载可以互为印证。兹引成化和弘治时的几条材料作一比较。成化十年，"辽东都司都指挥吴俊，私役军卒或致死者。有卒妇色美，逼通之。为其夫所奏。并发诸受贿不法事。下巡按御史按问得实"③。弘治时，"海州卫备御都指挥佥事李杲与布商谋，伪称中官之布，分散军士，约以米偿之，取利倍常"④。"辽东都司都

---

① 《明档》，甲类44号。
② 《明档》，甲类44号。
③ 《宪宗实录》卷135，成化十年十一月庚午。
④ 《孝宗实录》卷13，弘治元年四月乙巳。

指挥同知寒溥,役军士耕私田,私乘官马致死,又索贿于军士"①。分守辽阳的太监刘恭,"在辽阳私役军余千余人"②。镇守太监梁玘,"倚势为害……闻民有良马,必贱市之。多夺民田至二百八十余顷,以军余佃之。又占军余二百七十余人,纳钱而免其役",且"私役军士……樵采,为虏所杀"③。辽东巡抚张鼎指出,这种役占军丁的行为并非个别现象,而是通病:"辽东总兵、副总兵、参将、都指挥、指挥、千户等官……隐占军丁从嫁使令者,见今一家多者有二三百丁,俱称舍余。"④ 因此,当时有人曾概括说:"旗军精壮富实者,役占于私门;老弱贫难者,疲困于征役。"⑤ 可见,在官吏对军丁的盘剥苛索、役使占有,以及奸污军卒妇女、驱逼军卒致死等基本方面,明档的记载和实录的叙述是完全一致的。

军丁和军户在各级官吏的盘剥压榨之下,生活异常贫穷困苦,老疾无依的人,更是难以维生。且举几例档案:

"告状人刘常一,年六十一岁,□……难以屯种,户下又无人丁替役,实切□……"⑥

"状据江文四代役孙江宁宽告,年七十二岁,……(不)勘应役……"⑦

"(曹民)年六十五岁,系定辽后卫前所百户陈昂所屯军。状告:先于成亿……得患痨祛病症,又兼两腿麻痹,时常举发,不堪辩(办)纳粮差……"⑧

六七十岁的人了,还要应役纳粮,不能除豁,其生活艰难之状是可以想见的。

---

① 《孝宗实录》卷73,弘治六年三月戊子。
② 《孝宗实录》卷192,弘治十五年十月乙巳。
③ 《孝宗实录》卷194,弘治十五年十二月辛酉。
④ 《孝宗实录》卷196,弘治十六年二月庚戌。
⑤ 《孝宗实录》卷76,弘治六年闰五月戊午,平江伯陈锐言。
⑥ 《明档》,乙类36号。
⑦ 《明档》,乙类38号。
⑧ 《明档》,乙类37号。

因为贫穷,回不起故乡,有的军丁只好世代流落异乡:

"……□同可才等供送祖,一向随住,续生子孙,不能回乡。正德十一年五日二十八日,是可才因贫□……见丁纳粮,若不具告,委的亏损老幼等项余丁,衣食不能度生,如蒙可怜分□……"①

既不能免役,又无力返乡,有的军丁竟致乞讨度日:

"状据于仲礼告称:幼年在所,办当王差,家产变卖尽绝,即今年迈绝嗣,两眼昏花,不能行走,寻讨度日。有妻魏氏年过六十五岁,无处投生,命在朝夕,望乞青天老爷悯恤蚁命,九死一生,投天等情……随唤于仲礼到官:供系本卫后所已故百户俞承尧所老疾余丁,见年八十二岁,先年在所,应当屯军,每年办纳谷豆一十一石、草银五钱,仓库票存。后因无力,家□□□尽绝,遗下屯军更替本所余丁于六汉领纳。即今与妻□□□各年老贫窘,又无弟男子侄,朝夕无所仰赖,乞丐无门。"②

因此,军丁大量死亡,如本段开头统计所表明的,许多军卒在短短的几年内即逼迫致死。

对于辽东军士、余丁的普遍贫困及其对社会经济和"边防"带来的影响,明廷不少大臣一再上疏,指出其严重性:"比者岁凶寇虐,不殍则殇,宅无人居,泽量野骴,盖七年,往矣……重以终岁露师,丁壮悉皆受甲,幸而一生九死,犹或不餍糟糠","辽东年饥役重,军民窜伏"③;"该镇行伍空虚,屯田荒秽,多由数年来,或杀虏于强寇,或冻馁于荒年,户日消沉,日益月甚"④;"或厄于旱荒,衣食不给;或苦于掊克,启

---

① 《明档》,丙类 52 号。
② 《明档》,甲类 72 号。
③ 汪道昆:《辽东善后事宜疏》,《明经世文编》卷 337。
④ 庞尚鹏:《清理辽东屯田疏》,《明经世文编》卷 358。

处弗遑。老者以死，壮者以逃。遂致敌忾乏人，捍御就废"①。

这种情况，在嘉靖三十七年（1558年）和嘉靖三十八年（1559年）闹饥荒的时候，尤为突出。当时辽东"斗米至银八钱"②，比正统时陡涨五十至八十倍③，以至境内"母弃生儿，父食死子"，"巷无炊烟，野多暴骨"，其"萧条惨楚"之状，使得当时巡抚辽东的都御史侯汝谅"目不忍视"，"计无所出"，无限"忧惶"④。

这种积重难返的局面，当然不是封建统治者，哪怕是其中的有识之士所能解决的。它，只能通过人民的斗争来解决。

三 军户、兵丁的反抗斗争与辽东军户制的崩溃

物极必反。对于封建国家的暴政和各级官吏的剥削，辽东的军户和兵丁进行了长期的激烈的斗争，这种斗争包括消极怠工、大量逃亡和直接反抗。

我们着重谈谈军丁的逃亡和直接反抗。

从明档丙类五十三号和五十八号的逃故军丁清册来看，有关个人逃亡的记录有24条，即：在充军当年（洪武二十五年，1392年）8名，洪武二十六年（1393年）1名，洪武二十七年（1394年）2名，洪武二十八年（1395年）2名，洪武二十九年（1396年）1名，洪武三十五年（即建文四年，1402年）2名，永乐十□年1名，永乐十九年（1421年）1名，永乐二十年（1422年）1名，宣德三年（1428年）1名，正统九年（1444年）2名，其他两名年代不详。虽然这是残档，记录并不完全，但还是能够说明两点：一是充军的当年即有逃亡，而且数量较多；二是以后续有逃亡。

---

① 杨博：《奉旨会议勾补军丁责成抚臣管理疏》，《明经世文编》卷277。
② 《世宗实录》卷475，嘉靖三十八年八月甲子。
③ 据《英宗实录》卷62，正统丑年正月辛酉，当时辽东"银一两买米六石至十石"，可推知。
④ 《世宗实录》卷475，嘉靖三十八年八月甲子。

更能说明问题的是丙类一至三号和二十九号档案。这是嘉靖三十七年（1558年）开原属下城堡原额和见在兵丁、马匹数目的清册，有总的数字，而且还有十个城堡的完整记录，可看出逃故军士占原额军士的比例。兹引录其总数，并将十城堡的情况列表如下。

总数："开原等五城并二十边堡军马：原额军舍余丁共该一万五千五百一十六员名，见在一万一千九百七十二员名，逃故三千五百四十四员名。"①

开原城下属十个城堡逃故军士表

城堡名称	原额军士(名)	见在军士(名)	逃故军士(名)	逃故占原额比例(%)
古城堡	365	241	124	33.9
求宁堡	264	164	100	40.6
威远堡	476	321	155	32.5
中固城	875	697	178	20.3
柴河堡	377	229	148	39.2
铁岭城	856	784	72	8.4
抚安堡	328	239	89	27.4
镇西堡	568	494	74	13
彭家湾堡	341	284	57	16.7
懿路城	865	765	100	11.5
统　　计	5315	4218	1097	20.6

据《明档》，丙类29号。

此表反映出三个问题，一是各城堡都有逃故，逃故是普遍现象。二是戍堡的军丁逃故更多。因城比堡条件好些，控制更严，逃故的数字小一些。例如铁岭城，逃故军士仅占原额军士的百分之八点四；相反，戍堡的军士逃故的就多，例如求宁堡的逃故军士达百分之四十点六。三是逃故的数量相当多，平均来看约占百分之二十。

但逃故并非逃亡，它包括亡故和在逃。那么在逃军士到底有多少？

① 《明档》，丙类1~3号。

所占比重究竟多大？现根据明档丙类五十三号和五十八号的五处记录，列表如下，作些分析。

在逃占逃故军士比例表

军士原籍	逃故总数（名）	死亡数（名）	在逃数（名）	在逃占逃故比例（%）	出处
山西布政司	131	109	22	16.8	丙类58号
栖霞县	5	3	2	40	〃
丽水县	16	12	4	25	丙类53号
×××	30	25	5	16.6	〃
×××	20	14	6	30	〃
统计	202	163	39	20	

因为这五条记录，都是对于来自一个地方的军丁逃故情况的统计，应该说是比较完整的典型材料，因而可以据此计算、分析、判断。如上表所显示，来自一个地方的军丁，在逃占逃故总数的比例少者是百分之十六，多者达百分之四十，按平均计，也在百分之二十左右。

根据明初这个比例，可以算出，在嘉靖三十七年（1558年），开原等五城二十边堡约有七百余名军士外逃。这种推算当然不会十分准确，因为宣德（1426~1435年）以后，兵士逃亡的问题更加严重。但是看了这份档案，对我们了解整个辽东军士逃亡的情况还是会有所帮助的。

辽东军士逃亡的总的情况，其他史籍也有概括的论述。宣德八年（1433年），山东巡按张聪言："辽东军士，多以罪谪戍，往往有亡匿者……至卫即逃。"而且逃亡的数量多，"军士在戍者少！亡匿者多"。其原因是"皆因军官贪虐所致"，"那移作弊，掊克军士，逼令亡匿"①。张聪所说与明档完全符合。到弘治年间，更是一大半军士都逃走了："辽东旧额军士十八万有余，今物故逋亡过半，勾考不前"②，"见在止有七万之数"③。就全国来说，情况也一样严重，早在正统三年（1438年），逃故

---

① 《宣宗实录》卷107，宣德八年十二月庚午。
② 《孝宗实录》卷182，弘治十四年十二月辛未。
③ 《孝宗实录》卷195，弘治十六年正月甲午。

军士竟已达120余万①，充分证明军户制度已经濒于崩溃了。

逃亡后的军士，"或逃回原籍，或潜匿东山，或为势豪隐占"②。他们"所至为家"③，或开垦边荒，或深山挖矿，或参加武装的反封建斗争。

军丁的直接反抗首先表现为抗赋抗役，这是经常发生的事件。明档中有不少这类事例，先看抗赋的记载：

"一名朱宝，年四十岁，系海州卫左所百户魏朝用所军人朱来住下余丁……嘉靖二十四年正月内……编审均徭，将宝编定，每年纳窑柴四千斤……宝自合照数买办本色窑柴，送窑交纳为当。不合……本年十月内……查出宝窑柴未纳……"④

"一名曾国忠，年六十三岁，系复州卫左所百户孙世荣所额伍铁军。状招：国忠每年该纳铁二百斤，递年赴本卫上纳，打造盔甲不缺。后嘉靖年间，国忠畏避军差……万历十九年九月内，复州卫掌印指挥王正名票催百户孙世荣捉拿，国忠前欠铁一百斤，并拖欠万历十一年起十九年止共该铁一千九百斤，俱未完纳。本官前往彼处，向追国忠等前项铁斤。比国忠又不合不行办纳，奸恃不□……"⑤

再看抗役的：

"一名李志良，年五十岁，系定辽右卫中所百户金国殿所军人李仲举下余丁，见在旧险山堡地名舍羊界排居住。状招：万历十（年）四月内，有瑷阳堡奉明拆修……（指挥）孙遇春票差在官牢子吕永禄、高锁住并未到张二、小四、韩文德同未到百长宋钦，催调忠良等各出夫一名，解赴竣阳堡修工，行间，比时志良纠同戴仲金、管一迁各不合欺抗不服，带领未到李三、李五、戴仲美、李志敎、李

---

① 《英宗实录》卷46，正统三年九月丙戌。
② 《孝宗实录》卷195，弘治十六年正月甲午。
③ 庞尚鹏：《清理辽东屯田疏》，《明经世文编》卷358。
④ 《明档》，甲类46号。
⑤ 《明档》，乙类127号。

二汉、管五子、左添禄、李聋子、张二、戴仲柏、李三儿、李五汉、王玉功等一十六名各不合听从跟随，各执木棍，赶至地名韩箭儿岭，将吕永禄拘解众夫尽行夺去。比志良又不合同棍将吕永禄右手肚并左手中指连左腿□□□□伤重倒地，今已平复□……能家煎汤食用□□□□春惟恐不的，亲诣韩能家看视，志良□管一迁、戴仲全等各又不合不论职官，用石乱打不服……"①

还有军官仗势借东西不还，遭到军丁的坚决反抗和辱骂殴打②。

军丁的大规模反抗发生于明代中叶。从正德年间到万历年间，先后在辽东的许多地方发生了兵变，其规模较大、影响深远的有义州、锦州、辽阳、广宁、抚顺的兵变。

正德四年（1509年）八月，义州、锦州爆发了高真、郭成等领导的"兵变"。这年，刘瑾遣官四出大量屯田，其爪牙户部侍郎韩福被派到辽东。韩福"希瑾意"，"伪增田数"③，利用丈量之机，加重对屯军的剥削。他"所行过刻，屯卒弗堪"，"军余高真、郭成等同胁众为乱，劫诸将领及城中百姓不从者之家，焚毁廨舍，殴逐委官。守臣不能禁，发银二千五百两抚谕之，乱者始息"④。军丁的斗争取得了初步的胜利，打击了刘瑾丈屯的苛政，横扫了封建官吏的威风，迫使统治阶级暂时作了一定的让步。这是明代第一次兵变，在全国影响很大。

嘉靖十四年（1536年），辽阳、广宁发生了大规模的兵变。当时，辽东巡抚吕经"苛政多苛，奉法太过"⑤，"故事，每军一，佐以余丁三。每马一，给牧地五十亩。经损余丁之二编入均徭册，尽收牧地还官。又役军筑边墙，督趣过当"⑥。辽阳军士忍受不了这种剥削和奴役，于这年三

---

① 《明档》，甲类62号。
② 《明档》，乙类139号载：百户赵雄借军丁林广布匹，一向维调未还，遭到林广的辱骂殴打。
③ 《明史》卷77，食货一。
④ 《武宗实录》卷53，正德四年八月辛酉。
⑤ 《世宗实录》卷173，嘉靖十四年三月乙丑。
⑥ 《明史·吕经传》卷203。

月首先起来"罢工"。他们要求"免马田租",接着就殴打官吏,"击毁院门,火其徭役籍",开监狱,释放犯人,最终迫使明廷招回吕经,将吕经的爪牙都指挥刘尚德革职①。

四月,吕经灰溜溜地走到广宁。"素诣事经"的都指挥袁璘,"拟扣诸军月草价"替吕经"饰装具",又激怒了广宁的军士。军卒们"狃辽阳前事,鼓众倡乱",于是打破衙门,逮捕了吕经,将其"残毁发肤,裸而置之卫狱"。并且"聚诸公牒,并经私箧,纵火熱蓺之。延烧公署及儒学东庑,一时俱烬。遂破库劫旗纛,分其党为四部,鸣钟鼓,竟日夜。明日,取经及璘,囚首揭标,环游五门间"。军卒们数经罪行:"非尔汰我余丁征徭银耶?非尔夺我牧马田耶?而复能虐使我筑墙种树,终岁勤苦,不遑耕织耶?"②一时间,封疆大臣成了过街老鼠,人人喊打敢打;官府衙门成了虚设之物,失去权威;受尽苦难的军丁们掌握了大权,号令一切。这真是天翻地覆,大快人心事!

五月,朝廷惮于兵变,不得不派锦衣卫官校到广宁逮捕吕经。可是,这些官校一到,也被军卒"置广宁狱"③。

七月,明廷派兵部侍郎林庭棉前往广宁镇压。辽阳军卒赵鼒儿事先赶到广宁,与广宁军卒子蛮儿等"合谋"④,准备联合起来进行斗争。

辽阳、广宁的兵变,从三月起到七月止历时五个月,并且彼此"合谋",遥相呼应,搞得朝廷束手无策,官吏焦头烂额。这不能不说是军丁斗争的一大胜利。

嘉靖十四年(1536年)四月至七月,抚顺也发生了兵变。这几乎与辽阳、广宁兵变相始终。其原因也是军官剥削军士所致。抚顺城备御指挥刘雄,朘削军士,人心蓄怨,军卒王经等"见辽阳倡乱,乃乘机夜纠众拥入其室,尽掠其囊箧,执雄与其子勋,连颈反缚之,寘诸空馆,闭城门,鸣钟鼓,以惊众。胁指挥董震等以激变闻"⑤。

---

① 《世宗实录》卷173,嘉靖十四年三月乙丑。
② 《世宗实录》卷174,嘉靖十四年四月丙午。
③ 《世宗实录》卷175,嘉靖十四年五月癸酉。
④ 《世宗实录》卷177,嘉靖十四年七月甲申。
⑤ 《世宗实录》卷174,嘉靖十四年四月丙午。

嘉靖十八年（1540年）七月，广宁再次发生兵变。前几年大规模的兵变，振奋了军卒的斗争士气，他们"狃于前事，时有不逞心"。适逢这一年饥馑，广宁卫"达军"佟伏与军丁于秃子、张鉴等40余人，乘机起来进行斗争，杀死了千户张斌。这次起义虽然当天就被镇压下去，牺牲40人，被俘2人，赵义军士无一人得脱，但是它具有武装斗争的新特点，比过去的兵变前进了一步①。

万历三十六年（1609年），前屯等地爆发了反对税监高淮的兵变。高淮到辽东后，万般克剥，敲骨吸髓，年甚一年②。他一次"带领家丁数百人，自前屯起，辽阳、镇江、金、复、海、盖一带大小城堡，无不迂回遍历，但有百金上下之家，尽行搜括，得银不下十数万，间阎一空"③；他"恐喝将领，刻削军士"；他"借税杀人，黩货无厌"④。因此民谣云："辽人无脑，皆淮剜之；辽人无髓，皆淮吸之。"⑤ 穷极计生，在走投无路的情况下，前屯各军数千人，"歃血齐盟，欲挈家北投房地"。此时"淮尚稔恶不悛，密访各军姓名于汪政。众军益惧益愤"⑥，"仍歃血摆塘，誓杀高淮而后已"⑦，把高淮派出的四名狗腿子打死两个，抓住两个。"激变之事，不数月间，一见于前屯，再见于松山，三见于广宁，四见于山海关，愈猖愈近"⑧，全辽东都沸腾了，迫使明朝皇帝不得不把他心爱的太监撤回。嚣张一时的高淮，在全辽军民的誓死反对下，不得不夹起尾巴狼狈逃走。

辽东军丁的反封建斗争，扫除了一些阻碍历史前进的障碍，推动了社会的发展，产生了强烈的影响。

第一，军士、余丁的大量逃亡和多次聚众公开反抗，使部分军户暂时摆脱了封建官府的束缚和赋役剥削，抵制了一些贪酷官将的横征暴敛

---

① 事见《世宗实录》卷227，嘉靖十八年闰七月丁酉。
② 《神宗实录》卷445，万历三十六年四月丁丑，朱赓言。
③ 朱赓：《论辽东税监高淮揭》，《明经世文编》卷436。
④ 宋一韩：《直陈辽左受病之原疏》，《明经世交编》卷467。
⑤ 宋一韩：《直陈辽左受病之原疏》，《明经世交编》卷467。
⑥ 《神宗实录》卷445，万历三十六年四月乙酉。
⑦ 《神宗实录》卷445，万历三十六年四月丁丑。
⑧ 《神宗实录》卷446，万历三十六年五月甲寅。

（如取消韩福、吕经的苛政），对改善军士、余丁的处境，促进社会经济的发展，起了良好的作用。

第二，顶住了封建国家加重剥削的压力，促使屯田官赋有所降低。永乐十七年，辽东屯田二万一千多顷，征粮六十三万多石；至正德初，屯田增至二万五千多顷，征粮反降为四十五万石①，比永乐时少征三分之一，就是证明。这不是统治阶级的慈善表示，而是军户抗赋斗争的结果。

第三，致命地打击了残酷的军户制。以朱元璋为首的明朝统治阶级，佥派数百万人丁世隶军籍，永服兵役，以图建立和保持一支强大的军队，为巩固朱家王朝效劳。但是，广大军士、余丁长期、不断和大批地逃亡，他们千方百计抵制清军，猛烈反抗，使得各地卫所（尤其是九边各卫）"逃亡繁众，行伍空虚"，沉重地打击了军户制。当这个专供兵源的制度再也起不到保证兵源的作用时，就迫使明廷不得不从责令军户出兵过渡到以募民当兵为主。兵制的这一重大变化，不仅使军费支出大增，而且严重地影响了军队的战斗力，成为明王朝衰亡的一个重要因素。

第四，挫低了封建国家的威严，打击了豪横官将的威风。平时，封建皇帝有至高无上的权力和崇高的威严，官将亦权大势横，无恶不作。可是兵变之时，官府衙门被推倒焚烧，巡抚大臣被鞭责囚系。堂堂的明王朝也无可奈何，只能以计相诱，惩处官将，取消暴政，而不敢发兵镇压，不敢坚持弊政，国家威严大大降低。这就是大理寺右寺丞林希元说的"国威大损"。以至使他"愤愤不能自已"地惊呼："诸镇奸雄，必谓朝廷果无能为，轻侮之心起于此矣……缚执窘辱，犯顺干纪之若是，岂非侮朝廷乎……叛卒之志，不杀而益骄；朝廷威令，不振而益削……国家体统，天下事势，不知将如何！"②

第五，壮大了全国人民反封建斗争潮流，促进了全国人民反封建斗争的发展。军队本来是封建国家的主要支柱，是镇压人民、统治人民的主要工具，可是兵变却连续发生，这就沉重地打击了统治阶级，削弱了其镇压力量。而且不少逃亡的军士和余丁还直接参加了人民的反封建斗

---

① 《武宗实录》卷39，正德三年六月己卯，巡按山东监察御史周熊奏。
② 林希元：《辽东兵变疏》，《明经世文编》卷164。

争,明末的农民军中,就有很多"哗变"或逃亡的军丁。

第六,对开发辽东起了重大作用,促进了辽东地区生产的发展。不少军士、余丁逃到深山或边疆开荒垦田,例如宽甸等六城外的八百余里地面,就是他们开拓的。该地"逼邻东虏,汉夷接壤。军民苦役,往往逃窜其中,积集六万余人,屯聚日久,生齿益繁"①。也有不少人逃往矿山,开发矿业,"辽东东南多金银穴,口内流民诱亡命盗矿,甚者肆出卤掠"②。无疑,这都促进了工农商业的发展,使明初"以猎为业,农作次之"③ 的辽东地区到明中叶以后变成了农业相当发达的"沃壤"④。嘉靖十六年修的《辽东志》总论辽东情形时说:当地"家给人足,都鄙廪庚皆满,货贿羡斥"⑤,"田人富谷,泽人富鲜,山人富材,海人富货,其得易,其值廉,民便利之"⑥。这虽然有所夸张,但由此也可看出辽东地区确实有了很大的进展。这是辽东地区百万军民长期辛勤劳动、坚持斗争的结果。

(原载《社会科学辑列》1980 年第 2 期)

---

① 《神宗实录》卷 424,万历三十四年八月癸亥。
② 《世宗实录》卷 133,嘉靖十年十二月辛丑,御史谢兰奏。
③ 《太祖实录》卷 144,洪武十五年四月丙午。
④ 《辽东志》卷 7,龚用卿:《为陈边务固边疆以图长治久安事》。
⑤ 《辽东志》卷 3,"薛子曰"。
⑥ 《辽东志》卷 1,"薛子曰"。

明代辽东军屯制初探

——明代辽东档案研究之二[*]

周远廉　谢肇华

关于明代辽东的军屯,特别是运用明代辽东档案来研究这个题目,至今尚为鲜见。我们想利用《明档》,结合有关文献,对这个题目作一初步探讨。

一　明初辽东军屯的建立和发展

辽东军屯制度的设立,主要是由当时辽东地区的政治、军事、经济形势所决定的。

洪武四年(1371年),马云、叶旺率兵入辽后,辽境并没有立刻平宁,明廷不得不派遣十万大军[①],长期镇戍辽东。而当时辽东的经济形势是"元季兵寇残破,居民散亡,辽阳州郡,鞠为榛莽"[②],实在无力养活这十万官兵。这就不得不依靠海运从内地运送粮谷、布匹,如此人力、

---

[*] 明代辽东档案研究之一为《明代辽东军户制初探》,载《社会科学辑刊》1980年第2期。
[①] 《太祖实录》卷248,洪武二十九年十二月己酉。
[②] 《辽东志》卷8,元文宗条。

物力都是极大的负担，且海运之时又极不安全，沉船溺海事故屡屡发生。在这种颇为困难的情势下，明廷为了免去戍军衣食之忧，减少内地运输之累，保证辽东官军长期驻守，才在辽东地区大规模地实行军屯。

辽东军屯的最初设立，当在洪武四年（1371年）明军入辽伊始。洪武五年的《实录》曾含蓄地说，辽阳的戍兵是"农战交修"的，并且"已有年矣"①。

辽东军屯的扩大，是在洪武十五年（1382年）以后。这年五月，海运又出了事故，淹死不少人；边防粮饷不足，朱元璋再一次命群臣议屯田之法。到洪武十九年（1386年），定辽九卫的屯军已增加到18050人②，按每人耕田50亩计，则已垦种田地90万亩。随着屯田地亩的不断增多，生产技术的逐步提高，到洪武二十八年（1395年），辽东定辽等二十一卫军士，已基本做到"自食"③；到洪武三十年（1397年），辽东军饷甚至"颇有赢余"④。

辽东军屯实行的比较深入、全面，其另一表现是不仅各卫正规军须屯种田地，而且王府护卫军丁、马驿及递运所的旗军等亦须屯田⑤。嘉靖时共有驿所69个，明初姑按50个计算，若定例每驿百人该有五千名驿递军卒，又可屯种田地25万亩。

明初统治者的重视，是辽东军屯得以发展的一种政治保障。明太祖朱元璋曾要求下边"一岁三报"⑥屯田的情况；明成祖朱棣，对于"不尽心提督屯种之务"的边将曾给以严厉的"敕责"⑦，为了"广屯田于辽东"，他还特地派人到朝鲜买"耕牛万头"，分给辽东各卫屯所⑧。

---

① 《太祖实录》卷74，洪武五年六月辛卯。
② 《太祖实录》卷179，洪武十九年十月辛卯。
③ 《太祖实录》卷233，洪武二十七年六月戊寅："命辽东定辽等二十一卫军士自明年俱令屯田自食，以纾海运之劳。"
④ 《太祖实录》卷255，洪武三十年冬十月戊子。
⑤ 见《太祖实录》卷234，洪武二十七年九月丙寅；《宣宗实录》卷58，宣德四年九月壬戌。
⑥ 见《太祖实录》卷252。
⑦ 《太宗实录》卷25，永乐元年十二月甲申。
⑧ 《太宗实录》卷29，永乐二年六月辛卯。

关于辽东各卫兵士守城和屯垦的比例，因时因地，多寡不同。洪武初年，是"农战交修"，"且耕且战"，好像还不分屯军和戍军。洪武二十七年（1394年），朱元璋下诏，"命辽东定辽二十一卫军士，自明年俱令屯田自食"①，又似乎是全部军卒都参加了屯种。但这是不可能的。其时，为防备蒙古、女真各部入边抢掠，各卫所必须分拨部分旗军守城。《辽东志》对这种比例曾有过简单明了的记述：开始是"三分屯田，七分戍逻。既而损戍逻，益屯田，至永乐年间减戍卒而增屯夫，数至十有其八"②。不过也有例外，比如在辽王府所在地广宁，为供给王府用度，广宁等五屯卫实行"全伍屯田"③。但这只是在洪武至宣德这一段时间，后来因辽王"徙国荆州"，这里也改为"二分守城，八分屯田"了④。成化时，"总理粮储户部郎中"毛泰，在详述辽东军屯的经过时也曾指出，明初"罢海运，置屯田，八分屯种，二分戍逻"⑤。看来，这个二八比例比较符合历史实际，可能是早期通行的比例。到了明代中叶，边事开始紧张，屯军逐渐减少，操军逐渐增多，加之屯政败废，以至出现了倒二八的比例。毛泰在成化二十年（1484年）说的"辽东军士，旧以二分守城，八分屯种，而今乃反是"⑥，就是指的这种局面。

明初在辽东大规模的屯田，对巩固边防、开发边疆、繁荣边疆经济和完成国家的统一，维护明朝政权，起了重要的作用。屯田之利有以下几方面：

第一，促进了辽东地区生产的恢复和发展。辽东地处边陲，原来主要是女真、蒙古等族人民居住，"土旷人稀"⑦。"民以猎为业，农作次之"⑧，生产很不发达。加之元末明初战乱频仍，山河残破，连比较发达的辽阳古郡也"城为一空"⑨。马云、叶旺率军入辽后相继建立二十一卫

---

① 《太祖实录》录233，洪武二十七年六月戊寅。
② 《辽东志》卷8，国朝太祖条。
③ 《英宗实录》卷25，正统元年十二月壬申。
④ 《英宗实录》卷25，正统元年十二月壬申。
⑤ 《宪宗实录》卷244，成化十九年九月戊申。
⑥ 《宪宗实录》卷255，成化二十年八月庚辰。
⑦ 《太祖实录》卷145，洪武十五年五月丁丑，朱元璋屯田谕。
⑧ 《太祖实录》卷144，洪武十五年四月丙午，故元臣名祖言。
⑨ 《辽东志》卷8，国朝太祖条。

（后增为二十五卫），其驻军十余万，连同家属人口一下子增加数十万。其后，这里人口不断增加，"寰区以四方之民来实"，形成"华人十七，高丽土著、归附女直野人十三"①的多民族杂居局面。明廷役使军丁，包括少数民族军丁，垦辟了许多荒地，扩大了耕地面积，军屯多达250多万亩②，使得昔日的"榛莽"之地变成了"数千里内，阡陌相连，屯堡相望"③的沃野。农业的发展，推动了手工业、商业的发展。后来《辽东志》的编著者薛廷宠在回顾这一时期辽东的经济形势时，无限向往地写道：往时"田人富谷，泽人富鲜，山人富材，海人富货"，"家给人足，都鄙廪庚皆满，货贿羡斥，每岁终辇至京师，物价为之减半。"④ 一片繁荣景象。

第二，减轻了运粮兵民的困苦，暂时缓和了阶级矛盾。洪武年间，辽东二十一卫共有官兵十万余人，以每人月粮一石年需军粮即百万余石。自明军入辽以来，《实录》里几乎年年都有运粮的记载，单是江南诸地运来之粮每年都在60万石左右。洪武二十九年（1396年）因海船增多，又增运10万石，即一年70万石⑤。此外，还要运送巨量的钞、布、棉花、战衣、军鞋等物，这种大搬运给沿海军民带来巨大的灾难。当时技术尚不发达，"海运之船，经涉海道，遇秋冬之时，烈风雨雪，多致覆溺"⑥，因此"一夫有航海之行，家人怀诀别之意"⑦，这真是劳民伤财又伤人。大兴军屯以后，辽东军饷逐渐做到自给。洪武三十年（1397年），朱元璋谕户部："今后不须转运，止令本处军人屯田自给。"⑧ 从此，海运停止，沿海军民方释重负。此后除永乐元年有一次不大的例外⑨之外，《实录》

---

① 《辽东志》卷1，风俗条。
② 《宪宗实录》卷244，成化十九年九月戊申，毛泰言："自洪武至永乐，为田二万五千三百余亩"，印刷有误，"亩"当为"顷"。
③ 《辽东志》卷8，国朝太祖条。
④ 《辽东志》卷1，物产条；卷3，财赋条。
⑤ 《太祖实录》卷245，洪武二十九年四月戊戌。
⑥ 《太祖实录》卷134，洪武十三年十二月戊午。
⑦ 《太祖实录》卷145，洪武十五年五月丁丑。
⑧ 《太祖实录》卷255，洪武三十年十月戊子。
⑨ 《太宗实录》卷21，永乐元年八月乙丑："平江伯陈瑄总督海运粮四十九万二千六百三十七石，赴北京、辽东以备军储。"

里再也没见海运之事，证明确实做到了停止海运。

第三，保证了军粮的供应，达到了"足食足兵""实边"的目的。明太祖、成祖二朝辽东军屯发展很快，洪武末年屯粮已能自给，永乐年间（1403～1424年），更是"边有积储之饶，国无运饷之费"[①]。就是到屯政开始败坏，军屯走向下坡路的宣德年间（1426～1435年），辽东卫所仍然是"且耕且守，其供不出于民"，是"诸边卫皆请仿"[②] 的榜样。这说明明初的军屯确实解决了九边军粮的供应问题，对九边的防御和军队的加强起过相当大的作用。

当然，军屯之所以能起这样的作用，归根到底是广大屯田兵丁辛勤劳动的结果。正是数以万计的屯田军士和余丁被束缚在土地上，长期用血汗浇灌辽东的原野，才开发了辽东地区；他们每年缴纳很重的租赋，才"实"了边。所以，军屯制的本质仍是一种强制性的封建剥削制度。

二　辽东军屯的经营方式和生产关系

明王朝把大批兵丁严格地束缚在土地上，残酷地进行压迫和剥削，征收高额的屯粮，实际上是采取了粗暴的农奴制剥削方式。广大屯军很少自由，其地位与农奴没有多大差别。

首先，明王朝要对屯军征收高额的屯粮和屯草。

按明制，天下官田，亩税五升三合五勺，民田减二升（江浙例外）。军屯也是官田，其租赋情况又怎样呢？

据《明史》说，每亩军田的租赋，在洪武初是一斗；洪武三十五年后是二斗四升；英宗以后是一斗二升；隆庆间又是一斗[③]。这些都超过了一般官田的二至四倍。

[①] 《宪宗实录》卷244，成化十九年九月戊申，毛泰奏。
[②] 《宣宗实录》卷90，宣德七年五月丙戌，朱勇奏。
[③] 《明史》卷77，食货一，田制。

《明实录》的记载比《明史》还要重些。例如《实录》记载成化年间（1465～1487年），辽东所存屯军"惟一万六千七百余名，而岁征粮止一十六万七千九百石"①。按每军屯田50亩计，则每亩平均征粮二斗，比《明史》上讲的英宗以后亩征一斗二升增加了百分之六十六。又如正德三年（1508年）的《实录》记载，当时辽东屯田是"一万二千七十三顷，该粮二十四万一千四百六十石"②，平均每亩征二斗，更高出《明史》说的弘治、正德间每亩只征几升的好几倍。

从方志的记载看，也证明比《明史》所称为重。嘉靖十六年（1537年）编的《辽东志》记载："辽东都司定辽左等二十五卫，额田三万一千六百二十顷，额粮三十六万四千九百石。"③ 此时真正是屯军或军余耕种的屯田数量已不多，这里当包括带有民田因素的"地亩田园"。但姑以此推算，则每亩纳屯粮一斗一升五合，仍然比一般官田租赋要高出一倍多。同时也证明，至迟在隆庆以前三十年，就已经亩收一斗多了，《明史》所说"隆庆间复亩收一斗"显然又是不对的。

最能说明问题的是明代辽东的档案，它记载了隆庆年间（1567～1572年）广宁、定辽等卫征收屯粮的数字，这是当时当地的第一手材料，十分珍贵和真实。不妨举几例作一比较。

定辽后卫：

"原额屯田六百七十四顷，共谷豆一万四千五百五十石九斗五升。

谷九千三百六十三石四斗五升。

豆五千一百八十七石五斗。

已承种田四百六顷七十七亩五分，共谷豆八千八百九十八石六斗二升。

谷五千七百九十九石九斗二升。

---

① 《宪宗实录》卷244，成化十九年九月戊申，毛泰奏。
② 《武宗实录》卷39，正德三年六月己卯，周熊奏。
③ 《辽东志》卷3，兵食志，财赋。

豆三千九十八石七斗。"①

按永乐时定制，豆一石合谷二石②。照此计算，定辽后卫原额屯田平均每亩要征屯粮合谷二斗九升，其中已承种的屯田平均每亩实际征收屯粮也合谷二斗九升。

（广）宁卫：

"原额屯田二百六十三顷五十亩，共谷豆五千五百九十六石。

谷三千六百六十七石。

豆一千九百二十九石。

今次复过召人佃种田一顷，该隆庆三年征完谷豆二十二石。

谷一十四石。

豆八石。"③

则原额田平均每亩征谷二斗八升，召入佃种田平均每亩征谷三斗。

某卫：

"原额屯田五百六十八顷五十八亩，共谷豆一万一千八十六石五斗。

谷七千一百一十三石六斗七升。

豆三千九百七十二石八斗三升。

已承种田三百顷九十四亩五分，共谷豆六千五百三十五斗五升。

谷四千三十三石三斗三升。

豆二千五百二石二斗二升。

节年承种并上年复过召人佃种田二百三十顷四亩五分，征完谷豆五千七十一石一斗六升。

---

① 辽宁省档案馆藏（下同）《明档》丙类，第13号。
② 《明史》卷77，食货一，田制。
③ 《明档》，丙类，第13号。

谷三千一百一石六斗六升。

豆一千九百六十九石五斗。"①

原额屯田平均每亩征谷二斗七升，已承种田平均每亩征谷三斗，而承种田中"节年承种并上年复过召人佃种田"，平均每亩征谷三斗六升多。

某卫：

"未种、水冲、沙压、达掳、绝户荒芜无人承种田二百五十六顷一十二亩五分，共谷豆五千六百五十二石三斗三升。

谷三千五百六十三石五斗三升。

豆二千八十八石八斗。"②

平均每亩征谷三斗。

以上数字虽不一致，但平均每亩都在二斗八升以上，多的亩达三斗六升，超过一般官田征收量五倍，比《明史》说隆庆间"亩收一斗"之数也多一倍多。

屯军除缴纳屯粮外，还要缴纳屯草。据《辽东志》载，辽东二十五卫每年要收额草5940630束③。当时辽东额田是31620顷，平均每亩要缴纳一束半草。但这并不是一个小数字，按成化十三年（1477年）规定，每二百束合米四石④，米一石折谷二石⑤，则一束草合谷四升。每亩一束半草，则合谷六升，即此一项，也超过一般官田的租赋（五升三合）。

一名屯军，领分地50亩，屯粮和屯草加起来一年要缴纳17石以上的租赋，这在全国也是绝无仅有的。它强有力地说明了辽东军屯的剥削是沉重的。

其次，逼令屯军充当各种官差私役。

---

① 《明档》，丙类，第13号。
② 《明档》，丙类，第13号。
③ 《辽东志》卷3，兵食志，财赋。
④ 《宪宗实录》卷172，成化十三年十一月丙子。
⑤ 《明史》卷77，食货一，田制。

屯军的官役原是屯田，除耕种军田外，本不应服其他官役。永乐三年（1405年）颁布的"红牌事例"曾明文规定，对屯田军士"一钱不许擅科，一天不许擅役"①。但事实上，屯田军士常被佥充各种官役，或操练，或征剿，或筑城修墙。成化二十年（1484年），户部郎中毛泰曾指出，"辽东军士，旧以二分守城，八分屯种，而今乃反是，其都司卫所官员又调以修筑边墙，致误农事"②。后来虽重申了"红牌事例"，但也没有约束效力。

除官役而外，各级将官苛索兵丁、私役兵丁、强占屯田的事情也层出不穷，连明英宗朱祁镇也承认，"近年都司卫所官往往占种膏腴，私役军士，虚报子粒，军士饥寒切身，因而逃避；亦有管军官旗，倚恃势强，欺虐良善，无所控诉。"③ 弘治时（1488～1505年），单是右少监刘恭一人，就在辽阳"私役军余千余人，占种官地三百余顷，赃以千计"④。到嘉靖时（1522～1566年），这种情况愈发严重，几乎到了普遍存在的程度。例如，"辽东镇守太监白怀、已故镇守总兵麻循、监枪少监张泰、辽阳副总兵张铭、分守监丞卢安、参将肖滓、李鉴、游击将军傅瀚，各占种军民田土，多者二百五十余顷，少者十余顷"⑤。这仅仅是辽东巡按给嘉靖皇帝的奏折中择其大者举出的，不上数的当然更多了。

最后，对屯田兵丁实行军事编制，严格控制，处处以军法从事。

明王朝之所以能够对屯田兵丁进行最残酷的剥削和奴役，除了屯地是封建国家所有这一基本原因之外，很重要的一条就是对屯田兵丁实行了军事编制。屯田的军士分别隶属于各个卫所，5600人为一卫，1120人为一千户所，112人为一百户所，每所设总旗二、小旗十。小旗、总旗、百户、千户和卫管屯指挥具体管理屯种，卫都指挥使"总督"屯种，其组织、管理都十分严密。

辽东屯军多系罪人谪充，必须世代延续，严禁逃亡。若逃亡，就要

---

① 庞尚鹏：《清理固原屯田疏》，见《明经世文编》卷359。
② 《宪宗实录》卷255，成化二十年八月庚辰。
③ 《英宗实录》卷108，正统八年九月戊寅。
④ 《孝宗实录》卷192，弘治十五年十月乙巳。
⑤ 《世宗实录》卷101，嘉靖八年五月丙午。

像对逃亡的操军一样,"初犯,杖八十,仍发本卫充军。再犯,并杖一百,俱发边远充军。三犯者绞"①。

屯军若不缴或欠交屯粮,也要按律惩治,扣其月粮。惩治轻重依余粮多寡而定。若缴余粮十一石、十二石者,可支月粮一石;缴十石者,月粮九斗;缴九石者,月粮八斗;缴八石者,月粮七斗;缴七石者,月粮六斗②。对各级官将及总旗,也各依所辖兵丁纳粮多寡而分别奖惩,这样一来,他们对屯军的监督、强制就愈发严酷了。

综合上述情况可以看出,屯田属于封建国家所有,屯军只能使用,实即佃种;既佃种,除国赋外还必须交地租,租赋合一。兼之屯田上的农具、耕牛、种子,在初期都是由国家发给的,所以屯粮既比民田的赋税为重,也比一般官田的租赋为多。又因屯军多是因罪充军之人或是罪人的后代,其身份低贱,被严密地束缚在军事编制中,受各级屯田官将的监督和役使,所以屯军实际上是处于农奴的地位,军屯实际上是农奴制的生产方式。

三 屯田兵丁的反封建斗争和军屯制度的破坏

残酷的剥削,野蛮的奴役,逼得屯军难以生存,自正统(1436~1449年)以降,《实录》里不断出现"今屯军艰难,所欠官粮宜俟秋收输纳"③、"往年……所负屯田子粒,上纳艰难"④、"屯军缺食,并缺下年种田粮"⑤ 的记载,可以看出,屯军的苦难在逐步加深,连简单的再生产也无法维持了。灾荒之时,屯军更是遭殃。嘉靖三十七年(1558年)、三十八年(1559年)辽东全镇受灾,以致"母弃生儿,父食死子","巷无

---

① 《明会典》卷166,刑部8,律例7。
② 《太宗实录》卷26,永乐二年正月丁巳。
③ 《英宗实录》卷12,正统元年正月甲戌。
④ 《英宗实录》卷19,正统元年闰六月壬午。
⑤ 《英宗实录》卷37,正统六年十二月甲午。

炊烟，野多暴骨"①，萧条惨楚之状可以想见。

在走投无路的情况下，屯军们纷纷起来斗争，抵制落后的军屯生产方式，反抗苛虐的边将。最初，这种斗争是以"怠耕"的形式出现的。早在永乐年间，即有"屯种者率怠惰不力"②；到英宗时，更严重到"屯田旗军军余，利在推免屯种，假罪调卫"③——就是说宁可故意犯罪发配别卫，也不愿断续屯种。

屯军斗争的第二步是大批逃亡。宣德年间（1426～1435年），逃亡数量增多，当时"辽东之地……军士在戍者少，亡匿者多，皆因军官贪暴所致"④。这种逃亡是普遍的，连各马驿、递运所的"屯田自给"的旗军也是"逃亡者十率八九"⑤。逃军去向大概有五：其一，"潜从登州府运船及旅顺等口渡船，越海道逃还原籍"⑥；其二，"或潜匿东山"⑦，即辽东东南部山区；其三，"多聚万滩等岛"⑧，即靠近辽东半岛的一些海岛；其四，"或为势豪隐占"⑨，这里有投充的成分，特别是嘉靖时，有不少人"投充蓟镇将领"名下⑩；其五，"潜奔虏营"⑪、"逃往海西"⑫。到正统三年（1438年），李纯奏言辽东边卫利病时曾指出："并边卫所军士逃亡者多，甚至一百户所原设旗军一百十二人者，今止存一人。"⑬就全国来说，这时逃军数目也已高达120余万⑭，充分证明军屯制度已经濒于崩溃了。

屯军斗争的第三步是直接发动"兵变"。明代的兵变，开始于正德四

---

① 《世宗实录》卷475，嘉靖三十八年八月乙丑。
② 《太宗实录》卷95，永乐十三年二月癸酉。
③ 《英宗实录》卷39，正统三年二月己巳。
④ 《宣宗实录》卷107，宣德八年十二月庚午。
⑤ 《宣宗实录》卷53，宣德四年九月壬戌。
⑥ 《英宗实录》卷47，正统三年十月辛未。
⑦ 《孝宗实录》卷195，弘治十六年正月甲午。
⑧ 《宣宗实录》卷108，宣德九年二月戊午。
⑨ 《孝宗实录》卷195，弘治十六年正月甲午。
⑩ 《世宗实录》卷546，嘉靖四十四年五月乙丑；卷559，嘉靖四十五年六月丙寅。
⑪ 《宣宗实录》卷49，宣德三年十二月辛丑。
⑫ 《宣宗实录》卷90，宣德七年五月丙寅。
⑬ 《英宗实录》卷47，正统三年十月辛未。
⑭ 《英宗实录》卷46，正统三年九月丙戌。

年（1509年），而且首先发生在辽东。这种短兵相接，是屯军反封建斗争白热化的表现。这时，刘瑾擅政，派官四出丈量屯田。户部侍郎韩福迎合刘瑾，到辽东后"伪增田数，搜括惨毒……辽率不堪"，当年八月爆发了义州、锦州军余高真、郭成等人领导的兵变①。这次兵变给明王朝以沉重打击，明王朝镇压不了，只好发银"抚慰"。第二年，丈量屯田的策划者刘瑾，在舆论的压力下彻底垮台；第三年，终于将因清查而虚增的粮数"改正"过来，"诏以屯田虚数既多，准暂照原额征纳"②，即反掉了刘瑾、韩福增加到屯军头上的赋粮。

自义州、锦州兵变以后，辽东又掀起多次兵变，如嘉靖十四年（1535年）有辽阳兵变③、广宁兵变④、抚顺兵变⑤；嘉靖十八年（1539年）有广宁兵变⑥；万历三十六年（1608年）有前屯、松山、广宁、山海关等地的兵变及民变⑦。这些兵变的规模一次比一次大，而且各地遥相呼应，军民密切配合，是谓"饥军合于乱众"，"愈猖愈近"⑧。这一次次的斗争，使得明廷"国威大损，后患将成"⑨，也为彻底摧毁军屯暴政和最终埋葬朱明王朝作了充分的准备。

在屯田兵丁长期冲击下，军屯制度被严重破坏，嘉靖、隆庆年间的辽东档案对此反映得十分清楚。先看嘉靖三十九年（1560年）广宁四卫的灾荒档案，例如：

"（广）宁中卫原额纳粮军余二千七百九十五名，各种不等共田一千二百七十三顷六十六亩九分三厘四毫，该粮米一万二百三十八石三斗六升四合七勺九抄。已种旱虫灾田四百八十一顷十四亩，该粮四千

---

① 《武宗实录》卷53，正德四年八月辛酉；《明史》卷77，食货一；卷306，韩福传。
② 卷74，正德六年四月庚寅。
③ 《世宗实录》卷173，嘉靖十四年三月乙丑。
④ 《世宗实录》卷174，嘉靖十四年四月丙午。
⑤ 卷174，嘉靖十四年四月丙午；卷178，八月辛卯。
⑥ 《世宗实录》卷227，嘉靖十八年闰七月丁酉。
⑦ 《神宗实录》卷445，万历三十六年四月乙酉；卷446，五月甲寅。
⑧ 《神宗实录》卷446，万历三十六年五月甲寅，朱赓等言。
⑨ 林希元：《辽东兵变疏》，见《明经世文编》卷164。

三百九十六石七斗五升八合九勺……有灾无收六分,田二百八十八顷八十六亩四分,该粮二千六百三十八石五升五合三勺四抄。无灾有收田四分,田一百九十二顷五十七亩六分,该粮一千七百五十八石七斗三合五勺六抄。全未种并已种荒芜田七百九十二顷二十二亩九分三厘四毫,该粮米五千八百四十一石六斗五合八勺九抄。"

"中所原额纳粮军余一千一百二十三名,各种不等共田四百二十八顷□十八亩四分二厘七毫,粮米五千八百三十八石二斗七升三合。已种旱虫灾田八十五顷六十七亩六分八厘五毫四丝,该粮一千一百六十七石六斗五升四合六勺。有灾无收六分,田五十一顷四十亩六分一厘一毫二丝四忽,该粮七百石五斗九升二合七勺六抄。无灾有收田四分,田三十四顷二十七亩七厘四毫一丝六忽……(该粮)四百六十七石六升一合八勺四抄。(全未种并已种荒芜田三百)四十二顷七十亩……"①

类似的记载很多,总的可以得出两点认识,第一,屯田荒芜情况十分严重,屯地所剩无几;第二,屯粮大大减少。

嘉靖三十九年档案所记是辽东发生灾荒时的情况,有些特殊。但即使在正常年景,相比往昔所得屯粮也少得可怜。成化十九年(1483年)毛泰奏,当时辽东岁征"不足七八万之数,较仿旧制屯田之法十不及一。故辽东三十二仓,通无两月之储。"② 这说明,屯粮减少不光有自然上的原因,它还和屯军的贫困、难以精耕细作及有意地进行怠耕斗争有关。总之,屯地的破坏,屯粮的锐减,清楚地表明了军屯制度败废的严重程度。

隆庆年间(1567~1572年)定辽等卫屯田的档案,还从另外一些侧面说明了军屯制腐朽及破坏的情况。让我们从乙类第十三号档中举几例加以分析。

定辽后卫:

---

① 《明档》,乙类第73号。
② 《宪宗实录》卷244,成化十九年九月戊申。

"原额屯田六百七十四顷，共谷豆一万四千五百五十石九斗五升……已承种田四百六顷七十七亩五分，共谷豆八千八百九十八石六斗二升……节年承种并上年复过召人佃种田四百四顷七十七亩五分，征完谷豆共八千五百八十三石四斗二升……未种、水冲、沙压、达掳绝户荒芜无人承种田共九十九顷七亩三分，共米谷豆六百五十七石四斗三升五合二勺三抄八撮。"

广宁卫：

"原额屯田二百六十三顷五十亩，共谷豆五千五百九十六石……已承种田一百四十顷五十亩，共谷豆二千九百八十二石……节年承种并上年复过召人佃种田一百二十六顷五十亩，征完谷豆二千五百九十七石……今次复过召人佃种田一顷，该隆庆三年征完谷豆二十二石……步军佃种营田一十三顷。已承种田并上年复过清出三百四十八顷四□□亩四分一厘，共米谷豆一千八百五十一石一升三合八勺五撮……未种、水冲、沙压、达掳绝户荒芜无人承种田一百一十八顷一十四亩六分四厘三毫，共米谷豆八百二十九石七斗一升四合五勺五抄……步军佃种营田一十一顷一十亩，该正谷豆共二百四十二石二斗。"

某卫：

"原额屯田五百六十八顷五十八亩，共谷豆一万一千八十六石五斗……已承种田三百顷九十四亩五分，共谷豆六千五百三十五石五斗五升……节年承种并上年复过召人佃种田二百三十顷四亩五分，征完谷豆五千七十一石一斗六升……今次复过召人佃种田九顷四十亩，该隆庆四年征谷豆一百一十二石三斗九升……步军佃种营田六十一顷五十亩，该正谷豆一千三百五十二石。"

某卫：

"原额科田七百六十七顷三十六亩四分一毫，共米谷豆四千一百八十二石一斗一升七合六勺二抄四撮。米一千二百一十五石六斗三合八勺七抄四撮，谷二千八百一十九石四斗三升一勺九抄五撮，豆一百四十七石八升三合五勺五抄五撮。已承种并上年复过清出田四百九十三顷九十四亩八分一毫，共米谷豆二千六百三十三石九斗一升七合七勺二抄四撮……未种、水冲、沙压、达掳绝户荒芜无人承种田二百七十三顷四十一亩六分，共米谷豆一千五百四十八石一斗九升九合九勺。"

从上引四段记载，可以看出八个问题：

第一，"屯田"数量不大。辽东二十五卫的田地本来都是军屯，可是随着时间的推移，军屯不断破坏，二十五卫的田地中，"屯田"只占一部分了。此件档案的"屯田"数目就不多。

第二，屯田数字中，包括"召人佃种"一项，说明屯军逃亡严重。无人耕种军田，只好招民佃种，可见屯田破坏之严重。

第三，在屯田的"已承种"田里，包括"步军佃种营田"一项。营田是担任防御的旗军集体耕种，费用完全由官府供给，收获也全部入官，它是为补救军屯废弛而设的。

第四，原额屯田中有不少是"未种、水冲、沙压、达掳绝户荒芜无人承种田"。从上引材料看，定辽后卫占百分之十四；广宁卫占百分之四十四；某卫虽没记荒芜田数，但原额屯田568顷扣除已承种田300顷，则荒芜无人承种田为268顷，占百分之四十七。

第五，"科田"很多。科田乃是余丁、民人佃种军田或开垦已荒屯田而成的，它表明了屯田向民田的转化。

第六，"科田"纳粮少于屯田。上引某卫科田767顷又36亩，征米谷豆4182石零一斗，若把米豆也折成谷，三项共为5543石，则每亩平均征谷七升，仅为屯田赋租的三分之一或四分之一。这也表明，科田具有民田的性质。

第七，即使是"科田"也有隐占，不少是现在才"清出"的。上引某卫科田，清出田是493顷又94亩，占科田总数767顷36亩的百分之六十四。

第八，即使是"科田"，也有很多已经荒芜了。上引某卫科田，"未种、水冲、沙压、达掳绝户荒芜无人承种"共273顷41亩，占科田总数767顷36亩的百分之三十五。

总的看来，隆庆时期的军屯已经不成体统了。

军屯制度的破坏及其演变，大体上经历了如下过程：先是屯军大批逃亡，不得不以屯军的"余丁"顶补。成化时期（1465~1487年），辽东军屯已大都是余丁耕种了，但这还不能完全弥补屯军逃亡的损失，大量土地还是被抛荒了，无人承种。于是，明廷又行"科田"法，即招募或遣派余丁、民人佃种屯地，或开垦已荒屯地及未曾开垦的荒地。正德时期（1506~1521年），正规的屯田才12073顷，而科田性质之类的地亩田园等，则有27467顷，超过正规屯田一倍多①。此后，在隆庆时期（1567~1572年），明廷还实行了"营田"制，以图把军屯"改营田以足额"②。但因一切费用全由官府开支，得不偿失，所以营田数量很少，没有推广开。在这种情况下，"总理屯盐都御史"庞尚鹏奏准，对荒芜的屯田，"无分官旗舍余，寄籍客户，听其自行认种，各照顷亩，先给牛种，待五年之后，若有收成，仍分别上中下，办纳屯粮，其有逼临虏穴及工力繁难者，永不起科"③。到崇祯二年（1629年），给事中汪始亨又极论盗屯损饷之弊；户部尚书毕自严则承认现实，认为这种状况"相沿已久，难于核实，请无论军种民种，一照民田起科"④。毕自严的意见得到崇祯皇帝的同意，至此军屯完全停止，从法律上也正式变成了"民田"。

（原载《辽宁大学学报》1980年第6期）

---

① 《武宗实录》卷39，正德三年六月己卯，周熊奏。
② 《穆宗实录》卷12，隆庆元年九月辛未。
③ 庞尚鹏：《清理辽东屯田疏》，见《明经世文编》卷358。
④ 《明史》卷256，毕自严传。

万历后期之矿税之祸考

——明代辽东档案研究之三[*]

周远廉　谢肇华

万历二十四年（1596年），明神宗朱翊钧派遣大批太监分赴各省督办开采金银矿、增收新税，他们滥施刑罚，逼索民财，侵占国赋，搞得"海内贫富尽倾"，民变纷起。这个震惊全国的大事，被称之为"矿税之祸"。弄清矿税之祸的基本情况，分析它的破坏性及其结束的原因，是很有必要的。

一

在论述矿税之祸之前，我们先简要摘录两件有关的明代辽东档案，并做些初步分析。

---

[*] 明代辽东档案简称《明档》是明朝辽东都司所存之官府文书，曾被后金当作废纸糊在屏风上、絮入信牌套。新中国成立，在沈阳故宫发现了这些被当作废纸利用的残档，共清理出一千零八十件，现藏于辽宁省档案馆。《明档》研究之一为《明代辽东军户制初探》，载于《社会科学辑刊》1980年第2期，研究之二为《明代辽东军屯制初探》，刊于《辽宁大学学报》1980年第6期。

(1) 海盖兵备道为税监高淮催征矿税而亏损海州盐税事。①

分守辽海东宁道带管海盖道河南布政使司右参政□□为公务事。本年十一月十六日，蒙巡按山东监察御史王宪牌：前备行本道，即查海州盐税，每年额该本院公费若干，今仍该议留若干，以备新院前项公费支用，作速酌议停妥呈报，以凭施行。蒙此，随行委官制盐海州卫经历郭辅庆查议详报去后。今据本官呈称，遵依查得，海州盐税每年□该二千五百两，先尽户部题准年例军饷银，一季该银一百七十五两，一年共银七百两。又该军门供用小菜银，一季该银一百两，一年共银四百两。又该抚院马价银六十一两八钱。余银一千三百三十八两二钱，听该两院均分，抚夷助工应用。卑职自万历二十七年三月初一日奉明文接收盐税，各处居民商客惧怕尚膳监高（淮）差人两处重收，俱各躲避，□□贩卖。卑职恐税银抽收不足额数，屡经节次申呈院道，俱蒙行岫□通判师心议准，海州盐税每车每驮背担与尚膳监高差人两处均收各一半，如税银分解不敷，另议于别项银两呈请题补缘由，通呈军门并两院详允，该前道案行。师通判于本□□□二十九日移文卑职，于本年八月初一日□照议准事例，与同尚膳监高收税人役一税平半均收。沿屯军民因惧尚膳监高委官编拿矿夫，又派大户，以致小民各处逃走。兼因各卫盐场，近被本监差人逼要锅税，有锅之家俱各惊散，不行煎熬，车驮较比往年日渐稀少。卑职自□□□日起，至本年十一月初十日止，共收税银三百五十余两，除户部差人催取解交广宁左库银三百两，搭放军饷，取有实收批回在卷。剩银五十余两，尚不足年例，候分解剩有余银，方得分解抚、按两院，抚夷助工应用。今蒙行查海州盐税原该本院公费若干，今仍该议留若干，无凭酌议缘由，呈报到道。据此该本道看得，海州□□原议二千五百两为额，近议与尚膳监高委官平半均收，一年止该一千二百五十两。今经历郭辅庆止抽收税

---

① 《明档》，甲种第39号卷。

银三百五十余两，尚不足年例军饷，其余各衙门供费无凭酌议，拟合呈请。为此，今将前项缘由，同原蒙宪牌，理合具呈，伏乞照详施行。须至呈者。

万历二十七年十一月　日
带事右参政张登云

（2）海州卫为开豁年老矿夫韩善友差役事①

海州卫指挥使司为孤苦□□□□□□□□□山东监察御史康批，状□□□□□万历年间，蒙查矿夫，不忆营房□□□□□历将善友名字诬报在册，编纳矿夫银□□□□征不起，以致妻子受害，碎骨难完。又兼家无□□亦无栖身存活，营房供报，希图掩盖，似难填塞，乞天准批，从公查豁，庶不受害，等情。蒙批：该卫查是否营房报。蒙此，遵依行拘告人韩善友到官审得，本告状：系海州参将营调操军人韩贵下除□，见年八十岁，在海州城南关凭房居住，万历二十九年年二月内，有海州掣盐复州卫李经历奉明查编矿税，将韩善友编为上等，纳银一两，每年追比，上纳不缺。今因年老，变纳不前，乞要开豁，以此将情具告。蒙批前因，审供前情。据此，看得韩善友非系营房，始因查编矿税，纳银一两，今□□□似应俯从，候详允日，移文征银管屯官□□□□□开豁，仍令南面壮士号头号□□□□□庶不失原额。蒙批查报，事□□□□□拟合呈请，为此，今将前项□□□□□□□伏乞照详施行。须至呈者。右呈巡抚山东监察御史康。

万历三十二年十一月　日
管屯指挥□□□
掌印指挥同知□□□
管局指挥佥事高尚义
经历吉佐
典吏缺

---

① 《明档》，甲种第67号卷。

从这两份档案中，我们可以看出六个问题：

一、明帝是矿税之祸的根子，太监们率领属员到各地开矿征税都是"奉旨前来"的。在此之前，各地也有商税，但均系地方官征解，各地的金银矿亦为地方官督采。现在不同了，矿税皆由明帝派出的内监专理了。

二、矿税太监所收之新税大部分是瓜分和占用旧税可得，上缴的矿银也多来源于对民夫的摊派。海州盐税原来就有，每年定额2500两分作各项用费，现却被矿税太监高淮强行占用。矿银本应是开矿所得之银，而现在韩善友既不开矿，又被编为矿夫，每年纳银一两。这就是时人所称的"矿不必穴"，"税不必商"①，"不市而征税，无矿而输银"②。

三、矿税害民甚苦。税监"委官编拿矿夫，又派大户，以致小民各处逃走"；商民畏惧双重收税，"俱各躲避"；盐丁惧收重税，"俱各惊散"；贫穷老叟韩善友被编为上等矿夫，年纳矿银，家破人亡，孤苦无依。

四、矿税祸国不浅。因矿税太重，煎盐者少，行商者也少，严重地破坏了农工商业的发展，同时国赋收入也大大减少。如海州盐税，过去年额为银2500两，自太监高淮委官"平半均收"后，地方官府一年只收税银350余两，实际减少百分之八十六。国赋减少也必然影响军费，以前盐税额数的百分之四十四要充军饷，现在盐税只剩百分之十四，因而全充军饷"尚不足年例军饷"，国防要受到削弱是可想而知了。

五、军民怨恨，奋起反抗。《明档》里主要反映了盐丁罢工、商客罢市、军民逃亡的情况，即："有锅之家，俱各惊散，不行煎熬"，"各处居民商客……俱各躲避，不行贩卖"；"沿屯军民……各处逃走"。除上引档案之外，《明档》丁种第21号卷还记载了人民直接反抗的情况：辽东金州、复州地方民夫沙景元"猖率地方"，"抗违不行应当打

---

① 《明史》卷237，田大益传。
② 《明史》卷233，杨天民传。

矿夫役",与沙景元领导的民变相配合,危希儒还乘机"诈传官言","明文告示免开矿场",与矿税太监唱对台戏。甚至连地方官金州卫指挥沙守珍、红嘴守堡李逢泰、镇抚郭应奇等,也若明若暗地支持人民的正义斗争,或"擅自听从将沙景元等放出监禁",或"阻违不行查拨人夫"。除了上述的斗争形式以外,在《明档》丙种第341号卷、丁种第20号卷和第92号卷还有三条盗矿案的记载,这也可以说是一种斗争形式。

六、加剧了统治集团内部的矛盾。矿税太监的横行,既搞得民穷财尽,秩序混乱,又削弱了地方官的权力,影响了抚按军门的收入。因此,官吏们大多讨厌税监,海盖兵备道张登云的既反对而又不敢正式地公开反对,正是一部分官僚的态度。而另外一些官员,如沙守珍、李逢泰、郭应奇等,则直接地与矿税太监斗争。也有一些大臣,甚至指责明帝之过,强烈反对矿税之祸。

《明档》所表明的上述问题,大体上是万历年间矿税之祸的缩影。

下面让我们从几个不同的侧面,看一看矿税之祸的具体内容及其恶果,分析一下波澜壮阔的反矿税斗争及其作用。

二

明代的"坑冶之课"和"关市之征",在前期并没有多大问题。明太祖朱元璋认为矿业"利于官者少,损于民者多,不可开",因而很少开采,或"屡开屡停"。开矿既少,"坑冶之课"也就少,英宗时最多也不过"十八万(两)有奇"。明初的税制,也较"简约"。收税机构健全,"有都税,有宣课,有司,有局,有分司,有抽分场局,有河泊所"。这些机构遍布全国,"京城诸门及各府州县市集多有之,凡四百余所。其后以次裁并十之七"。当时税收也不算重,"凡商税,三十而取一,过者以违令论"[①]。这都是正常

[①] 以上皆引自《明史》卷81,食货五。

情况，不存在矿税之祸。

矿税之祸发生在明末的万历年间，它既是明王朝腐败、衰落的一种必然结果，也是明神宗朱翊钧个人的贪婪残忍所直接造成的一个恶果。万历初年，朱明王朝已走向衰落，"每岁入额不敌所出"①，财用已呈匮乏。为了聚敛财富，明神宗一伙从万历六年（1578年）起，令户部每年增进金花银20万两，比原额增加五分之一②。明神宗还多次把户部官银归入私囊。但是，这并不能堵住财政的窟窿和填满明神宗一伙的欲壑。而且，越往后越是明王朝的多事之秋，"至二十年，宁夏用兵，费帑金二百余万。其冬，朝鲜用兵首尾八年，费帑金七百余万。二十七年，播州用兵，又费帑金二三百万。三大征踵接，国用大匮。而二十四年，乾清、坤宁两宫灾。二十五年，皇极、建极、中极三殿灾。营建乏资，计臣束手"。为了搞到更多的金银，朱翊钧实行了震惊海内、祸国殃民的"矿税"政策，"矿税由此大兴矣"③。

派遣矿监的经过是因为神宗贪财。早在万历十二年（1584年）就有"奸民屡以矿利中上心"④；万历二十四年六月，"府军前卫千户仲春等奏开采以济大工（指重建乾清、坤宁二宫）。命工部查例差官"⑤。群臣力陈其弊，神宗不听。七月，"差承运库太监王虎同户部郎中戴绍科、锦衣卫佥书张懋忠，于真、保、蓟、永等开采样砂进览"⑥。自此，无地不开。"中使四出：昌平则王忠，真、保、蓟、永、房山、蔚州则王虎，昌黎则田进，河南之开封、彰德、卫辉、怀庆、叶县、信阳则鲁坤，山东之济南、青州、济宁、沂州、滕、费、蓬莱、福山、栖霞、招远、文登则陈增，山西之太原、平阳、潞安则张忠，南直之宁国、池州则郝隆、刘朝用，湖广之德安则陈奉，浙江之杭、严、金、衢、孝丰、诸暨则曹金，后代以刘忠，陕西之西安则赵鉴、赵钦，四川则丘乘云，辽东则高淮，

---

① 以上皆引自《明史》卷213，张居正传。
② 以上皆引自《明史》卷20，神宗本纪。
③ 《明史》卷305，陈增传。
④ 《明史》卷81，食货五。
⑤ 《神宗实录》（江苏国学图书馆传钞本，下同）卷298，万历二十四年六月乙卯。
⑥ 《神宗实录》卷299，万历二十四年七月乙酉。

广东则李敬,广西则沈永寿,江西则潘相,福建则高寀,云南则杨荣。皆给以关防,并偕原奏官往"①。《明实录》讲,"往辽东开矿征税"的高淮是由原奏阎大经陪同,于万历二十七年(1599年)三月遣往的②。《明档》的记录是:"万历二十七年四月内□监丞高奉旨前来辽东开矿监收税务"③。一是出发时间,一是到达时间,二者完全吻合。

关于派遣榷税之使的情况,《明史》神宗本纪说,万历二十四年十月,"始命中官榷税通州。是后,各省皆设税使"④。食货志讲:"榷税之使,自二十六年千户赵承勋奏请始。其后高寀于京口,暨禄于仪真,刘成于浙,李凤于广州,陈奉于荆州,马堂于临清,陈增于东昌,孙隆于苏、杭,鲁坤于河南,孙朝于山西,丘乘云于四川,梁永于陕西,李道于湖口,王忠于密云,张晔于芦沟桥,沈永寿于广西,或征市舶,或征店税,或专领税务,或兼领开采"。一时,"中官遍天下,非领税即领矿"⑤。

明神宗谕令开矿征税的理由是:"其开矿抽税,原为济助大工,不忍加派小民,采征天地自然之利。"⑥ 开矿的原则是:不许动支官银,"只督百姓自行采取,不得支费公帑,骚扰地方。"⑦ 征税在名义上也只是征过去遗漏之税,如,"奉旨:南直隶沿江一带往来船只,遗税每年可得银八万两,有裨国用",著暨禄征之⑧;"奉旨:奏内遗漏船税,湖广每岁银七万两,有裨国用",命陈奉收之⑨。这些都是所谓"舡料银"。除舡料银外,新税的名目还多得很,有什么"新增盐课银"、"租税银"、"无碍官银"、"节省银"、"额外茶盐税银"、"盐引银"、"漏税银"⑩、"遗税银"、"赃罚银"、"廪饩银"⑪、"省费银"、"盐务银"、"引价银"、"输献吴时

---

① 《明史》卷81,食货五。
② 《神宗实录》卷332,万历二十七年三月丙戌。
③ 《明档》丁种第21号卷。
④ 《明史》卷20,神宗本纪。
⑤ 《明史》卷81,食货五。
⑥ 《神宗实录》卷416,万历三十三年十二月壬寅。
⑦ 《神宗实录》卷298,万历二十四年六月乙丑。
⑧ 《神宗实录》卷344,万历二十八年二月庚辰。
⑨ 《神宗实录》二月戊子。
⑩ 以上见《神宗实录》卷355,万历二十九年正月。
⑪ 以上见《神宗实录》卷360,万历二十九年六月。

修银（即犯法抄没银）"、"额外税银"、"节省余银"①、"买办方物银"②、"积余引课银"、"公费银"、"长芦额外增课银"③，等等。

可以看出，明神宗是极其伪善的。所谓不动用官银，不扰乱地方，新税只是征遗漏之税，不过是为了表明他满怀恤民为国之心，在大修宫殿的时候仍然想到了省费用、减民苦、增国赋，似可三全其美了。然而，漂亮的言词掩盖不了其贪婪掠夺的丑恶面目。实际上，明廷开矿征税所得银两并未用来修建二宫三殿，其时工科都给事中韩学信等就曾揭露："自开采征税以来，皆以助工济用为名，乃内府之传宣，有增无减；外地之征输，有入无出。窃意陛下有此积聚，不用之于宫殿，不用之于诸皇子，将焉用之？"④ 可见，矿税所得多是纳入了明神宗本人的私库，它既是对全国人民额外的一场巧取豪夺，又是对国赋的一种明目张胆的侵吞。在这场闻名中外的"矿税之祸"中，得利的仅是明神宗、矿监税使和一小撮参随、委官之类的爪牙。

三

自明神宗兴起矿税之后，矿监税使及其爪牙遍布国中，他们贪婪残忍，横行霸道，无恶不作，给国家、人民带来了无穷的祸害。当时的次辅沈鲤在总论矿税之祸时，是这样描述的：

> "自矿税兴而中使遍天下矣。中使出，而四方无籍之徒随为牙爪耳目者，或分布乡村城市，或把持关津渡门，或武断于商贾凑治。所在树黄旗，揭圣旨，都舆从，张气焰，吮人之血，吸人之髓，孤人之子，寡人之妻……在在不聊其生，人人莫必其命。"⑤

---

① 以上见《神宗实录》卷361，万历二十九年七月。
② 见《神宗实录》卷365，万历二十九年十一月。
③ 以上见《神宗实录》卷419，万历三十四年三月。
④ 《神宗实录》卷331，万历二十七年二月戊辰。
⑤ 《神宗实录》卷398，万历三十二年七月戊午。

让我们从几个矿税太监的所作所为,具体地看一看他们是怎样残害人民、荼毒地方的。

陈增,万历二十四年到山东,在山东肆恶10年。他开益都县盂坵山矿,"日征千人凿山,多捶死。又诬富民盗矿,三日捕系五百人"①。他大肆敲诈勒索,仅"江北被害共二百余家,诈银共一十二万九千六百余两",这只是直隶巡按李思孝一个人"耳目所及者"②,此外当会更多。对他的暴行持有异议的地方官,纷纷被诬陷劾治,"增始至山东,即劾福山知县韦国贤,帝为逮问削职。益都知县吴宗尧抗增,被陷几死诏狱。巡抚尹应元奏增二十大罪,亦罚俸"③。在他的指使和庇护下,其党羽、侄婿程守训,更是无法无天,"自江南北至浙江,大作奸弊……所破灭什伯家,杀人莫敢问",聚敛"违禁珍宝及赇银四十余万"④。

陈奉,万历二十七年到湖广,在湖广作恶两年。他"兼领数使,恣行威虐。每托巡历,鞭笞官吏,剽劫行旅"。他的党羽亦无恶不作,"至直入民家,奸淫妇女,或掠入税监署中"。若当地挖不出矿,他们就明目张胆地逼取地方的"库金"⑤。其委官王继贤因开矿无砂,就"谋为寇盗,白昼持刀入谷城县堂,拷打署印主簿,欲开县库。不得,逾城而去"⑥。为了勒索更多的金银,陈奉甚至采取"伐冢毁屋,刳孕妇,溺婴儿"⑦等最惨毒的手段。这种高压政策,连一些地方官也不能幸免。两年中,先后被他陷害的地方官计有:襄阳知府李商畊、黄州知府赵文炜、荆州推官华钰、荆门知州高则巽、黄州经历车任重、武昌兵备佥事冯应京、枣阳知县王之翰、襄阳通判邸宅、推官何栋如等⑧。他的权势之大,甚至可以"凌逼亲藩,以恶言侮襄王妃"⑨。短短两年,他"吓诈重贿及

---

① 《明史》卷237,吴宗尧传。
② 《神宗实录》卷386,万历三十一年七月庚午。
③ 《明史》卷305,陈增传。
④ 《明史》卷305,陈增传。
⑤ 以上见《明史》卷305,陈奉传。
⑥ 《神宗实录》卷356,万历二十九年二日癸丑。
⑦ 《明史》卷237,冯应京传。
⑧ 见《明史》卷305,陈奉传。
⑨ 《神宗实录》卷362,万历二十九年八月丁亥。

前后赃银十五万,盗匿税银不计其数"①。《明史》说:"奉在湖广二年,惨毒备至"②。

高淮,万历二十七年到辽东,万历三十六年被辽东军民赶走,前后为害10年。高淮的贪婪性更大,"捞"劲更足。为了捞财,他"在雪深丈余,人烟几断之时,带领家丁数百人,自前屯起,辽阳、镇江、金、复、海、盖一带,大小城堡无不迂回遍历,但有百金上下之家,尽行搜括",终于"得银不下十数万",而使"闾阎一空"③。经高淮劫夺之后,不少人家"非死而徙,非徙而贫,无一家如故矣"④。除了榨取民财,高淮还勒索趴冰卧雪的守边军士,这也是他比别的矿税监更为突出的地方。当时有人揭发:"辽军已数年不得钱粮,凡给散钱粮,为将领扣送高淮,军士分厘皆不得沾矣。"⑤ 因此,《明史》也称他"又扣除军士月粮"⑥。除了赤裸裸地侵占之外,他还对军士巧取豪夺,"取羸马散给军,收好马之价十倍。至于布鞭香袋米面诸货,无不派勒各营及民间者。"⑦ 当时辽东军民编的一首民谣,深刻地刻画了高淮的残忍:"辽人无脑,皆淮剜之。辽人无髓,皆淮吸之!"⑧ 辽东巡按萧淳也指出:"自有税使以来,生命戕于鞭敲,脂膏竭于咀唝,十室九空","辽民极困,请撤税使。"⑨ 高淮的暴虐,还表现在对吏民的残酷迫害上。除"诬系诸生数十人"⑩ 外,对辽东的总兵、巡抚、巡按等,几乎无不攻讦、陷害,置诸死地。辽东总兵马林不顺从他,他就参劾马林,将马林罢官;给事中侯先春为救马林,也被谪为"杂职"⑪;巡按何尔健要揭发高淮,高淮更用特务绑架的

---

① 《神宗实录》卷362,万历二十九年八月丁亥。
② 《明史》卷305,陈奉传。
③ 朱赓:《论辽东税监高淮揭》,见《明经世文编》卷436。
④ 董其昌:《神庙留中奏疏汇要》,兵部卷1,万历三十六年四月二十八日协理京营戎政尚书李化龙题为辽左危在旦夕等事疏。
⑤ 董其昌:《神庙留中奏疏汇要》,兵部卷1,万历三十六年四月二十八日协理京营戎政尚书李化龙题为辽左危在旦夕等事疏。
⑥ 《明史》卷305,高淮传。
⑦ 方孔炤:《全边略记》卷10,辽东略。
⑧ 宋一韩:《直陈辽左受病之原疏》,见《明经世文编》卷467。
⑨ 《神宗实录》卷429,万历三十五年正月乙酉。
⑩ 《明史》卷305,高淮传。
⑪ 《明史》卷305,高淮传。

手段，"遣人邀于路，责其奏事人，锢之狱，匿疏不以闻"①。他诬陷同知王邦才、参将李获阳于狱，致获阳死狱中，邦才被监五年；他甚至"无故打死指挥张汝立"②；至于普通百姓，被他害死的就更多了。因此《明史》说矿税监中最横者（陈）增及陈奉、高淮③，又说"淮及梁永尤甚。"④

其他矿监税使也并不比陈增、陈奉、高淮、梁永逊色多少。这些矿税太监互相间也争权夺利，在他们相邻的地方激烈"争税"。如陈增与马堂在山东争税⑤；李道与陈奉在湖口争税⑥；李凤与李敬在广东争税⑦；王忠与张烨在密云争税⑧。虽然这种狗咬狗的斗争很激烈，有时闹得明帝亲自出面调停，但因为后台都是明神宗，所以并没有因此而倒霉的。而真正倒霉的还是老百姓，因为太监争税，常常是重征叠税，一地"两税"⑨。

这些矿税太监搜刮的巨量金银财宝，"大率入公帑者不及什一"⑩，即只有一部分上缴帝库，其余则全被矿税太监及其一帮爪牙瓜分了。例如，广东巡按李时华查明：税监"李凤起解方物，用六十船，当有三千抬。据凤本三次揭，多不过三百抬。不知六十船所盛，竟归何处？又四十木桶，每桶银八千，此外，仍将银易金，不知已进否？"⑪ 山东巡按黄克缵揭发："税监马堂，每年抽取各项税银不下一十五、六万两，而一岁所进才七万八千两耳。约计七年之内，所隐匿税银一百三十万余。"⑫ 陕西开矿太监赵钦，"掊克无厌，积数十万。复命之日，驿递申报，除牛负马驮外，箱九十六抬。每抬用夫四名，尚颠踣不起"⑬。陕西巡按御史余懋衡题，"据各州县驿递申报，税监梁永发牌六张，差李忠等自京兆驿起程，

---

① 《明史》卷305，高淮传。
② 《明史》卷305，高淮传。
③ 《明史》卷305，陈增传。
④ 《明史》卷305，高淮传。
⑤ 见《神宗实录》卷332，万历二十七年三月庚辰。
⑥ 见《明史》卷305，陈奉传。
⑦ 见《明史》卷305，宦官二。
⑧ 见《神宗实录》卷333，万历二十七年四月己巳。
⑨ 见《神宗实录》卷330，万历二十七年正月戊戌。
⑩ 《明史》卷305，陈增传。
⑪ 《神宗实录》卷375，万历三十年八月甲寅。
⑫ 《神宗实录》卷416，万历三十三年十二月壬子。
⑬ 《神宗实录》卷418，万历三十四年二月丙午。

前往安肃、良乡，皮包十三包、销银九抬、重贡三十三杠。每杠用夫四名，骑马、包马共五十五匹。此皆狼吞所得。自臣入境甫二旬，而所见如此，他时可知。"① 类似的例子举不胜举。

在矿税的浩劫与矿税监的蹂躏下，全国百姓痛苦万状，走投无路。河南巡抚姚思仁当时曾以巡历所睹，逼真地"模拟"了《开采图说》二十四幅，真实地记录了河雒之民"溺河缢树，刎颈断指之状……鬻妻卖子，哀号痛苦之声"②。这种惨状自然不限于河南，当时全国到处都是"天下萧然，生灵涂炭"③，一样的惨。

明神宗实行的这种矿税政策，犹如饮鸩止渴，不仅给全国人民带来了巨大的灾难，也给国家酿成了无法挽回的祸乱。

首先，国赋为之大减。矿税是在国家正常的经济秩序中突然增加的一项内容，又是权力极大的太监在督办，必须完成。因此，它在给更多贫困已极的百姓带来破产的同时，势必还要冲击国家正常的财政收入。如万历二十五年，刑部左侍郎吕坤在奏疏中讲了一事：当时开所谓文家洞"矿"，近千人开采三个月，只见砂十六眼，"银之有无，费之多寡，可概知"。但矿税是必须缴的，这就得要"矿税无利，散民间纳银。民不能支，括库银代解"。因此，"朝廷得一金，郡县费千金"④。再如云南给明神宗内库输金一事，虽岁额仅五千，但"公私之费"10倍于此，这需要当地"布政司岁给金值三万二千两，民间贴买亦如其数"⑤。经矿税这一"硬任务"一挤，国家的其他赋税收入大大减少。如崇文门、河西务、临清、九江、浒墅、扬州、北新、淮安等钞关的关税，每年原额约银33550余两，万历二十五年又增加82000两，此为定例，共41万余两，可是以后逐年减少："二十七年，各关征解本折银约共三十四万五百四十九两零。二十八年，各关征解本折银约共三十万六千一百三十二两零。二十九年，各关征解本折银约共二十六万二千八百两三钱零。以原额约

---

① 《神宗实录》卷421，万历三十四年五月丁丑。
② 《神宗实录》卷321，万历二十六年四月丁卯。
③ 《明史》卷305，陈增传。
④ 《神宗实录》卷309，万历二十五年四月辛酉。
⑤ 《神宗实录》卷424，万历三十四年八月戊戌。

之，岁缩一岁，几减三分之一。"①

这种影响国赋收入的情形，户部尚书赵世卿在《题国用匮乏有由疏》中，曾有总结性的论述：

> 盖国家钱粮，征收有额：曰税粮，曰马草，曰农桑，曰盐钞者，为正课；各运司者为盐课，各钞关者为关课，税契赎锾香商鱼茶屯折富户等项为杂课。内除径解边镇外，大约三百七十余万两。此外则开纳樽省军兴搜括等银，为非时额外之课，大约五六十万不等。合此数项，方足四百余万之数，以当一岁之出。年来权宜开采之命一下，各处抚按司道有司，皆仰体皇上不忍加派小民之意，遂将一切杂课，如每年山东之香商等税一万五千五百余两，福建之屯折等银三万四千八百余两，南直隶徽宁等府之税契银六万两，江西之商税盐课等银二万六千七百余两，改归内使。而臣部之杂课失矣。其间杂课不敷，诛求无艺，百姓不得不以应征之银钱，暂免箠楚；有司不得不以见完之正税，量为那移；为上官者亦谅其爱民万不得已之衷，而曲为弥缝。以致三年之间，省直拖欠一百九十九万有奇，而臣部之正课亏矣。山东运司，每年分割去银一万五千余两；两淮运司，别立超单八万引，而臣部之盐课壅矣。原额关课三十三万五千余两，二十五年新增八万二千两，今则行旅萧条，商贾裹足，止解完二十六万二千余两，而臣部之关课夺矣。高淮开纳中书，李敬开授挥使，而臣部事例之课分矣。关中军兴樽省等银，每年七万余两，尽抵矿税，各省援请，而臣部额外之课虚矣。②

第二，地方为之残破。以南直隶为例，"所属上有湖口，中有芜湖，下有仪扬。旧设有部臣，所设有税监，亦云密矣"。是为两套机构，政出多门。"湖口不二百里为安庆，安庆不百里为池口，池口不百里为荻港，

---

① 赵世卿：《关税亏减疏》，见《明经世文编》卷411。
② 赵世卿：《题国用匮乏有由疏》，见《明经世文编》卷411。

荻港不百里为芜湖，芜湖不数十里为采石，采石不百里为金陵，金陵不数十里为瓜埠，瓜埠不数十里为仪真，处处抽税。长江顺流扬帆，日可三四百里。今三四百里间，五、六委官拦江把截，是一日而经五、六税地，谓非重征叠税可乎"！是为小块分割，关卡林立，重征叠税。"应天诸府、徽州，夙号殷富。自程守训横行，诈骗公私何啻百万。此外各监互出，诸棍云从，投匦告密，敲骨吸髓，民间之皮毛穿、脂膏竭矣"①。是为恶棍横行，民不聊生。南直隶如此，处处亦如此。

第三，工商业为之摧残。由于矿税奇重，勒索无常，使得不少小业主倾家荡产，即或尚没破产也自觉不能维持下去，因此"自愿"弃工、弃商者也不在少数。短短几年间，店铺锐减，本来就发展缓慢的工商业受到了严重的摧残。这种情况，在赵世卿的另一份奏疏中曾有一段具体的记载：

在河西务，则称税使征敛，以致商少，如先锋布店计一百六十余名，今止存三十余家矣。在临清关，则称往年夥商二十八人，皆为沿途税使盘验抽罚，赍本尽折，独存两人矣。又称临清向来段店三十二座，今闭门二十一家；布店七十三座，今闭门四十五家；杂货店六十五座，今闭门四十一家。辽左布商，绝无一至矣。在淮安关，则称南河一带剥来货物，多为仪真、徐州税监差人挟捉，各商畏缩不来矣！

就这样，由税使的辛螫所造成的"畏途"，吓退了向来"不惜霜风跋涉之劳，不惮湖海波涛之险，以兢尺寸之利"② 的商人。

第四，民族关系、国家关系被扰乱，国防被破坏。矿税在普遍造成民困国虚的同时，更给边疆带来无穷的祸患。例如辽东，居民被勒索得"十室九空"，有不少人"病税纲之残苛，乐夷法之宽假。或出而输我情形，或入而明作乡导。以故夷虏数数大举"③。这种情况常常是税监及其

---

① 以上见《神宗实录》卷359，万历二十九年五月甲寅。
② 赵世卿：《关税亏减疏》，见《明经世文编》卷411。
③ 《神宗实录》卷429，万历三十五年正月乙酉。

爪牙们直接逼出来的。《明实录》中多次记载因高淮一伙的暴行，"乡民无告，至欲顺虏逃生"①。不但如此，高淮还违反约束，"时时出塞射猎"②，给当时已经很紧张的民族关系火上浇油，挑起争端。更为严重的是，高淮的罪恶之手还伸向了朝鲜，他"矫中旨，檄朝鲜王"③，"索冠珠、貂马"④。这不能不破坏明与朝鲜的友好关系，削弱明的东翼。云南：杨荣使人"往阿瓦开宝井……卒启杀属夷，拆藩篱之祸，弃内服土地人民，而使缅与我比邻剥肤"⑤。广西：这里经费本来不足，靠广东和湖广协济，可是权臣沈永寿"必欲取盈二万，不得已，将额充兵饷盐利凑与……权臣所征商税盐利，皆兵饷经费额内正数……本省环境皆夷，万一仓卒窃发，无饷可以养兵，无兵可以守土"⑥。福建：自高寀坏海禁，生隙海外以来，"诸夷益轻中国，以故吕宋戕杀我二万余人，日本声言袭鸡笼、淡水，门庭骚动，皆寀之为也"，"自高寀后，红夷无岁不窥彭湖矣"⑦！可以说，从东北到西南，从边疆到海疆，民族关系、国家关系无不被税监们搞乱，边防、海防无不被税监们破坏。

四

明神宗祸国殃民的矿税政策，一开始就遭到全国上下的一致反对。直接受害的劳苦百姓自不必说，就是明王朝的各级臣僚谏阻的激烈程度在历史上也是罕见的。

群臣的谏阻浪潮，表现出四个特点：

一是普遍性。内而六部尚书、侍郎、科道言官，外而各省总督、巡抚、

---

① 见《神宗实录》卷371，万历三十年四月丙午，卷445，万历三十六年四月丁丑，等。
② 《明史》卷305，高淮传。
③ 谈迁：《国榷》卷79。
④ 《明史》卷305，高淮传。
⑤ 《神宗实录》卷378，万历三十年十一月辛酉。
⑥ 《神宗实录》卷349，万历二十八年七月戊申。
⑦ 《神宗实录》卷440，万历三十五年十一月戊午。

布政使、按察使，上自内阁大学士，甚至个别掌权的太监，下至州县官员，无不反对矿税。封疆大吏如河南巡抚姚思仁、凤阳巡抚李三才、湖广巡抚尹应元、广东巡抚李时华、山东巡抚黄克瓒、山西巡抚魏允贞、云南巡抚马鸣鸾、保定巡抚李盛春、江西巡抚夏良心、四川巡抚庄贞一等一再上疏，极论矿税误国害民，貂珰恶棍横行之弊。基层官员如山东益都知县吴宗尧、陕西富平知县王正志、湖广荆州推官华钰、荆门知州高则巽、枣阳知县王之翰、陕西渭南知县徐斗牛、咸阳知县守时际、咸阳知县满朝荐、江西南康知府吴宝秀、星子知县吴一元、云南寻甸知府蔡如川、赵州知州甘学书、指挥贺世勋、韩光大等，都千方百计地为难税监的委官、参随，极力阻挠矿税的实行。内阁大臣如六部尚书李戴、赵世卿、冯琦等还多次联合上疏奏谏，大学士张位、赵志皋、朱赓、沈鲤、沈一贯等也都屡次谏阻。其中，言官的反对尤为激烈，都察院左都御史温纯及都给事中、给事中包见捷、项应祥、陈继、姚文蔚等均交章谏阻，甚至连司礼监太监田义也参加了反对者的行列。《明实录》载称："乃者赍捧官来，开口即说矿税之害；各处书来，未曾开函，即知其说矿税矣！"① 就是这种普遍性的真实写照。

二是一致性。群臣反对矿税理由大体相同，主要是抨击矿监税使横行霸道，敲骨吸髓，祸国殃民，警告天将大乱。群臣的奏疏是举不胜举的，我们只摘录万历二十七年九月吏部尚书李戴与侍郎冯琦、万历三十年九月大学士沈鲤、大学士朱赓的三份奏疏，并将其列一简表，以作比较：

内容＼上疏人	李戴、冯琦奏疏	沈鲤奏疏	朱赓奏疏
指出矿税监及其爪牙的横行霸道	"诸中使衔命而出，所随奸徒，动以千百。""运机如鬼蜮，取财尽锱铢。""布成诡计，声势赫然。""片纸入朝，严命夕传，纵抱深冤，谁敢辩理。不但破此诸族，又将延祸多人。但有株连，立见败灭。辇毂之下尚须三覆，万里之外止据单词。遂令狡猾之流操生杀之柄。"	"内臣不能仰承德意，滥用群小，布满川间，穷搜远猎。而群小之中又各有爪牙羽翼，虎噬狼贪，无端告讦，非刑拷讯……"	"特以利权付内使，又有亡命之奸，鼓刀笔羽翼，椎埋之辈，张罗网以为爪牙，金紫盈庭，戈矛载道，如狼如虎，如犁如貙，不腾不休，不夺不厌，往往一兔而两剥其皮，取鱼而并竭其泽"。

---

① 《神宗实录》卷399，万历三十二年八月庚子。

续表

内容＼上疏人	李戴、冯琦奏疏	沈鲤奏疏	朱赓奏疏
指出矿税的祸国殃民	"远近同嗟，贫富交困。贫者家无储蓄，惟恃经营。但夺其数钱之利，已绝其一日之生。至于富民，更蒙毒害。或陷以漏税窃矿，或诬之贩盐盗木"。"陛下欲通商，而彼专困商。陛下欲爱民，而彼专害民"。"近者征调频仍，正额犹通，何从得羡。此令一下，趣督严急，必将分公帑以充献。经费罔措，还派民间，此事之必不可者也"。	"当今时政最称不便者无如矿税二事"。"贫富尽倾，农商交困，流离迁徙，卖子抛妻，哭泣道途，萧条巷陌"。	"小民稍不将顺，辄见捶楚。有司才一调护，辄被参拿。且进奉者一，而掊克者百……臣所经过地方，父老子弟咸遮道而愬曰：上供易，下供难；鬻产业易，鬻妻子难；逃乡土易，逃生死难"。
发出亡国的警告	"夫以刺骨之痛，一呼则易动，一动则难安。今日犹承平，民已淘淘，脱有风尘之警，天下谁可保信者"？"若一方穷民倡乱，而四面应之，于何征兵，于何取饷哉"！	"遂激为临清、武昌、苏州之变。而近日广东、陕西、云南，尤纷纷未已。臣窃观天下之势，如沸鼎同煎，无一片安乐之地"。"至愚人亦知必乱"。"疮痍未瘳，呻吟未息，更有征发，岂不速乱！"	"君犹舟也，民犹水也，水能载舟，亦能覆舟"。
出处	《明史》卷216，冯琦传。	《神宗实录》卷376。	《神宗实录》卷376。

可以看出，其基本内容是多么一致！

三是尖锐性。群臣的奏疏在指明矿税监暴虐、矿税危害的同时，一般都指出祸根就是明神宗贪得无厌，纵奸为恶。其言辞之尖锐，在封建专制时代是少有的。凤阳巡抚李三才直言：

> 陛下爱珠玉，民亦慕温饱；陛下爱子孙，民亦恋妻孥。奈何陛下欲崇聚财贿，而不使小民享升斗之需；欲绵祚万年，而不使小民适朝夕之乐。自古未有朝廷之政令、天下之情形一至于斯，而可幸无乱者。今阙政猥多，而陛下病源则在溺志货财。①

---

① 《明史》卷232，李三才传。

其一针见血地指出了明神宗"爱珠玉"、"溺志货财"是"自古未有"的严重。李三才在另一道奏疏中，更毫不留情地戳穿了明神宗为敛财而编造的谎言：

陛下每有征求，必曰"内府匮乏"……而其实不然。陛下所谓匮乏者，黄金未遍地，珠玉未际天耳。

他接着指出这种"征求"将带来的严重后果：

小民饔飧不饱，重以征求，箠楚无时，桁杨满路，官惟丐罢，民惟请死，陛下宁不惕然警悟邪！陛下毋谓臣祸乱之言为未必然也，若既已然矣，将置陛下何地哉！①

其言外之意是帝将死无葬身之地，给明神宗发出了严厉的警告。

户科给事中田大益，在极陈矿税六害的奏疏中，几乎条条指向明神宗：第一条"敛巧必餍足"。指出内臣的"穿凿劫吓"，"丘陇阡陌皆称矿税，而官及四民皆列市贩"，"军国正供尽竭"，都是为了"餍足"明神宗。第二条"名伪必败"。指出"皇上自以矿税裕国足民，名至懿也"，是挑最好听的话，但在"军饷无给，兵荒莫备"之时，从不"以向所进收者给民佐国"，反而"日夜采榷不止"。因而"裕国足民"只不过是"以智计甘言窃天下之誉罢了"，但他是得不到"天下誉"的。第三条"贿聚必散"、第四条"怨极必乱"、第五条"祸迟必大"，均指出明神宗的倒行逆施将酿成灭国大祸。第六条"意迷无救"。指出明神宗"沉迷不出，以豪珰奸弁为心膂，以矿砂税银为命脉。虽有苦口药石之言，听之犹如蒙耳"，因此，即使有历史上的名臣辅佐，"亦安解其徽缠而救败亡哉"②，即很难救药了。万历二十九年，田大益再次指出，是"陛下驱率

---

① 《明史》卷232，李三才传。
② 《神宗实录》卷354，万历二十八年十二月庚辰。

狼虎，飞而食人，使天下之人，剥肤而吸髓，重足而累息"①。万历三十二年，田大益更"极陈君德缺失"，骂明神宗犹如夏桀、商纣等昏君，"迩来乱政，不减六代之季"②。这种言语尖锐程度，即使在今天看来也是相当惊人的。有些大臣虽做官有方，进言婉转，亦不失柔中寓刚，绵里藏针。如吏部尚书李戴之"诚欲陛下翻然改悟"③，大学士沈一贯之"伏望皇上憬然深思，涣然省悟"④等。

四是坚决性。对于群臣的谏阻，明神宗不是当做耳旁之风不予理睬，便是大发雷霆严厉惩治。而他对太监则百般庇护，使他们越发放肆地推行矿税政策。然而高压吓不倒群臣，谏阻的浪潮从未间断，且一浪高过一浪。例如御史余懋衡曾因谏阻矿税被罚"停俸一年"，但在巡按山西时，他与坐镇山西的税监梁永又展开了生死搏斗。梁永为害山西，"懋衡奏之。永大恨，使其党乐纲贿膳夫毒懋衡。再中毒，不死。拷膳夫，获所予贿及余蛊，遂上疏极论永罪"⑤。谢廷赞，"未授官，即极论矿税之害"，授刑部主事后，又上疏言"矿税当撤"，被明神宗褫职为民⑥。但压是压不服的，当时"中外人情汹汹，皆为矿税一事"⑦。压的结果，反而激发了人们更大的勇气和积极性，斗争更坚决了。例如，已"卧病"不起的大学士赵志皋被这种气氛感染，"不敢以将去之身，隐默而不言"，也积极行动起来，为反矿税而坚决上言⑧。最具有讽刺意味的是，连明神宗比较宠信的司礼太监田义后来也站到了群臣一边，为罢矿税而"力争"，"帝怒，欲手刃之。义言愈力"⑨。可以说，在群臣的坚决斗争下，明神宗确实成了"孤家寡人"。

明神宗不是不知道矿税扰民生事，但因为矿税敛银太多，实难舍弃，

---

① 《明史》卷237，田大益传。
② 《明史》卷237，田大益传。
③ 《明史》卷216，冯琦传。
④ 《神宗实录》卷340，万历二十七年十月癸卯。
⑤ 《明史》卷232，余懋衡传。
⑥ 《明史》卷233，谢廷赞传。
⑦ 《明史》卷237，吴宝秀传。
⑧ 《明史》卷218，沈一贯传。
⑨ 《明史》卷237，吴宝秀传。

"天下矿额，大略百万……天下税额，四百余万"①，一年共收500万两，这是一个很大的数字。当时，全国户部太仓银每年才400余万②，仅是此数的百分之八十。贪得无厌的明神宗，当然不愿放弃这笔财富。另外，矿税太监及其爪牙暗中纳入私囊之银，更远远超过此数，他们当然要向明神宗施加影响。然而，明神宗坚持不改，拒绝谏阻，一意强制推行矿税虐政。而只有人民群众的反抗斗争，才能教训这个贪财如命的皇帝，才能取消这种虐政。

五

人民群众反对矿税虐政的斗争，有多种多样的形式，史书上记载较多、具有一定规模的斗争是"民变"。从《明档》和《明史》等材料看，反矿税的民变斗争，在矿税兴起之初即已爆发。哪里有矿监税使，哪里就爆发民变。从东北的辽河平原，到西南的云贵高原；从长城内外，到南海之滨；从边疆"夷寨"，到京畿重地……民变烽火到处燃烧，从未间断。

现依据《明实录》《明史》和《明档》，将有关民变列表如下：

反矿税民变简表

时 间	地点	规 模 与 内 容	出 处
万历二十四年闰八月	陕西	罗元等人"伪造天书,妖言惑众,谋为不轨"。	《神系实录》卷301
万历二十六年三月	浙 江	土民王止孝反矿税	同上，卷320
万历二十六年八月	河南陈州	任世身"在陈州卫将台原竖旗杆上张挂黄旗,上书八月起首,二十八日宿宝吾门开天祖,先夺陈州、汴城"等语。	同上，卷327

---

① 《神宗实录》卷359，万历二十九年五月丁未。
② 据赵世卿《题国用匮乏有由疏》，见《明经世文编》卷411。

续表

时间	地点	规模与内容	出处
万历二十六年十一月	四川	"西南诸夷酋在在离心解体……所有木材闭关,禁绝往来,即建昌、永宁素称产木之地,原派木植,全未完解……狂酋藐无畏惮,攘臂雄据,不惟阴阻大工,亦且明弃疆宇"。	同上,卷328
万历二十七年	荆州	商民反陈奉,"聚众数千噪于涂,竟掷瓦石击之"。	《明史》卷305
万历二十七年二月	江西湖口	"税监李道于湖口激变。"	《神宗实录》卷331
万历二十七年闰四月	天津;上新河	民变"今一见于天津,再见于上新河"。	同上,卷334
万历二十七年闰四月	临清	反税监马堂,"市人数十环噪其门,堂惧,令参随从内发矢射杀二人。众遂大哗,火其署,杀参随三十四人"。	同上,卷334;卷337
万历二十七年闰四月	仪真	"税监暨禄委官马承恩等以抽税激变。"	同上,卷334
万历二十七年六月	辽东开原	税监高淮"比至开原,严利激变"。	同上,卷336
万历二十七年八月	云南	"生员聚众殴辱"税监杨荣	同上,卷338
万历二十七年九月	辽东金州、复州	民夫沙景元"猖率地方",反对矿税监高淮委官叶国相,抗拒开矿。	《明档》丁种第21号卷
万历二十七年十一月	陕西	"同知宋言(贤)交通生员许显吾等倡乱",反税监梁永。	《神宗实录》卷341
万历二十八年正月	武昌、汉阳	"士民数百,奔赵抚按,击鼓声冤,旋噪税监门,拥众攻打"。	同上,卷343
万历二十八年二月	凤阳徐、砀、丰、沛等地	"近有赵抚民、李化鲸、赵天民等,招合亡命,布散流言……又单县民唐云峰倡乱,强首恶赵世龙等聚党万余,部署职名,肆为猖狂,造作逆谋"。	同上,卷344
万历二十八年二月	蔚州	"蔚州民毕钌造布谣言,哄散矿夫,及率男毕诗杰等殴伤参随王守富等。"反矿监王虎。	同上,卷344
万历二十七年至二十八年二月	湖广	"陈奉入楚,始而武昌一变,继之汉口,继之黄州,继之襄阳,继之光化县,又青山镇、阳逻镇,又武昌县、仙姚县镇,又宝庆,又安德,又湘潭,又巴河镇,变经十几起"。	同上,卷344
万历二十八年三月	浙江、凤阳	赵一平(古元)、孟化鲸"招兵七千,约以二月二日各处兵马八路齐起"。	同上,卷345,353

续表

时　　间	地点	规　模　与　内　容	出　　处
万历二十八年四月	云南	"寻甸知府蔡如川、赵州知府甘学书及生员人等抗开采",反杨荣。	同上,卷346
万历二十八年四月	广东新会	"珠池市舶税务内臣李凤激变新会县"	同上,卷346
万历二十八年四月	北京	"各牙数百为群,号哭拦诉",抗税监张烨抽牙税。	同上,卷346
万历二十八年六月	广宁	"广宁营军鼓噪"。	同上,卷348
万历二十八年六月	湖广	"税监陈奉札擅立拦江税厂……激变灶户"。	同上,卷348
万历二十八年六月	辽东	税监高淮"委官廖国泰激变土民"。	同上,卷348
万历二十八年六月	通州	"生员土民喧嚷,执枪棍,抛砖石者千余人",反税监王虎。	同上,卷348
万历二十八年六月	陕西阶州、成县、锡和县	"矿徒劫杀",反矿监赵钦。	同上,卷348
万历二十八年七月	蕲州	"蕲州知州郑梦祯抗旨蔽矿,倡民噪呼"。	同上,卷349
万历二十八年七月	湖广	"生员沈希孟等,民刘正举等,打枪抽税陈奉差人,因而竖旗聚众,鼓噪倡乱"。	同上,卷349
万历二十八年	承天	"承天鼓噪"。	同上,卷349
万历二十八年八月	辽东孤山	金得时等聚众三千人于孤山堡虎听谷,"左道惑人"。	同上,卷350
万历二十九年三月	上饶	"上饶民群叙欲杀"税使潘相的委官陆泰。	同上,卷357
万历二十九年三月	武昌	反税监陈奉。"众群聚,欲杀奉","执奉左右耿文登等六人投之江",又火烧巡抚衙门。	同上,卷357,358
万历二十九年	谷城	县民逐陈奉差人。	《明史》卷305
万历二十九年四月	广东新会	"县民哨聚千人,珠贼横行海上"。	《神宗实录》卷358
万历二十九年六月	苏州	"苏州民葛贤等缚税官六、七人投之于河,且焚官家之蓄税棍者"。机户罢织。	同上,卷360,361
万历二十九年冬	景德镇	"景德镇之鼓噪,由中使潘相激变"。	同上,卷369
万历三十年二月	饶州	"江西税使潘相舍人王四等于饶州横恣激变,致毁器厂"。	同上,卷368
万历三十年三月	上饶	税监潘相的党羽"大猾陆太守为上饶民怒殴几毙"。	同上,卷370

续表

时　　间	地点	规　模　与　内　容	出　处
万历三十年三月	云南腾越	税监委官张安民播虐官民,地方激变,烧毁厂房,安民焚死"。	同上,卷370
万历三十年四月	辽东	税监高淮委官相承恩等,逼诈赃私,乡民无告,至欲顺房逃生"。	同上,卷371
万历三十年五月	苏州	机户管文等激变,及税监刘成,其帖有"天子无戏言,税监可杀"等语。	同上,卷372
万历三十年五月	江西	"税监潘相为孺童所哄"。	同上,卷372
万历三十年五月	河南	"河南毛兵李举、矿甲孙朝等之噪",反对矿监"减克工食"。	同上,卷372,373
万历三十一年正月	北京	税监王朝"劫掠立威,激变窑民"。	同上,卷380
万历三十一年三月	颖州	"颖州乱民,至以千计"。	同上,卷382
万历三十一年九月	睢州	杨思敬为首的"睢州大盗蔓延江北",反对矿税。	同上,卷388,389
万历三十二年五月	福建	吴建兄弟以白莲教聚众数千起义。	同上,卷396
万历三十二年闰九月	武昌、汉阳	楚王宗人三千余人,劫去楚王进助大工银两,杀死巡抚赵可怀,出反叛榜文。	同上,卷401,402
万历三十三年正月	广东省城	税监李凤劫潮州府推官姚会嘉,激起民变,"百姓千余人号呼赵救,乃得释"。	同上,卷405
万历三十三年十月	贵州	"今则动辄数百且近千余……劫及官员……贵州数百里之境,顿成盗薮"。	同上,卷414
万历三十四年二月	陕西	反税监梁永,"万众惊骇,共图杀永及永侄吕四、心腹舍五、千户乐纲……众欲烧抢伊庄"。	同上,卷418
万历三十四年三月	云南	指挥贺世勋、韩光大等及军民数千人"杀开采太监杨荣,焚其尸"。	同上,卷419
万历三十四年五月	福建漳浦	刘志迈、程可兆聚众千余人起义。	同上,卷425
万历三十四年十月	江西	税监"李道悖违诏旨,地方哗然,共图杀道,赖道府维持幸免"。	同上,卷426
万历三十四年十二月	南京	"妖人刘天绪谋反",聚众千余人。	同上,卷428
万历三十五年二月	四川	"四川叙府(富顺、双流二县)儒童鼓噪"。	同上,卷430
万历三十六年四月至六月	辽东	前屯、松山、广宁、山海关、锦州,先后发生五次兵变民变,反税监高淮。前屯各营男妇数千人"歃血摆塘,誓杀高淮"。山海关内外"军民怨恨高淮,聚众数千围攻"。	同上,卷445,446、448;《明史》卷305

续表

时　　间	地点	规　模　与　内　容	出　处
万历三十六年七月	湖　广	"郴州封闭矿峒，忽有群恣千余，四行劫取"。	《神宗实录》卷448
万历三十六年	陕西、山西	河津、稷山、芮城等县回民起义。	同上，卷460
万历三十七年七月	湖　广	黄梅县"知县张翰激变小民"。	同上，卷460
万历三十七年九月	湖　州	"湖州民施敏……聚众行劫杀官"。	同上，卷462
万历三十七年十二月	徐　州	"吴家庄盗劫杀如皋之任知县张藩"。	同上，卷465
万历三十八年十月	山　东	"金妖精、王麻子、高承惠以妖言惑众"。	同上，卷476
万历三十九年正月	河　间	"地方强贼啸聚至八千余人，逼近京畿"。	同上，卷479
万历三十九年九月	陕西、山西	"陕西回贼潜渡黄河，屡于山西平阳一带州县劫夺村堡"。	同上，卷487
万历四十年七月	陕　西	回民马自礼等起义。	同上，卷497
万历四十二年四月	福　建	反税监高寀，"万众汹汹欲杀寀"。高寀率甲士二百余人，杀伤多人，又放火烧毁民房，最后逃入巡抚衙门。最后，明帝将高寀召还。	《明史》卷305；《神宗实录》卷520

为了看出民变的规模，我们不妨列举几起典型事件。

反陈奉。陈奉是万历二十七年到湖广的，由于他"恣行威虐"，当年即激起民变，"商民恨刺骨，伺奉自武昌抵荆州，聚数千人噪于涂，竞掷瓦石击之"。次年十二月，武昌"士民公愤，万余人甘与奉同死"，由于抚按三司等地方官"护之数日"，陈奉才得以幸免。后来，陈奉派人到谷城勒索，也"为县民所逐"。陈奉诬陷清官武昌兵备佥事冯应京，"民切齿恨，复相聚围奉署，誓必杀奉"。陈奉逃匿楚王府，"众乃投奉党耿文登等十六人于江"。又因为巡抚支可大保护陈奉，愤怒的群众遂焚烧了巡抚的辕门。据大学士沈一贯言，陈奉在湖广二年，"始而武昌一变，继之汉口、黄州、襄阳、武昌、宝庆、德安、湘潭等处，变经十起"。前赴后继的民变斗争，迫使明神宗将陈奉召回，并且罢了多次保护陈奉的巡抚支可大的官①。但是，人民的怨恨并未消除，当万历二十九年六月新任巡

---

① 以上皆见《明史》卷305，陈奉传。

抚赵可怀入荆州时，本地人民还"拥车诉陈奉之恶，哭声如雷"。赵可怀事后在奏疏中承认，"方数万众汹汹时，臣亦惶悚流汗云"①。可见人民斗争的声势是多么巨大，力量是多么惊人。

反高淮。高淮在万历二十七年四月入辽，六月就激起了开原民变，"比至开原，严利激变"②。九月，又激起金州、复州地方民夫沙景元领导的抗拒开矿的民变。万历二十八年六月，其委官廖国泰，又"激变土民"③。到后来，高淮更是骄横跋扈，克掊百端，恶贯满盈，辽东军民反矿税的斗争因而也更激烈。高淮在辽东的最后半年，即万历三十六年上半年，反矿税斗争进入高潮。当时的形势犹如干柴遇烈火，一点即着，一着即燎原。这年四月，首先爆发了有名的前屯卫兵变。其经过是："高淮散马催价，索骑操马，拷打号头"，激怒了已经濒于绝路的前屯卫军民，在走投无路的情况下，他们"歃血齐盟，欲挈家北投虏地"。但高淮"尚稔恶不悛"，用特务手段"密访各军姓名于汪政"。愤怒到极点的军民决定不再北走，而要用暴力来回答高淮的压迫。他们打死了汪政以后，再一次"歃血摆塘，誓杀高淮而后已"。参加这一斗争的是前屯卫"各营男妇数千人"，有军有民，有男有女，规模相当广泛④。在前屯军民的带动下，反矿税斗争便在全辽东迅猛铺开，九死一生的辽东军民与高淮展开了生死搏斗，高淮走到哪里，哪里就奋起攻之。五月，大学士朱赓在叙述当时的形势时说："夫激变之事，不数月间，一见于前屯，再见于松山，三见于广宁，四见于山海关，愈猖愈近。"⑤ 除了朱赓所述这四次外，当时还有一次锦州兵变⑥。因此，那时有"横珰高淮，五番激变"⑦ 之说。在人民的反抗声中，猖狂10年的高淮不得不滚出辽东。当其最后逃离山海关时，关内外军民"聚众数千攻围。高淮窘急，率领夷丁劫挟管

---

① 《神宗实录》卷360，万历二十九年六月丙子。
② 《神宗实录》卷336，万历二十七年六月辛巳。
③ 《神宗实录》卷348，万历二十八年六月辛巳。
④ 《神宗实录》卷445，万历三十六年四月丁丑；乙酉。
⑤ 《神宗实录》卷446，万历三十六年五月甲寅。
⑥ 见《明史》卷305，高淮传。
⑦ 《神宗实录》卷448，万历三十六年七月庚戌，王邦才奏辩。

关主事、通判,护送逃回"① 真是惶惶如丧家之犬,狼狈到了极点。

反梁永。梁永非常残暴,他到陕西后整死不少地方官,如富平知县王正志,"瘐死诏狱中";渭南知县徐斗牛,"愤恨自缢死";县丞郑思颜、指挥刘应聘、诸生李洪远等,都被他"杖死"。至于一般吏卒、百姓被他箠毙的更不在少数。他"搜摸金玉,旁行劫掠","税额外增耗数倍"②。陕西人民对他极端仇恨,"思食其肉",万历三十四年三月,他们"聚众数万,约日起手,尽杀永等"③。在这种情况下,明帝不得不撤回梁永。

反杨荣。杨荣在云南恣行威虐,欺压汉人和少数民族。各族人民对他恨之入骨。万历三十年三月,腾越民变,焚毁税厂,烧死税监委官张安民④。杨荣不但不加收敛,反而对人民实行了更残酷的镇压,"杖毙数千人"。人民对杨荣的回答则是更猛烈的反抗,万历三十四年三月,"指挥贺世勋、韩光大等率冤民万人焚荣第,杀之,投火中,并杀其党二百余人"。明帝听说太监被杀,虽然不快,"不食者数日"⑤,但面对已经奋起的人民大众,他的淫威也只得收敛起来。

反孙隆。苏、杭织造太监兼管税务的孙隆,在一开始实行新税时,苏州市民就"罢市"反对。万历二十九年五月,其参随黄彦节勾结苏州棍徒汤莘、徐成等12家,"擅自加征,又妄议每机一张税银三钱"。于是,人情汹汹,机户们"皆杜门罢织",织工们"皆自分饿死"。在葛贤的带领下,人们"一呼响应,毙黄彦节于乱石之下,付汤莘等家于烈焰之中",并"缚税官六、七人,投之于河,且焚官家之蓄税棍者"。孙隆吓得急忙逃往杭州。起义人民光明正大,纪律严明,"不挟寸刃,不掠一物,预告乡里,防其延烧。殴死窃取之人,抛弃买免之财"。这是一次组织得很好的民变,直到官府将棍徒汤莘等逮捕"枷示",斗争取得胜利,变民才有秩序地散去⑥。

---

① 《神宗实录》卷446,万历三十六年五月甲寅。
② 以上见《明史》卷305,梁永传。
③ 《神宗实录》卷419,万历三十四年三月己巳。
④ 见《神宗实录》卷370,万历三十年三月甲申。
⑤ 以上见《明史》卷305,杨荣传。
⑥ 见《神宗实录》卷360,万历二十九年六月壬申,卷361,七月丁未。

其他，如万历二十七年临清民变，驱逐税监马堂，参加者万余人，"纵火焚堂署，毙其党三十七人"①。江西浮梁、景德镇民变，焚烧厂房，驱赶矿监潘相。潘相又到上饶，邑人拒绝供应他食物，"相竟日饥渴，悉而归"②。福建民变，反税监高寀，"万众汹汹欲杀寀"，高寀吓得钻入巡抚署中，最后被明帝召回③。可以说当时是民变遍国中，哪里有税监，哪里就有民变，这种情况连京畿重地也不例外。万历三十一年，北京西山爆发民变，反对"采煤内监"王朝。参加者有挖煤的窑工、运煤的脚夫、烧煤的人家。他们联合起来，冲向北京街头。"黧面短衣之人，填街塞路，持揭呼冤"，一时间"萧墙之祸四起……倾动畿甸"④。皇帝的眼皮底下出现这种严重情况，迫使明帝不得不撤回王朝，改派别人。这就是邓拓先生在《燕山夜话》里高度赞誉的北京劳动群众最早的游行。

纵观这些民变斗争，可以看出有如下一些特点：面广，遍及全国各地；持续久，几与矿税相始终；多数有组织有准备，包括利用宗教迷信；规模大，有的多至几千几万人参加；地方官往往是默许的，有的甚至还直接参与。其局限性是：基本上都是自发的斗争，只反对一件事，一个人，并不去触动明政权，取得一点让步，斗争便告结束；斗争的形式多数停留在"鼓噪"阶段，有时虽激化为流血事件，但真正的武装斗争还很少；由于革命危机还未形成，革命力量还很分散、弱小，因而斗争基本上是旋起旋灭，没有一次民变能坚持和发展下去。

但是，风起云涌的群众斗争在当时还是产生了巨大的作用。首先，它直接打击了矿税太监的威风，在一定程度上制止了矿税太监暴行的恶性发展；其次，它迫使明帝撤换了一些人民最痛恨的税使，如以陈永寿换回王朝、以张晔换回高淮等。这虽然是"以暴易暴"，但毕竟是明封建政府对民变群众的一个让步；最后，它最终地制止了明帝的矿税虐政。这个胜利是通过不断的斗争一点一点取得的，万历三十三年，"始诏罢采

---

① 《明史》卷305，宦官二。
② 《明史》卷305，宦官二。
③ 《明史》卷305，宦官二。
④ 《神宗实录》卷380，万历三十一年正月丙寅。

矿，以税务归有司，而税使不撤"；万历四十二年，"减天下税额三之一，免近京畸零小税"；万历四十八年，神宗死，"始尽蠲天下额外税，撤回税监"①。这时，明神宗与他的矿税苛政才一起被人民的斗争埋葬。此外，这些民变斗争还为明末农民大起义和明王朝的最后崩溃起到了铺垫和准备的作用。

还值得一书的是，在历次的民变斗争中，涌现了不少人民英雄。如临清民变之后，株连甚众，有一个"织筐手"②王朝佐，"素仗义，慨然出曰：'首难者，我也。'临刑，神色不变⋯⋯临清民立词以祀"③。苏州民变后，民变领袖"苏州民"葛贤"挺身诣府自首，愿即常刑，不以累众"④。这种为了大众牺牲自己的高贵品质，大义凛然、视死如归的英雄气概，高度表现了中华民族的光荣斗争传统，永远值得我们继承和发扬。

从万历年间的"矿税之祸"，我们可以得出五点结论：

第一，明帝朱翊钧是个极端专制、贪婪、反动的昏君。矿税之祸国殃民众所公认，群臣苦谏，民变纷起，社会动荡，朱家王朝摇摇欲坠。这些，朱翊钧不是不知，但他却因贪恋每年矿税数百万之巨财，坚决拒谏、骂谏臣、罪言官而强制推行。这充分表明了此时君权之大，专制之甚，也充分暴露了朱翊钧贪婪、昏庸的反动面目。

第二，矿税之祸表明了统治阶级内部矛盾的尖锐和激化。历代封建王朝，统治阶级内部都存在着尖锐的矛盾，有各派系之争，有宦官与文武群臣之争，而更多的是君权与相权、君之私利与王朝"公利"之争。矿税之祸，就是以明帝为首及矿税太监的一小撮欲图攫取更多的民脂国赋入私囊而产生的，它危害了整个明王朝的利益，侵犯了地主阶级的利益，削弱了官僚的权力，因而激起群臣谏阻的浪潮，内部矛盾异常尖锐和激烈。

第三，明王朝已腐朽至极，即将崩溃。矿税虐政施行之时，正是明

---

① 《明史》卷81，食货五。
② 《临清县志》卷8。
③ 《明史》卷305，马堂传。
④ 《神宗实录》卷361，万历二十九年七月丁未。

廷多事之秋。万历二十四年，努尔哈赤已自称女真国王子、"聪睿汗"，统一了建州女真，其势力蓬勃发展；日本也正侵略朝鲜，明廷出兵援朝，前后八年，所费浩繁。万历二十五年，播州杨应龙起兵，明廷又组织力量围剿多年，国用大匮。在这种生死攸关的严重关头，明帝却施行天怒人怨的矿税虐政，勒索民财国赋入私囊，并居然坚持推行多年，这充分显示了此时明王朝统治集团的腐朽，预示其亡期不远。《明史》指出："识者以为明亡盖兆于此。"① 是符合历史实际的。

第四，民变是取消矿税之祸的决定力量。群臣的谏阻，并未能说服朱翊钧罢免矿税，反而使"诏狱"中增加了若干名新的犯官。只有规模浩大、风起云涌的民变才教训了这个利令智昏、残暴成性的吸血鬼和迫害狂，迫使他一点一点地作出让步，撤换税使，罢开采，直至全部招回税监完全废止额外矿税。这一事实再次有力地证明，在封建社会中，劳动人民反对封建剥削的阶级斗争才是推动历史前进的主要动力。

第五，人民不是群氓，多数人反对的事物一定不是好事物，命运一定不会长久。独夫民贼朱翊钧施行矿税虐政，不管他讲出多么冠冕堂皇的"理由"，打着多么漂亮的旗号，也不管他给他那一小撮亲信太监多大的权力，给群臣和人民多大的压力，也不管他本人是个怎样不可侵犯的庞然大物，但终究迷不着人们的眼睛，压不服人们的反抗。尽管朱翊钧仗凭个人的帝王之权和任用群小，将这种矿税苛政坚持20多年，但到头来这种苛政还是和他一起进入了历史棺材。"尔曹身与名俱裂，不废江河万古流"，朱翊钧和矿税苛政在当代就被否定，究其原因，就是因为他和它不是好的事物。人民不是群氓，人民的选择是无情的。

---

① 《明史》卷81，食货五。

图书在版编目(CIP)数据

清史论文集/周远廉著.—北京：社会科学文献出版社，2015.6
（中国社会科学院老年学者文库）
ISBN 978-7-5097-6889-1

Ⅰ.①清… Ⅱ.①周… Ⅲ.①中国历史-清代-文集 Ⅳ.①K249.07-53

中国版本图书馆CIP数据核字（2014）第289496号

·中国社会科学院老年学者文库·

清史论文集

著　　者 / 周远廉
出 版 人 / 谢寿光
项目统筹 / 宋月华　杨春花
责任编辑 / 周志宽　张礼恒　刘云萍
出　　版 / 社会科学文献出版社·人文分社（010）59367215 　　　　　 地址：北京市北三环中路甲29号院华龙大厦　邮编：100029 　　　　　 网址：www.ssap.com.cn
发　　行 / 市场营销中心（010）59367081　59367090 　　　　　 读者服务中心（010）59367028
印　　装 / 三河市尚艺印装有限公司
规　　格 / 开　本：787mm×1092mm　1/16 　　　　　 印　张：24.25　字　数：358千字
版　　次 / 2015年6月第1版　2015年6月第1次印刷
书　　号 / ISBN 978-7-5097-6889-1
定　　价 / 98.00元

本书如有破损、缺页、装订错误，请与本社读者服务中心联系更换

▲ 版权所有 翻印必究